Nivel intermedio | Curso breve

FACETAS

4th EDITION

José A. Blanco

Nivel intermedio | Curso breve

INSTRUCTOR'S ANNOTATED EDITION

FACETAS

4th EDITION

José A. Blanco

VISTA®
HIGHER LEARNING
Boston, Massachusetts

Publisher: José A. Blanco

Editorial Development: Judith Bach, Deborah Coffey, María Victoria Echeverri

Project Management: Hillary Gospodarek, Sharon Inglis

Rights Management: Maria Rosa Alcaraz Pinsach, Annie Pickert Fuller, Caitlin O'Brien

Technology Production: Egle Gutiérrez, Paola Ríos Schaaf, Erica Solari

Design: Mark James, Erik Restrepo, Andrés Vanegas

Production: Manuela Arango, Oscar Díez, Jennifer López

Student Edition ISBN: 978-1-62680-962-8

Instructor's Annotated Edition ISBN: 978-1-62680-963-5

Library of Congress Control Number: 2014948714

1 2 3 4 5 6 7 8 9 TC 19 18 17 16 15 14

Printed in Canada.

Instructor's Annotated Edition

Table of Contents

The Vista Higher Learning Story

Your Specialized Foreign Language Publisher

Independent, specialized, and privately owned, Vista Higher Learning was founded in 2000 with one mission: to raise the teaching and learning of world languages to a higher level. This mission is based on the following beliefs:

- It is essential to prepare students for a world in which learning another language is a necessity, not a luxury.
- Language learning should be fun and rewarding, and all students should have the tools they need to achieve success.
- Students who experience success learning a language will be more likely to continue their language studies both inside and outside the classroom.

With this in mind, we decided to take a fresh look at all aspects of language instructional materials. Because we are specialized, we dedicate 100 percent of our resources to this goal and base every decision on how well it supports language learning.

That is where you come in. Since our founding, we have relied on the invaluable feedback of language instructors and students nationwide. This partnership has proved to be the cornerstone of our success by allowing us to constantly improve our programs to meet your instructional needs.

The result? Programs that make language learning exciting, relevant, and effective through:

- unprecedented access to resources
- a wide variety of contemporary, authentic materials
- the integration of text, technology, and media, and
- a bold and engaging textbook design.

By focusing on our singular passion, we let you focus on yours.

The Vista Higher Learning Team

VISTA®
HIGHER LEARNING

500 Boylston Street, Suite 620, Boston, MA 02116-3736 TOLL-FREE: 800-618-7375
TELEPHONE: 617-426-4910 FAX: 617-426-5209 www.vistahigherlearning.com

Getting to Know FACETAS

FACETAS, Fourth Edition, is an intermediate Spanish program designed to provide students with an active and rewarding learning experience as they strengthen their language skills and develop their cultural competency. **FACETAS** takes an interactive, communicative approach. It focuses on real communication in meaningful contexts to develop and consolidate students' speaking, listening, reading, and writing skills. **FACETAS** also stresses cultural competency, which plays an integral role in language learning. It features a fresh, magazine-like design that engages students while integrating thematic, cultural, and grammatical concepts within every section of the text.

NEW to the Fourth Edition

- New Supersite offers more powerful course management tools and a simplified user experience—now with iPad®-friendly* features

- Online Partner Chat and video Virtual Chat activities for conversational skill building and oral practice

- Two new authentic short films: **El tiple** (lesson 2), **Volamos hacia Miami** (lesson 5)

- Two new **Lecturas**: one new **Literatura** reading: **Último brindis** by Nicanor Parra (lesson 3); and one new **Cultura** reading: **Colombia gana la guerra a una vieja enfermedad** (lesson 4).

- All autogradable and selected open-ended **Manual de gramática** activities are now online

- Three new **Oral Testing Suggestions** per lesson help you evaluate your students' oral communication skills

Plus, the original hallmark features of FACETAS

- Cohesively integrated with the textbook, the **Fotonovela** Video provides engaging input through a specially shot sitcom video

- Two-part practice sequence for every grammar point progresses from directed, meaningful **Práctica** exercises to open-ended, interactive **Comunicación** activities

- Authentic short films by award-winning Hispanic filmmakers and a wide range of pre- and post-viewing activities

- Dramatic photos and thought-provoking discussion questions

- Real-life, practical vocabulary related to the lesson theme followed by directed and communicative activities

- Rich, contemporary cultural presentations, including **Flash Cultura** video

- Clear, comprehensive grammar explanations followed by thematically and culturally relevant activities

- **Manual de gramática** offers additional practice for every grammar point, as well as additional explanations

- Cultural readings and authentic literary selections including poems, short stories, and excerpts from novels

*Students must use a computer for audio recording and select presentations and tools that require Flash or Shockwave.

CONTENIDO

CONTENIDO

The FACETAS Supersite

The **FACETAS** Supersite is your online source for integrating text and technology resources. The Supersite enhances language learning and facilitates simple course management. With powerful functionality, a focus on language learning, and a simplified user experience, the Supersite offers features based directly on feedback from thousands of users.

End Student Frustration

Make it a cinch for students to track due dates, save work, and access all assignments and resources.

Set-Up Ease

Customize your course and section settings, create your own grading categories, plus copy previous settings to save time.

All-in-One Gradebook

Add your own activities or use the new grade adjustment tool for a true, cumulative grade.

Grading Options

Choose to grade student-by-student, question-by-question, or spot check. Plus, give targeted feedback via in-line editing and voice comments.

Accessible Student Data

Conveniently share information one-on-one, or issue class reports in the formats that best fit you and your department.

Instructor Resources Include

- **NEW!** Time-saving auto-graded activities, plus question-by-question and automated spot-checking
- **NEW!** Online administration of quizzes and exams, now with time limits and password protection
- **NEW!** Tools to add your own content to the Supersite:
    - Create and assign Partner Chat and open-ended activities
    - Upload and assign videos and outside resources
- **NEW!** Single sign-on feature for integration with your LMS
- **NEW!** Live Chat for video chat, audio chat, and instant messaging
- **NEW! vText** the iPad® -friendly, online, interactive text
- A gradebook to manage rosters, assignments, and grades
- A communication center for announcements, notifications, and help requests
- Answer Keys, Audioscripts, Spanish and English video scripts, grammar presentation slides, downloadable digital image bank (PDF), pre-made sample syllabus and lesson plan (RTF), and Testing Program (RTF), additional teaching suggestions
- Textbook, Lab and Testing Audio Program MP3 files
- Voiceboards for oral assignments, group discussions, and projects

Supersite

Each section of the textbook comes with resources and activities on the **FACETAS** Supersite, many of which are auto-graded with immediate feedback. Plus, the Supersite is iPad®-friendly*, so it can be accessed on the go! Visit **vhlcentral.com** to explore this wealth of exciting resources.

CONTEXTOS
- Audio of the **Vocabulary** with recording activity for oral practice
- Textbook and extra practice activities
- Partner Chat or Virtual Chat activity for increased oral practice

FOTONOVELA
- Streaming video of the **Fotonovela** with instructor controlled options for subtitles
- Textbook comprehension and expansion and extra practice activities

ENFOQUES
- **En detalle** cultural reading
- **Conexión Internet** search activity
- Streaming video of **Flash Cultura** cultural video
- Textbook and extra practice activities

ESTRUCTURA
- Animated grammar tutorials
- Textbook grammar presentations
- Textbook and extra practice activities
- Partner Chat or Virtual Chat activities for increased oral practice
- **Repaso** self-test

CINEMATECA
- Streaming video of the short film with instructor-controlled options for subtitles
- Textbook pre- and post-viewing and extra practice activities

LECTURAS: LITERATURA
- Audio-synced, dramatic reading of the **Literatura** text
- Textbook and extra practice activities

LECTURAS: CULTURA
- Audio-synced reading of the literary text
- Textbook and extra practice activities
- **Atando cabos** composition activity

VOCABULARIO
- Vocabulary Tools

MANUAL DE GRAMÁTICA
- **Más práctica** Textbook activities
- **Más gramática** Textbook grammar presentations and activities
- Animated grammar tutorials for **Más gramática** topics

Plus! Also found on the Supersite:
- Lab audio MP3 files
- Live Chat to connect with students in real time, without leaving your browser (instant messaging, audio chat, video chat)
- Communication center for instructor notifications and feedback
- A single gradebook for all Supersite activities
- WebSAM online Student Activities Manual
- **NEW! v̂Text** online, interactive student edition with access to Supersite activities, audio, and video

Supersite features vary by access level. Visit **vistahigherlearning.com** to explore which Supersite level is right for you.
*Students must use a computer for audio recording and select presentations and tools that require Flash or Shockwave.

IAE-13

Instructor Resources

FACETAS, Fourth Edition, offers a wide array of resources to support instructors and students. Below is a list of the key instructor support materials.

Instructor's Annotated Edition

This edition of **FACETAS** contains tips, suggestions, ideas for expansion, and more, all conveniently overprinted on the Student Edition page.

Supersite

In addition to full access to the Student Supersite, the password-protected Instructor Supersite offers a robust course management system that allows you to assign and track student progress. *For more details, see pages IAE-12 and IAE-13.*

- **Testing Program**

  Tests and exams can be downloaded from the Supersite or assigned online. The Testing Program is also delivered in ready-to-print PDF and also in editable RTF (rich text format). The testing materials include lesson tests in four versions (**Pruebas A–D**), mid-term and final exams (**Exámenes**), optional reading comprehension (**Lecturas adicionales**), oral testing suggestions, answer keys, and MP3 files for listening activities.

- **Other Resources**

  Other resources available on the Supersite include: a sample lesson plan and syllabus; scripts for the Lab Audio Program; scripts and translations for the **Fotonovela** video, **Cinemateca** films, and **Flash Cultura** episodes; teaching suggestions for some textbook sections; and the Student Activities Manual Answer Key.

Instructor DVD Set

This DVD set includes the **Fotonovela** videos, **Cinemateca** films, and **Flash Cultura** videos, all with instructor-controlled subtitles in English and Spanish. The videos are also available on the Supersite.

Student Ancillaries

Student Activities Manual (SAM)

The **Student Activities Manual** consists of three parts: the **Workbook**, **Lab Manual**, and **Video Manual**.

- **Workbook**

  The **Workbook** activities provide additional practice of the vocabulary and grammar for each textbook lesson, including the extra grammar topic in **Manual de gramática**. Also included are an additional reading (**Lectura**) and composition (**Composición**) assignment.

- **Lab Manual**

  The **Lab Manual** activities focus on building students' pronunciation and listening comprehension skills in Spanish. They provide additional practice of the vocabulary and grammar of each lesson. Also included is a **Pronunciación** section where students practice sounds that are particularly difficult.

WebSAM

Completely integrated with the **FACETAS** Supersite, the **WebSAM** provides access to online **Workbook**, **Lab Manual** and **Video Manual** activities with instant feedback and grading for select activities. The complete audio program is accessible online in the **Lab Manual** and features record-submit functionality for select activities. The MP3 files can be downloaded from the **FACETAS** Supersite and can be played on a computer, portable MP3 player or mobile device. The **Fotonovela** videos are accessible online in the **Video Manual**.

FACETAS, Fourth Edition, Supersite

Included with the purchase of every new student edition, the passcode to the Supersite (**vhlcentral.com**) gives students access to a wide variety of interactive activities for each section of every lesson of the student text, including auto-graded activities for extra practice with vocabulary, grammar, video, and cultural content; reference tools; the **Fotonovela** videos; the **Cinemateca** short films, **Flash Cultura** videos; the Lab Program MP3 files, and more. *For additional details, see pages IAE-12 and IAE-13.*

Icons

Familiarize yourself with these icons that appear throughout **FACETAS**.

(S) Supersite content available

Activity available on Supersite

Audio activity

Pair activity

Group activity

Text next to the Supersite icon will let you know exactly what type of content is available online. Additional practice on the Supersite, not included in the textbook, is indicated with this icon feature: Practice more at **vhlcentral.com**.

CONTEXTOS

practices the lesson vocabulary with thematic activities.

5 CONTEXTOS

Los viajes

Vocabulary Tools

De viaje

Para sus vacaciones, Cecilia y Juan **hicieron un viaje** al Caribe. El último día decidieron descansar en la piscina antes de **hacer las maletas**. Se durmieron... ¡y **perdieron el vuelo**! De todos modos, no querían **regresar**.

la bienvenida *welcome*
la despedida *farewell*
el destino *destination*
el itinerario *itinerary*
la llegada *arrival*

el pasaje (de ida y vuelta) *(round-trip) ticket*
el pasaporte *passport*
la tarjeta de embarque *boarding pass*
la temporada alta/baja *high/low season*
el/la viajero/a *traveler*

hacer las maletas *to pack*
hacer transbordo *to transfer (planes/trains)*
hacer un viaje *to take a trip*
ir(se) de vacaciones *to go on vacation*
perder (e:ie) (el vuelo) *to miss (the flight)*
regresar *to return*

a bordo *on board*
retrasado/a *delayed*
vencido/a *expired*
vigente *valid*

El alojamiento

el albergue *hostel*
el alojamiento *lodging*
la habitación individual/doble *single/double room*
la recepción *front desk*
el servicio de habitación *room service*

alojarse *to stay*
cancelar *to cancel*
estar lleno/a *to be full*
quedarse *to stay*
reservar *to reserve*

de (buena) categoría *first-rate*
incluido/a *included*
recomendable *advisable*

La seguridad y los accidentes

el accidente (automovilístico) *(car) accident*
el/la agente de aduanas *customs agent*
el aviso *notice; warning*
el cinturón de seguridad *seat belt*
el congestionamiento *traffic jam*
las medidas de seguridad *security measures*
la seguridad *safety; security*
el seguro *insurance*

aterrizar *to land*
despegar *to take off*
ponerse/quitarse el cinturón *to fasten/to unfasten the seat belt*
reducir (la velocidad) *to reduce (speed)*

peligroso/a *dangerous*
prohibido/a *prohibited*

E NO ESTACIONAR

Las excursiones

Después de **recorrer** el canal de Panamá, el **crucero** navegó hasta un **puerto** de Costa Rica, donde los viajeros pudieron disfrutar de dos días de **ecoturismo**.

la aventura *adventure*
el/la aventurero/a *adventurer*
la brújula *compass*
el buceo *scuba diving*
el campamento *campground*
el crucero *cruise (ship)*
el (eco)turismo *(eco)tourism*
la excursión *outing; tour*
la frontera *border*
el/la guía turístico/a *tour guide*
la isla *island*

las olas *waves*
el puerto *port*
las ruinas *ruins*
la selva *jungle*
el/la turista *tourist*

navegar *to sail*
recorrer *to tour*

lejano/a *distant*
turístico/a *tourist (adj.)*

Práctica

1 Escuchar

A. Escucha lo que dice Julia, una guía turística, y después marca las oraciones que contienen la información correcta.

1. a. Los turistas llegaron hace una semana.
   b. La guía turística les da la bienvenida.
2. a. Los turistas van a ir al campamento en autobús.
   b. Los turistas van a ir al campamento en tren.
3. a. Los turistas se van a alojar en un campamento.
   b. Los turistas van a ir a un albergue.
4. a. El destino es una isla.
   b. El destino es la selva.
5. a. Les van a dar el itinerario mañana.
   b. El itinerario se lo darán la semana que viene.

B. Dos aventureros se separaron del grupo y tuvieron problemas. Escucha la conversación telefónica entre Mariano y el agente de viajes, y después contesta las preguntas.

1. ¿Qué les ha pasado a Mariano y a su novia?
2. ¿Adónde iban ellos cuando tuvieron el accidente?
3. ¿Quién fue el responsable del accidente? ¿Por qué?
4. ¿Tienen que pagar por los gastos médicos?
5. ¿Qué ha decidido la pareja?

2 Significados Escribe la palabra adecuada para cada definición.

1. documento necesario para ir a otro país _____
2. las forma el movimiento del agua del mar _____
3. vacaciones en un barco _____
4. instrumento que dice dónde está el norte _____
5. línea que separa dos países _____
6. lugar del hotel donde te dan las llaves de la habitación _____
7. documento necesario para poder subir a un avión _____
8. lo contrario de vencido _____
9. lugar rodeado de agua _____

Los viajes

Vocabulary Easy-to-study thematic lists present useful vocabulary.

Photos and illustrations Dynamic, full-color photos and art illustrate selected vocabulary terms.

Práctica This set of activities practices vocabulary in diverse formats and engaging contexts.

Comunicación These open-ended activities have students interact with a partner, a small group, or the entire class.

upersite

- Audio recordings of all vocabulary items
- Textbook activities including Partner Chat or Virtual Chat activity
- Additional online-only practice activities

Supersite features vary by access level. Visit **vistahigherlearning.com** to explore which Supersite level is right for you.

FOTONOVELA

features a situational comedy about the everyday adventures of a magazine staff.

Personajes The photo-based conversations take place among a cast of recurring characters—six people who work for a magazine called *Facetas* in Mexico City.

Conversations The engaging conversations incorporate vocabulary from the **Contextos** section and preview grammar structures you will study in the **Estructura** section, all within a comprehensible context.

Expresiones útiles New, active words and expressions are organized by function, so you can concentrate on using them for real-life, practical purposes.

Supersite

Streaming **Fotonovela** video with instructor-controlled subtitle options

Supersite features vary by access level. Visit **vistahigherlearning.com** to explore which Supersite level is right for you.

COMPRENSIÓN & AMPLIACIÓN

reinforce and expand upon the *Fotonovela*.

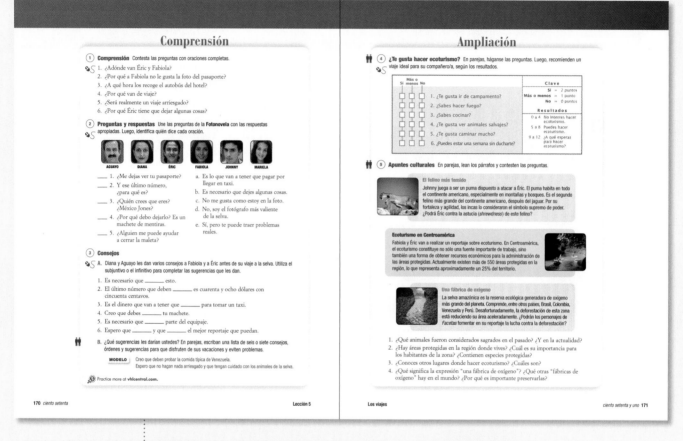

Comprensión These exercises check your basic understanding of the **Fotonovela** conversations.

Ampliación Communicative activities take a step further, asking you to apply or react to the content in a personalized way.

Apuntes culturales Cultural notes illustrated with photographs provide additional reading practice and important cultural information related to **Fotonovela**. Follow-up questions check comprehension and expand on the topics.

Supersite

Textbook and additional online-only activities

Supersite features vary by access level. Visit **vistahigherlearning.com** to explore which Supersite level is right for you.

ENFOQUES

explores cultural topics related to the lesson theme, focused by region.

En detalle & Perfil Feature articles expand on topics related to the lesson theme, supported by photos, maps, and graphical features.

El mundo hispanohablante & Así lo decimos Lexical and comparative features highlight traditions, customs, and trends throughout the Spanish-speaking world.

Activities Comprehension, open-ended, and project-based activities in **¿Qué aprendiste?** check your understanding of the material and lead to further exploration.

Flash Cultura Each lesson features a video shot in the form of a news broadcast. Comprehension and expansion activities help them get the most out of it.

Supersite

- All reading selections
- Textbook and additional online-only activities
- **Conexión Internet** search activity
- Streaming **Flash Cultura** video with instructor-controlled subtitle options

Supersite features vary by access level. Visit **vistahigherlearning.com** to explore which Supersite level is right for you.

ESTRUCTURA

presents key intermediate grammar topics
with detailed visual support.

Integration of Cinemateca Photos with quotes or captions from the lesson's short film show the new grammar structures in meaningful contexts.

Charts and diagrams Colorful, easy-to-understand charts and diagrams highlight key grammar structures and related vocabulary.

Grammar explanations Explanations are written in clear, easy-to-understand language for reference both in and out of class.

Atención These sidebars expand on the current grammar point and call attention to possible sources of confusion.

Supersite

- Grammar Presentations
- Grammar Tutorials

Supersite features vary by access level. Visit **vistahigherlearning.com** to explore which Supersite level is right for you.

ESTRUCTURA

progresses from directed to communicative practice.

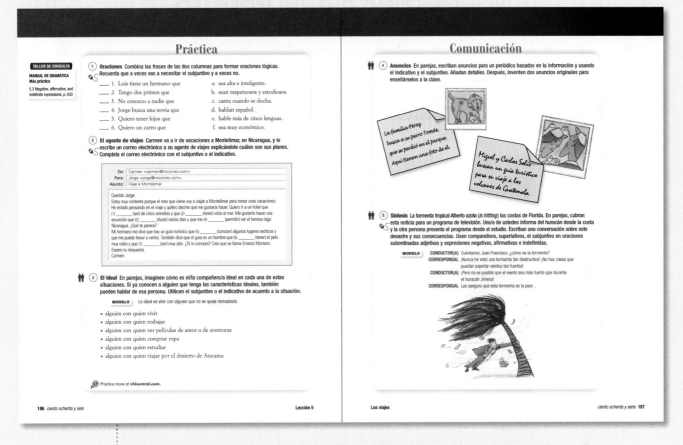

Práctica

TALLER DE CONSULTA

MANUAL DE GRAMÁTICA
Más práctica

5.3 Negative, affirmative, and indefinite expressions, p. A30

1 **Oraciones** Combina las frases de las dos columnas para formar oraciones lógicas. Recuerda que a veces vas a necesitar el subjuntivo y a veces no.

_____ 1. Luis tiene un hermano que   a. sea alta e inteligente.
_____ 2. Tengo dos primos que   b. sean respetuosos y estudiosos.
_____ 3. No conozco a nadie que   c. canta cuando se ducha.
_____ 4. Jorge busca una novia que   d. hablan español.
_____ 5. Quiero tener hijos que   e. hable más de cinco lenguas.
_____ 6. Quiero un carro que   f. sea muy económico.

2 **El agente de viajes** Carmen va a ir de vacaciones a Montelimar, en Nicaragua, y le escribe un correo electrónico a su agente de viajes explicándole cuáles son sus planes. Completa el correo electrónico con el subjuntivo o el indicativo.

De:	Carmen <carmen@micorreo.com>
Para:	Jorge <jorge@micorreo.com>
Asunto:	Viaje a Montelimar

Querido Jorge:
Estoy muy contenta porque el mes que viene voy a viajar a Montelimar para tomar unas vacaciones. He estado pensando en el viaje y quiero decirte qué me gustaría hacer. Quiero ir a un hotel que (1) _____ (ser) de cinco estrellas y que (2) _____ (tener) vista al mar. Me gustaría hacer una excursión que (3) _____ (durar) varios días y que me (4) _____ (permitir) ver el famoso lago Nicaragua. ¿Qué te parece?
Mi hermano me dice que hay un guía turístico que (5) _____ (conocer) algunos lugares exóticos y que me puede llevar a verlos. También dice que el guía es un hombre que (6) _____ (tener) el pelo muy rubio y que (7) _____ (ser) muy alto. ¿Tú lo conoces? Creo que se llama Ernesto Montero.
Espero tu respuesta.
Carmen

3 **El ideal** En parejas, imaginen cómo es el/la compañero/a ideal en cada una de estas situaciones. Si ya conocen a alguien que tenga las características ideales, también pueden hablar de esa persona. Utilicen el subjuntivo o el indicativo de acuerdo a la situación.

MODELO Lo ideal es vivir con alguien que no se queje demasiado.

- alguien con quien vivir
- alguien con quien trabajar
- alguien con quien ver películas de amor o de aventuras
- alguien con quien comprar ropa
- alguien con quien estudiar
- alguien con quien viajar por el desierto de Atacama

Practice more at vhlcentral.com.

Comunicación

4 **Anuncios** En parejas, escriban anuncios para un periódico basados en la información y usando el indicativo y el subjuntivo. Añadan detalles. Después, inventen dos anuncios originales para enseñárselos a la clase.

La familia Pérez busca a su perro Tomás, que se perdió en el parque. Aquí tienen una foto de él.

Miguel y Carlos Solís buscan un guía turístico para su viaje a los volcanes de Guatemala.

5 **Síntesis** La tormenta tropical Alberto azota (*is hitting*) las costas de Florida. En parejas, cubran esta noticia para un programa de televisión. Uno/a de ustedes informa del huracán desde la costa y la otra persona presenta el programa desde el estudio. Escriban una conversación sobre este desastre y sus consecuencias. Usen comparativos, superlativos, el subjuntivo en oraciones subordinadas adjetivas y expresiones negativas, afirmativas e indefinidas.

MODELO   CONDUCTOR(A) Cuéntanos, Juan Francisco, ¿cómo es la tormenta?
     CORRESPONSAL ¡Nunca he visto una tormenta tan destructiva! ¡No hay casas que puedan soportar vientos tan fuertes!
     CONDUCTOR(A) ¡Pero no es posible que el viento sea más fuerte que durante el huracán Jimena!
     CORRESPONSAL Les aseguro que esta tormenta es la peor...

Práctica Directed exercises support students as they begin working with the grammar structures, helping them master the forms they need for personalized communication.

Comunicación Open-ended, communicative activities help students internalize the grammar point in a range of contexts involving pair and group work.

Taller de consulta These sidebars reference additional activities and grammar topics in the **Manual de gramática** found at the end of the book.

Ⓢupersite

- Textbook activities including Partner Chat or Virtual Chat activities
- Additional online-only practice activities

Supersite features vary by access level. Visit **vistahigherlearning.com** to explore which Supersite level is right for you.

CINEMATECA

features award-winning short films by contemporary Hispanic filmmakers.

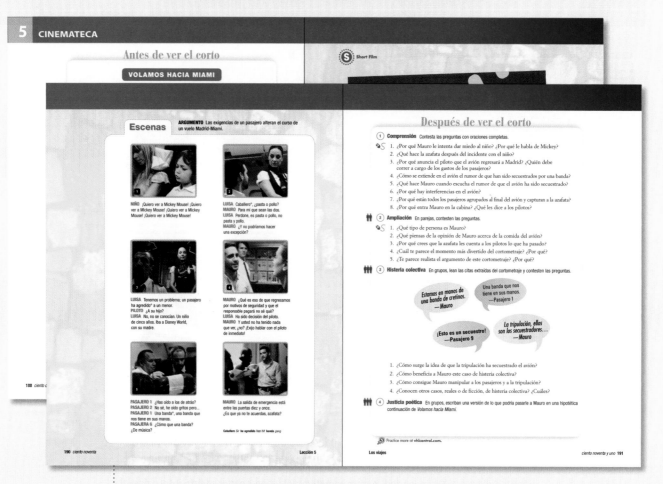

Films Compelling short films let students see and hear Spanish in its authentic contexts. Films are thematically linked to the lessons.

Escenas Video stills with captions from the film prepare students for the film and introduce some of the expressions they will encounter.

Antes de ver... Pre-viewing activities prepare students to view the film.

Vocabulario calls out vocabulary key to understanding the film.

Después de ver... Post-viewing activities check students' comprehension and guide them through interpreting the film and reacting to it.

Ⓢupersite

- Streaming video of short films with instructor-controlled subtitle options
- Textbook activities and additional online-only practice activities

Supersite features vary by access level. Visit **vistahigherlearning.com** to explore which Supersite level is right for you.

LECTURAS: LITERATURA

showcases literary readings by well-known writers from across the Spanish-speaking world.

Literatura Comprehensible and compelling, these readings present new avenues for using the lesson's grammar and vocabulary.

Design Each reading is presented in the attention-grabbing visual style you would expect from a magazine, along with glosses of unfamiliar words.

Supersite

- Audio-sync technology for the literary reading that highlights text as it is being read

Supersite features vary by access level. Visit **vistahigherlearning.com** to explore which Supersite level is right for you.

LECTURAS: CULTURA

features an article on cultural topics related to the lesson theme.

APOGEO MAYA

Chichén Itzá

La ruta maya

Los mayas, investigadores de ciencias y matemáticas, y destacados° arquitectos de espacios monumentales, han dejado evidencia de un mundo ilustre e intelectual que todavía brilla hoy día. En su momento de mayor extensión, el territorio maya incluía partes de lo que ahora es México, Guatemala, Belice, El Salvador y Honduras. Una imaginaria ruta maya une estos lugares dispersos, atravesando° siglos y países, y revela restos de una gran civilización. La ruta pasa por selva y ciudad, por vegetación exuberante y por

renowned

crossing

🅢 Audio: Reading

ruinas que resisten y también muestran el
10 paso del tiempo. El viajero puede elegir entre múltiples lugares y numerosos caminos. Sin embargo, hay un itinerario particular que conecta la arquitectura, la cultura y el deporte a través del tiempo y el espacio: la ruta de los
15 campos de pelota. Debido al° enorme valor cultural del juego, se construyeron canchas en casi todas las poblaciones importantes, incluyendo las espléndidas construcciones de Copán y Chichén Itzá. La ruta, que pasa
20 por algunos de los 700 campos de pelota, desentierra° maravillas arqueológicas.

En la densa selva en el oeste de Honduras, cerca de la frontera con Guatemala, surge° Copán, donde gobernaron varias dinastías
25 de reyes. Entre las ruinas, permanece° un elegantísimo campo de pelota, una cancha que tenía hasta vestuarios° para los jugadores. Grandes paredes, adornadas de esculturas de loros°, rodean° el campo más artístico de
30 Mesoamérica. En Copán vivía una élite de artesanos y nobles que esculpían° y escribían en piedra. Por eso, se concentran en Copán la mayor cantidad de esculturas° y estelas° —monumentos de figuras y lápidas° con

Due to the

unearths

emerges

lies

dressing rooms

parrots/ surround

sculpted

sculptures/ steles

stone tables

Mesoamérica

La región de Mesoamérica empieza en el centro de México y llega hasta la frontera entre Nicaragua y Costa Rica. Aquí vivían sociedades agrarias que se destacaron por sus avances en la arquitectura, el arte y la tecnología en los 3.000 años anteriores a la llegada de Cristóbal Colón al continente americano. Entre las culturas de Mesoamérica se incluyen la maya, la azteca, la olmeca y la tolteca. Los mayas tomaron la escritura y el calendario mesoamericanos y los desarrollaron hasta su mayor grado de sofisticación.

35 jeroglíficos— de la ruta maya. En las famosas escalinatas° de la ciudad se pueden examinar jeroglíficos que contienen todo un árbol genealógico y que cuentan la historia de los reyes de Copán. Estas inscripciones forman el
40 texto maya más largo que se preserva hoy día.

stairways

Campo de pelota en Copán

El más impresionante de los campos de pelota se encuentra en Chichén Itzá en Yucatán, México. En su período de esplendor, Chichén Itzá era el centro de
45 poder de Mesoamérica. Actualmente es uno de los sitios arqueológicos más importantes del mundo. La gran pirámide, conocida con el nombre *El Castillo*, era un rascacielos° en su época. Con escaleras que suben a la
50 cumbre° por los cuatro lados, El Castillo sirvió de templo del dios Kukulcán. Hay varias canchas de pelota en Chichén Itzá, pero la más grandiosa y espectacular se llama el Gran Juego de Pelota. A pesar de medir°
55 166 por 68 metros (181 por 74 yardas), la acústica es tan magnífica que sirve de modelo para teatros: un susurro° se puede oír de un extremo al otro. Mientras competían, los jugadores sentían la presión de las esculturas
60 que adornaban las paredes, las cuales muestran a unos jugadores decapitando a otros. El peligro era un recordatorio° de que el juego era también una ceremonia solemne y el campo, un templo.

65 Esta ruta maya continúa por campos como el de Uxmal en Yucatán, México, donde se pueden apreciar grandes logros° arquitectónicos. En todos ellos, se oyen las voces lejanas de la civilización maya, ecos que
70 nos hacen viajar por el tiempo y despiertan la imaginación. ◼

skyscraper

peak

measuring

whisper

reminder

achievements

Appealing Topics The **Cultura** readings present a unique range of topics that expose you to the people, traditions, and accomplishments of the different cultures of the Spanish-speaking world.

Design Readings are carefully laid out with line numbers, marginal glosses, pull quotes, and box features to help make each piece easy to navigate.

Photos Vibrant, dynamic photos visually illustrate the reading.

🅢upersite

- Audio-sync technology for the cultural reading that highlights text as it is being read

Supersite features vary by access level. Visit **vistahigherlearning.com** to explore which Supersite level is right for you.

ANTES DE LEER and DESPUÉS DE LEER

activities provide in-depth pre- and post-reading support for each selection in Literatura and Cultura.

Después de leer

5 LECTURAS

Antes de leer

La luz es como el agua

Sobre el autor

Nacido en 1928 en Aracataca, Colombia, **Gabriel García Márquez** fue criado por sus abuelos entre mitos y leyendas que serán la base de su futura obra narrativa. Abandonó sus estudios de derecho para dedicarse al periodismo. Como corresponsal en Italia, viajó por toda Europa. Vivió en diferentes lugares y escribió guiones (*scripts*) de cine, cuentos y novelas. En 1967 publicó su novela más famosa, *Cien años de soledad*, y en 1982 recibió el Premio Nobel de Literatura. Tras su muerte en 2014, se le recuerda como uno de los narradores contemporáneos más influyentes de la literatura en español, y quizá como el más querido. De su libro *Doce cuentos peregrinos* (al que pertenece el cuento "La luz es como el agua"), dijo que lo escribió porque quería hablar "sobre las cosas extrañas que les suceden a los latinoamericanos en Europa".

Vocabulario

ahogado/a *drowned*	el faro *lighthouse*	la popa *stern*
la bahía *bay*	flotar *to float*	la proa *bow*
el bote *boat*	el muelle *pier*	el remo *oar*
la cascada *cascade; waterfall*	la pesca *fishing*	el tiburón *shark*

Palabras relacionadas Indica qué palabra no pertenece al grupo.

1. bote–remo–mueble–navegar
2. brújula–balcón–puerto–proa
3. pesca–buceo–tiburones–tigre
4. popa–edificio–cascada–bahía

Conexión personal Cuando eras niño/a, ¿te gustaba soñar con viajes a lugares imposibles? ¿Sigues soñando o imaginando viajes a lugares fantásticos? ¿Alguna vez viviste en un país extranjero? ¿Qué cosas extrañabas?

Análisis literario: el realismo mágico

El realismo mágico es una síntesis entre el realismo y la literatura fantástica. Muchos escritores latinoamericanos, como Gabriel García Márquez y Carlos Fuentes, incorporaron elementos fantásticos al mundo cotidiano de los personajes, que aceptan la magia y la fantasía como normales. En el realismo mágico, lo real se torna mágico, lo maravilloso es parte de lo cotidiano y no se cuestiona la lógica de lo fantástico. Uno de los precursores del género, Alejo Carpentier, explicó que "En América Latina, lo maravilloso se encuentra en vuelta de cada esquina, en el desorden, en lo pintoresco de nuestras ciudades, (...) en nuestra naturaleza y (...) también en nuestra historia". Presta atención a la representación de la realidad en el cuento.

Practice more at **vhlcentral.com.**

196 *ciento noventa y seis*   Lección 5

Después de leer

CULTURA

Antes de leer

Vocabulario

el apogeo *peak*	el mito *myth*
el artefacto *artifact*	la pared *wall*
el campo *ball field*	la piedra *stone*
el/la dios(a) *god/goddess*	la pirámide *pyramid*
el juego de pelota *ball game*	la ruta maya *the Mayan Trail*
la leyenda *legend*	

Tikal Completa las oraciones con las palabras apropiadas.

1. Tikal, antiguamente una gran ciudad, es ahora una impresionante colección de ruinas que se encuentra en la _____ de Guatemala.
2. Hay seis _____ en el centro de la ciudad. Son los edificios más grandes de Tikal.
3. En la misma zona hay varios _____ donde se jugaba al _____.
4. Durante sus excavaciones, los arqueólogos han encontrado _____ fascinantes y también esculturas y monumentos de _____.

Conexión personal ¿Cuál es la ruta más interesante que has recorrido? ¿Fue un viaje organizado o lo planeaste por tu cuenta?

Contexto cultural

Campo de pelota en Chichén Itzá

En la cultura maya, el deporte era a veces cuestión de vida o muerte. El juego de pelota se jugó durante más de 3.000 años en un campo entre muros (*walls*) con una pelota muy dura y muy pesada: podía llegar a pesar hasta nueve libras, aproximadamente. Este juego se celebraba en la vida cotidiana, pero a veces se jugaba como parte de una ceremonia. Entonces era un juego muy violento que acababa a veces con un sacrificio ritual: posiblemente la decapitación de algunos de los jugadores.

Cuenta la leyenda que los hermanos gemelos Ixbalanqué y Hunahpú eran tan aficionados al juego que enojaron a los dioses de la muerte, los señores de Xibalbá, con el ruido (*noise*) que hacían con las pelotas. Los señores de Xibalbá controlaban un mundo subterráneo, al que se llegaba por una cueva (*cave*). Todo individuo que entraba en Xibalbá pasaba por una serie de pruebas terribles, como cruzar un río de escorpiones, entrar en una casa llena de cuchillos en movimiento y participar en un juego mortal de pelota.

Los gemelos usaron su habilidad atlética, su inteligencia y la magia para vencer a los dioses y transformarse en el sol y la luna. Por eso, entre los mayas, el juego era una competencia entre fuerzas opuestas, como el bien y el mal, o la luz y la oscuridad.

Practice more at **vhlcentral.com.**

Los viajes   *doscientos uno* 201

Antes de leer Vocabulary presentation and practice, author biographies, and pre-reading discussion activities prepare students for the reading.

Después de leer Post-reading activities check student understanding and guide them to discuss the topic of the reading, express their opinions, and explore how it relates to their own experiences.

Supersite

- Textbook activities including Partner Chat or Virtual Chat activities (in **Literatura** or **Cultura**)
- Additional online-only practice activities
- **Sobre el autor** reading with online-only activity

Supersite features vary by access level. Visit **vistahigherlearning.com** to explore which Supersite level is right for you.

ATANDO CABOS

develops your speaking and writing skills.

¡A conversar! Step-by-step tasks and problem-solving situations engage you in discussion in pairs, small groups, or with the entire class.

Thematic Readings and Realia These texts serve as springboards for discussion and writing while providing frameworks to help you use language creatively.

¡A escribir! This section provides an engaging, real-life writing task—letters, e-mails, anecdotes, etc.—spun off from the lesson theme.

Supersite

- Textbook activity via online composition engine

Supersite features vary by access level. Visit **vistahigherlearning.com** to explore which Supersite level is right for you.

VOCABULARIO

summarizes the active vocabulary in each lesson.

5 VOCABULARIO

(S) Vocabulary Tools

De viaje

la bienvenida	welcome
la despedida	farewell
el destino	destination
el itinerario	itinerary
la llegada	arrival
el pasaje (de ida y vuelta)	(round-trip) ticket
el pasaporte	passport
la tarjeta de embarque	boarding pass
la temporada alta/baja	high/low season
el/la viajero/a	traveler
hacer las maletas	to pack
hacer transbordo	to transfer (planes/trains)
hacer un viaje	to take a trip
ir(se) de vacaciones	to go on vacation
perder (e:ie) (el vuelo)	to miss (the flight)
regresar	to return
a bordo	on board
retrasado/a	delayed
vencido/a	expired
vigente	valid

El alojamiento

el albergue	hostel
el alojamiento	lodging
la habitación individual/doble	single/double room
la recepción	front desk
el servicio de habitación	room service
alojarse	to stay
cancelar	to cancel
estar lleno/a	to be full
quedarse	to stay
reservar	to reserve
de (buena) categoría	first-rate
incluido/a	included
recomendable	advisable

La seguridad y los accidentes

el accidente (automovilístico)	(car) accident
el/la agente de aduanas	customs agent
el aviso	notice; warning
el cinturón de seguridad	seat belt
el congestionamiento	traffic jam
las medidas de seguridad	security measures
la seguridad	safety; security
el seguro	insurance
aterrizar	to land
despegar	to take off
ponerse/quitarse el cinturón	to fasten/to unfasten the seat belt
reducir (la velocidad)	to reduce (speed)
peligroso/a	dangerous
prohibido/a	prohibited

Las excursiones

la aventura	adventure
el/la aventurero/a	adventurer
la brújula	compass
el buceo	scuba diving
el campamento	campground
el crucero	cruise (ship)
el (eco)turismo	(eco)tourism
la excursión	outing; tour
la frontera	border
el/la guía turístico/a	tour guide
la isla	island
las olas	waves
el puerto	port
las ruinas	ruins
la selva	jungle
el/la turista	tourist
navegar	to sail
recorrer	to tour
lejano/a	distant
turístico/a	tourist (adj.)

Más vocabulario

Expresiones útiles	Ver p. 169
Estructura	Ver pp. 176–177, 180–181, 184–185 y 188–189

Cinemateca

el arma	weapon
la cabina	cockpit
la cobertura	(cell phone) service
la espuma	foam
el expediente	investigation
la rabia	rabies
el secuestro	hijacking
los sudores	sweats
la tripa	belly
la tripulación	crew
correr a cargo de	to be paid by
meterse en un lío	to get into a mess
molar	to be cool
molestar	to bother
morder	to bite
cretino/a	idiot

Literatura

la bahía	bay
el bote	boat
la cascada	cascade; waterfall
el faro	lighthouse
el muelle	pier
la pesca	fishing
la popa	stern
la proa	bow
el remo	oar
el tiburón	shark
flotar	to float
ahogado/a	drowned

Cultura

el apogeo	peak
el artefacto	artifact
el campo	ball field
el/la dios(a)	god/goddess
el juego de pelota	ball game
la leyenda	legend
el mito	myth
la pared	wall
la piedra	stone
la pirámide	pyramid
la ruta maya	the Mayan Trail

206 doscientos seis

Lección 5

Vocabulario All the lesson's active vocabulary is grouped in easy-to-study thematic lists and tied to the lesson section in which it was presented.

(S)upersite

- Vocabulary list with audio
- Customizable study lists

Supersite features vary by access level. Visit **vistahigherlearning.com** to explore which Supersite level is right for you.

MANUAL DE GRAMÁTICA

presents additional grammar topics with practice and additional practice for all lesson topics.

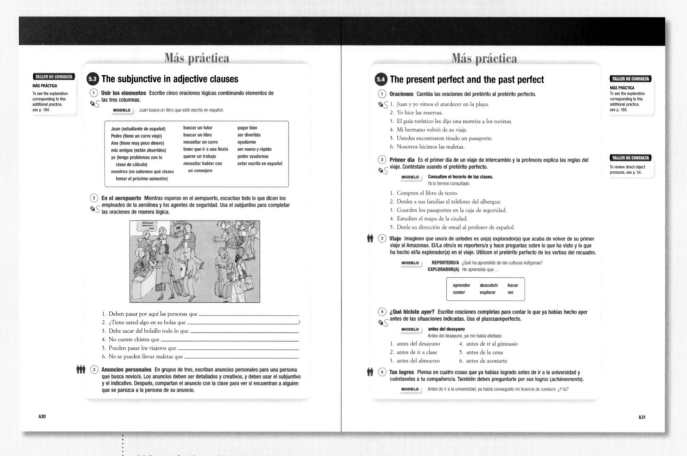

Más práctica Directed exercises and open-ended, communicative activities lend additional support for all grammar topics in **FACETAS**.

Más gramática Supplementary grammar presentations and practice are included for enrichment.

Supersite

- Grammar presentations
- Textbook activities

Supersite features vary by access level. Visit **vistahigherlearning.com** to explore which Supersite level is right for you.

Fotonovela Video

The Cast

Here are the main characters you will meet when you watch the **FACETAS** video:

Mariela Burgos

José Raúl Aguayo

Éric Vargas

Diana González

Juan (Johnny) Medina

Fabiola Ledesma

An episode in the format of a sitcom accompanies each lesson in **FACETAS**. These episodes portray the everyday lives and adventures of the staff working at the lifestyle magazine *Facetas,* based in Mexico City.

The **Fotonovela** section in each textbook lesson is actually an abbreviated version of the dramatic episode featured in the video. Therefore, each **Fotonovela** section can be done before you see the corresponding video episode, after it, or as a stand-alone section.

Besides providing entertainment, the video serves as a useful learning tool. As you watch the episodes, you will observe the characters interacting in various situations and using real-world language that reflects the vocabulary and grammar you are studying. In addition, because language learning is an ongoing, cumulative process, you will find that the dramatic segments carefully combine new vocabulary and grammar with previously taught language as the video progresses.

The overwhelmingly popular **Flash Cultura** video provides an entertaining and authentic complement to the **Enfoques** section of each lesson. Correspondents from various Spanish-speaking countries report on aspects of life in their countries, conducting street interviews with residents along the way. These episodes draw attention to similarities and differences between Spanish-speaking countries and the U.S., while highlighting fascinating aspects of the target culture. The videos are available on the **FACETAS**, Fourth Edition Supersite or on the Instructor DVD Set.

LECCIÓN 1

Las relaciones personales
(España)

LECCIÓN 4

Las farmacias
(Ecuador)

LECCIÓN 2

El cine mexicano
(México)

LECCIÓN 5

¡Viajar y gozar!
(Costa Rica)

LECCIÓN 3

De compras en Barcelona
(España)

LECCIÓN 6

Un bosque tropical
(Puerto Rico)

FACETAS Film Collection

Fully integrated with your textbook, the **FACETAS** Film Collection features dramatic short films by Hispanic filmmakers. These films are the basis for the pre- and post-viewing activities in the **Cinemateca** section of each lesson. The films are a central feature of the lesson, providing opportunities to review and recycle vocabulary from **Contextos**, and previewing and contextualizing the grammar from **Estructura**.

The films are available on the **FACETAS**, Fourth Edition Supersite or on the Instructor DVD Set.

LECCIÓN 1
Di algo
(España; 15 minutos)

A young blind woman falls in love with a man based on his voice. The only problem is that she has never heard him in person... just on a recording.

LECCIÓN 2
NEW! El tiple
(Colombia; 16 minutos)

Pastor's wife has fallen ill, and he decides to sell his guitar in order to buy the medicine she needs.

LECCIÓN 3
Adiós mamá
(México; 8 minutos)

A man is grocery shopping alone on an ordinary day when a chance meeting makes him the focus of an elderly woman's existential conflict, with a surprising result.

LECCIÓN 4
Éramos pocos
(España; 16 minutos)

After being abandoned by his wife, a man teams up with his son to enlist the help of her mother to keep house.

LECCIÓN 5
NEW! Volamos hacia Miami
(España; 18 minutos)

A flight from Madrid to Miami is disrupted by an unruly passenger, who decides to challenge the rules of conduct on an airplane.

LECCIÓN 6
El día menos pensado
(México; 11 minutos)

A city ends up without potable water; people must decide whether to flee or stand and guard what little water they have left.

FACETAS and the *Standards* for Foreign Language Learning

Since 1982, when the *ACTFL Proficiency Guidelines* were first published, that seminal document and its subsequent revisions have influenced the teaching of modern languages in the United States. **FACETAS** was written with the concerns and philosophy of the *ACTFL Proficiency Guidelines* in mind. It emphasizes an interactive, proficiency-oriented approach to the teaching of language and culture.

The pedagogy behind **FACETAS** was also informed from its inception by the *Standards for Foreign Language Learning in the 21st Century*. First published under the auspices of the *National Standards in Foreign Language Education Project*, the Standards are organized into five goal areas, often called the Five C's: Communication, Cultures, Connections, Comparisons, and Communities. National Standards icons appear on the pages of your IAE to call out sections that have a particularly strong relationship with the Standards.

Since **FACETAS** employs a communicative approach to the teaching of Spanish, the Communications goal is an integral part of the student text. Diverse formats (discussion topics, role-plays, interviews, oral presentations, and so forth) promote authentic communicative exchanges in which students provide, obtain, and interpret information, as well as express emotions or opinions. Interactive **Comunicación, Atando cabos,** and **Después de ver el corto/leer** activities allow students to synthesize grammatical, cultural, and thematic material to expand their communicative abilities. In addition to oral skills, written communicative skills are strengthened through a wide array of practical and creative tasks.

FACETAS also stresses cultural competency and the ability to make connections as invaluable components of language learning. **Enfoques, Cinemateca,** and **Lecturas** sections all provide students with the opportunity to acquire information, to expand cultural knowledge, and to recognize distinctive viewpoints. Through connections with multiple disciplines such as film, literature, and art, students are exposed to various cultural practices and perspectives of the Spanish speakers.

Students develop further insight into the nature of language and culture through comparisons with their own. Compelling discussion topics throughout the text encourage students to compare new information with familiar concepts and ideas. In addition, the clear, comprehensive grammar explanations in **Estructura** allow students to compare and contrast the grammatical structures of their own language with those presented in **FACETAS**.

Finally, **FACETAS** encourages students to expand their use of language beyond the classroom setting and participate in broader, richer Spanish-speaking communities. In the **Enfoques** section of each lesson, outside projects provide access to a wealth of opportunities for students to expand their use of Spanish outside the classroom.

As you become familiar with the **FACETAS** program, you will find many more connections to the *Standards for Foreign Language Learning*. We encourage you to keep its goals in mind and to make new connections as you work with the text and ancillaries.

Communication Understand and be understood: read and listen to understand the Spanish-speaking world, converse with others, and share your thoughts clearly through speaking and writing.

Cultures Experience Spanish-speaking cultures through their own viewpoints, in the places, objects, behaviors, and beliefs important to the people who live them.

Connections Apply what you learn in your Spanish course to your other studies; apply what you know from other courses to your Spanish studies.

Comparisons Discover in which ways the Spanish language and Spanish-speaking cultures are like your own—and how they differ.

Communities Engage with Spanish-speaking communities locally, nationally, and internationally both in your courses and beyond—for life.

General Teaching Considerations

Orienting Students to the Student Textbook

You may want to spend some time orienting students to the **FACETAS** textbook on the first day. Have students flip through **Lección 1**. Explain that all lessons are organized in the same manner so they will always know "where they are" in the textbook. Emphasize that all sections are self-contained, occupying either a full page or spreads of two facing pages. Call students' attention to the use of color and/or boxes to highlight important information in charts, diagrams, word lists, and activities. Also point out how the major sections of each lesson are color-coded for easy navigation: red for **Contextos**, blue for **Fotonovela**, light green for **Enfoques**, purple for **Estructura**, teal for **Cinemateca**, and magenta for **Lecturas**. Then point out the **¡Atención!** and **Taller de consulta** sidebars and explain that these boxes provide useful lexical and grammatical information related to the material they are studying.

Flexible Lesson Organization

To meet the needs of diverse teaching styles, institutions, and instructional objectives, **FACETAS** has a very flexible lesson organization. You can begin with the lesson opening page and progress sequentially through the lesson, or you may rearrange the order of the material in each lesson to suit your teaching preferences and students' needs. If you do not want to devote class time to teaching grammar or reading the literary and cultural selections, you can assign them for outside study, freeing up class time for other purposes like developing listening, speaking, or writing skills, and working with the video. Similarly, all **¡A escribir!** activities can be assigned as homework. The **Manual de gramática** at the end of the book provides additional flexibility in grammar instruction. Additional practice items and related grammar points for each lesson can be incorporated into classroom instruction, assigned for individual study, or used as homework. You might even prefer to skip some sections entirely or use them only periodically, depending on students' interests and time constraints. If you plan on using the **FACETAS** Testing Program, however, be aware that the quizzes and exams contain sections based on language presented in **Contextos, Estructura,** and **Fotonovela**.

Identifying Active Vocabulary

All boldfaced words and expressions appearing with the photos and thematic lists in the **Contextos** section are considered active vocabulary; as are all words and expressions in the **Expresiones útiles** boxes in the **Fotonovela** section, as well as words in charts, lists, and sample sentences of the **Estructura** section are also part of the active vocabulary load. All words and expressions in the **Vocabulario** boxes of **Cinemateca, Literatura,** and **Cultura** are also considered active vocabulary. Note that regional variations presented in the **Enfoques** section as well as marginal glosses from the readings and film captions are presented for recognition only. They are not included in testing materials, although you may wish to make them active vocabulary for your course, if you so choose. The additional terms and lexical variations provided in the annotations of the Instructor's Annotated Edition are also considered optional.

Maintaining a Writing Portfolio

Since students are building their writing skills at this level, you might want to have them maintain a portfolio of the written work they produce so they can periodically review their progress. You might also suggest that they keep a running list of the most common grammatical or spelling errors they make when writing. They can then refer to that list when editing and revising each assignment before handing it in for grading.

Suggestions for Using *Contextos*

Lesson Vocabulary

- Use the title, photo, and text on the lesson opening page as a springboard to introduce the themes and vocabulary of the lesson. Use the Preview annotation for partner, group, or class activities.

- Allow time for students to scan the table of contents and flip through the pages of each lesson, much as they would a magazine. Have students point out sections that appeal to them and briefly describe the cultural and thematic content of each lesson.

- To prepare students for new material, have them review what they already know about each theme by brainstorming related vocabulary words they have already learned.

- Introduce the new vocabulary by describing words and categories, then asking students yes/no or multiple-choice questions.

- Introduce the new vocabulary using Total Physical Response (TPR) or interactive class games such as Charades, Pictionary, and Hangman.

- Tell students that they will see some of the vocabulary in the context of a short film and ask them to look at the vocabulary and predict what they think the short film might be about.

Práctica

- The **Práctica** exercises can be done orally as class, pair, or group activities. They may also be assigned as written homework.

Comunicación

- Insist on the use of Spanish during partner and group activities. Encourage students to use the language creatively.

- Have students form pairs or groups quickly. Assign or rotate partners and group members as necessary to ensure a greater variety of communicative exchanges.

- Allow sufficient time for pair and group activities (between five and ten minutes depending on the activity), but do not give students too much time or they may lapse into English and socialize. Always give students a time limit for an activity before they begin.

- Circulate around the room and monitor students to make sure they are on task. Provide guidance as needed and note common errors for future review.

- Remind students to jot down information during pair and group discussion activities so they can report the results to the class.

- Encourage students to practice more online on the **FACETAS** Supersite.

Suggestions for Using *Fotonovela*

The **Fotonovela** section in the student text and the episodes of the **FACETAS Fotonovela Video** were created as interlocking pieces. All photos in the **Fotonovela** section are actual video stills from the corresponding **Fotonovela Video** episode. The printed conversations are shortened versions of the **Fotonovela** episode. Both the **Fotonovela** conversations and their expanded video versions represent comprehensible input at the discourse level; they were purposely written to use language from the corresponding lesson's **Contextos** and **Estructura** sections. Thus, as of **Lección 2,** they recycle known language, preview grammar points students will study later in the lesson, and, in keeping with the concept of "i + 1," contain a small amount of unknown language.

Since the **Fotonovela** section in the text and the **FACETAS Fotonovela Video** are so closely connected, you may use them in different ways. For instance, you can use the **Fotonovela** section as an advance organizer, presenting it before showing the video. You can also show the **Fotonovela Video** episode first and follow up with the **Fotonovela** section in the text, or you can show the video at the end of the lesson as a culminating activity. You can even use the **Fotonovela** text section as a stand-alone, video-independent section.

Begin by showing the first one or two episodes in class to familiarize students with the characters, story line, and style. After that, you might show the video in class or assign them for viewing outside the classroom. For each episode, there are **Comprensión** and **Ampliación** activities in the **Fotonovela** section of the corresponding textbook lesson and additional activities in the Video Manual section of the Student Activities Manual.

You might also want to use the **FACETAS Fotonovela Video** in class when working with the **Estructura** sections. You could play the sections of the video that correspond to the video stills in the grammar explanations or show parts of the video and ask students to identify certain grammar points.

Suggestions for Using *Enfoques*

- The **Enfoques** section is designed to be visually stimulating and highly interactive. Use this section in conjunction with the multimedia and online resources available to students and instructors. At **vhlcentral.com**, students can access the **Flash Cultura** video and comprehension activities. In addition to the general suggestions listed here, the Instructor's Resources, available on the **FACETAS** Supersite, contain specific teaching ideas and activities for all six **Enfoques** sections.

- Use the locator map to help students become familiar with the region of focus. The feature articles can be assigned for outside reading or you may use them in class to develop reading skills. Check student comprehension by asking comprehension questions as they read and by completing the activities in the **¿Qué aprendiste?** section.

- Call students' attention to the **Así lo decimos** feature. You may wish to bring in film or audio samples from the Film Collection, local TV and radio, or online resources to expose students to lexical variations and regional accents.

- Show the **Flash Cultura** videos in class via the **FACETAS** Supersite or assign it for outside viewing.

Suggestions for Using *Estructura*

Grammar Explanations

- Have students read the explanations at home and come to class with any questions. Explain the grammar in Spanish and try to keep explanations to a minimum, about five to ten minutes for each point. Grammar explanations should be assigned for homework so that class time can be devoted to the **Práctica** and **Comunicación** activities.

- Introduce new grammar in context, using short narrations, guided discussions, brief readings, or realia. Call on students to share what they already know about each grammar point.

- Use other sections of the text to introduce or reinforce grammatical concepts. Pause the **Cinemateca** film to discuss uses of each grammatical structure or have students jot down examples as they watch. Have students take notes of key grammatical structures as they read the **Cultura** and **Literatura** selections.

- Use the additional practice and/or explanations in the **Manual de gramática** to address any additional needs your students may have.

Práctica and *Comunicación*

- Activities marked with a mouse icon are also available on the Supersite with auto grading, or they can be submitted online for instructor grading. These activities may be assigned as homework; depending on students' success rate, devote additional time to the explanation or to extra **Práctica** activities before moving on to **Comunicación**.

- Insist on the use of Spanish for all pair and group activities.

- Have students form pairs or groups quickly or assign them yourself for variety. Allow sufficient time for **Comunicación** activities (between five and ten minutes), but do not give students too much time or they may lapse into English and socialize. Always give students a time limit for an activity before they begin.

- Point out the references to related Manual de gramática topics in the **Taller de consulta** sidebars of the student text. The supplemental grammar points may be presented sequentially, in conjunction with the **Estructura** section of each lesson, or you may pick and choose from the topics covered as individual and classroom needs arise.

- Assign the activities for online completion.

Suggestions for Using *Cinemateca*

The **Cinemateca** sections and the six films of the **FACETAS Film Collection** were created as interlocking pieces. The short feature films provide comprehensible input and offer rich and unique opportunities to build students' listening skills and cultural awareness. The **Cinemateca** sections provide activities designed to help students have successful viewing experiences.

Depending on your teaching preferences and school facilities, you might show the films in class or assign them for viewing outside the classroom. You could begin by showing the first one in class to teach students how to approach viewing a film and listening to natural speech. After that, you could work in class only with the **Cinemateca** section and have students view the films outside of class. No matter which approach you choose, students have the support they need to view the films independently and process them in a meaningful way.

For each film, there are **Antes de ver** (pre-viewing) and **Después de ver** (post-viewing) activities, as well as vocabulary support, in the **Cinemateca** section of the corresponding textbook lesson. In addition, the photos and abbreviated dialogues on the **Escenas** page provide helpful visual and comprehension references. Here are some strategies for viewing the films in class:

- Before showing the film, preview the vocabulary and have students complete the **Antes de ver** section. Then have them read through the **Escenas** dialogues and look at the stills.

- Tell students that they are not expected to understand every word as they watch the film. Emphasize that they should concentrate on listening for the gist of what is being said.

- Play the film and have them complete the **Después de ver** activities.

- If students have difficulty understanding the film, replay one or more key segments. Alternatively, you could pause the film at key points and ask students to recap what they saw.

Suggestions for Using *Lecturas*

Fine Art Pieces and Quotes

- Have students share their opinions on the fine art and explain how it relates to the lesson theme. They could also describe the style (realistic, abstract, impressionistic, traditional, etc.) and other elements of the work.

- Have students discuss the quote and how it relates to the lesson theme and fine art piece. Also ask them whether they agree or disagree with the quote and to explain their answers.

- Have students comment on the fine art piece on the first page of **Lecturas** with respect to subject matter, theme, style, use of color, and perspective. They could also compare it to other works of art in the lesson or other lessons.

Antes de leer

- Read the background information about each author.

- Introduce important themes and literary techniques used in the reading and call attention to genre and style. Encourage students to think about other works they have read in Spanish or English from the same genre or that make use of similar themes and techniques.

- The **Antes de leer** activities can be done online, or orally as class, pair, or group activities. This section may also be assigned as homework.

- Provide additional examples for **Análisis literario** or ask students to come up with examples.

- Ask students personalized questions using the words and expressions in **Vocabulario** or have students create sentences with them.

Literary and Cultural Readings

- Talk to students about how to become effective readers in Spanish. Point out the importance of using reading strategies. Encourage them to read every selection more than once. Explain that they should read the entire text through first to gain a general understanding of the plot or main ideas and the theme(s), without stopping to look up words. Then, they should read the text again for a more in-depth understanding of the material.

- Discourage students from translating the readings into English and relying too heavily on a dictionary.

- Use the reading to reinforce the themes and linguistic structures of each lesson.

- Have students scan the comprehension questions before reading, then pause after each paragraph to ask related questions. Ask students to summarize the reading orally or in writing.

- Always ask students how the reading relates to the lesson theme, and have them summarize the reading orally or in writing.

Después de leer

- The **Después de leer** activities can be assigned as written homework or be done in class.

- Insist on the use of only Spanish during these activities. Encourage students to use language creatively.

- Have students form pairs or groups quickly, or assign students to pairs and groups. Allow sufficient time for students to complete the activities (between five and fifteen minutes, depending on the activity), but do not give them too much time or they may lapse into English and socialize. Always give students a time limit for an activity before they begin.

- Circulate around the room and monitor students to make sure they are on task. Provide guidance as needed and note common errors for future review.

- Remind students to jot down information during the pair activities and group discussions. Have students report the results of these activities to the class.

- If you wish to evaluate students' performance in speaking activities, you could assign grades of 0–3: 3 = well done, 2 = satisfactory, 1 = needs improvement, 0 = no credit or absence.

Suggestions for Using *Atando cabos*

¡A conversar!

- Allow sufficient class time for oral presentations. Encourage students to be creative and to use visuals. For variety, you could ask them to videotape their presentations.

- Have each group create a comprehension exercise (true/false statements, questions, matching, or fill-in-the-blank sentences) to give the class after their presentation.

- Explain to students how you will grade their presentations. For example, the following rubric could be used or adapted to suit your needs.

Evaluation			
Criteria	**Scale**		**Scoring**
Appropriate details	1 2 3 4	Excellent	26–28 points
Organization	1 2 3 4	Good	21–25 points
Control of vocabulary	1 2 3 4	Satisfactory	16–20 points
Grammatical accuracy	1 2 3 4	Unsatisfactory	<15 points
Mechanics	1 2 3 4		
Fluency/Pronunciation	1 2 3 4		
Level of interest/Use of visuals	1 2 3 4		

¡A escribir!

- The **¡A escribir!** activities can be assigned as written homework unless they involve pair or group work. They may also be done orally as class, pair, or group activities.

- Encourage students to be creative in their writing, but remind them to use vocabulary they know, rather than relying on a dictionary.

- Allow class time for peer review of drafts; remind students to be tactful in their comments.

- Make a list of frequent errors and review the material with the class or have students correct the errors in groups.

- Explain to students the criteria that you will use to grade their writing. For example, this rubric could be used or adapted to suit your needs.

Evaluation			
Criteria	**Scale**		**Scoring**
Appropriate details	1 2 3 4	Excellent	18–20 points
Organization	1 2 3 4	Good	14–17 points
Use of vocabulary	1 2 3 4	Satisfactory	10–13 points
Grammatical accuracy	1 2 3 4	Unsatisfactory	<10 points
Mechanics	1 2 3 4		

Reviewers

On behalf of its writers and editors, Vista Higher Learning expresses its sincere appreciation to the many professors nationwide who reviewed **FACETAS, Third Edition**. Their insights, ideas, and detailed comments were invaluable to the final product.

Pilar Alcalde
University of Memphis, TN

Gabriel I. Barreneche
Rollins College, FL

Joan Barrett
Baylor University, TX

Paul Bases
Martin Luther College, MN

Mena Borges
Mills College, CA

Lina Castellanos Hermberg
Culinary Institute of America, NY

Gregory A. Clemons
Mars Hill College, NC

Darren Crasto
Houston Community College, TX

Natasha Engering-Ward
Justin-Siena High School, CA

Erin Finzer
University of Arkansas at Little Rock, AR

Christina Fox-Balli
Eastfield College, TX

James W. Gustafson
Southern Utah University, UT

Gordon Hinners
Mars Hill College, NC

José Holguín-Intriago
Rollins College, FL

Roberta Kern
Rowan-Cabarrus Community College, NC

Kristin Kiely
Francis Marion University, SC

Chris Kneifl
University of Oklahoma, Norman OK

Marilyn Manley
Rowan University, NJ

Annie Mendoza
East Stroudsburg University, PA

Regina Murray
Florida Southern College, FL

Marilyn Palatinus
Pellissippi State, TN

Beatriz Carolina Peña
Queens College, NY

Gladys Robalino
Messiah College, PA

Linda Roy
Tarrant County College, TX

Laura Ruiz-Scott
Scottsdale Community College, AZ

Asima Saad Maura
University of Delaware, DE

Alexandra Shourds
Patrick Henry College, VA

Clay Tanner
The University of Memphis, TN

Tracy Van Bishop
University of Arkansas at Little Rock, AR

Imelda Vazquez Guevara
Ivy Tech Community College, IN

Walli Ann Wisniewski
Mars Hill College, NC

Matthew A. Wyszynski
University of Akron, OH

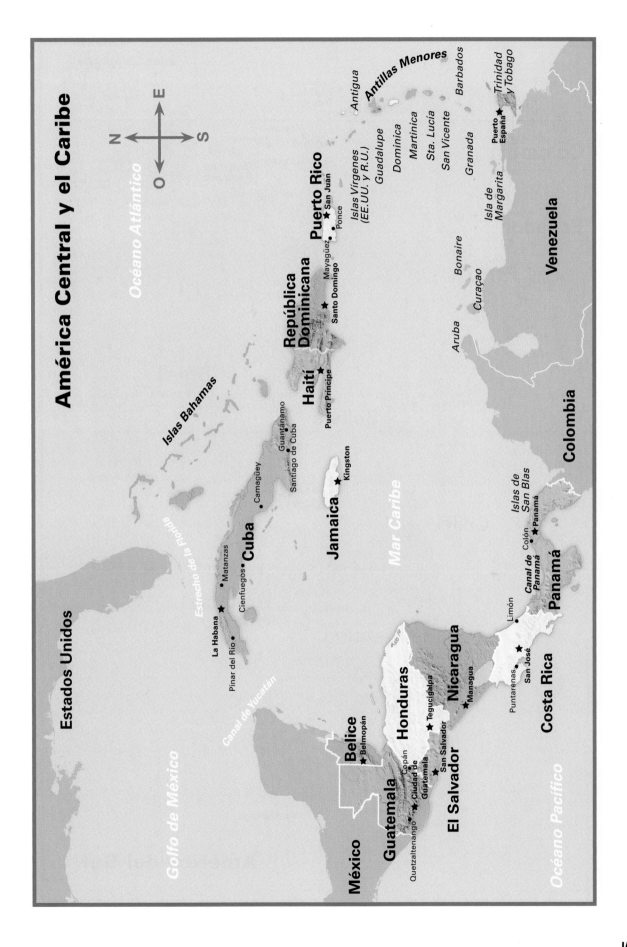

América Central y el Caribe

N E S O

Estados Unidos

Golfo de México

Océano Atlántico

Estrecho de la Florida

Islas Bahamas

Canal de Yucatán

México

Pinar del Río •
★ La Habana
Matanzas •
Cienfuegos • **Cuba** • Camagüey
Santiago de Cuba •
Guantánamo •

Kingston ★
Jamaica

Mar Caribe

Haití
★ Puerto Príncipe

República Dominicana
★ Santo Domingo

Mayagüez • ★ San Juan
Puerto Rico • Ponce

Islas Vírgenes (EE.UU. y R.U.)

Antigua

Antillas Menores

Guadalupe
Dominica
Martinica
Sta. Lucía
San Vicente
Granada
Barbados

Aruba *Bonaire*
Curaçao

Isla de Margarita

Puerto España ★
Trinidad y Tobago

Venezuela

Colombia

Belice
★ Belmopán

Guatemala
Quetzaltenango • Copán •
★ Ciudad de Guatemala

Honduras
★ Tegucigalpa

El Salvador
★ San Salvador

Nicaragua
★ Managua

Costa Rica
Puntarenas •
★ San José
Limón •

Islas de San Blas
Colón • ★ Panamá
Canal de Panamá
Panamá

Océano Pacífico

Mar Caribe

Barranquilla
Maracaibo
Caracas ★
Venezuela
Puerto España
★ **Trinidad y Tobago**

Medellín
Colombia
★ Bogotá
Cali

Georgetown
Guyana ★
Paramaribo
★ Cayena
Surinam ★
Guayana Francesa

R. Orinoco

Pasto

★ Quito
Ecuador
Guayaquil

Iquítos

R. Negro

R. Amazonas

Manaus

• Belém

R. Madeira

Perú

Cordillera de los Andes

Lima ★
Cuzco
Lago Titicaca

Recife •

Salvador •

Brasil

★ **Brasilia**

Arequipa •
★ La Paz
Bolivia
Arica
Sucre ★

R. Paraguay

R. Paraná

• Belo Horizonte

Océano Pacífico

Iquique •

Antofagasta •

Paraguay

Salta •
Asunción ★

São Paulo •
Santos •
• Río de Janeiro

Chile

R. Paraná

R. Uruguay

Porto Alegre •

Córdoba •

R. Paraná

Valparaíso •
Mendoza •
★ Santiago
Rosario •
Buenos Aires ★
★ **Uruguay**
Montevideo

Concepción •

Argentina

Océano Atlántico

• Bahía Blanca

Cordillera de los Andes

Puerto Montt •

N
O ← → E
S

Estrecho de Magallanes
• Punta Arenas

Islas Malvinas

Tierra del Fuego

América del Sur

Islas Galápagos

Océano Pacífico
Isla Pinta
Isla Marchena
Isla Genovesa
Isla Isabela
Línea Ecuatorial
Volcán Darwin
Isla Santiago (San Salvador)
ECUADOR
Isla Fernandina
Puerto Ayora
Isla Santa Cruz
Isla San Cristóbal
Santo Tomás
Puerto Barquerizo Moreno
Isla Santa María
Isla Española

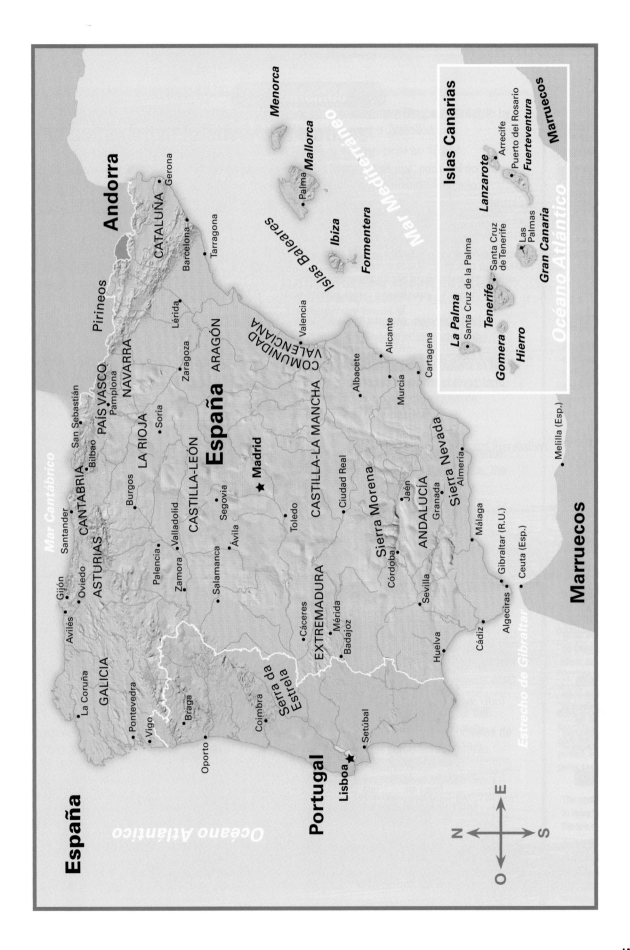

España

Portugal

Andorra

Marruecos

Islas Canarias

Océano Atlántico

Mar Cantábrico

Mar Mediterráneo

Estrecho de Gibraltar

GALICIA
ASTURIAS
CANTABRIA
PAÍS VASCO
NAVARRA
LA RIOJA
ARAGÓN
CATALUÑA
CASTILLA-LEÓN
COMUNIDAD VALENCIANA
CASTILLA-LA MANCHA
EXTREMADURA
ANDALUCÍA
Sierra Morena
Sierra Nevada
Pirineos
Serra da Estrela
Islas Baleares

España
Madrid

Lisboa

La Coruña
Pontevedra
Vigo
Oporto
Braga
Coimbra
Setúbal
Gijón
Avilés
Oviedo
Santander
San Sebastián
Bilbao
Pamplona
Soria
Burgos
Palencia
Zamora
Valladolid
Salamanca
Segovia
Ávila
Cáceres
Mérida
Badajoz
Toledo
Ciudad Real
Córdoba
Sevilla
Huelva
Cádiz
Algeciras
Ceuta (Esp.)
Gibraltar (R.U.)
Málaga
Granada
Jaén
Almería
Murcia
Cartagena
Alicante
Albacete
Valencia
Gerona
Barcelona
Tarragona
Lérida
Zaragoza

Menorca
Mallorca
Palma
Ibiza
Formentera

Melilla (Esp.)

Islas Canarias
Marruecos
Océano Atlántico
La Palma
Santa Cruz de la Palma
Tenerife
Santa Cruz de Tenerife
Gomera
Hierro
Gran Canaria
Las Palmas
Lanzarote
Arrecife
Puerto del Rosario
Fuerteventura

N
O
S
E

IAE-47

Communicative Goals

You will expand your ability to…
- describe in the present
- narrate in the present
- express personal relationships

Ⓢ Vocabulary Tools

Las relaciones **personales**

INSTRUCTIONAL RESOURCES
SAM/WebSAM (WB, LM),
Textbook/Lab Audio,
Audioscripts,
Textbook/Lab AK

Note: SAM: Student Activities Manual AK: Answer Key WB: Workbook LM: Lab Manual VM: Video Manual

Preview Read and discuss the photos and captions on pp. 2–3. Have students point out vocabulary words they already know from **Contextos**, as well as related vocabulary from introductory Spanish. Ask heritage speakers if they know any other terms for the words presented.

La personalidad

autoritario/a *strict*
cariñoso/a *affectionate*

celoso/a *jealous*
cuidadoso/a *careful*
falso/a *insincere*
gracioso/a *funny*

inseguro/a *insecure*
(in)maduro/a *(im)mature*
mentiroso/a *lying*
orgulloso/a *proud*
permisivo/a *permissive*
seguro/a *sure; confident*
sensato/a *sensible*
sensible *sensitive*
tacaño/a *stingy*
tímido/a *shy*
tradicional *traditional*

Los estados emocionales

agobiado/a *overwhelmed*
ansioso/a *anxious*
deprimido/a *depressed*
disgustado/a *upset*

emocionado/a *excited*
preocupado/a (por) *worried (about)*
solo/a *alone; lonely*
tranquilo/a *calm*

Los sentimientos

Carlos **se está enamorando** de Marisa, pero **tiene vergüenza de** decírselo. Marisa también **sueña con** él y hoy ha decidido decirle cómo **se siente**.

adorar *to adore*
apreciar *to think highly of*
enamorarse (de) *to fall in love (with)*
estar harto/a (de) *to be sick (of)*
odiar *to hate*
sentirse (e:ie) *to feel*
soñar (o:ue) (con) *to dream (about)*
tener celos (de) *to be jealous (of)*
tener vergüenza (de) *to be ashamed/ embarrassed (about)*

Variación léxica
cariñoso/a ⟷ afectuoso/a
disgustado/a ⟷ enfadado/a
coquetear ⟷ flirtear
Point out that **coquetear/flirtear** are not as widely used in the Spanish-speaking world as *to flirt* is in English.

Las relaciones personales

Llevan más de cincuenta años de casados. Dicen que los secretos de un buen **matrimonio** son la **confianza** y el **cariño**.

el/la amado/a *loved one*
el ánimo *spirit*
el cariño *affection*
la cita (a ciegas) *(blind) date*
el compromiso *commitment*
la confianza *trust; confidence*
el desánimo *the state of being discouraged*
el divorcio *divorce*
la pareja *couple; partner*
el sentimiento *feeling*

atraer *to attract*
coquetear *to flirt*
cuidar *to take care of*
dejar a alguien *to leave someone*

discutir *to argue*
educar *to raise; to bring up*
hacerle caso a alguien *to pay attention to someone*
impresionar *to impress*
llevar... años de (casados) *to be (married) for... years*
llevarse bien/mal/fatal *to get along well/badly/terribly*
mantenerse en contacto *to keep in touch*
pasarlo bien/mal/fatal *to have a good/bad/terrible time*
proponer matrimonio *to propose (marriage)*
romper (con) *to break up (with)*
salir (con) *to go out (with)*
soportar a alguien *to put up with someone*

casado/a *married*
divorciado/a *divorced*
separado/a *separated*
soltero/a *single*
viudo/a *widowed*

Las relaciones personales

Práctica

① Have students read the statements before listening to the conversations. Play each conversation twice and go over the answers as a class.

1 Escuchar

A. Después de una cita con Andrés, Paula le cuenta todo a su mejor amiga, Isabel. Escucha la conversación y decide si las oraciones son **ciertas** o **falsas**. Corrige las falsas.

1. Después de la cita con Andrés, Paula está muy emocionada. Cierto.
2. Según Paula, los dos se llevan mal.
   Falso. Según Paula, los dos se llevan muy bien.
3. Paula dice que Andrés es feo e inseguro.
   Falso. Paula dice que Andrés es guapo y seguro.
4. Paula quiere salir otra vez con Andrés. Cierto.

B. Ahora escucha la conversación entre Andrés y su mejor amigo, José Luis, y decide si las oraciones son **ciertas** o **falsas**. Corrige las falsas.

1. Según Andrés, Paula y él lo pasaron bien.
   Falso. Según Andrés, lo pasaron fatal.
2. Andrés piensa que Paula es demasiado tímida.
   Cierto.
3. Andrés quiere salir otra vez con Paula.
   Falso. Andrés no quiere salir otra vez con Paula.
4. Andrés tiene celos porque José Luis quiere salir con Paula. Falso. Andrés no tiene nada de celos.

C. En parejas, imaginen que José Luis decide llamar a Paula y que Andrés decide llamar a Isabel. Inventen el diálogo de una de estas dos conversaciones telefónicas y compártanlo con la clase.

2 Analogías Completa cada analogía con la palabra apropiada.

autoritario	cuidadoso	mentiroso
casados	discutir	romper con
cita	gracioso	tranquilo

1. estresado : ansioso :: falso : _mentiroso_
2. generoso : tacaño :: permisivo : _autoritario_
3. divorcio : divorciados :: matrimonio : _casados_
4. amar : odiar :: salir con : _romper con_
5. cariño : cariñoso :: cuidado : _cuidadoso_
6. disgustado : contento :: emocionado : _tranquilo_
7. casados : boda :: novios : _cita_
8. casados : divorciados :: llevarse bien : _discutir_

② Ask a volunteer to model the first item.

Teaching option Ask students to write five adjectives or characteristics that describe the ideal friend or parent. Then, in pairs, have students explain which characteristics the person should have and why.

Práctica

③ Additional examples:
**Tiene un buen sentido del humor. (gracioso/a)
Aún no se ha casado. (soltero/a)
No quiere que su novio/a sea amigo/a de otros/as hombres/mujeres. (celoso/a)**

③ Definiciones Indica qué palabras corresponden a cada definición.

__b__ 1. Compromiso entre dos o más personas sobre el lugar, la fecha y la hora para encontrarse.

__d__ 2. Que sufre de tristeza o desánimo.

__f__ 3. Enseñar a una persona a comportarse según ciertas normas.

__g__ 4. Prestarle atención a alguien.

__h__ 5. Conjunto formado por dos personas o cosas que se complementan o son semejantes, como, por ejemplo, hombre y mujer.

__a__ 6. Estimar o reconocer el valor de algo o de alguien.

a. apreciar
b. cita
c. cuidar
d. deprimido/a
e. discutir
f. educar
g. hacerle caso
h. pareja
i. viudo/a

④ To check students' comprehension, have them identify the twins by asking questions. Ex: **¿Quién es sincero? (Mauricio) ¿Quién es tradicional? (Lucía)**

④ Contrarios Mauricio y Lucía son gemelos, pero tienen personalidades muy distintas. Completa las descripciones con los adjetivos adecuados.

MODELO Mauricio siempre es muy seguro, pero Lucía es… insegura.

1. Mauricio es un hombre sincero, pero Lucía es… falsa/mentirosa.

2. Mauricio es muy generoso con su dinero, pero Lucía es… tacaña.

3. No sabes lo sociable que es Mauricio, pero Lucía es muy… tímida.

4. Mauricio es permisivo con sus hijos, pero Lucía es… autoritaria.

5. A Mauricio le gusta estar con gente, pero Lucía prefiere estar… sola.

6. Todos piensan que Mauricio es moderno, pero que Lucía es… tradicional.

7. Mauricio se porta (*behaves*) como adulto, pero Lucía es muy… inmadura.

8. Mauricio es muy modesto, pero Lucía es muy… orgullosa.

9. Mauricio es muy…, pero Lucía es muy…

10. A Mauricio le gusta…, pero Lucía prefiere…

Practice more at **vhlcentral.com.**

Comunicación

5 **¿Cómo eres?** Trabaja con un(a) compañero/a.

A. Contesta las preguntas del test.

Sí	A veces	No	
☐	☐	☐	1. ¿Te pones ansioso/a cuando estás con gente?
☐	☐	☐	2. ¿Te molesta mostrar tus emociones?
☐	☐	☐	3. ¿Tienes miedo de iniciar una conversación?
☐	☐	☐	4. ¿Te pone nervioso/a la idea de tener una cita a ciegas?
☐	☐	☐	5. ¿Te intimida coquetear con una persona que no conoces?
☐	☐	☐	6. ¿Tienes vergüenza de hablar en público?
☐	☐	☐	7. ¿Piensas mucho antes de tomar una decisión?
☐	☐	☐	8. ¿Te gusta estar solo/a?
☐	☐	☐	9. ¿Piensas que tus sentimientos están bien controlados?
☐	☐	☐	10. ¿Te llevas bien con personas muy tímidas?

Clave

Sí	=	0 puntos
A veces	=	1 punto
No	=	2 puntos

Resultados

0 a 3	Eres muy introvertido/a.
4 a 7	Tiendes a ser introvertido/a.
8 a 11	No eres ni introvertido/a ni extrovertido/a.
12 a 16	Tiendes a ser extrovertido/a.
17 a 20	Eres muy extrovertido/a.

B. Ahora suma (*add up*) los puntos. ¿Cuál es el resultado del test? ¿Estás de acuerdo? Comenta tu resultado y tu opinión con tu compañero/a.

6 **Problemas y consejos**

A. En grupos de cuatro, elijan una de estas situaciones. Inventen más detalles para describir la situación. Básense en estas preguntas.

> ¿Quiénes son los personajes?
>
> ¿Cuánto tiempo llevan juntos?
>
> ¿Cuál es su relación?
>
> ¿Cómo empezó la situación?

1. Se miran a los ojos. Él se pregunta si ella está coqueteando con él.

2. Quiere mucho a su esposo/a, pero él/ella tiene celos de todo el mundo. Él/Ella no soporta que su pareja sea tan celosa.

3. Hacen una buena pareja, pero él nunca le va a proponer matrimonio.

4. Se conocieron en una cita a ciegas y se llevaron fatal.

5. Se quieren, pero discuten por cualquier cosa.

B. Ahora, escriban un breve correo electrónico en el que uno de los personajes describe su problema y le pide consejos a un(a) amigo/a. Lean el mensaje a la clase para que sus compañeros ofrezcan sus consejos. Después, decidan quién tiene los mejores consejos para cada situación.

Video

**Los empleados de *Facetas* hablan de cómo recibir a un cliente.
Mariela, una nueva empleada, llega a la oficina.**

Synopsis
- The *Facetas* magazine employees discuss appropriate ways of greeting clients.
- Mariela, the new graphic designer, arrives at the office.
- Éric gives Fabiola his impression of Mariela.

JOHNNY (*al teléfono*) Revista *Facetas*… (*dirigiéndose a Diana*) Es para Aguayo.

FABIOLA Está en el baño.

JOHNNY (*al teléfono*) En estos momentos está en el baño.

DIANA ¡No! Di que está reunido con un cliente.

JOHNNY (*al teléfono*) Disculpe, está en el baño reunido con un cliente.

JOHNNY Jefe, tiene un mensaje de Mariela Burgos.

AGUAYO Gracias… Es la nueva artista gráfica. Viene a reunirse con nosotros.

Aguayo se marcha a su oficina.

FABIOLA No creo que quepamos todos en el baño.

DIANA (*repartiendo libretas*) Éste es el manual de conducta profesional.

FABIOLA Página tres: "Cómo recibir a un cliente".

ÉRIC (*se levanta*) ¿Quieren una demostración? Johnny, tú eres el cliente.

JOHNNY Quizás no soy un cliente. Podría ser un supermodelo o algo así.

FABIOLA Mejor un cliente.

En la oficina central… Entra el muchacho de la pizza.

JOHNNY ¿Alguien ordenó pizza?

MUCHACHO ¿Éste es el 714 de la avenida Juárez…?

MARIELA (*interrumpe*) ¿Oficina uno, revista *Facetas*?… Soy Mariela. No sabía llegar, así que ordené una pizza y seguí al muchacho.

JOHNNY ¡Bienvenida!

En la sala de reuniones…

AGUAYO Mariela, te quiero presentar al equipo de *Facetas*. Él es Éric, nuestro fotógrafo.

ÉRIC ¿Qué tal?

AGUAYO Ella es Fabiola. Se encarga de las secciones de viajes, economía, turismo y farándula.

FABIOLA Mucho gusto.

AGUAYO Él es Johnny. Escribe las secciones de arte, comida, bienestar y política.

JOHNNY Hola.

AGUAYO Y ella es Diana. Está a cargo de las ventas y el mercadeo.

Preview Have students quickly scan the **Fotonovela** and make a list of the cognates they find. Ask them to predict what this episode is about based on the visuals and the cognates.

Personajes

AGUAYO

DIANA

ÉRIC

FABIOLA

JOHNNY

MARIELA

MUCHACHO DE
LA PIZZA

ÉRIC Ya sé. Eres un millonario que viene a comprar la revista.

JOHNNY Perfecto. Soy el magnate Juan Medina.

ÉRIC Bienvenido a *Facetas*, señor Medina. Bienvenido.

Se abrazan.

Luego, en la cocina...

AGUAYO Hay que ser cuidadoso al contestar el teléfono.

JOHNNY Querrás decir mentiroso.

DIANA Es una formalidad.

ÉRIC Odio ser formal.

FABIOLA Es lindo abrazar a la gente, Éric, pero esto es una oficina, no un partido de fútbol.

DIANA Me han hablado tanto de ti, que estoy ansiosa por conocer tu propia versión.

MARIELA Tengo veintidós años, soy de Monterrey, estudio en la UNAM y vengo de una familia grande.

JOHNNY ¿Muy grande?

MARIELA En cincuenta años de matrimonio mis padres han criado a nueve hijos y veinte nietos.

FABIOLA ¿Qué te pareció?

ÉRIC Está buenísima.

FABIOLA ¿Eso es todo lo que tienes que decir?

ÉRIC ¿Qué más se puede decir de una pizza?

FABIOLA ¡Te estoy hablando de Mariela!

ÉRIC Creo que es bella, talentosa e inteligente. Más allá de eso, no me impresiona para nada.

Teaching option Point out that words and expressions in **Expresiones útiles** are considered active vocabulary.

Teaching option Play the first half of this video episode. Then ask the class to describe what they saw and to predict what will happen in the second half. Then play the entire video episode and have the class summarize the plot.

Comprensión

① Have students invent one or two events that might precede or follow those listed.

1 **La trama** Primero, indica con una **X** los acontecimientos que no ocurrieron en este episodio. Después, indica con números el orden en el que ocurrieron los demás.

_3_ a. Diana llega con el manual de conducta profesional.

_x_ b. Éric pide una pizza con anchoas.

_2_ c. Mariela deja un mensaje para Aguayo.

_5_ d. Un muchacho llega a la oficina con una pizza.

_7_ e. Aguayo presenta a Mariela al grupo.

_x_ f. Johnny gana la lotería.

_8_ g. Fabiola le pregunta a Éric su opinión sobre Mariela.

_1_ h. Johnny contesta el teléfono.

_6_ i. Mariela llega a la oficina.

_x_ j. Aguayo paga la pizza.

_4_ k. Éric y Johnny practican la forma correcta de recibir a un cliente.

_x_ l. Los empleados de _Facetas_ celebran el cumpleaños de Mariela.

② To give students more practice in using the present tense, ask them to respond in complete sentences.

2 **¿Quién lo hace?** ¿Quién estaría a cargo de estas actividades?

Aguayo

Diana

Éric

Fabiola

Johnny

Mariela

1. Sacar fotos para la revista. Éric.

2. Escribir un artículo sobre un concierto de música pop. Fabiola

3. Hablar con las personas que quieren poner anuncios (_ads_) en la revista. Diana

4. Escribir un artículo sobre las pirámides de Egipto. Fabiola

5. Entrevistar a un ministro del gobierno mexicano para hablar de la inflación. Fabiola

6. Escribir un artículo sobre la corrupción política. Johnny

7. Escribir un artículo sobre un nuevo restaurante. Johnny

8. Preparar dibujos para los artículos de la revista. Mariela

9. Conseguir más público para la revista. Diana

10. Seleccionar al personal (_staff_). Aguayo

Practice more at **vhlcentral.com.**

Ampliación

3 **Preguntas** En parejas, contesten las preguntas.

1. ¿Qué te parecen los empleados de la revista *Facetas*? ¿Cómo son?
2. ¿De qué se encarga cada empleado? En tu opinión, ¿cuál de ellos tiene más responsabilidad? Explica tu respuesta.
3. ¿Crees que a Mariela le va a gustar su nuevo trabajo? ¿Por qué?
4. ¿Te perdiste alguna vez en una ciudad grande? ¿Qué hiciste?
5. ¿Cómo son los empleados donde tú trabajas? ¿Son parecidos (*similar*) a los empleados de *Facetas*?

4 **Apuntes culturales** En parejas, lean los párrafos y contesten las preguntas.

A larga distancia

Mariela, la nueva artista gráfica de *Facetas*, es de Monterrey, pero se ha mudado a México D.F. para trabajar. En Latinoamérica las personas se mudan con menos frecuencia que en los EE.UU. y mantienen el contacto con los amigos de la infancia y con toda la familia. ¡Con todos los sobrinos que tiene, Mariela va a necesitar un buen plan de telefonía celular!

¿Un mapa o una pizza?

Mariela descubre una forma creativa de manejarse en la ciudad más grande del mundo. Sin embargo, algunas ciudades de Latinoamérica presentan sus propios desafíos (*challenges*). Si *Facetas* se publicara en Costa Rica, la dirección de la oficina podría ser: del Parque la Sabana, 100 metros al norte del antiguo (*former*) Banco Nacional, portón (*gate*) rojo, San José.

México D.F.

La Universidad Nacional Autónoma de México

Mariela estudia en la UNAM, una de las universidades más grandes y prestigiosas de Latinoamérica. Establecida en 1551, hoy en día la UNAM cuenta con más de 300.000 estudiantes. El campus más grande está en México D.F., pero tiene otros en el resto del país y también en Texas, Illinois y Canadá.

1. ¿Te has mudado tú para asistir a la universidad o por motivos de trabajo? ¿Cuáles son las ventajas (*advantages*) y desventajas de vivir lejos del lugar donde creciste?
2. ¿Cuántos amigos/as o parientes tuyos se han mudado a otra ciudad? ¿Qué hacen ustedes para mantenerse en contacto?
3. ¿Cómo te orientas en tu propia ciudad? ¿Consultas mapas en Internet? ¿Qué haces si te pierdes? ¿Le pides ayuda a alguien o prefieres usar un navegador satelital?
4. ¿De qué tamaño es tu universidad? ¿Cuáles son las diferencias entre las universidades grandes y las pequeñas? ¿Qué tipo de ambiente prefieres tú?

---

3 Have students use the Internet to research some popular magazines in the Spanish-speaking world and take notes about each one to share with the class.

4 Have volunteers read the paragraphs aloud. Follow up with comprehension questions. Ex: **¿De dónde es Mariela? ¿En qué se diferencian las direcciones de los edificios en San José de las direcciones en los EE.UU.? ¿Dónde están algunos de los campus de la UNAM?**

4 Ask volunteers to share their partners' responses with the class. Follow up with additional discussion questions. Ex: **¿Te mudarías a otro país por motivos de trabajo? ¿Cuál es la ciudad más grande que conoces?**

INSTRUCTIONAL RESOURCES
Flash Cultura Video, Script & Translation

En detalle

ESTADOS UNIDOS

NATIONAL STANDARDS
communities cultures connections

PAREJAS SIN FRONTERAS

Es el año 2010. Ana Villegas está frente a su computadora en México jugando *online* un juego de cartas. Del otro lado está Frank Petersen, de Fairhaven, Massachusetts, también aficionado al mismo juego. Este simple juego los lleva a una amistad que luego se convierte en amor. A pesar de los temores y del escepticismo familiar, dos años después, Ana deja México y se muda a los Estados Unidos, donde hoy vive junto a su esposo Frank.

La historia de Ana no es un caso aislado°. El número de parejas interculturales está en marcado aumento°. Entre las causas más importantes están la globalización, la asimilación de los hijos de inmigrantes a la cultura estadounidense y el aumento en la edad promedio° de las parejas al casarse. En 1960, en los Estados Unidos, el promedio de edad al casarse era veintitrés para los hombres y veinte para las mujeres. Actualmente es de treinta y veintisiete respectivamente.

¿Qué tiene que ver° este cambio con el aumento de las parejas interculturales? Antes, los jóvenes solían° casarse con personas de su comunidad. Ahora, muchos tienen la oportunidad de viajar, vivir solos o irse a vivir a otro país. Esta nueva independencia los expone° a otras culturas. Por lo tanto, es más común que formen parejas con personas de culturas diferentes.

Las parejas interculturales se enfrentan a° muchos desafíos° —problemas de comunicación, diferencias en valores y formas de pensar, y falta de aceptación de algunos familiares— pero también tienen una oportunidad única de crecimiento° personal; además, el contacto con otras maneras de pensar nos ayuda a echar una mirada° crítica a nuestra propia cultura. ■

Matrimonios interculturales

De acuerdo con la Oficina del Censo, el número de parejas interraciales aumentó un 28% entre 2000 y 2010.

El 14% de las mujeres latinas casadas en EE.UU. tienen un esposo no latino.

El 13% de los latinos casados en EE.UU. tienen una esposa no latina.

Fuente: Censo estadounidense – Año 2010

Consejos de Ana

- Esfuérzate° por conocer la cultura de tu pareja.
- Evita perpetuar los estereotipos.
- Pon énfasis en lo que los une y no en lo que los separa.
- Educa a tu familia y a tus amigos acerca de la cultura de tu pareja.
- Aprende a no dejarte llevar° por los comentarios y las miradas de las personas que no están a favor de las relaciones interculturales.

---

aislado *isolated* **marcado aumento** *marked increase* **promedio** *average* **Qué tiene que ver** *What does (this change) have to do* **solían** *used to* **expone** *exposes* **se enfrentan a** *face* **desafíos** *challenges* **crecimiento** *growth* **echar una mirada** *take a look* **Esfuérzate** *Make an effort* **dejarte llevar** *allow yourself to be influenced*

ASÍ LO DECIMOS

Las relaciones

chavo/a (Méx.)
enamorado/a (Pe.) | *boyfriend/girlfriend*

amorcito
cariño | *dear, honey*
cielo

estar de novio(s)
estar en pareja con (Esp.) | *to be dating someone*

ponerse de novio/a (con) *to start dating someone*
estar bueno/a *to be attractive*

EL MUNDO HISPANOHABLANTE

Las relaciones

Tendencias

Aunque en la mayoría de los países hispanos ya no hay reglas fijas, es costumbre que el hombre invite° en los primeros encuentros.

En los Estados Unidos, cada vez más latinos participan en citas rápidas° para encontrar pareja.

Costumbres

Cada 23 de abril se celebra en Cataluña y en otras regiones de España el Día de San Jorge, en conmemoración a la leyenda del héroe que mató a un dragón para rescatar a una princesa. En este día el hombre regala una rosa a su persona querida, y ésta le regala un libro.

En algunos pueblos de México, como Zacatecas, es costumbre que las mujeres y los hombres solteros vayan a caminar solos o en grupos alrededor de la plaza los domingos. Las mujeres y los hombres caminan en dirección contraria para poder observarse mutuamente.

PERFIL

ISABEL Y WILLIE

La escritora chilena Isabel Allende y el abogado estadounidense Willie Gordon comparten el amor por el arte y la compañía de buenos amigos. Allende conoció a su esposo durante la presentación de su novela *De amor y de sombra*, en California en 1988. Gordon admiraba la obra y el talento de esta escritora latinoamericana, y Allende no tardó° en enamorarse de él. Una vez, Gordon hizo un chiste° sobre el matrimonio en una cena con un grupo de personas. Dijo que nunca se volvería a casar a menos que no le quedara otro remedio. Allende se enojó y le dijo que ella había dejado todo por él —su cultura y su gente—, y que éste no le ofrecía ningún compromiso. Así, al día siguiente, Gordon le respondió: "Vale°, me caso." Isabel Allende y Willie Gordon se casaron ese mismo año y, desde entonces, viven en un tranquilo barrio californiano.

❝ Echo de menos la familia y el idioma, el sentido del humor, porque nadie me tiene que explicar un chiste en Chile, mientras que acá no los entiendo. ❞ (Isabel Allende)

⊗ Conexión Internet

¿Qué otras parejas interculturales famosas conoces? | Investiga sobre este tema en **vhlcentral.com.**

no tardó *didn't take long* **chiste** *joke* **Vale** *OK* **invite** *pays* **citas rápidas** *speed dating*

¿Qué aprendiste?

1 **¿Cierto o falso?** Indica si estas afirmaciones son **ciertas** o **falsas**. Corrige las falsas.

1. Al principio, las familias de Ana y Frank no confiaban en el éxito de la relación. Cierto.

2. El número de parejas interculturales está aumentando poco a poco.
Falso. Está en marcado aumento.

3. Actualmente, la edad promedio al casarse es veintisiete para los hombres y treinta para las mujeres. Falso. La edad promedio al casarse es treinta para los hombres y veintisiete para las mujeres.

4. En el pasado, era común entre los jóvenes casarse con gente de otras culturas. Falso. En el pasado, los jóvenes solían casarse con personas de su comunidad.

5. Oportunidades como viajar, vivir solos, estudiar o vivir lejos de casa permiten que los jóvenes expandan su círculo y conozcan a gente de otras culturas. Cierto.

6. El contacto con otras culturas puede afectar nuestra forma de pensar sobre nuestra propia cultura. Cierto.

7. El número de parejas interraciales aumentó un 5% entre 2000 y 2010.
Falso. Aumentó un 28%.

8. Ana aconseja prestar mucha atención a las diferencias en la pareja. Falso. Aconseja poner énfasis en lo que los une y no en lo que los separa.

9. Según Ana, es importante que tu familia y tus amigos aprendan acerca de la cultura de tu pareja. Cierto.

10. Ana recomienda no dejarse llevar por las opiniones de las personas con prejuicios. Cierto.

2 **Completar** Completa las oraciones.

1. Willie Gordon sentía ___fascinación___ por las obras de Isabel Allende.
a. cariño   b. indiferencia   c. fascinación

2. Allende ___se enojó___ por una broma que Gordon hizo sobre el casamiento.
a. se sintió feliz   b. se enojó   c. se rio

3. En México, también se utiliza la palabra ___chava___ para decir *novia*.
a. enamorada   b. chiquilla   c. chava

4. Actualmente, es popular para los latinos en los EE.UU. participar en citas ___rápidas___.
a. rápidas   b. a ciegas   c. en Internet

3 **Preguntas** Contesta las preguntas.

1. ¿Crees que el Día de San Valentín es importante para celebrar la amistad y el amor o crees que es una excusa para gastar dinero?

2. ¿Es fácil conocer gente *online*? ¿Por qué?

3. ¿Cuáles son otras de las dificultades a las que se enfrentan las parejas interculturales?

4. ¿Cuál es el consejo más importante que da Ana? ¿Por qué?

4 **Opiniones** En parejas, escriban cuatro beneficios y cuatro dificultades de las relaciones interculturales. Traten de no repetir los del artículo.

Practice more at **vhlcentral.com**.

PROYECTO

Buscar pareja en Internet

Imagina que decides buscar pareja por Internet. Siempre te interesó salir con alguien de otra cultura. Escribe tu perfil para un sitio de citas por Internet. En tus descripciones, usa el vocabulario de la sección **Contextos** y el vocabulario aprendido en esta sección. Tu perfil debe incluir como mínimo:

- una descripción de cómo eres

- una descripción de lo que buscas

- una explicación de por qué te interesa conocer a alguien de otra cultura

- otra información que consideres importante

Proyecto Have students use at least five new vocabulary words in their profiles.

Las relaciones personales

  Video

¿No es ideal utilizar el tiempo libre para encontrarse con amigos, familiares, parejas…? Los lugares donde puedes reunirte a hablar o comer se vuelven especiales porque forman parte del placer de compartir el tiempo con tu gente. En este episodio de **Flash Cultura**, te llevamos a visitar los lugares de encuentro de Madrid.

Corresponsal: Miguel Ángel Lagasca
País: España

(En la Plaza Mayor) los niños juegan, las madres conversan°, los padres hablan de fútbol y política, los jóvenes se juntan, las parejas se miran a los ojos y los turistas admiran el espectáculo°.

VOCABULARIO ÚTIL

el amor a primera vista *love at first sight*	**el pasacalles** *marching parade*
el callejón *alley*	**el pendiente** *earring*
la campanada *tolling of the bell*	**el punto de encuentro** *meeting point*
datar de *to date from*	**la uva** *grape*

Preparación Cuando tienes tiempo libre, ¿te reúnes con tus amigos? ¿Cuáles son los lugares donde te encuentras habitualmente con ellos? ¿En qué momentos del día y la semana pueden verse? ¿Por qué?

Comprensión Indica si estas afirmaciones son **ciertas** o **falsas**. Después, en parejas, corrijan las falsas.

1. Es tradición tomar doce uvas el 31 de diciembre mientras suena el famoso reloj de la Puerta del Sol en el corazón de Madrid. Cierto.

2. La Plaza Mayor es la plaza más conocida y se encuentra en el Madrid Moderno. Falso. La Plaza Mayor se encuentra en el Madrid Antiguo.

3. En la confluencia actual de las calles Toledo y Atocha, se celebraban antiguamente partidos de fútbol. Falso. En la confluencia de las calles Toledo y Atocha, se celebraba el mercado principal de Madrid.

4. El barrio de La Latina se caracteriza por callejones estrechos, plazoletas, cafés y bares de ambiente muy dinámico. Cierto.

5. Ninguno de los entrevistados cree en el amor a primera vista. Falso. Algunos de ellos creen en el amor a primera vista.

6. En El Rastro puedes comprar ropa, pendientes, cuadros, etc. Cierto.

La Latina, así como la Plaza Mayor y Puerta del Sol, pertenecen al llamado Madrid Antiguo.

Expansión En parejas, contesten estas preguntas.

- Imagina que estás en Madrid. ¿Cuál de los lugares mostrados prefieres para comer algo o pasear? ¿Por qué?

- ¿Estás de acuerdo con las personas que creen en el amor a primera vista? Justifica tu respuesta.

- ¿Te gustan los domingos en Madrid: levantarse tarde, comer en un bar de La Latina con amigos y pasear por El Rastro? ¿Cómo son tus domingos?

Siempre los celos son una parte importante de la relación, sobre todo cuando se está empezando.

conversan *chat* espectáculo *show*

Practice more at **vhlcentral.com**.

INSTRUCTIONAL RESOURCES
Grammar Presentation Slides,
SAM/WebSAM (WB, LM),
Lab Audio, Audioscripts,
Textbook/SAM AK

TALLER DE CONSULTA

Point out that all active verbs
from **FACETAS** are listed in
the appendix.

Review the difference
between verb stems and
verb endings.

¡ATENCIÓN!

Subject pronouns are
normally omitted in
Spanish. They are used
to emphasize or clarify
the subject.

¿Viven en California?

**Sí, ella vive en Los
Ángeles y él vive en
San Francisco.**

¡ATENCIÓN!

Jugar changes its stem
vowel from **u** to **ue**. As
with other stem-changing
verbs, the **nosotros/as**
and **vosotros/as** forms
do not change.

Jugar
juego, juegas, juega,
jugamos, jugáis, juegan

• • • •

Construir, destruir, incluir,
and **influir** have a spelling
change and add a **y** before
the personal endings
(except the **nosotros/as**
and **vosotros/as** forms).

incluir

incluyo, incluyes,
incluye, incluimos,
incluís, incluyen

1.1 The present tense

Regular *-ar*, *-er*, and *-ir* verbs

- The present tense (**el presente**) of regular verbs is formed by dropping the infinitive
  ending (**-ar**, **-er**, or **-ir**) and adding personal endings.

The present tense of regular verbs			
	hablar *to speak*	**beber** *to drink*	**vivir** *to live*
yo	hablo	bebo	vivo
tú	hablas	bebes	vives
Ud./él/ella	habla	bebe	vive
nosotros/as	hablamos	bebemos	vivimos
vosotros/as	habláis	bebéis	vivís
Uds./ellos/ellas	hablan	beben	viven

- The present tense is used to express actions or situations that are going on at the present
  time and to express general truths.

  ¿Por qué **rompes** conmigo?
  Why are you breaking up with me?

  Porque no te **amo**.
  Because I don't love you.

- The present tense is also used to express habitual actions or actions that will take place
  in the near future.

  Mis padres me **escriben** con frecuencia.
  My parents write to me often.

  Mañana les **mando** una carta larga.
  Tomorrow I'm sending them a long letter.

Stem-changing verbs

- Some verbs have stem changes in the present tense. In many **-ar** and **-er** verbs, **e**
  changes to **ie**, and **o** changes to **ue**. In some **-ir** verbs, **e** changes to **i**. The **nosotros/as**
  and **vosotros/as** forms never have a stem change in the present tense.

Stem-changing verbs		
e:ie	**o:ue**	**e:i**
pensar *to think*	**poder** *to be able to; can*	**pedir** *to ask for*
pienso	puedo	pido
piensas	puedes	pides
piensa	puede	pide
pensamos	podemos	pedimos
pensáis	podéis	pedís
piensan	pueden	piden

Irregular *yo* forms

- Many -**er** and -**ir** verbs have irregular **yo** forms in the present tense. Verbs ending in -**cer** or -**cir** change to -**zco** in the **yo** form; those ending in -**ger** or -**gir** change to -**jo**. Several verbs have irregular -**go** endings, and a few have individual irregularities.

¡ATENCIÓN!

Some verbs with irregular **yo** forms have stem changes as well.

conseguir (e:i) → **consigo**
to obtain

corregir (e:i) → **corrijo**
to correct

elegir (e:i) → **elijo**
to choose

seguir (e:i) → **sigo**
to follow

torcer (o:ue) → **tuerzo**
to twist

Ending in -go		Ending in -zco	
caer *to fall*	yo cai**go**	**conducir** *to drive*	yo condu**zco**
distinguir *to distinguish*	yo distin**go**	**conocer** *to know*	yo cono**zco**
hacer *to do; to make*	yo ha**go**	**crecer** *to grow*	yo cre**zco**
poner *to put; to place*	yo pon**go**	**obedecer** *to obey*	yo obede**zco**
salir *to leave; to go out*	yo sal**go**	**parecer** *to seem*	yo pare**zco**
traer *to bring*	yo trai**go**	**producir** *to produce*	yo produ**zco**
valer *to be worth*	yo val**go**	**traducir** *to translate*	yo tradu**zco**
Ending in -jo		**Other verbs**	
dirigir *to direct*	yo diri**jo**	**caber** *to fit*	yo quepo
escoger *to choose*	yo esco**jo**	**saber** *to know*	yo sé
exigir *to demand*	yo exi**jo**	**ver** *to see*	yo veo
proteger *to protect*	yo prote**jo**		

- Verbs with prefixes follow these same patterns.

aparecer *to appear*	yo apare**zco**	**distraer** *to distract*	yo distrai**go**
atraer *to attract*	yo atrai**go**	**oponer** *to oppose*	yo opon**go**
componer *to make up*	yo compon**go**	**proponer** *to propose*	yo propon**go**
contraer *to contract*	yo contrai**go**	**reconocer** *to recognize*	yo recono**zco**
desaparecer *to disappear*	yo desapare**zco**	**rehacer** *to remake; to redo*	yo reha**go**
deshacer *to undo*	yo desha**go**	**suponer** *to suppose*	yo supon**go**

Explain that verbs ending in -**ger** and -**gir** change to -**jo** in order to preserve the hard **g** sound of the infinitive. Likewise, **distinguir** drops the **u** in the **yo** form in order to maintain correct pronunciation with the soft **g** sound.

Irregular verbs

- Other commonly used verbs in Spanish are irregular in the present tense or combine a stem change with an irregular **yo** form or other spelling change.

dar	decir	estar	ir	oír	ser	tener	venir
to give	*to say*	*to be*	*to go*	*to hear*	*to be*	*to have*	*to come*
doy	digo	estoy	voy	oigo	soy	tengo	vengo
das	dices	estás	vas	oyes	eres	tienes	vienes
da	dice	está	va	oye	es	tiene	viene
damos	decimos	estamos	vamos	oímos	somos	tenemos	venimos
dais	decís	estáis	vais	oís	sois	tenéis	venís
dan	dicen	están	van	oyen	son	tienen	vienen

Práctica

TALLER DE CONSULTA

MANUAL DE GRAMÁTICA
Más práctica
1.1 The present tense, p. A4

① Ask students to describe their own apartments, dorm rooms, or bedrooms.

② Model one or two sentences with the class.

② In pairs, have students check each other's work.

② Encourage students who finish early to write a sentence using each verb.

① **Un apartamento infernal** Miguel tiene quejas (*complaints*) de su apartamento. Completa la descripción de su apartamento. Puedes usar los verbos más de una vez.

caber	hacer	oír
dar	ir	tener

Mi apartamento está en el quinto piso. El edificio no (1) ___tiene___ ascensor y para llegar al apartamento, (2) ___tengo___ que subir por la escalera. El apartamento es tan pequeño que mis cosas no (3) ___caben___. Las paredes (*walls*) son muy finas (*thin*). A todas horas (4) ___oigo___ la radio o la televisión de algún vecino. El apartamento sólo (5) ___tiene___ una ventana pequeña y, por eso, siempre está oscuro. ¡(6) ___Voy___ a buscar otro apartamento!

② **¿Qué hacen los amigos?** Escribe cinco oraciones usando los sujetos y los verbos de las columnas.

Sujetos	Verbos	
yo	apreciar	exigir
tú	compartir	hacer
un(a) buen(a) amigo/a	creer	pedir
nosotros/as	defender	prestar
los malos amigos	discutir	recordar

1. _____
2. _____
3. _____
4. _____
5. _____

③ **La verdad** En parejas, túrnense para hacerse las preguntas.

> **MODELO** Luis: llegar temprano a la oficina / dormir hasta las nueve
> —¿Luis llega temprano a la oficina?
> —No, Luis duerme hasta las nueve.

1. Ana: jugar al tenis con Daniel / preferir pasar la tarde charlando con Sergio
2. Felipe: salir a bailar todas las noches / tener clase de química a las ocho de la mañana
3. Jorge y Begoña: ir a la playa / querer viajar a Arizona
4. Dolores y Tony: comer muchas hamburguesas / ser vegetarianos
5. Fermín: estar harto de Julia / pensar proponerle matrimonio

Practice more at **vhlcentral.com**.

Comunicación

(4) ¿Qué sabes de tus compañeros? En parejas, háganse preguntas basadas en las opciones y contesten con una explicación.

> **MODELO** soñar con / hacer algo especial este mes
> —¿Sueñas con hacer algo especial este mes?
> —Sí, sueño con ir al concierto de Juanes.

1. pensar / realizar este año algún proyecto
2. decir / mentiras
3. acordarse de / tu primer beso
4. conducir / cuando / estar muy cansado/a
5. reír / mucho con tu familia
6. aconsejar sobre / asuntos que / no conocer bien
7. venir a / clase tarde con frecuencia
8. escoger / el regalo perfecto para el cumpleaños de tu novio/a
9. corregir / los errores en las composiciones de tus compañeros
10. traer / un diccionario a la clase de español

(4) Encourage students to add at least one topic to the list. Ask them to share their partner's statements with the class.

(5) Discusión matrimonial Trabajen en parejas para representar una discusión matrimonial. Preparen la discusión con las frases de la lista.

> no acordarse de los cumpleaños
> ya no sentir lo mismo de antes
> preferir estar con los amigos
>
> querer discutir todos los días
> contar mentiras siempre
> dormir en el sofá

(5) Ask volunteers to perform their role-plays for the class.

(6) ¿Cómo son tus amigos?

A. Escribe una descripción de un(a) buen(a) amigo/a. ¿Cómo es? ¿Está de acuerdo contigo en todo? ¿Discuten algunas veces? ¿Se divierten juntos/as? ¿Sigue siempre tus consejos? ¿Te miente a veces?

B. Ahora, comparte tu descripción con tres compañeros/as. Juntos/as, escriban una lista de cinco cosas que los buenos amigos hacen con frecuencia y cinco cosas que no hacen casi nunca. ¿Coincidieron los grupos en las acciones que eligieron?

(6) Part B: Ask each group to share its list with the class. Write their answers on the board and discuss.

1.2 *Ser* and *estar*

INSTRUCTIONAL RESOURCES
Grammar Presentation Slides,
SAM/WebSAM (WB, LM),
Lab Audio, Audioscripts,
Textbook/SAM AK

*Revista Facetas...
Es para Aguayo.*

*En estos
momentos está
en el baño.*

¡ATENCIÓN!

Ser and **estar** both mean *to be*, but they are not interchangeable. **Ser** is used to express the idea of permanence, such as inherent or unchanging qualities and characteristics. **Estar** is used to express temporality, including qualities or conditions that change with time.

Ask if students remember the different uses of **ser** and **estar** before presenting the grammar explanation.

Have volunteers offer sentences using the two verbs, or ask questions that prompt the use of **ser** and **estar** in their responses. Use the students' examples to help them deduce the general uses of each verb.

Uses of *ser*

Nationality and place of origin	Mis padres **son** argentinos, pero yo **soy** de Florida.
Profession or occupation	El señor López **es** periodista.
Characteristics of people, animals, and things	El clima de Miami **es** caluroso.
Generalizations	Las relaciones personales **son** complejas.
Possession	La guitarra **es** del tío Guillermo.
Material of composition	El suéter **es** de pura lana.
Time, date, or season	**Son** las doce de la mañana.
Where or when an event takes place	La fiesta **es** en el apartamento de Carlos; **es** el sábado a las nueve de la noche.

Uses of *estar*

Location or spatial relationships	La clínica **está** en la próxima calle.
Health	Hoy **estoy** enfermo. ¿Cómo **estás** tú?
Physical states and conditions	Todas las ventanas **están** limpias.
Emotional states	¿Marisa **está** contenta con Javier?
Certain weather expressions	Hoy **está** despejado en San Antonio.
Ongoing actions (progressive tenses)	Paula **está** escribiendo invitaciones para su boda.
Results of actions (past participles)	La tienda **está** cerrada.

Ser and *estar* with adjectives

- **Ser** is used with adjectives to describe inherent, expected qualities. **Estar** is used to describe temporary or variable qualities, or a change in appearance or condition.

  ¿Cómo **son** tus padres?
  What are your parents like?

  La casa **es** muy pequeña.
  The house is very small.

  ¿Cómo **estás**, Miguel?
  How are you, Miguel?

  ¡**Están** tan enojados!
  They're very angry!

- With most descriptive adjectives, either **ser** or **estar** can be used, but the meaning of each statement is different.

  Julio **es alto**.
  Julio is tall. (that is, a tall person)

  Dolores **es alegre**.
  Dolores is cheerful. (that is, a cheerful person)

  Juan Carlos **es** un hombre **guapo**.
  Juan Carlos is a handsome man.

  ¡Qué **alto está** Miguelito!
  Miguelito is getting so tall!

  El jefe **está alegre** hoy. ¿Qué le pasa?
  The boss is cheerful today. What's up with him?

  ¡Manuel, **estás** muy **guapo**!
  Manuel, you look so handsome!

- Some adjectives have two different meanings depending on whether they are used with **ser** or **estar**.

ser + [adjective]	estar + [adjective]
La clase de contabilidad **es aburrida**. *Accounting class is boring.*	**Estoy aburrida** de la clase. *I am bored with the class.*
Ese chico **es listo**. *That boy is smart.*	**Estoy listo** para todo. *I'm ready for anything.*
No **soy rico**, pero vivo bien. *I'm not rich, but I live well.*	¡El pan **está** tan **rico**! *The bread is so delicious!*
La actriz **es buena**. *The actress is good.*	La actriz **está buena**. *The actress is good-looking.*
Este coche **es seguro**. *This car is safe.*	Juan no **está seguro** de sí mismo. *Juan isn't sure of himself.*
Los aguacates **son verdes**. *Avocados are green.*	Esta banana **está verde**. *This banana is not ripe.*
Javier **es** muy **vivo**. *Javier is very bright.*	¿Todavía **está vivo** el autor? *Is the author still alive?*
Pedro **es** un hombre **libre**. *Pedro is a free man.*	Esta noche no **estoy libre**. ¡Lo siento! *Tonight I am not available. Sorry!*

TALLER DE CONSULTA

Remember that adjectives must agree in gender and number with the person(s) or thing(s) that they modify. See the **Manual de gramática, 1.4**, p. A7, and **1.5**, p. A9.

¡ATENCIÓN!

Estar, not **ser**, is used with **muerto/a**.

Bécquer, el autor de las *Rimas*, está muerto.

Bécquer, the author of Rimas, *is dead.*

To help students remember the different meanings of these adjectives, remind them that when used with **ser** they describe inherent qualities, while the meanings associated with **estar** describe temporary or variable qualities. Point out that **muerto/a** is an exception to this general rule. Also, mention that in Spain **estar malo/a** is used to mean *to be ill*.

Práctica

TALLER DE CONSULTA

MANUAL DE GRAMÁTICA
Más práctica
1.2 **Ser** and **estar**, p. A5

① Go over students' answers as a class to check comprehension. Ask students to explain why **ser** or **estar** is used in each case.

② As a follow-up, have students write a different story about Emilio and Jimena using **ser** and **estar**.

① **La boda de Emilio y Jimena** Completa cada oración de la primera columna con la terminación más lógica de la segunda columna.

_f_ 1. La boda es

_c_ 2. La iglesia está

_h_ 3. El cielo está

_e_ 4. La madre de Emilio está

_b_ 5. El padre de Jimena está

_d_ 6. Todos los invitados están

_a_ 7. El mariachi que toca en la boda es

_g_ 8. En mi opinión, las bodas son

a. de San Antonio, Texas.

b. deprimido por los gastos.

c. en la calle Zarzamora.

d. esperando a que entren la novia (*bride*) y su padre.

e. contenta con la novia.

f. a las tres de la tarde.

g. muy divertidas.

h. totalmente despejado.

② **La luna de miel** Completa el párrafo en el que se describe la luna de miel (*honeymoon*) que van a pasar Jimena y Emilio. Usa formas de **ser** y **estar**.

Emilio y Jimena van a pasar su luna de miel en Miami, Florida. Miami (1) ___es___ una ciudad preciosa. (2) ___Está___ en la costa este de Florida y tiene playas muy bonitas. El clima (3) ___es___ tropical. Jimena y Emilio (4) ___están___ interesados en visitar la Pequeña Habana. Jimena (5) ___es___ una fanática de la música cubana. Y Emilio (6) ___está___ muy entusiasmado por conocer el parque Máximo Gómez, donde las personas van a jugar dominó. Los dos (7) ___son___ aficionados a la comida caribeña. (8) ___Están___ visitando los restaurantes de la Calle Ocho. Cada día van a probar un plato diferente. Algunos de los platos que piensan probar (9) ___son___ el congrí, los tostones y el bistec palomilla. Después de pasar una semana en Miami, la pareja va a (10) ___estar___ cansada pero muy contenta.

Practice more at **vhlcentral.com**.

Comunicación

3 **Entrevistas**

A. En parejas, usen la lista como guía para entrevistarse. Usen **ser** o **estar** en las preguntas y respuestas.

origen	estudios actuales
nacionalidad	sentimientos actuales
personalidad	lugar donde vive/trabaja
personalidad de los padres	actividades actuales
salud	

B. Cambien de pareja y cuéntenle a su compañero/a lo que descubrieron (*found out*) sobre el/la compañero/a entrevistado/a.

4 **¿Dónde estamos?** En grupos de cuatro, elijan una ciudad en la que supuestamente están de viaje. Sus compañeros deberán adivinar de qué ciudad se trata. Pueden elegir una de las ciudades de las fotos u otra ciudad.

Buenos Aires, Argentina

Quito, Ecuador

Madrid, España

Lima, Perú

San José, Costa Rica

México, D.F., México

- Hagan cinco afirmaciones sobre la ciudad elegida usando **ser** o **estar** para dar pistas (*clues*) a sus compañeros.

- Si las pistas no son suficientes, sus compañeros pueden hacer preguntas con **ser** o **estar** cuya respuesta sea **sí** o **no**.

- Algunos temas para las afirmaciones o para las preguntas pueden ser: características generales de la ciudad, ubicación, comidas típicas, actividades que se pueden hacer, historia, arquitectura, etc.

INSTRUCTIONAL RESOURCES
Grammar Presentation Slides,
SAM/WebSAM (WB, LM),
Lab Audio, Audioscripts,
Textbook/SAM AK

Remind students that the
present participle in English
is [verb] + -ing.

¡ATENCIÓN!

When progressive forms
are used with reflexive
verbs or object pronouns,
the pronouns may either
be attached to the present
participle (in which case
an accent mark is added
to maintain the proper
stress) or placed before
the conjugated verb. See
2.1 Object pronouns,
pp. 54–55, and **2.3
Reflexive verbs**,
pp. 62–63, for more
information.

Se están enamorando.
Están enamorándose.
They are falling in love.

Te estoy hablando.
Estoy hablándote.
I am talking to you.

• • • • •

Note that the present
participle of **ser** is **siendo**.

1.3 Progressive forms

The present progressive

- The present progressive (**el presente progresivo**) narrates an action in progress. It is formed with the present tense of **estar** and the present participle (**el gerundio**) of the main verb.

Éric **está cantando**.
Éric is singing.

Aguayo **está bebiendo** café.
Aguayo is drinking coffee.

Fabiola **está escribiendo**.
Fabiola is writing.

¡Te estoy hablando
de Mariela!
¿Qué te pareció?

- The present participle of regular **-ar**, **-er**, and **-ir** verbs is formed as follows:

INFINITIVE	STEM	ENDING	PRESENT PARTICIPLE
bailar	bail-	-ando	bailando
comer	com-	-iendo	comiendo
aplaudir	aplaud-	-iendo	aplaudiendo

- Stem-changing verbs that end in **-ir** also change their stem vowel when they form the present participle.

-ir stem-changing verbs	
Infinitive	**Present participle**
decir	diciendo
dormir	durmiendo
mentir	mintiendo
morir	muriendo
pedir	pidiendo
sentir	sintiendo
sugerir	sugiriendo

- **Ir**, **poder**, **reír**, and **sonreír** have irregular present participles (**yendo, pudiendo, riendo, sonriendo**). **Ir** and **poder** are seldom used in the present progressive.

Marisa siempre está **sonriendo**.
Marisa is always smiling.

Maribel no está **yendo** a clase últimamente.
Maribel isn't going to class lately.

- When the stem of an **-er** or **-ir** verb ends in a vowel, the **-i-** of the present participle ending changes to **-y-**.

INFINITIVE		STEM		ENDING		PRESENT PARTICIPLE
construir	▶	constru-	**+**	-yendo	▶	**constru**yendo
leer		le-		-yendo		**le**yendo
oír		o-		-yendo		**o**yendo
traer		tra-		-yendo		**tra**yendo

- Progressive forms are used less frequently in Spanish than in English, and only when emphasizing that an action is *in progress* at the moment described. To refer to actions that occur over a period of time or in the near future, Spanish uses the present tense instead.

PRESENT TENSE	PRESENT PROGRESSIVE
Lourdes **estudia** economía en la UNAM. *Lourdes is studying economics at UNAM.*	Ahora mismo, Lourdes **está tomando** un examen. *Right now, Lourdes is taking an exam.*
¿Vienes con nosotros al Café Pamplona? *Are you coming with us to Café Pamplona?*	No, lo siento. Ya **estoy preparando** la cena. *No, I'm sorry. I'm already making dinner.*

Other verbs with the present participle

- Spanish expresses various shades of progressive action by using verbs such as **seguir, continuar, ir, venir, llevar,** and **andar** with the present participle.

- **Seguir** and **continuar** with the present participle express the idea of *to keep doing something*.

Emilio **sigue saliendo** con Mercedes. *Emilio is still seeing Mercedes.*	Mercedes **continúa coqueteando** con Carlos. *Mercedes keeps flirting with Carlos.*

- **Ir** with the present participle indicates a gradual or repeated process. It often conveys the English idea of *more and more*.

Cada día que pasa **voy disfrutando** más de esta clase.	Ana y Juan **van acostumbrándose** al horario de clase.
I'm enjoying this class more and more every day.	*Ana and Juan are getting more and more used to the class schedule.*

- **Venir** and **llevar** with the present participle indicates a gradual action that accumulates or increases over time.

Hace años que **viene diciendo** cuánto le gusta el béisbol.	**Llevo insistiendo** en lo mismo desde el principio.
He's been saying how much he likes baseball for years.	*I have been insisting on the same thing from the beginning.*

- **Andar** with the present participle conveys the idea of *going around doing something* or of *always doing something*.

José siempre **anda quejándose** de todo. *José is always complaining about everything.*	Román **anda diciendo** mentiras. *Román is going around telling lies.*

¡ATENCIÓN!

Other tenses may have progressive forms as well. These tenses emphasize that an action was/will be in progress.

PAST (pp. 94–105)
Estaba marcando su número justo cuando él me llamó.
I was dialing his number right when he called me.

FUTURE (pp. 220–223)
No vengas a las cuatro; todavía estaremos trabajando.
Don't come at four o'clock; we will still be working.

Write **seguir, continuar, ir, venir, llevar,** and **andar** and different subject pronouns on separate cards. Divide the class in groups. Have students take turns representing their teams. Pick a card with a subject pronoun and a card with a verb. The representative from each group should write the correct conjugated form on the board. The team that writes it correctly first gets a point. The team with the most points wins the game.

Práctica

TALLER DE CONSULTA

MANUAL DE GRAMÁTICA
Más práctica

1.3 Progressive forms, p. A6

① Model the activity by having a volunteer complete the first sentence.

① Una conversación telefónica Daniel es nuevo en la ciudad y no sabe cómo llegar al estadio de fútbol. Decide llamar a su ex novia Alicia para que le explique cómo encontrarlo. Completa la conversación con la forma correcta del gerundio (*present participle*).

ALICIA ¿Aló?

DANIEL Hola Alicia, soy Daniel; estoy buscando el estadio de fútbol y necesito que me ayudes… Llevo (1) _____caminando_____ (caminar) más de media hora por el centro y sigo perdido.

ALICIA ¿Dónde estás?

DANIEL No estoy muy seguro, no encuentro el nombre de la calle. Pero estoy (2) _____viendo_____ (ver) un centro comercial a mi izquierda y más allá parece que están (3) _____construyendo_____ (construir) un estadio de fútbol. (4) _____Hablando_____ (hablar) de fútbol, ¿dónde tengo mis boletos? ¡He perdido mis entradas!

ALICIA Madre mía, ¡sigues (5) _____siendo_____ (ser) un desastre! Algún día te va a pasar algo serio.

DANIEL ¡Siempre andas (6) _____pensando_____ (pensar) lo peor!

ALICIA ¡Y tú siempre estás (7) _____olvidándote_____ (olvidarse) de todo!

DANIEL ¡Ya estamos (8) _____discutiendo_____ (discutir) otra vez!

② Use the present progressive to ask open-ended questions about the pictures. Ex: **¿Dónde se está casando el Sr. Soto?**

② Organizar un festival En parejas, pregunten y respondan qué está haciendo cada uno de estos personajes. Túrnense.

MODELO
—¿Qué está haciendo Elga Navarro?
—Elga Navarro está descansando en una clínica.

Elga Navarro / descansar

1. Juliana Paredes / bailar

2. Emilio Soto / casarse

3. Aurora Gris / recoger un premio

4. Héctor Rojas / jugar a las cartas

Practice more at **vhlcentral.com.**

Comunicación

3 **Una cita** En parejas, representen una conversación en la que Alexa y Guille intentan buscar una hora del día para reunirse.

> **MODELO** **ALEXA** ¿Nos vemos a las diez de la mañana para estudiar?
> **GUILLE** No puedo, voy a estar durmiendo. ¿Qué te parece a las 12?

GUILLE

DOMINGO
10:00 dormir
11:00 dormir
12:00
13:00 almuerzo con Rosa
14:00
15:00 llamar por teléfono a Aurora
16:00
17:00
18:00
19:00 ver película con Ana
20:00
21:00 cenar con Marta
22:00

ALEXA

DOMINGO
10:00
11:00 gimnasio
12:00 biblioteca
13:00
14:00 comer con mamá
15:00
16:00 dormir siesta
17:00
18:00
19:00 hacer un crucigrama
20:00
21:00 ver noticiero
22:00

3 If students finish early, have them write down their own schedules for the next two days and repeat the activity with their partners.

4 **Síntesis** Tu psicólogo utiliza la hipnosis para hacerte recordar los momentos más importantes de tu pasado. En parejas, dramaticen la conversación entre el doctor Felipe y su paciente, utilizando verbos en el presente y el presente progresivo. Elijan una situación de la lista o inventen otro tema. Sean creativos/as.

4 For each situation listed, call on one or two pairs to perform their role-plays for the class.

> **MODELO** **DR. FELIPE** Estás volviendo al momento de conocer a tu primer amor. ¿Qué están haciendo?
> **PACIENTE** Estoy caminando por la calle… una mujer preciosa me está saludando…
> **DR. FELIPE** Muy bien, muy bien. ¿Y qué estás pensando? ¿Cómo te sientes?
> **PACIENTE** Estoy pensando que es el amor de mi vida. Me siento…
> ¡Ay, no! Me estoy cayendo en medio de la calle, ¡enfrente de ella!

tu primer amor	el nacimiento de un(a) hermano/a
un viaje importante	el mejor momento de tu vida

Antes de ver el corto

DI ALGO

país España   **director** Luis Deltell
duración 15 minutos **protagonistas** Irene, Pablo, bibliotecaria

---

Vocabulario

a lo mejor *maybe*	**la luz** *light*
alargar *to drag out*	**pesado/a** *annoying*
la cinta *tape*	**precioso/a** *lovely*
enterarse *to find out*	**respirar** *to breathe*
entretenerse *to be held up*	**turbio/a** *murky*

---

1 **Vocabulario** Completa las oraciones.

1. Me gusta el libro, pero el autor ____alarga____ mucho el final.
2. Ana teme a la oscuridad y no ____respira____ tranquila hasta que enciende la ____luz____.
3. Hoy nos ____enteramos____ de que las ____cintas____ de video estaban borradas.
4. Cerca del bosque había un lago ____precioso____, pero ahora el agua está muy ____turbia____ porque está contaminada.

2 **Tú y las citas**

A. Completa el test sobre el mundo de las citas.

Tú y las citas

1. **Si acabas de conocer a una persona que te gusta:**
   a. La invitas a salir.
   b. Buscas su nombre en Facebook.
   c. No haces absolutamente nada.

2. **Un amigo te propone presentarte a alguien que conoce:**
   a. Aceptas enseguida.
   b. Haces muchas preguntas sobre la persona antes de decidir.
   c. Dices que no: las citas con extraños te ponen nervioso/a.

3. **Antes de una cita a ciegas:**
   a. Vas a comprar ropa nueva y te arreglas bien para causar una buena impresión.
   b. Le pides a un par de amigos/as que vayan al mismo restaurante, por si acaso.
   c. Te da un ataque de nervios y llamas para cancelar.

4. **Durante la primera conversación:**
   a. Muestras interés por la otra persona, le hablas de ti y actúas tal como eres.
   b. Haces más preguntas de las que tú contestas.
   c. Evitas contar mucho sobre ti. Prefieres guardar información para una segunda cita.

B. En parejas, comparen sus respuestas. ¿Tienen actitudes similares o son muy diferentes? ¿Por qué?

Practice more at **vhlcentral.com.**

Di algo

1er Premio
Tiflos de Cine
Corto Audesc
ONCE

Una producción de ENIGMA FILMS/EL MEDANO PRODUCCIONES/LORELEI
Guión y Dirección LUIS DELTELL   Jefe de Producción RAFAEL LINARES
Dirección de Fotografía JAVIER BILBAO   Montaje JUANMA NOGALES
Dirección de Arte DAVID TEMPRANO Sonido MIGUEL ÁNGEL GALÁN
Actores VÍCTOR CLAVIJO/MARÍA BALLESTEROS/BLANCA NICOLÁS/ÁLVARO GARCÍA

Escenas

ARGUMENTO Una joven ciega se enamora de la voz de un hombre que escucha en grabaciones. Cuando se acaban las cintas, ella busca otra manera de seguir escuchando su voz.

VOZ DE PABLO "Menos tu vientre, todo es confuso, fugaz, pasado, baldío, turbio…"

IRENE Quería información sobre el lector 657… ¿No me podrías conseguir su número de teléfono?
BIBLIOTECARIA No puedo, Irene; eso está prohibido.

GUARDIA ¡Espera! ¿Estás bien?
IRENE Sí, sí, muchas gracias; es que me he entretenido.

PABLO ¿Sí? ¿Quién es? ¿Sí?
IRENE Di algo.

PABLO Todo el día esperando que me llame una chica que no conozco y que no habla… bueno, sí, que solamente dice: "Di algo."

PABLO ¿Hay alguien que esté pidiendo mis cintas?
BIBLIOTECARIA No sé, vamos a ver… Creo que un señor mayor… ¡ah!, y una chica también.

Después de ver el corto

1 Comprensión Indica si estas afirmaciones son **ciertas** o **falsas**. Luego, en parejas, corrijan las falsas.

1. Irene no tiene el teléfono de Pablo, pero lo conoce en persona.
   Falso. Irene no conoce a Pablo en persona.
2. La bibliotecaria no le da el teléfono de Pablo porque dice que está prohibido.
   Cierto.
3. Por la noche, Irene roba de la biblioteca la información sobre Pablo.
   Cierto.
4. Irene le dice la verdad al guardia.
   Falso. Le miente.
5. Pablo cree que la mujer que lo llama por teléfono y no le habla se llama Silvia.
   Cierto.
6. Pablo encuentra a Irene por casualidad en la calle.
   Falso. Pablo va a buscar a Irene a la biblioteca y allí la encuentra.

2 Interpretación En parejas, contesten las preguntas.

1. En la primera escena, Pablo marca las palabras "confuso" y "turbio" en el poema que lee. ¿Por qué lo hace?
2. Irene pide el número de teléfono de Pablo después de que la bibliotecaria le dice que no hay más cintas de él. ¿Cuál piensan que es su intención: conocer a Pablo o solamente escuchar su voz?
3. ¿Cómo es Pablo? Presten atención a las cosas que hay en su casa y a su forma de hablar y actuar.
4. ¿Por qué Irene sólo le dice "di algo", y no le explica quién es? Imaginen sus razones y enumérenlas.
5. ¿Por qué Pablo se va cuando Irene se da cuenta de que él está sentado frente a ella? ¿Está esperando que ella haga algo o quiere escaparse?

3 Diálogo En el ascensor, Pablo le dice a Irene: "Eres tú la que tiene que decir algo". Imaginen el diálogo que sigue a estas palabras y escríbanlo. Después, represéntenlo frente a la clase.

4 Escribir Elige una de las siguientes opciones y escribe un mensaje de correo electrónico.

• Imagina que te cruzas un instante por la calle con alguien y te enamoras a primera vista, pero él/ella desaparece entre la gente y ahora quieres encontrarlo/a. Escribe a un periódico describiéndolo/a; cuenta por qué lo/la buscas y pide ayuda a los lectores.

• Por un error al marcar un número de teléfono, conoces a alguien, empiezan a hablar y se enamoran. Después de un tiempo tienen una cita para conocerse personalmente, pero todo resulta un desastre: él/ella no se parece nada a la idea que te formaste por su voz. Cuenta en un correo electrónico cómo fue esa cita.

Practice more at **vhlcentral.com**.

1 Ask students: **¿Cómo pueden averiguar el teléfono o el correo electrónico de una persona?** Have them suggest different ways of searching (asking around, Facebook, web searches, etc.)

Have students discuss the importance of names for our identities, and also for communication and relationships. You may refer them to the famous line from *Romeo and Juliet* that begins "What's in a name?" Ex: **¿El nombre de una persona es especial? ¿En qué situación prefieres dar un nombre falso? ¿Por qué?**

2 Have students reflect on how we express love (in our families, in friendships, in relationships): **¿Cómo decimos "Te quiero"?** They may make a list of gestures or words that communicate our feeling to others.

3 Have students tell whether they prefer tragic love stories or love stories with a happy ending, and why (if some students say they don't like love stories, ask them to elaborate the reasons). Then they may talk about their favorite love story (in a film or book). What was the best part?

3 As a follow-up, ask students: **¿Por qué las historias de amor son tan populares? ¿Di algo es una buena historia de amor? ¿Por qué?** You can ask students to list the characteristics of a good romantic story, and try to find some of them in the short film.

Los enamorados, 1923
Pablo Picasso, España

"La única fuerza y la única verdad que hay en esta vida es el amor."

— José Martí

Antes de leer

Poema 20

Sobre el autor

Ya de muy joven, el chileno Ricardo Eliécer Neftalí Reyes Basoalto —tal fue el nombre que sus padres dieron a **Pablo Neruda** (1904–1973) al nacer— mostraba inclinación por la poesía. En 1924, con tan sólo veinte años, publicó el libro que lo hizo famoso: *Veinte poemas de amor y una canción desesperada.* Treinta años después, en 1954, compone sus *Odas elementales.* Además de poeta, fue diplomático y político. El amor fue sólo uno de los temas de su extensa obra: también escribió poesía surrealista y poesía con fuerte contenido histórico y político. Su *Canto general* lleva a los lectores en un viaje por la historia de América Latina desde los tiempos precolombinos hasta el siglo XX. En 1971, recibió el Premio Nobel de Literatura.

Vocabulario

el alma *soul*
amar *to love*
besar *to kiss*
contentarse con *to be satisfied with*

el corazón *heart*
la mirada *gaze*
el olvido *oblivion*
querer (e:ie) *to love; to want*

Poema Completa este poema con las opciones correctas.

Quiero (1) ___besarte___ (besarte/amarte) porque te (2) ___quiero___ (quiero/olvido),
pero tú te alejas y desde lejos me miras.

Mi (3) ___corazón___ (corazón/olvido) no (4) ___se contenta___ (quiere/se contenta)
con una (5) ___mirada___ (alma/mirada) triste.

Entonces me voy y sólo espero el (6) ___olvido___ (corazón/olvido).

Conexión personal ¿Has estado enamorado/a alguna vez? ¿Te gusta leer poesía? ¿Has escrito alguna vez una carta o un poema de amor?

Análisis literario: la personificación

La personificación consiste en atribuir cualidades propias de los seres humanos a objetos inanimados (cosas, conceptos abstractos) o a la naturaleza. Observa estos ejemplos de personificación: *me despertó el llanto* (crying) *del violín; tu silencio habla de dolores pasados; las estrellas nos miraban mientras la ciudad sonreía.* En *Poema 20,* Pablo Neruda utiliza este recurso en varias ocasiones. Mientras lees el poema, prepara una lista de las personificaciones. ¿Qué cualidad humana atribuye el poeta al objeto?

🔧 Practice more at **vhlcentral.com.**

Vocabulario
As a variant, show students famous paintings or photographs related to the **Literatura** theme and have them describe the images using the new vocabulary.

Conexión personal
Ask volunteers to answer these questions. If they cannot or are unwilling to answer these questions about themselves, ask them to talk about people they know, or fictional characters from films, television, music, etc.

Análisis literario
Supply other examples of personification with which students might be familiar, such as "the **angry** storm subsided."

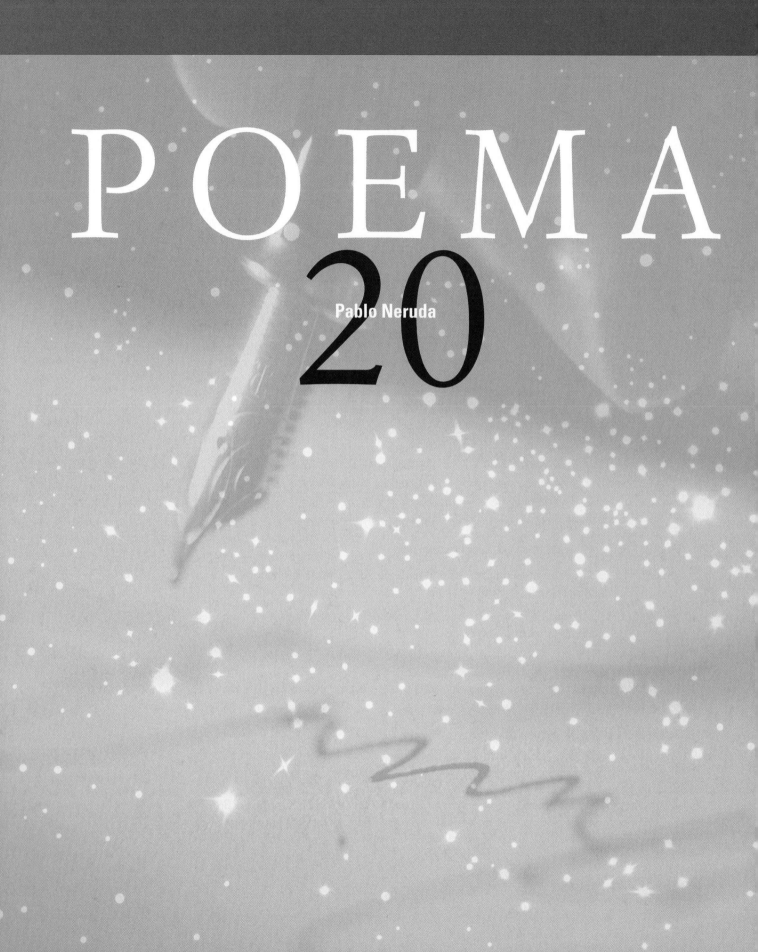

POEMA
20

Pablo Neruda

Preview Before discussing the poem, give students a few minutes to
read the poem aloud to a partner. Remind them that it is not necessary
to understand every single word, especially during the first read-through.

Audio: Dramatic Reading

Puedo escribir los versos más tristes esta noche.
Escribir, por ejemplo: "La noche está estrellada°,
blink; tremble   y tiritan°, azules, los astros°, a lo lejos°".   *starry*
El viento de la noche gira° en el cielo y canta.   *stars/in the distance*
turns

5   Puedo escribir los versos más tristes esta noche.
Yo la quise, y a veces ella también me quiso.

En las noches como ésta la tuve entre mis brazos.
La besé tantas veces bajo el cielo infinito.

Ella me quiso, a veces yo también la quería.
10   Cómo no haber amado sus grandes ojos fijos°.   *fixed*

Puedo escribir los versos más tristes esta noche.
Pensar que no la tengo. Sentir que la he perdido.

Oír la noche inmensa, más inmensa sin ella.
Y el verso cae al alma como al pasto el rocío°.   *like the dew on*
the grass
15   Qué importa que mi amor no pudiera guardarla°.   *keep; protect*
La noche está estrellada y ella no está conmigo.

Eso es todo. A lo lejos alguien canta. A lo lejos.
Mi alma no se contenta con haberla perdido.

to bring her closer   Como para acercarla° mi mirada la busca.
20   Mi corazón la busca, y ella no está conmigo.

La misma noche que hace blanquear° los mismos árboles.   *to whiten*
Nosotros, los de entonces, ya no somos los mismos.

Ya no la quiero, es cierto, pero cuánto la quise.
voice   Mi voz° buscaba el viento para tocar su oído.

25   De otro. Será de otro. Como antes de mis besos.
Su voz, su cuerpo claro. Sus ojos infinitos.

Ya no la quiero, es cierto, pero tal vez la quiero.
Es tan corto el amor, y es tan largo el olvido.

Porque en noches como ésta la tuve entre mis brazos,
30   mi alma no se contenta con haberla perdido.

Aunque éste sea el último dolor que ella me causa,
y éstos sean los últimos versos que yo le escribo. ■

Teaching option
Have students work in
groups to answer these
questions. Then have
them share their answers
with the class.

1.   ¿Qué palabras y
frases usa el poeta
para describir la
noche?

2.   ¿Qué palabras y
frases usa el poeta
para describir a su
amada?

3.   ¿Qué palabras y
frases usa el poeta
para describir cómo
se siente?

Después de leer

Poema 20
Pablo Neruda

1 Have students work in pairs to write two more questions about the poem. They should exchange papers with another pair, and answer the questions. Then have pairs switch papers again to check the answers.

1 Comprensión Contesta las preguntas con oraciones completas.

1. ¿Quién habla en este poema? Un poeta enamorado.

2. ¿De quién habla el poeta? El poeta habla de su amada. / El poeta habla de su antigua/ex novia.

3. ¿Cuál es el tema del poema? El tema del poema es el amor.

4. ¿Qué momento del día es? Es de noche.

5. ¿Sigue enamorado el poeta? Da un ejemplo del poema.
El poeta no lo sabe. Ejemplo: "Ya no la quiero, es cierto, pero tal vez la quiero."

2 Analizar Lee el poema otra vez para contestar las preguntas con oraciones completas.

1. ¿Qué personificaciones hay en el poema y qué efecto transmiten? Explica tu respuesta.

2. ¿Tienen importancia las repeticiones en el poema? Explica por qué.

3. La voz poética habla sobre su amada, pero no le habla directamente a ella. ¿A quién crees que le habla la voz poética en este caso?

4. ¿Qué sentimientos provoca el poema en los lectores?

3 Ask students to work in small groups to discuss the answers to these questions. One student from each group will be responsible for summarizing the group's ideas for each question to share with the class.

3 Interpretar Contesta las preguntas con oraciones completas.

1. ¿Cómo se siente el poeta? Da un ejemplo del poema.

2. ¿Es importante que sea de noche? Razona tu respuesta.

3. Explica con tus propias palabras este verso: "Es tan corto el amor, y es tan largo el olvido".

4. Explica el significado de estos versos y su importancia en el poema. ¿Por qué el poeta escribe una oración "entre comillas"?

> Puedo escribir los versos más tristes esta noche.
> Escribir, por ejemplo: "La noche está estrellada,
> y tiritan, azules, los astros, a lo lejos".

4 Ask students if they know other examples of metafiction.

5 Have a few groups of students act out their conversations in front of the class.

5 Give students the option of writing a story from the point of view of the woman in the poem, explaining what happened in her own words. Was it an unrequited love, a fading love, or a case of opposites attracting?

4 Metaficción En grupos de tres, lean esta definición y busquen ejemplos de metaficción en el poema de Neruda. ¿Qué efecto tiene este recurso en el poema?

> **❝ La metaficción consiste en reflexionar dentro de una obra de ficción sobre la misma obra. ❞**

5 Imaginar En parejas, imaginen la historia de amor entre el poeta y su amada. Preparen una conversación en la que se despiden para siempre. Inspírense en algunos de los versos del poema.

6 Personificar Escribe un párrafo en el que atribuyas cualidades humanas a un objeto.

MODELO Tengo en mi cuarto una estrella de mar. Me cuenta historias de piratas…

Practice more at **vhlcentral.com.**

Antes de leer

Vocabulario

el cargo *position*	**rechazar** *to reject*
la cima *height*	**sabio/a** *wise*
convertirse (e:ie) en *to become*	**el sueño** *dream*
	superar *to overcome*
en contra *against*	**tomar en cuenta** *to take into consideration*
propio/a *own*	

Señora presidenta Completa este párrafo con palabras del vocabulario.

El (1) _____cargo_____ más importante de cualquier país es la presidencia, un (2) _____sueño_____ para muchos políticos. Este desafío es más difícil para las mujeres, que tienen (3) _____en contra_____ muchos prejuicios. La argentina Isabel Perón luchó para (4) _____superar_____ esos prejuicios. En 1974 llegó a (5) _____convertirse_____ en la primera presidenta de Latinoamérica. Desde entonces, otras nueve latinoamericanas han llegado a la (6) _____cima_____ de la política.

Conexión personal ¿Con qué soñabas cuando eras pequeño/a? ¿Qué querías ser? ¿Tienes todavía las mismas metas que tenías de niño/a o has cambiado? ¿Crees que vas a alcanzar tus metas?

Contexto cultural

Una frase pronunciada por Sonia Sotomayor en 2001 causó gran controversia y despertó posiciones en contra y a favor. Sus provocadoras palabras fueron: "Quiero pensar que una sabia mujer latina, con su riqueza de experiencias, puede tomar mejores decisiones que un sabio hombre blanco que no ha vivido esa vida." Sotomayor después se excusó diciendo que se había expresado mal. Pero esta declaración generó los cuestionamientos más importantes a su nominación a la Corte Suprema y, paralelamente, grupos en Facebook, camisetas y carteles la tomaron como una reafirmación de la identidad de la mujer hispana en EE.UU. ¿Qué opinas tú? ¿Influyen nuestras experiencias, nuestro sexo y nuestro origen en las decisiones que tomamos? Si así lo crees, ¿piensas que este hecho es positivo o negativo? ¿Crees que es posible dejar de lado los sentimientos y el pasado para tomar en cuenta solamente la ley? ¿O crees que la subjetividad puede tener lugar en la justicia?

*Practice more at **vhlcentral.com**.*

Contexto cultural Ask students questions to spark discussion. Ex: **En América Central y del Sur ha habido diez presidentas y en Norteamérica ninguna. ¿Cuáles creen que pueden ser las razones?**

Contexto cultural Ask students whether they have had a bad experience due to something they said backfiring or being misinterpreted. Did they stand by their words and try to explain them better, or did they withdraw? Why?

As a follow-up you might write this saying on the board and ask the class to discuss its meaning. **"Las palabras están vivas. Si las cortas, sangran."** Ralph Waldo Emerson

Preview Ask the class to discuss political correctness. Ask if it might make us more hesitant to express ourselves.

Sonia Sotomayor:
la niña que soñaba

Sonia Sotomayor era una niña que soñaba. Y, según cuenta, lo que soñaba era convertirse en detective, igual que su heroína favorita, Nancy Drew. Sin embargo, a los ocho años, tras un diagnóstico de diabetes, sus médicos le recomendaron que pensara en una carrera menos agitada. Entonces, sin recortar 5 sus aspiraciones ni resignarse a menos, encontró un nuevo modelo en otro héroe de ficción: Perry Mason, el abogado encarnado° en televisión *played by* por Raymond Burr. "Iba a ir a la universidad e iba a convertirme en abogada: y supe esto cuando tenía diez años. Y no es una broma" declaró ella en 1998.

amazing

peers

janitors

10   Robin Kar, secretario de Sonia Sotomayor en 1988–1989, afirma que la jueza no sólo tiene una historia asombrosa°, sino que además es una persona asombrosa. Y cuenta que, en la corte, ella no solamente conocía a sus pares°,
15 como los otros jueces y políticos, sino que también se preocupaba por conocer a todos los porteros, los empleados de la cafetería y los conserjes°, y todos la apreciaban mucho.

     En su discurso de aceptación de la
20 nominación a la Corte Suprema, Sonia Sotomayor explicó su propia visión de sí misma: "Soy una persona nada extraordinaria que ha tenido la dicha de tener oportunidades y experiencias extraordinarias." Pero ni

wildest 25 siquiera sus sueños más descabellados° podían prepararla para lo que ocurrió en mayo de 2009, cuando Barack Obama la nominó como candidata a la Corte Suprema de Justicia de Estados Unidos. En su discurso,
30 el presidente destacó el "viaje extraordinario" de la jueza, desde sus modestos comienzos hasta la cima del sistema judicial. Para él, los sueños son importantes y Sonia Sotomayor es la encarnación del sueño americano.

35   Nació en el Bronx, en Nueva York, el 25 de junio de 1954, y creció en un barrio de viviendas

housing project subsidiadas°. Sus padres, puertorriqueños, habían llegado a Estados Unidos durante la Segunda Guerra Mundial. Su padre, que había
40 estudiado sólo hasta tercer grado y no hablaba inglés, murió cuando Sonia tenía nueve años, y su madre, Celina, tuvo que trabajar seis días

raise them a la semana como enfermera para criarlos° a ella y a su hermano menor. Como la señora
45 Sotomayor consideraba que una buena educación era fundamental, les compró a sus hijos la Enciclopedia Británica y los envió a una escuela católica para que recibieran la mejor instrucción posible. Seguramente los resultados
50 superaron también sus expectativas: Sonia estudió en las universidades de Princeton y Yale, y su hermano Juan estudió en la Universidad de

Nueva York, y ahora es médico y profesor en la Universidad de Siracusa.

     Sonia Sotomayor trabajó durante cinco 55 años como asistente del fiscal de Manhattan, Robert Morgenthau (quien inspiró el personaje del fiscal del distrito Adam Schiff en la serie de televisión *Law and Order*). Luego se dedicó al derecho corporativo y más tarde fue jueza 60 de primera instancia de la Corte Federal de Distrito antes de ser nombrada jueza de Distrito de la Corte Federal de Apelaciones. En 2009 se convirtió en la primera hispana —y la tercera mujer en toda la historia— en llegar 65 a la Corte Suprema de Justicia de Estados Unidos, donde suelen tratarse cuestiones tan controvertidas como el aborto, la pena de muerte, el derecho a la posesión de armas, etc.

     Cuando el presidente Obama nominó 70 a la jueza Sotomayor para su nuevo cargo, Celina Sotomayor escuchaba desde la primera fila° con los ojos llenos de lágrimas.   *front row* En su discurso de aceptación, Sonia la señaló como "la inspiración de toda mi vida". 75 Tal vez, en el fondo, lo que soñaba realmente la niña del Bronx era ser, como su madre, una "sabia mujer latina". ▪

Cómo Sotomayor salvó al béisbol

En 1994, de manera unilateral, los propietarios de los equipos de las Grandes Ligas de béisbol implantaron un tope (*limit*) salarial; esto fue rechazado por los jugadores y su sindicato, que declararon una huelga (*strike*). El caso llegó a Sonia Sotomayor, en ese entonces la jueza más joven del Distrito Sur de Nueva York, en 1995. Ella escuchó los argumentos de las dos partes y anunció su dictamen (*ruling*) a favor de los jugadores. Logró acabar así con la huelga que llevaba ya 232 días y, además, ganarse el título de "salvadora del béisbol".

Después de leer

1 **Comprensión** Indica si las siguientes oraciones son **ciertas** o **falsas**. Luego, en parejas, corrijan las falsas.

1. Sonia Sotomayor se considera una persona extraordinaria. Falso. Sonia Sotomayor se considera una persona nada extraordinaria que tuvo oportunidades y experiencias extraordinarias.

2. Ella conocía a todos los empleados de la corte, desde los jueces hasta los conserjes. Cierto.

3. De pequeña, Sonia quería ser detective como Nancy Drew. Cierto.

4. Sus padres eran neoyorquinos. Falso. Sus padres eran puertorriqueños.

5. Celina Sotomayor trabajaba como vendedora de enciclopedias para mantener a sus hijos. Falso. Celina Sotomayor trabajaba como enfermera.

6. Sonia fue la inspiración de un personaje de la serie de televisión *Law and Order*. Falso. Su jefe, Robert Morgenthau, inspiró un personaje de la serie *Law and Order*.

2 **Interpretación** En parejas, contesten las preguntas con oraciones completas y justifiquen sus respuestas.

1. ¿Les parece que la historia de Sonia Sotomayor es extraordinaria? ¿Por qué?

2. ¿En qué sentido piensan que su madre es "la inspiración de su vida"?

3. ¿Creen que su carrera es una prueba de que el sueño americano existe?

4. ¿Piensas que ella, como mujer y como hispana, y con la historia de su vida, puede asegurar un mejor debate en la Corte Suprema? ¿Por qué?

5. ¿Les parece que la experiencia de vida es más importante, menos importante o igualmente importante para las personas que los estudios que tengan? ¿Por qué?

3 **Retrato**

A. En las elecciones presidenciales de Estados Unidos en 2008, los dos candidatos también señalaron a sus madres como una inspiración fundamental de sus vidas. En parejas, lean y comenten las citas.

> "Sé que (mi madre) fue el espíritu más bondadoso y generoso que jamás he conocido y que lo mejor de mí se lo debo a ella." Barack Obama, *Los sueños de mi padre*

> "Roberta McCain nos inculcó su amor a la vida, su profundo interés en el mundo, su fortaleza y su creencia de que todos tenemos que usar nuestras oportunidades para ser útiles a nuestro país. No estaría esta noche aquí si no fuera por la fortaleza de su carácter." John McCain, Discurso de aceptación en la Convención Republicana

B. Escriban al menos cuatro oraciones sobre cómo imaginan que es Celina Sotomayor. ¿Qué dirían de ella sus hijos? Luego, compartan sus oraciones con la clase y comparen sus descripciones.

MODELO Celina es una mujer trabajadora. Ella no está de acuerdo con perder el tiempo y quiere que sus hijos estudien y mejoren. Es paciente, pero está llena de energía...

4 **Modelos de vida** Escribe una entrada de blog sobre una persona sabia a la que admiras. Describe su personalidad y su historia, y explica por qué es importante para ti.

🔅 Practice more at **vhlcentral.com**.

Atando cabos

¡A conversar!

Citas rápidas Usa la técnica de las "citas rápidas" (*speed dating*) para conocer a tus compañeros/as de clase, hacer nuevos amigos y buscar compañeros para proyectos. Comparte los resultados con la clase.

Cómo funcionan las "citas rápidas"

- Reúnete con un(a) compañero/a durante cinco minutos. Hablen sobre quiénes son, cómo son, qué buscan, etc.
- Toma notas acerca del encuentro.
- Repite la actividad con otros compañeros.

	Nombre	Nombre
¿De dónde eres?		
¿Cómo eres?		
¿Qué cualidades buscas en un(a) amigo/a?		
¿Qué tipo de proyectos te gusta hacer?		

¡A escribir!

Consejos Lee el correo electrónico que envió Alonso a la sección de consejos sentimentales de una revista y usa las frases del recuadro para responderla.

Expresar tu opinión

Estas frases pueden ayudarte a presentar tu opinión:

- En mi opinión, …
- Creo que…
- Me parece que…

De:	alonso23@tucorreo.com
A:	consejos_sentimentales@larevista.com
Tema:	Necesito un consejo

Me llamo Alonso. Tengo 23 años y soy de Colombia. Vine a Boston para estudiar en la universidad. Allí conocí a mi novia Kristen, quien tomaba clases de español. Todo iba muy bien mientras estábamos en la universidad: teníamos amigos estadounidenses y latinoamericanos, a mí me interesaba mucho aprender sobre su país y a ella sobre el mío.

El problema comenzó después de la universidad. Cuando salimos con los compañeros de trabajo de Kristen, siento que a nadie le interesa charlar conmigo, y a mí tampoco me interesa hablar con ellos de béisbol y esas cosas. Cuando vamos a visitar a la familia de Kristen en Chicago y decido cocinar, siempre miran con desconfianza los platos tradicionales que preparo. Además, Kristen está muy ocupada con su trabajo para seguir estudiando español. Cuando quiere practicar comete unos errores horribles y entonces yo prefiero hablar inglés con ella. Discutimos mucho por todas estas cosas.
A veces pienso que sería más fácil estar con alguien de mi cultura… pero quiero mucho a Kristen. ¿Qué puedo hacer para que mi relación funcione?

INSTRUCTIONAL RESOURCES
SAM/WebSAM: WB

¡A conversar!
As a follow-up activity, have students answer these discussion questions in small groups.

1. ¿Participarían (o participaron alguna vez) en un evento de "citas rápidas" para conocer gente?
2. ¿Qué oportunidades ofrece la universidad/escuela para conocer gente de otras culturas?
3. ¿Qué buscan cuando conocen personas nuevas? ¿Les importa más que la personalidad sea compatible o que tengan pasatiempos similares?
4. ¿Qué consejos le darían a un(a) estudiante a quien le resulta difícil conocer gente nueva?

¡A escribir!
Before students begin writing, have them organize the information in two lists: things that Alonso should improve or change, and things that his girlfriend should improve or change.

S Vocabulary Tools

La personalidad

autoritario/a	strict
cariñoso/a	affectionate
celoso/a	jealous
cuidadoso/a	careful
falso/a	insincere
gracioso/a	funny
inseguro/a	insecure
(in)maduro/a	(im)mature
mentiroso/a	lying
orgulloso/a	proud
permisivo/a	permissive
seguro/a	sure; confident
sensato/a	sensible
sensible	sensitive
tacaño/a	stingy
tímido/a	shy
tradicional	traditional

Los estados emocionales

agobiado/a	overwhelmed
ansioso/a	anxious
deprimido/a	depressed
disgustado/a	upset
emocionado/a	excited
preocupado/a (por)	worried (about)
solo/a	alone; lonely
tranquilo/a	calm

Los sentimientos

adorar	to adore
apreciar	to think highly of
enamorarse (de)	to fall in love (with)
estar harto/a (de)	to be sick (of)
odiar	to hate
sentirse (e:ie)	to feel
soñar (o:ue) (con)	to dream (about)
tener celos (de)	to be jealous (of)
tener vergüenza (de)	to be embarrassed (about)

Las relaciones personales

el/la amado/a	loved one
el ánimo	spirit
el cariño	affection
la cita (a ciegas)	(blind) date
el compromiso	commitment
la confianza	trust; confidence
el desánimo	the state of being discouraged
el divorcio	divorce
la pareja	couple; partner
el sentimiento	feeling
atraer	to attract
coquetear	to flirt
cuidar	to take care of
dejar a alguien	to leave someone
discutir	to argue
educar	to raise; to bring up
hacerle caso a alguien	to pay attention to someone
impresionar	to impress
llevar... años de (casados)	to be (married) for... years
llevarse bien/mal/fatal	to get along well/badly/terribly
mantenerse en contacto	to keep in touch
pasarlo bien/mal/fatal	to have a good/bad/terrible time
proponer matrimonio	to propose (marriage)
romper (con)	to break up (with)
salir (con)	to go out (with)
soportar a alguien	to put up with someone
casado/a	married
divorciado/a	divorced
separado/a	separated
soltero/a	single
viudo/a	widowed

Más vocabulario

Expresiones útiles	Ver p. 7
Estructura	Ver pp. 14–15, 18–19 y 22–23

Cinemateca

la cinta	tape
la luz	light
alargar	to drag out
enterarse	to find out
entretenerse	to be held up
respirar	to breathe
pesado/a	annoying
precioso/a	lovely
turbio/a	murky
a lo mejor	maybe

Literatura

el alma	soul
el corazón	heart
la mirada	gaze
el olvido	oblivion
amar	to love
besar	to kiss
contentarse con	to be satisfied with
querer (e:ie)	to love; to want

Cultura

el cargo	position
la cima	height
el sueño	dream
convertirse (e:ie) en	to become
rechazar	to reject
superar	to overcome
tomar en cuenta	to take into consideration
propio/a	own
sabio/a	wise
en contra	against

Las diversiones

2

Communicative Goals

You will expand your ability to...

- avoid redundancy
- express personal likes and dislikes
- describe your daily routine and activities

INSTRUCTIONAL RESOURCES
SAM/WebSAM (WB, LM),
Textbook/Lab Audio,
Audioscripts,
Textbook/Lab AK

S Vocabulary Tools

Las diversiones

La música y el teatro

Mis amigos y yo tenemos un **grupo musical.** Yo soy el cantante. Ayer fue nuestro segundo **concierto.** Esperamos grabar pronto nuestro primer **álbum.**

el álbum *album*
el asiento *seat*
el/la cantante *singer*
el concierto *concert*
el conjunto/grupo musical
    musical group; band
el escenario *scenery; stage*
el espectáculo *show*
el estreno *premiere*
la función *performance*
    (theater; movie)
el/la músico/a *musician*
la obra de teatro *play*
la taquilla *box office*
─────────
aplaudir *to applaud*
conseguir (e:i) boletos/entradas
    to get tickets
hacer cola *to wait*
    in line
poner música *to play music*

Los lugares de recreo

el cine *movie theater*
el circo *circus*
la discoteca *night club*

la feria *fair*
el festival *festival*
el parque de atracciones *amusement park*
el zoológico *zoo*

Los deportes

el/la árbitro/a *referee*
el campeón/la campeona *champion*
el campeonato *championship*
el club deportivo *sports club*
el/la deportista *athlete*
el empate *tie (game)*
el/la entrenador(a) *coach; trainer*
el equipo *team*
el/la espectador(a) *spectator*
el torneo *tournament*
─────────
anotar/marcar (un gol/un punto)
    to score (a goal/a point)
desafiar *to challenge*
empatar *to tie (games)*
ganar/perder (e:ie) un partido
    to win/lose a game
vencer *to defeat*

Variación léxica
hacer cola ⟷ hacer fila
anotar/marcar un gol ⟷ meter un gol
vencer ⟷ derrotar
la televisión ⟷ la tele

Ricardo y sus amigos **se reúnen** todos los sábados. Les **gustan el billar** y **el boliche**, y son verdaderos **aficionados** a **las cartas**.

el ajedrez *chess*

el billar *billiards*

el boliche *bowling*

las cartas/los naipes *(playing) cards*

los dardos *darts*

el juego de mesa *board game*

el pasatiempo *pastime*

la televisión *television*

el tiempo libre/los ratos libres *free time*

el videojuego *video game*

―――――

aburrirse *to get bored*

alquilar una película *rent a movie*

brindar *to make a toast*

celebrar/festejar *to celebrate*

dar un paseo *to take a stroll/walk*

disfrutar (de) *to enjoy*

divertirse (e:ie) *to have fun*

Teaching option Have students work with a partner to write a movie advertisement for a recent film. Then have students read their ads to the class. Students should vote on whether they would see the film or not based on the ad.

entretener(se) (e:ie) *to amuse (oneself)*

gustar *to like*

reunirse (con) *to get together (with)*

salir (a comer) *to go out (to eat)*

―――――

aficionado/a (a) *enthusiastic about; a fan (of)*

animado/a *lively*

divertido/a *fun*

entretenido/a *entertaining*

Práctica

(1) Escuchar

> ① Part A: Have volunteers read the questions aloud before listening to the conversation.

A. Mauricio y Joaquín están haciendo planes para el fin de semana. Quieren ir al cine, pero no logran ponerse de acuerdo. Escucha la conversación y contesta las preguntas con oraciones completas.

1. ¿Cuándo planean ir al cine Mauricio y Joaquín?
   Planean ir al cine el sábado.
2. ¿Qué película quiere ver Joaquín?
   Joaquín quiere ver *Los invasores de la galaxia.*
3. ¿Por qué Mauricio no quiere verla?
   Porque hay que hacer cola para los estrenos y no le gusta la ciencia ficción.
4. ¿Qué alternativa sugiere Mauricio?
   Mauricio sugiere ver un documental sobre el campeonato nacional de fútbol.
5. ¿Qué le pasa a Joaquín cuando mira documentales? Joaquín se aburre cuando mira documentales.

B. Ahora, escucha el anuncio radial de *Los invasores de la galaxia* y decide si las oraciones son **ciertas** o **falsas**. Corrige las falsas.

1. Este fin de semana estrenan una película de ciencia ficción. Cierto.
2. *Los invasores de la galaxia* ya se estrenó en otros lugares. Cierto.
3. La película tuvo poco éxito en Europa.
   Falso. Ganó tres premios en varios festivales europeos.
4. Si compras cuatro boletos, te regalan la banda sonora (*soundtrack*). Falso. Te regalan la banda sonora si compras cinco boletos.
5. Si te vistes de extraterrestre, te regalan un boleto para una fiesta exclusiva. Cierto.
6. El estreno de la película es a las nueve de la mañana. Falso. La taquilla abre a las nueve de la mañana.

C. En parejas, imaginen que, después de escuchar el anuncio radial, Joaquín trata de convencer a Mauricio para ir a ver *Los invasores de la galaxia*. Inventen la conversación entre Mauricio y Joaquín, y compártanla con la clase.

(2) Relaciones Escoge la palabra que no está relacionada.

1. película (estrenar / dirigir / (empatar))
2. obra de teatro (boleto / (campeonato) / taquilla)
3. concierto ((vencer) / aplaudir / hacer cola)
4. juego de mesa (ajedrez / naipes / (videojuego))
5. celebrar (divertirse / (aburrirse) / disfrutar)
6. partido (deportista / árbitro / (circo))

② To check comprehension, ask students to create sentences linking the related words. Ex: **1. La película se estrena este viernes. No sé quién la dirige.**

Práctica

(3) In pairs, have students add three more items to the activity using **circo, feria,** and **festival.**

(3) ¿Dónde están? Indica dónde están estas personas.

__e__ 1. Llegamos muy temprano, pero hay una cola enorme. El hombre que vende los boletos parece estar de muy mal humor.

__g__ 2. Hoy es el cumpleaños de mi hermana menor. En lugar de celebrarlo en casa, quiere pasar el día acá, con los tigres y los elefantes.

__a__ 3. Una red (*net*), una pelota amarilla y dos deportistas. ¿Quién será la campeona?

__b__ 4. Hay máquinas que suben, bajan, dan vueltas hacia la derecha y hacia la izquierda. La más espectacular dibuja un laberinto de líneas en el aire.

__h__ 5. ¿Cómo puede ser que cuatro personas hagan tanto ruido en un campo de fútbol lleno de gente? Mi novia se está divirtiendo mucho, pero ¡yo no entiendo nada de lo que cantan!

__d__ 6. ¡Qué nervios! ¿Qué pasa si se abre el telón y me olvido de lo que tengo que decir?

a. un torneo de tenis
b. un parque de atracciones
c. un cine
d. un escenario
e. una taquilla
f. una discoteca
g. un zoológico
h. un concierto de rock

(4) After completing the activity, have students act out the conversation with a partner.

(4) Goles y fiestas Completa la conversación.

aburrirte	celebrar	equipo
animadas	disfruten	espectadores
árbitro	divertidos	ganar
campeonato	empate	televisión

PEDRO Mario, ¿todavía estás mirando (1) ___televisión___? ¿No ves que vamos a llegar tarde?

MARIO Lo siento, pero no puedo ir a la fiesta de tu novia. Pasan un partido de fútbol.

PEDRO Pero las fiestas de mi novia son más (2) ___animadas___ y más entretenidas que cualquier partido de fútbol. Todos los partidos son iguales… Veintidós tontos corriendo detrás de una pelota, los (3) ___espectadores___ gritando (*shouting*) como locos y el (4) ___árbitro___ pitando (*whistling*) sin parar.

MARIO Hoy no me puedes convencer. Es la final del (5) ___campeonato___ y estoy seguro de que mi (6) ___equipo___ favorito va a (7) ___ganar___.

PEDRO ¿Y no vas a (8) ___aburrirte___, aquí solito, mientras todos tus amigos bailan?

MARIO ¡Jamás! ¡Todos vienen a ver el partido conmigo! Y después vamos a (9) ___celebrar___ la victoria.

PEDRO Que (10) ___disfruten___ del partido. Ya me voy… Espera, mi novia me está llamando al celular… ¿Qué me dices, amor? ¿Que la fiesta es aquí en mi casa? ¿Que tú también quieres ver el partido? ¡Ay, yo me rindo (*give up*)!

Practice more at **vhlcentral.com.**

Comunicación

(5) As an expansion activity, ask students at random about their partners' favorite activities. Then ask if their initial guesses were correct.

(5) **Diversiones**

A. Sin consultar con tu compañero/a, prepara una lista de cinco actividades que crees que le gustan a él/ella. Escoge actividades del recuadro y añade otras.

jugar al ajedrez	ir a la feria
practicar deportes en un club	jugar videojuegos
ir al estreno de una película	bailar en una discoteca
mirar televisión	jugar al boliche
escuchar música clásica	salir a cenar con amigos

B. Ahora, habla con tu compañero/a para confirmar tus predicciones. Sigue el modelo.

MODELO —Creo que te gusta jugar al ajedrez.
—Es verdad, juego siempre que puedo. / —Te equivocas, me aburre. ¿Y a ti?

(6) **Lo mejor** En grupos de cuatro, imaginen que son editores/as de un periódico local y quieren publicar la lista anual de *Lo mejor de la ciudad*.

A. Primero, escojan las categorías que quieren premiar (*to award*).

Lo mejor de la ciudad

Mejor cine _____

Mejor discoteca _____

Mejor espectáculo sobre hielo _____

Mejor equipo deportivo _____

Mejor parque para pasear _____

Mejor festival de arte _____

Mejor restaurante para celebrar un cumpleaños _____

Mejor grupo musical en vivo (*live*) _____

Mejor ... _____

B. Luego, preparen una encuesta (*survey*) y entrevisten a sus compañeros/as de clase. Anoten las respuestas.

C. Ahora, compartan los resultados con la clase y decidan qué lugares y eventos recibirán el premio *Lo mejor*.

(6) As an outside project, have students pick a city in the Spanish-speaking world and research the highlights of that city. They should prepare a similar list and present it to the class.

(7) **Un fin de semana extraordinario** Dos amigos con personalidades muy diferentes tienen que pasar un fin de semana en una ciudad que nunca han visitado. Hacen muchas sugerencias interesantes, pero no se ponen de acuerdo en nada. En parejas, improvisen una conversación utilizando las palabras del vocabulario.

MODELO —¿Vamos al parque de atracciones? Es muy divertido.
—No, me mareo en la montaña rusa (*roller coaster*)...

(7) For a cultural expansion activity, bring in travel brochures from cities in the Spanish-speaking world (or have students print out travel information in Spanish from the Internet). Have pairs choose a city and base their conversation on the information they have read.

Video

Los empleados de *Facetas* hablan de las diversiones. Johnny trata de ayudar a Éric. Mariela habla de sus planes.

Synopsis
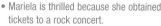
- Johnny cheers Éric up by suggesting he use humor to attract women.
- Mariela is thrilled because she obtained tickets to a rock concert.
- Mariela intends to remove the guitarist's shirt.
- Mariela rips open Éric's shirt and scatters buttons all over the floor.

JOHNNY ¿Y a ti? ¿Qué te pasa?

ÉRIC Estoy deprimido.

JOHNNY Anímate, es fin de semana.

ÉRIC A veces me siento solo e inútil.

JOHNNY ¿Solo? No, hombre, yo estoy aquí; pero inútil…

JOHNNY Necesitas divertirte.

ÉRIC Lo que necesito es una chica. No tienes idea de lo que es vivir solo.

JOHNNY No, pero me lo estoy imaginando. El problema de vivir solo es que siempre te toca lavar los platos.

ÉRIC Las chicas piensan que soy aburrido.

JOHNNY No seas pesimista.

ÉRIC Soy un optimista con experiencia. Lo he intentado todo: el cine, la discoteca, el teatro… Nada funciona.

JOHNNY Tienes que contarles chistes. Si las haces reír, ¡*boom*! Se enamoran.

ÉRIC ¿De veras?

JOHNNY Seguro.

Mariela viene a hablar con ellos.

MARIELA ¡Los conseguí! ¡Los conseguí!

FABIOLA ¿Conseguiste qué?

MARIELA Los últimos boletos para el concierto de rock de esta noche.

FABIOLA ¿Cómo se llama el grupo?

MARIELA Distorsión. Aquí tengo el disco compacto. ¿Lo quieren oír?

FABIOLA (*mirando el reloj*) Uy, ¡qué tarde es!

Luego, en el escritorio de Diana…

ÉRIC Diana, ¿te puedo contar un chiste?

DIANA Estoy algo ocupada.

ÉRIC Es que se lo tengo que contar a una mujer.

DIANA Hay dos mujeres más en la oficina.

ÉRIC Temo que se rían cuando se lo cuente.

DIANA ¡Es un chiste!

ÉRIC Temo que se rían de mí y no del chiste.

DIANA ¿Qué te hace pensar que yo me voy a reír del chiste y no de ti?

ÉRIC No sé. Tú eres una persona seria.

DIANA ¿Y por qué se lo tienes que contar a una mujer?

ÉRIC Es un truco para conquistarlas.

Diana se ríe muchísimo.

INSTRUCTIONAL RESOURCES Fotonovela video, SAM/ WebSAM (VM), Script & Translation, SAM AK

Preview Have students predict what will happen based on the video stills.

46 *cuarenta y seis*

Lección 2

Personajes

AGUAYO

DIANA

ÉRIC

FABIOLA

JOHNNY

MARIELA

Johnny dibuja muchos puntos en la pizarra.

JOHNNY ¿Te sabes el chiste de la fiesta de puntos? Es un clásico… Hay una fiesta de puntos… Todos están divirtiéndose y pasándola bien. Y entonces entra un asterisco… y todos lo miran asombrados. Y el asterisco les dice: "¿Qué? ¿Nunca han visto un punto despeinado?"

Mariela entra con dos boletos en la mano y comienza a besarlos.

MARIELA Sí, sí. Me encanta, me encanta…

FABIOLA Te lo dije.

AGUAYO ¿Me dijiste qué?

FABIOLA Que ella no parecía muy normal.

MARIELA Deséenme suerte.

AGUAYO ¿Suerte? ¿En qué?

MARIELA Esta noche le voy a quitar la camisa al guitarrista de Distorsión.

JOHNNY No, no lo harás.

MARIELA Voy a intentarlo.

ÉRIC Si crees que es tan fácil quitarle la camisa a un tipo, ¿por qué no practicas conmigo?

Mariela intenta quitarle la camisa a Éric.

Al final del día, en la cocina…

AGUAYO ¿Alguien quiere café?

JOHNNY ¿Lo hiciste tú o sólo lo estás sirviendo?

AGUAYO Sólo lo estoy sirviendo.

JOHNNY Yo quiero una taza.

ÉRIC Yo quiero una taza.

Expresiones útiles

Talking about whose turn it is

Siempre te toca lavar los platos.
It's always your turn to wash the dishes.

A Johnny le toca hacer el café.
It's Johnny's turn to make coffee.

¿A quién le toca pagar la cuenta?
Whose turn is it to pay the bill?

¿Todavía no me toca?
It still isn't my turn?

Encouraging other people

¡Anímate! *Cheer up! (sing.)*
¡Anímense! *Cheer up! (pl.)*

No seas pesimista.
Don't be pessimistic. (sing.)

No sean pesimistas.
Don't be pessimistic. (pl.)

Wishing someone well

¡Buen fin de semana!
Have a nice weekend!

¡Pásalo bien!
Have a good time! (sing.)

¡Pásenlo bien!
Have a good time! (pl.)

¡Que te diviertas!
Have fun! (sing.)

¡Que se diviertan!
Have fun! (pl.)

Additional vocabulary

contar *to tell*
inútil *useless*
el punto *period; point*
el tipo *guy*
el truco *trick*

Teaching option Play the entire video. Have students take notes as they watch. Then have them work in groups to create a plot summary.

Comprensión

Practice more at vhlcentral.com.

1 **¿Cierto o falso?** Decide si estas oraciones son **ciertas** o **falsas**. Corrige las falsas.

Cierto	Falso	
☑	☐	1. Éric está deprimido.
☐	☑	2. A Éric le gusta vivir solo. A Éric no le gusta vivir solo.
☐	☑	3. Según Johnny, hay que ser serio para enamorar a las mujeres. Según Johnny, hay que contarles chistes.
☐	☑	4. Diana se ríe del chiste de Éric. Éric no logra contarle el chiste.
☐	☑	5. Fabiola quiere escuchar la música de Distorsión. Fabiola no la quiere escuchar.
☑	☐	6. Mariela quiere quitarle la camisa al guitarrista de Distorsión.
☐	☑	7. Aguayo preparó el café. Sólo lo sirve, no lo preparó él.
☑	☐	8. Johnny quiere beber café porque no lo preparó Aguayo.

2 **Seleccionar** Selecciona la respuesta que especifica de qué hablan Johnny y Éric.

1. ¿Qué te pasa? → ¿Qué te pasa __c__?
   a. a Johnny   b. al fin de semana   c. a ti

2. Tienes que contarles chistes. → Les tienes que contar chistes __b__.
   a. a los amigos   b. a todas las chicas   c. a Mariela y a Diana

3. Tengo que contárselo a una mujer. → Tengo que contarle a una mujer __a__.
   a. el chiste   b. el concierto de rock   c. el cuento

4. Temo que se rían cuando se lo cuente. → Temo que __b__ se rían cuando se lo cuente.
   a. Mariela y Aguayo   b. las mujeres   c. Diana, Fabiola y Mariela

5. No, pero me lo estoy imaginando. → No, pero me estoy imaginando __b__.
   a. el fin de semana   b. lo que es vivir solo   c. lavar los platos

6. ¿Lo hiciste tú o lo hizo Aguayo? → ¿Hiciste tú __c__ o lo hizo Aguayo?
   a. el boleto   b. la taza   c. el café

3 **Consejos**

A. Un amigo le da consejos a Éric para salir con una chica, pero él no acepta ninguno.
Lee los consejos y conéctalos con las respuestas de Éric.

Consejos del amigo

__d__ 1. ¡Ve con ella al concierto de rock!

__c__ 2. Pregúntale si quiere ver el partido.

__a__ 3. Llévala al cine.

__e__ 4. Invítala al parque de atracciones.

__b__ 5. Puedes invitarla a bailar.

Respuestas de Éric

a. Siempre me duermo viendo películas.

b. No conozco ninguna discoteca.

c. No me gustan los deportes.

d. Va a mirar al guitarrista y no a mí.

e. Las alturas (*heights*) me dan miedo.

B. En parejas, preparen cinco recomendaciones más para Éric y dramaticen la situación: uno/a de ustedes es Éric y la otra persona es su amigo/a. Luego, intercambien los papeles.

Margin notes:

① Have students create questions that correspond to each item. Ex: **¿Es verdad que Éric está deprimido?**

① Ask students to create two more items and exchange them with a partner.

② Model the activity by doing the first sentence as a group. Ask volunteers to explain why choices **a** and **b** are incorrect.

③ Part A: Ask students to make up different **respuestas** for Éric.

Ampliación

④ Tu turno

A. Ahora te toca a ti darle consejos a Éric para conquistar a una chica. Escríbele un email con consejos útiles.

De:	
Para:	Éric <eric@facetas.mx >
Asunto:	Consejos

Hola, Éric:
¿Cómo estás?
Me he enterado de que estás teniendo problemas para conquistar a las chicas. Bueno, eso tiene solución: lo primero que tienes que hacer es…

B. Ahora, presenten sus consejos a la clase y decidan cuáles son los mejores consejos.

⑤ Apuntes culturales En parejas, lean los párrafos y contesten las preguntas.

Piropos para enamorar

Johnny le asegura a Éric que para enamorar a las chicas hay que hacerlas reír. En el mundo hispano, los hombres suelen decirles a las mujeres piropos (*compliments*) graciosos. ¿Piensas que Éric tendrá éxito con este piropo? *"Si la belleza fuera pecado (sin), tú ya estarías en el infierno."* ¿Y qué tal con éste? *"¿Empezó la primavera? Acabo de ver la primera flor."*

La mejor taza de café

A Éric y a Johnny no les gusta el café que prepara Aguayo. Ellos lo prefieren más intenso… ¡a lo cubano! En Cuba, el café se toma fuerte, con mucha azúcar y se sirve en pequeñas tazas. No puede faltar en el desayuno, ni después de las comidas. No le vendría nada mal al jefe una receta de **café cubano**, ¿verdad?

Los Claxons

El rock mexicano

Mariela está contenta porque consiguió boletos para un concierto de rock. El rock mexicano se caracteriza por la riqueza de estilos, producida por la fusión con otros ritmos como boleros, rancheras, reggae y jazz. **Zoé, Los Claxons** y **División Minúscula** son algunas de las bandas más populares.

1. ¿Existen piropos en tu cultura? Da ejemplos.
2. En tu país, ¿cómo se toma el café? ¿Cuándo se toma? ¿Cómo te gusta a ti?
3. ¿Conoces a otros músicos mexicanos y del mundo hispano? ¿A qué género pertenece su música?
4. ¿Fuiste alguna vez a un concierto de rock? ¿A qué banda o cantante viste?

---

⑤ Have students work in pairs to create a dialogue in which Éric tries to use **piropos** to pick up a girl he does not know. Have volunteers share their dialogues with the class. Here are other examples: **¿De qué juguetería te escapaste, muñeca?; ¡Quién fuera reloj para ser dueño de tu tiempo!**

⑤ Students will learn more about the coffee industry in Latin America in **Lección 5**. (See *La Ruta del Café*, p. 172.)

Teaching option Play a song or music video from a popular Mexican rock band. Encourage students to share their impressions of the music. Ex: **¿Les gustaría ir a un concierto de este grupo? ¿Dónde se tocaría este tipo de música? ¿Es parecido al rock de tu país? ¿Por qué?**

En detalle

MÉXICO

El nuevo CINE MEXICANO

México vivió la época dorada de su cine en los años cuarenta. Pasada esa etapa°, la industria cinematográfica mexicana perdió fuerza. Ha tardado casi medio siglo en volver a brillar, pero hace una década volvió al panorama internacional con gran vigor°. Este resurgir°, en parte, se debe al apoyo del gobierno mexicano y, sobre todo, al talento de una nueva generación de creadores que ha logrado triunfar en las pantallas de todo el mundo.

En 1992, *Como agua para chocolate* de Alfonso Arau batió° récords de taquilla. Esta película, que puso en imágenes el realismo mágico que tanto éxito tenía en la literatura, despertó el interés por el cine mexicano.

Salma Hayek

Las películas empezaron a disfrutar de una mayor distribución, y muchos directores y actores se convirtieron en estrellas internacionales.

El éxito también se vio reflejado en el dinero recaudado° y en las nominaciones y los premios° recibidos. Hoy día, los rostros° de Salma Hayek, Gael García Bernal y Diego Luna, entre otros, pueden verse no sólo en el cine, sino también en revistas y programas de televisión de todo el mundo. Muchos artistas alternan su trabajo entre Estados Unidos y México. En el año 2000, el enorme éxito de *Amores perros* impulsó la carrera de su director, Alejandro González Iñárritu, que poco tiempo después dirigió *21 Grams* y *Babel* en tierras estadounidenses.

Alfonso Cuarón

Otros directores que trabajan en los dos países son Guillermo del Toro (*Blade II*, *El laberinto del fauno*, *Hellboy* y *Hellboy II: The Golden Army*) y Alfonso Cuarón. Después del éxito alcanzado° con *Y tu mamá también*, Cuarón dirigió la tercera película de *Harry Potter*. En 2014, Alfonso Cuarón se convirtió en el primer director mexicano en ganar un premio Óscar con la aventura espacial *Gravity*. ■

Algunas películas premiadas

Como agua para chocolate Premio Ariel	**La ley de Herodes** Sundance – Premio al Cine Latinoamericano	**Y tu mamá también** Venecia – Mejor Guión
1992 **1996**	**2000**	**2001** **2007**
El callejón de los milagros Premio Goya	**Amores perros** Chicago – Hugo de Oro a la Mejor Película	**El laberinto del fauno** Tres premios Óscar

etapa *era* **vigor** *energy* **resurgir** *revival* **batió** *broke* **recaudado** *collected* **premios** *awards* **rostros** *faces* **alcanzado** *reached*

Teaching option If there are heritage speakers in the class, ask them if they are familiar with Mexican cinema and if they have any recommendations.

El mundo hispanohablante Ask students: ¿A quién le gusta ver los premios Oscar? ¿A quién no le gusta? ¿Por qué? ¿Qué otros premios y festivales de cine conocen?

Perfil Have students create a time line of Gael García Bernal's career based on the article.

ASÍ LO DECIMOS

Las diversiones

chido/a (Méx.)	
copado/a (Arg.)	
mola (Esp.)	*cool*
guay (Esp.)	
bacanal (Nic.)	
salir de parranda	
rumbear (Col. y Ven.)	*to go out and have fun*
ir/salir de juerga	
la rola (Nic. y Méx.)	*song*
el tema	
temazo *hit (song)*	

EL MUNDO HISPANOHABLANTE

Los premios de cine

Cada año, distintos países hispanoamericanos premian las mejores películas nacionales y extranjeras.

En México, el premio **Ariel** es la máxima distinción otorgada° a los mejores trabajos cinematográficos mexicanos. La estatuilla° representa el triunfo del espíritu y el deseo de ascensión.

En España, los premios más prestigiosos son los **Goya**. La Academia de Artes y Ciencias Cinematográficas de España entrega estos premios a producciones nacionales en un festival en Madrid. Las estatuillas reciben ese nombre por el pintor Francisco de Goya.

Penélope Cruz recibe el premio Goya

En Argentina, el Festival de Cine Internacional de Mar del Plata premia películas nacionales e internacionales. El galardón° se llama **Astor** en homenaje al compositor de tango Astor Piazzolla, quien nació en la ciudad de Mar del Plata.

En Cuba, el Festival Internacional de La Habana entrega los premios **Coral**. Aunque predomina el cine latinoamericano, el festival también convoca a producciones de todas partes del mundo.

PERFIL

GAEL GARCÍA BERNAL

Gael García Bernal es una de las figuras más representativas del cine mexicano contemporáneo. Empieza a actuar en el teatro con tan sólo cinco años, de la mano de sus padres, también actores. Pasa pronto a trabajar en telenovelas°. Siendo adolescente, Gael entra en el mundo del cine. Su intuición y su talento lo llevan a renunciar a la fama fácil y, a los diecisiete años, se va a Londres para estudiar arte dramático. Tres años después, regresa a México lleno de confianza y no se asusta° a la hora de representar ningún papel, por controvertido o difícil que sea. A partir de ese momento, participa en algunas de las películas más emblemáticas del cine en español de los últimos años: *Amores perros*, *Y tu mamá también* y *Diarios de motocicleta*. Actualmente, Gael trabaja también del otro lado de las cámaras como director y productor, y participa activamente en la promoción del cine mexicano.

"Es muy importante que el cine latino se mantenga muy específico, pero que al mismo tiempo sus temas sean universales." (Alfonso Cuarón)

Conexión Internet

¿Qué función tiene el Instituto Mexicano de Cinematografía?

Investiga sobre este tema en **vhlcentral.com.**

telenovelas *soap operas* **no se asusta** *isn't afraid (of)* **otorgada** *given* **estatuilla** *statuette* **galardón** *award*

¿Qué aprendiste?

1 **¿Cierto o falso?** Indica si estas afirmaciones son **ciertas** o **falsas**. Corrige las falsas. Some answers will vary.

1. La época dorada del cine mexicano fue en los años cincuenta. Falso. La época dorada del cine mexicano fue en los años cuarenta.
2. El gobierno mexicano ha apoyado los nuevos proyectos de cine. Cierto.
3. El director de *Como agua para chocolate* es Diego Luna. Falso. El director de *Como agua para chocolate* es Alfonso Arau.
4. El éxito de *Como agua para chocolate* despertó el interés por el cine mexicano. Cierto.
5. Los artistas mexicanos van a Estados Unidos y no vuelven a trabajar en su país. Falso. Normalmente alternan su trabajo entre los dos países.
6. La película *Amores perros* es del año 2002. Falso. La película *Amores perros* es del año 2000.
7. Alfonso Cuarón dirigió *21 Grams*. Falso. Alejandro González Iñárritu dirigió *21 Grams*.
8. Guillermo del Toro actuó en *El laberinto del fauno*. Falso. Guillermo del Toro dirigió *El laberinto del fauno*.

2 **Completar** Completa las oraciones.

1. Los premios del Festival Internacional de La Habana se llaman ___Coral___.
2. Los premios Astor se entregan en la ciudad argentina de ___Mar del Plata___.
3. Los premios cinematográficos más prestigiosos de España son los ___Goya___.
4. A los jóvenes venezolanos les gusta salir a ___rumbear___.
5. Cuando una canción tiene mucho éxito, se dice que es un ___temazo___.

3 **Preguntas** Contesta las preguntas con oraciones completas. Some answers will vary.

1. ¿A qué se dedican los padres de Gael García Bernal? Los padres de Gael García Bernal también son actores.
2. ¿A qué edad comenzó a trabajar como actor Gael García Bernal? Comenzó a trabajar como actor cuando tenía cinco años.
3. ¿Qué hizo en Londres Gael García Bernal? Estudió arte dramático.
4. ¿Gael García Bernal evita los papeles controvertidos? No, no teme actuar en papeles controvertidos o difíciles.
5. ¿Qué otras actividades relacionadas con el cine realiza Gael García Bernal además de actuar? También es director y productor, y trabaja para promover el cine mexicano.
6. Según Alfonso Cuarón, ¿cómo deben ser los temas del cine latino? Los temas deben ser específicos y al mismo tiempo universales.
7. ¿Crees que es positivo que directores y actores de habla hispana trabajen en Hollywood? ¿Por qué?
8. Cuando decides ver una película, ¿qué factores tienes en cuenta? ¿Por qué?

4 **Opiniones** En parejas, escriban en qué se diferencian y en qué se parecen el cine de Hollywood y el cine extranjero. Usen estas preguntas como guía.

- ¿Cuáles son las carecterísticas de cada tipo de cine?
- ¿En qué tipo de cine se invierte más dinero?
- ¿Qué diferencias hay entre el perfil de los actores de Hollywoood y el perfil de los actores extranjeros? ¿En qué se parecen?

Practice more at **vhlcentral.com**.

PROYECTO

María Félix

La época de oro

Durante la época de oro del cine mexicano, actores como María Félix o Pedro Infante, y directores como Emilio Fernández e Ismael Rodríguez llevaron el acento mexicano más allá de sus fronteras.

Investiga sobre uno de estos artistas y escribe una biografía de tres párrafos.

Debes incluir:

- datos biográficos
- trabajos principales
- contribución al cine mexicano

Siguiendo el estilo usado en el perfil de Gael García Bernal, escribe tu texto usando el tiempo presente.

---

② For an additional comprehension check, ask related questions about each activity item. Ex: **1. ¿En qué país se dan los Premios Goya? ¿Y el Ariel? 2. ¿Qué premio de cine se da en Madrid? ¿Y en Argentina?**

④ Before completing the activity, ask volunteers to name foreign films they have seen. Encourage heritage speakers to describe films from their families' home countries.
Proyecto Have students use at least five new vocabulary words in their biographies.

Video

El cine mexicano

Ya has leído sobre el cine mexicano, su época dorada y su resurgimiento en los últimos años. Ahora, mira este episodio de **Flash Cultura** para conocer cómo se promueve actualmente el cine en ese país.

VOCABULARIO ÚTIL

el auge *boom*	**el guión** *script*
el ciclo *series*	**la muestra** *festival*
difundir *to spread*	**la sala** *movie theater*
fomentar *to promote*	**tener un papel** *to play a role*

Preparación ¿Te gusta ir al cine? ¿Qué clase de películas prefieres ver? ¿Eres aficionado/a a algún género en especial?

Comprensión Indica si estas afirmaciones son **ciertas** o **falsas**. Después, en parejas, corrijan las falsas. Some answers will vary.

1. A los mexicanos no les gustan las películas nacionales, solamente las norteamericanas. Falso. A los mexicanos les gustan las películas nacionales y también las norteamericanas.
2. La Cineteca es una cadena de cines con salas en todo el país. Falso. La Cineteca es una espacio específico para los amantes del Séptimo Arte.
3. Cuando van al cine, los mexicanos comen palomitas. Cierto.
4. En los ciclos, se presentan películas de un solo tema o un solo director. Cierto.
5. El Instituto Mexicano de Cinematografía tiene como objetivo hacer famosos a los actores mexicanos. Falso. Tiene como objetivo fomentar la producción de películas mexicanas, realizar coproducciones con otros países y apoyar la promoción del cine de México en todo el mundo.
6. En el año 1989, el cine mexicano no tenía salas ni público en México. Cierto.

Expansión En parejas, contesten estas preguntas.

- ¿Te molesta tener que leer subtítulos en la pantalla cuando miras películas extranjeras?
- ¿Te sorprende que una película pueda ser un "hijo creativo", como dice la actriz Vanesa Bauche? Justifica tu respuesta.
- ¿Es importante para el cine de un país tener identidad propia? ¿Cómo se logra eso? Piensen en películas estadounidenses que cumplan con esas características y hagan una lista.

Practice more at **vhlcentral.com.**

Corresponsal: Carlos López
País: México

En la Muestra Internacional de Cine que se lleva a cabo° en otoño, se presentan películas de todo el mundo.

La Cineteca cuenta con° el Centro de Documentación e Investigación, donde puedes encontrar 9 mil libros, 5 mil guiones inéditos° y 20 años de notas de prensa.

Babel (2006)
dir. Alejandro González Iñárritu

Las películas de este país se han vuelto realmente importantes gracias al trabajo de… actores y actrices como Salma Hayek, Gael García Bernal y Diego Luna, entre muchos otros.

se lleva a cabo *takes place* **cuenta con** *has* **guiones inéditos** *unpublished scripts*

INSTRUCTIONAL RESOURCES
Grammar Presentation Slides,
SAM/WebSAM (WB, LM),
Lab Audio, Audioscripts,
Textbook/SAM AK

TALLER DE CONSULTA

MANUAL DE GRAMÁTICA
Más práctica

Más gramática

¡ATENCIÓN!

Lo can be used to refer
to a thing or idea that has
no gender.
—¿Vas a aceptar
   la oferta?
—Lo voy a pensar.

—*Are you going to accept*
 the offer?
—*I'll think about it.*

¡ATENCIÓN!

It is standard usage in
Spanish to repeat the
indirect object.

Esta noche **le** voy a quitar
la camisa **al guitarrista**.

Les regalé boletos **a
mis amigos**.

Point out that direct and
indirect object pronouns
differ only in the **Ud./él/ella**
and **Uds./ellos/ellas** forms.

2.1 Object pronouns

- Pronouns are words that take the place of nouns. Direct object pronouns replace the noun that directly receives the action of the verb. Indirect object pronouns identify *to whom/what* or *for whom* an action is done.

Indirect object pronouns		Direct object pronouns	
me	nos	me	nos
te	os	te	os
le	les	lo/la	los/las

Position of object pronouns

- Direct and indirect object pronouns (**los pronombres de complemento directo e indirecto**) precede the conjugated verb.

INDIRECT OBJECT	DIRECT OBJECT
Carla siempre **me** da entradas para el teatro.	Ella **las** consigue gratis.
Carla always gives me theater tickets.	*She gets them for free.*
No **le** voy a comprar más libros.	Nunca **los** lee.
I'm not going to buy him any more books.	*He never reads them.*

- When the verb is an infinitive construction, object pronouns may either be attached to the infinitive or placed before the conjugated verb.

INDIRECT OBJECT	DIRECT OBJECT
Vamos a dar**le** un regalo.	Voy a hacer**lo** enseguida.
Le vamos a dar un regalo.	**Lo** voy a hacer enseguida.
Tienes que hablar**nos** de la película.	Van a ver**la** mañana.
Nos tienes que hablar de la película.	**La** van a ver mañana.

- When the verb is progressive form, object pronouns may either be attached to the present participle or placed before the conjugated verb.

INDIRECT OBJECT	DIRECT OBJECT
Pedro está cantándo**me** una canción.	Está cantándo**la** muy mal.
Pedro **me** está cantando una canción.	**La** está cantando muy mal.

Double object pronouns

- The indirect object pronoun precedes the direct object pronoun when they are used together in a sentence.

  Me mandaron **los boletos** por correo.
  Te pedí **un álbum** de Juanes.

  ▶

  Me los mandaron por correo.
  Te lo pedí el lunes.

- **Le** and **les** change to **se** when they are used with **lo**, **la**, **los**, or **las**.

  Le da **los libros** a Ricardo.
  Le enseña **las invitaciones** a Elena.

  ▶

  Se los da.
  Se las enseña.

Prepositional pronouns

Prepositional pronouns			
mí *me; myself*	**él** *him; it*	**nosotros/as** *us; ourselves*	**ellos** *them*
ti *you; yourself*	**ella** *her; it*		**ellas** *them*
Ud. *you; yourself*	**sí** *himself;*	**vosotros/as** *you; yourselves*	**sí** *themselves*
sí *yourself (formal)*	*herself; itself*	**Uds.** *you; yourselves*	
		sí *yourselves (formal)*	

- Prepositional pronouns function as the objects of prepositions. Except for **mí**, **ti**, and **sí**, these pronouns are the same as the subject pronouns.

  ¿Qué piensas de **ella**?
  ¿Lo compraron para **mí** o para Javier?

  Ay, mi amor, sólo pienso en **ti**.
  Lo compramos para **él**.

- The indirect object can be repeated with the construction **a** + *[prepositional pronoun]* to provide clarity or emphasis.

  ¿Te gusta aquel cantante?
  ¿A quién se lo dieron?

  ¡**A mí** me fascina!
  Se lo dieron **a ella**.

- The adjective **mismo(s)/a(s)** is usually added to clarify or emphasize the relationship between the subject and the object.

  José se lo regaló a **él**.
  José gave it to him (someone else).

  José se lo regaló a **sí mismo**.
  José gave it to himself.

- When **mí**, **ti**, and **sí** are used with **con**, they become **conmigo**, **contigo**, and **consigo**.

  ¿Quieres ir **conmigo** al parque de atracciones?
  Do you want to go to the amusement park with me?

  Laura siempre lleva su computadora portátil **consigo**.
  Laura always brings her laptop with her.

- These prepositions are used with **tú** and **yo** instead of **mí** and **ti**: **entre**, **excepto**, **incluso**, **menos**, **salvo**, **según**.

  Todos están de acuerdo **menos tú** y **yo**.
  Everyone is in agreement except you and me.

  Entre tú y **yo**, Juan me cae mal.
  Between you and me, I don't get along well with Juan.

¡ATENCIÓN!

When object pronouns are attached to infinitives, participles, or commands, a written accent is often required to maintain proper word stress.

Infinitive
cantármela

Present participle
escribiéndole

Command
acompáñeme

For more information on using object pronouns with commands, see **4.2**, pp. 140–141.

Teach students the mnemonic device "ID" in order to remember that indirect object pronouns always precede direct object pronouns.

Point out that mismo/a(s) may be used with any prepositional pronoun, not just the third person.
Ex: **Hablo de mí misma.**

When **excepto, incluso, menos,** and **salvo** are followed by another preposition, use **mí** and **ti**.
Ex: **Todos comen pizza excepto tú.** but
Voy a comprar pizza para todos excepto para ti.

Práctica

TALLER DE CONSULTA

MANUAL DE GRAMÁTICA
Más práctica

2.1 Object pronouns, p. A11

① Model the exercise by commenting on different students. Ex: **Siempre veo a Joe en el café estudiantil. Lo veo a él y a su novia.**

1 **Dos buenas amigas** Dos amigas, Rosa y Marina, están en un café hablando de unos conocidos. Selecciona las personas de la lista que corresponden a los pronombres subrayados (*underlined*).

a Antoñito	a mí
a Antoñito y a Maite	a nosotras
a Maite	a ti
a ustedes	

ROSA Siempre <u>lo</u> veo bailando en la discoteca Club 49.
₁

MARINA ¿<u>Te</u> saluda?
₂

ROSA Nunca. Yo creo que no <u>me</u> saluda porque tiene miedo de que se lo diga a su novia.
₃

MARINA ¿Su novia? Hace siglos que no sé nada de ella. Un día de éstos <u>la</u> tengo que llamar.
₄

ROSA ¿Quieres que <u>los</u> invitemos a ir con nosotras a la fiesta del viernes?
₅

MARINA Sí. Es una buena idea. A ver qué <u>nos</u> dice Antoñito de su afición a las discotecas.
₆

1. _____a Antoñito_____
2. _____a ti_____
3. _____a mí_____
4. _____a Maite_____
5. _a Antoñito y a Maite_
6. _____a nosotras_____

② Have the students rewrite the conversation as a narrative.

2 **Discusión** Completa las oraciones usando **conmigo, contigo** o **consigo**.

ANTOÑITO Ya estamos otra vez. (1) ___Contigo___ siempre tengo problemas.

MAITE ¿Qué te crees tú? ¿Que yo siempre me divierto (2) ___contigo___?

ANTOÑITO Tú eres la que siempre quiere ir (3) ___conmigo___ a la discoteca.

MAITE Eso no es verdad. A mí no me gusta salir (4) ___contigo___. ¡Ni loca!

ANTOÑITO No te preocupes. Muchas chicas quieren estar (5) ___conmigo___. Siempre veo a Rosa en el Club 49. A ella seguro que le gusta.

MAITE ¿A Rosa? A ella no le gusta ni estar (6) ___consigo___ misma.

③ Pair up the students. Have them write a list of five suggestions they would make about you to future students. Then ask different students to read their suggestions aloud.

3 **¡Bajen la música!** Martín y Luisa han organizado una fiesta y han puesto la música muy alta; un vecino ha llamado a la policía. El policía les dice lo que deben hacer en el futuro para evitar problemas. Reescribe los consejos cambiando las palabras subrayadas por los pronombres de complemento directo e indirecto correctos. Some answers will vary.

MODELO ¡Bajen <u>la música</u> ahora mismo!
Bájenla ahora mismo.

1. Traten amablemente <u>a la policía</u>. Trátenla amablemente.

2. Tienen que pedirle <u>perdón a su vecino</u>. Tienen que pedírselo./Se lo tienen que pedir.

3. No pueden contratar <u>a un grupo musical</u> sin permiso. No pueden contratarlo sin permiso./No lo pueden contratar sin permiso.

4. Tienen que poner <u>la música</u> muy baja. Tienen que ponerla muy baja./La tienen que poner muy baja.

5. No deben servirles <u>bebidas alcohólicas a los menores de edad</u>. No deben servírselas./No se las deben servir.

6. No pueden organizar <u>fiestas</u> nunca más. No pueden organizarlas nunca más./No las pueden organizar nunca más.

🔊 Practice more at **vhlcentral.com**.

Comunicación

4 **La fiesta** En parejas, túrnense para contestar las preguntas usando pronombres de complemento directo o indirecto, según sea necesario.

> **MODELO** ¿Te gusta organizar fiestas en tu casa?
> Sí, me gusta organizarlas.

1. ¿Te gusta organizar fiestas? ¿Cuándo fue la última vez que organizaste una? ¿Por qué la organizaste?
2. ¿Invitaste a muchas personas? ¿A quiénes invitaste?
3. ¿Qué tipo de música escucharon? ¿Bailaron también?
4. ¿Qué les ofreciste de comer a los invitados en tu fiesta?
5. ¿Trajeron algo? ¿Qué trajeron? ¿Para quién?

5 **¿En qué piensas?** Piensa en objetos de la clase o de la casa (un cuadro, una maleta, un mapa, etc.). Tu compañero/a debe adivinar el objeto que tienes en mente haciéndote preguntas con pronombres.

> **MODELO** —Estoy pensando en algo que uso para estudiar.
> —¿Lo usas mucho?
> —Sí, lo uso para aprender español.
> —¿Es un libro?
> —Sí, lo es.

6 **Una persona famosa** En parejas, escriban una entrevista con una persona famosa. Utilicen estas cinco preguntas y escriban cuatro más. Incluyan pronombres en las respuestas. Después, representen la entrevista ante la clase.

> **MODELO** —¿Quién prepara la comida en tu casa?
> —La prepara mi cocinero.

1. ¿Visitas frecuentemente a tus amigos?
2. ¿Ves mucho la televisión?
3. ¿Quién conduce tu carro?
4. ¿Preparas tus maletas cuando viajas?
5. ¿Evitas a los fotógrafos?

7 **Fama** María Estela Pérez es una actriz de cine que debe encontrarse con sus *fans,* pero no recuerda a qué hora es el encuentro. En grupos de cuatro, miren la ilustración e inventen una historia inspirada en María Estela. Utilicen por lo menos cinco pronombres de complemento directo e indirecto.

4 Call on students to summarize their partners' responses.

4 Have students work in pairs to create three more questions with direct and indirect object pronouns. Then have them trade questions with another pair and answer them.

5 As a variant, divide the class into two teams and play the same game. You may wish to have them draw from a bag of names to ensure that both masculine and feminine, singular and plural object pronouns are used.

6 Preview the exercise by asking students similar questions about their own lives.

2.2 *Gustar* **and similar verbs**

INSTRUCTIONAL RESOURCES
Grammar Presentation Slides,
SAM/WebSAM (WB, LM),
Lab Audio, Audioscripts,
Textbook/SAM AK

Me encanta el grupo Distorsión.

No me gusta nada la música rock.

To preview the material, ask students questions using **gustar**, **encantar**, and **molestar**. Emphasize the use of the indirect object pronoun in the questions.

Briefly review indirect object pronouns and remind students that they describe to whom or for whom an action is performed. See **2.1**, pp. 54–55.

Explain that subject pronouns like **yo** are not usually used with verbs like **gustar**. Point out that **Yo me gusta** is never correct.

- Though **gustar** is translated as *to like* in English, its literal meaning is *to please*. **Gustar** is preceded by an indirect object pronoun indicating *the person who is pleased*. It is followed by a noun indicating *the thing or person that pleases*.

INDIRECT OBJECT PRONOUN		SUBJECT
Me	**gusta**	**la película.**
I	*like*	*the movie.* (literally: The movie pleases me.)
¿Te	**gustan**	**los conciertos de rock?**
Do you	*like*	*rock concerts?* (literally: Do rock concerts please you?)

- Because *the thing or person that pleases* is the subject, **gustar** agrees in person and number with it. Most commonly the subject is third person singular or plural.

SINGULAR SUBJECT	PLURAL SUBJECT
Nos gust**a** la música pop.	Me gust**an** las quesadillas.
We like pop music.	*I like quesadillas.*
Les gust**a** su casa nueva.	¿Te gust**an** las películas románticas?
They like their new house.	*Do you like romantic movies?*

- When **gustar** is followed by one or more verbs in the infinitive, the singular form of **gustar** is always used.

    No nos **gusta** llegar tarde.   Les **gusta** cantar y bailar.
    We don't like to arrive late.   *They like to sing and dance.*

- **Gustar** is often used in the conditional (**me gustaría**, etc.) to soften a request.

    Me **gustaría** un refresco con hielo, por favor.   ¿Te **gustaría** salir a cenar esta noche conmigo?
    I would like a soda with ice, please.   *Would you like to go out to dinner with me tonight?*

Verbs like *gustar*

- Many verbs follow the same pattern as **gustar**.

aburrir *to bore*	**hacer falta** *to miss*
caer bien/mal *to (not) get along well with*	**importar** *to be important to; to matter*
disgustar *to upset*	**interesar** *to be interesting to; to interest*
doler *to hurt; to ache*	**molestar** *to bother; to annoy*
encantar *to like very much*	**preocupar** *to worry*
faltar *to lack; to need*	**quedar** *to be left over; to fit (clothing)*
fascinar *to fascinate; to like very much*	**sorprender** *to surprise*

¡**Me fascina** el álbum!
I love the album!

¿**Te molesta** si voy contigo?
Will it bother you if I come along?

A Sandra **le disgusta** esa situación.
That situation upsets Sandra.

Le duelen las rodillas.
Her knees hurt.

- The indirect object can be repeated using the construction **a** + [*prepositional pronoun*] or **a** + [*noun*]. This construction allows the speaker to emphasize or clarify who is pleased, bothered, etc.

A ella no le gusta bailar, pero **a él** sí.
She doesn't like to dance, but he does.

A Felipe le molesta ir de compras.
Shopping bothers Felipe.

- **Faltar** expresses what someone or something lacks and **quedar** what someone or something has left. **Quedar** is also used to talk about how clothing fits or looks on someone.

Le falta dinero.
He's short of money.

Me faltan dos pesos.
I need two pesos.

A la impresora no **le queda** papel.
The printer is out of paper.

Esa falda **te queda** bien.
That skirt fits you well.

To introduce verbs like **gustar**, ask students questions. Ex: ¿**Les importan mucho sus calificaciones en esta clase? ¿Cuántas semanas quedan para el final del semestre?**

Point out that the reflexive verb **quedarse** (*to stay*) has a different meaning than **quedar** (*to fit; to arrange; to meet*).

Práctica

TALLER DE CONSULTA

MANUAL DE GRAMÁTICA
Más práctica

2.2 **Gustar** and similar
verbs, p. A12

① For additional practice,
call on volunteers to
describe Miguel and
César's problems. Ex:
**A Miguel le encanta
vivir con César, pero
le preocupan
algunas cosas.**

① For additional practice,
write a list of verbs like
gustar on the board.
Have students use at
least three of the
verbs to add to the
conversation describing
more problems between
Miguel and César.

② Call on volunteers to
give their partners'
response. Ex: **Según
tu compañero/a,
¿qué le preocupa al
presidente?** Ask the
class: **¿Están ustedes
de acuerdo?**

③ Remind students that the
conditional is often used
with verbs like **gustar**
to soften a request. Ex:
**¿Te interesaría ir al
gimnasio?** *Would you
be interested in going
to the gym?*

① Completar Miguel y César son compañeros de cuarto y tienen algunos problemas. Hoy se han reunido para hablarlos. Completa su conversación con la forma correcta de los verbos entre paréntesis.

MIGUEL Mira, César, a mí (1) __me encanta__ (encantar) vivir contigo, pero la verdad es que (2) __me preocupan__ (preocupar) algunas cosas.

CÉSAR De acuerdo. A mí también (3) __me disgustan__ (disgustar) algunas cosas de ti.

MIGUEL Bueno, para empezar no (4) __me gusta__ (gustar) que pongas la música tan alta cuando vienen tus amigos. Ellos (5) __me caen__ (caer) muy bien, pero, a veces, hacen mucho ruido y no me dejan dormir.

CÉSAR Sí, claro, lo entiendo. Pues mira, Miguel, a mí (6) __me molesta__ (molestar) que no laves los platos después de comer. Además, tampoco sacas la basura.

MIGUEL Es verdad. Pues... vamos a intentar cambiar estas cosas. ¿Te parece?

CÉSAR ¡(7) __Me fascina__ (fascinar) la idea! Yo bajo la música cuando vengan mis amigos y tú lavas los platos y sacas la basura más a menudo. ¿De acuerdo?

② Preguntar Túrnense para hacerse preguntas sobre estos temas siguiendo el modelo.

MODELO **a tu padre / gustar**
—¿Qué crees que le gusta a tu padre?
—A mi padre le gusta leer novelas de ciencia ficción.

1. al presidente / preocupar
2. a tu hermano/a / encantar
3. a ti / fascinar
4. a tus padres / gustar
5. a tu profesor(a) de español / disgustar
6. a ustedes / importar
7. a tu novio/a / molestar
8. a tu compañero/a de clase / faltar

③ Conversar En parejas, pregúntense si les gustaría hacer las actividades relacionadas con las fotos. Utilicen los verbos **aburrir, disgustar, encantar, fascinar, interesar y molestar**. Sigan el modelo.

MODELO —¿Te aburriría ir al parque de atracciones?
—No, me encantaría.

 Practice more at **vhlcentral.com.**

Comunicación

4 Extrañas aficiones Trabajen en grupos de cuatro. Miren las ilustraciones e imaginen qué les gusta, interesa o molesta a estas personas.

1.

2.

3.

4.

5 ¿Qué te gusta? En parejas, pregúntense si les gustan o no las personas, cosas y actividades de la lista. Utilicen verbos similares a **gustar** y contesten las preguntas.

MODELO —¿Te gustan los discos de Christina Aguilera?
—No, a mí no me gusta su música.

Miley Cyrus	**dormir los fines de semana**
salir con tus amigos	**hacer bromas**
las películas de misterio	**los discos de Christina Aguilera**
practicar algún deporte	**ir a discotecas**
Gael García Bernal	**las películas extranjeras**

6 ¿A quién le gusta? Trabajen en grupos de cuatro.

A. Preparen una lista de cinco pasatiempos y cinco lugares de recreo. Luego, circulen por la clase para ver a quiénes les gustan los lugares y las actividades de la lista.

B. Ahora, escriban un párrafo breve para describir los gustos de sus compañeros. Utilicen **gustar** y otros verbos similares. Compartan su párrafo con la clase.

MODELO A Luisa y a Simón les fascina el restaurante Acapulco, pero a Celia no le gusta.
A todos nos gusta ir al cine, menos a Carlos, porque…

4 Model the activity by doing the first illustration as a class. Ex: **A mi abuela Clotilde le fascina salir a pasear en su motocicleta, pero a ella le molesta cuando...**

4 For additional practice, have students repeat the activity with pictures from magazines or newspapers.

5 Take a survey of students' answers and write the results on the board.

6 Part B: Have groups do a peer-edit of each other's paragraphs before sharing them with the class.

INSTRUCTIONAL RESOURCES
Grammar Presentation Slides,
SAM/WebSAM (WB, LM),
Lab Audio, Audioscripts,
Textbook/SAM AK

Remind students that most
reflexive verbs in Spanish
do not require reflexive
pronouns (*myself, yourself,*
etc.) in English. Ex: **Jaime se
despertó.** *Jaime woke up.*
However, English does make
frequent use of possessive
adjectives, where in Spanish
a definite article would be
used. Ex: **Me pongo los
zapatos.** *I'm putting on
my shoes.*

2.3 Reflexive verbs

- In a reflexive construction, the subject of the verb both performs and receives the action. Reflexive verbs (**verbos reflexivos**) always use reflexive pronouns (**me**, **te**, **se**, **nos**, **os**, **se**).

Reflexive verbs

Non-reflexive verb

Elena **se lava** la cara.

Elena **lava** los platos.

Reflexive verbs	
lavarse *to wash (oneself)*	
yo	me lavo
tú	te lavas
Ud./él/ella	se lava
nosotros/as	nos lavamos
vosotros/as	os laváis
Uds./ellos/ellas	se lavan

- Many of the verbs used to describe daily routines and personal care are reflexive.

acostarse (o:ue) *to go to bed*	**dormirse (o:ue)** *to fall sleep*	**peinarse** *to comb (one's hair)*
afeitarse *to shave*	**ducharse** *to take a shower*	**ponerse** *to put on (clothing)*
bañarse *to take a bath*	**lavarse** *to wash (oneself)*	**quitarse** *to take off (clothing)*
cepillarse *to brush (hair/teeth)*	**levantarse** *to get up*	**secarse** *to dry off*
despertarse (e:ie) *to wake up*	**maquillarse** *to put on make-up*	**vestirse (e:i)** *to get dressed*

- In Spanish, most transitive verbs can also be used as reflexive verbs to indicate that the subject performs the action to or for himself or herself.

<table>
<tr><td>

¡ATENCIÓN!

A transitive verb is one
that takes a direct object.

**Mariela compró dos
boletos.**
*Mariela bought two
tickets.*

Johnny contó un chiste.
Johnny told a joke.

</td></tr>
</table>

Félix **divirtió** a los invitados con sus chistes.
Félix amused the guests with his jokes.

Félix **se divirtió** en la fiesta.
Félix had fun at the party.

Ana **acostó** a los gemelos antes de las nueve.
Ana put the twins to bed before nine.

Ana **se acostó** muy tarde.
Ana went to bed very late.

- Many verbs change meaning when they are used with a reflexive pronoun.

aburrir *to bore*	**aburrirse** *to get bored*
acordar (o:ue) *to agree*	**acordarse (de) (o:ue)** *to remember*
comer *to eat*	**comerse** *to eat up*
dormir (o:ue) *to sleep*	**dormirse (o:ue)** *to fall asleep*
ir *to go*	**irse (de)** *to leave*
llevar *to carry*	**llevarse** *to carry away*
mudar *to change*	**mudarse** *to move (change residence)*
parecer *to seem*	**parecerse (a)** *to resemble; to look like*
poner *to put*	**ponerse** *to put on (clothing)*
quitar *to take away*	**quitarse** *to take off (clothing)*

- Some Spanish verbs and expressions are used in the reflexive even though their English equivalents may not be. Many of these are followed by the prepositions **a**, **de**, and **en**.

acercarse (a) *to approach*	**fijarse (en)** *to take notice (of)*
arrepentirse (de) (e:ie) *to regret*	**morirse (de) (o:ue)** *to die (of)*
atreverse (a) *to dare (to)*	**olvidarse (de)** *to forget (about)*
convertirse (en) (e:ie) *to become*	**preocuparse (por)** *to worry (about)*
darse cuenta (de) *to realize*	**quejarse (de)** *to complain (about)*
enterarse (de) *to find out (about)*	**sorprenderse (de)** *to be surprised (about)*

- *To get* or *to become* is frequently expressed in Spanish by the reflexive verb **ponerse** + [*adjective*].

  Pilar **se pone** muy nerviosa cuando habla en público.
  Pilar gets very nervous when she speaks in public.

  Si no duermo bien, **me pongo insoportable**.
  If I don't sleep well, I become unbearable.

- In the plural, reflexive verbs can express reciprocal actions done *to one another*.

  Los dos equipos **se saludan** antes de comenzar el partido.
  The two teams greet each other at the start of the game.

  ¡Los entrenadores **se están peleando** otra vez!
  The coaches are fighting again!

- The reflexive pronoun precedes the direct object pronoun when they are used together in a sentence.

  ¿**Te** comiste el pastel?
  Did you eat the whole cake?

  Sí, **me lo** comí.
  Yes, I ate it all up.

Write several sentence pairs on the board to illustrate the differences in meaning. Ex: **Pareces cansado.** *You seem tired.* **Te pareces a tu madre.** *You look like your mother.*

Have the class play charades using the reflexive verbs listed on pp. 62–63.

¡ATENCIÓN!

Hacerse and **volverse** can also mean *to become*.

Se ha hecho cantante. *He has become a singer.*

¿**Te has vuelto** loco/a? *Have you gone crazy?*

¡ATENCIÓN!

When used with infinitives and present participles, reflexive pronouns follow the same rules of placement as object pronouns. See **2.1**, pp. 54–55.

Práctica

TALLER DE CONSULTA

MANUAL DE GRAMÁTICA
Más práctica

2.3 Reflexive verbs, p. A13

① For additional practice, ask students about their own schedules. Ex: ¿A qué hora te levantas? ¿Quién se maquilla?

① Los lunes por la mañana Completa el párrafo sobre lo que hacen Carlos y su esposa Elena los lunes por la mañana. Utiliza la forma correcta de los verbos reflexivos correspondientes.

acostarse	irse	ponerse
afeitarse	lavarse	quitarse
cepillarse	levantarse	secarse
ducharse	maquillarse	vestirse

Los domingos por la noche, Carlos y Elena (1) __se acuestan__ tarde y por la mañana tardan mucho en despertarse. Carlos es el que (2) __se levanta__ primero, (3) __se quita__ el pijama y (4) __se ducha__ con agua fría. Después, Carlos (5) __se afeita__ la barba. Cuando Carlos termina, Elena entra al baño. Mientras ella termina de ducharse, de (6) __secarse__ el pelo y de (7) __maquillarse__, Carlos prepara el desayuno. Cuando Elena está lista, Carlos y ella desayunan, luego (8) __se cepillan__ los dientes y (9) __se lavan__ las manos. Después, los dos (10) __se visten__ con ropa elegante y (11) __se van__ al trabajo. Carlos (12) __se pone__ la corbata en el carro; Elena maneja.

② Tell students to imagine that Silvia's grandfather is 103 years old. Have them describe his Saturday schedule.

② Todos los sábados

A. En parejas, describan la rutina que sigue Silvia todos los sábados, según los dibujos.
Some answers will vary.

1. Se levanta/despierta a las nueve.

2. Se baña a las diez.

3. Se viste a las once menos cuarto.

4. Se maquilla a las doce menos diez.

B. ¿Qué hacen los sábados por la mañana los amigos y familiares de Silvia? Imaginen sus rutinas. Utilicen verbos reflexivos y sean creativos.

Practice more at **vhlcentral.com**.

3 **¿Y tú?** En parejas, túrnense para hacerse las preguntas. Contesten con oraciones completas y expliquen sus respuestas.

1. ¿A qué hora te despiertas normalmente los sábados por la mañana? ¿Por qué?
2. ¿Te duermes en las clases?
3. ¿A qué hora te acuestas normalmente los fines de semana?
4. ¿A qué hora te duchas durante la semana?
5. ¿Te levantas siempre a la misma hora que te despiertas? ¿Por qué?

6. ¿Qué te pones para salir los fines de semana? ¿Y tus amigos?
7. ¿Cuándo te vistes elegantemente?
8. ¿Te diviertes cuando vas a una fiesta? ¿Y cuando vas a una reunión familiar?
9. ¿Te fijas en la ropa que lleva la gente?
10. ¿Te preocupas por tu imagen?

11. ¿De qué se quejan tus amigos normalmente? ¿Y tus padres u otros miembros de la familia?
12. ¿Conoces a alguien que se preocupe constantemente por todo?
13. ¿Te arrepientes a menudo de las cosas que haces?
14. ¿Te peleas con tus amigos? ¿Y con tu novio/a?
15. ¿Te sorprende alguna costumbre o hábito de un(a) amigo/a?

4 **Síntesis** Imagina que estás en un café y que ves a tu antigua pareja coqueteando con alguien. ¿Qué haces? Trabajen en grupos para representar la escena. Utilicen por lo menos cinco verbos de la lista y cinco pronombres de complemento directo e indirecto.

acercarse	darse cuenta	hacer falta	olvidarse
arrepentirse	disgustar	interesar	preocuparse
caer bien/mal	gustar	irse	sorprender

INSTRUCTIONAL RESOURCES
Short Film, Script & Translation

A **tiple** is a 12-string guitar. It is considered to be Colombia's national instrument. Say: **El tiple es un instrumento de cuerda semejante a la guitarra, pero con doce cuerdas en vez de seis.**

Tell students that this short film has many regionalisms, words that are used in a particular region, and might not be understood elsewhere in the Spanish-speaking world. One such word is **huerteado.**

Antes de ver el corto

EL TIPLE

país Colombia
duración 16 minutos

director Iván D. Gaona
protagonistas Pastor, esposa, hija, Gladys, Juan

Vocabulario

bendito/a *blessed*	**la plata** *money*
coger la caña *to accept (Col.)*	**prestado/a** *borrowed*
¿Cómo así? *How come?*	**quedar** *to agree on*
equivocarse *to be mistaken*	**rogar** *to beg*
el huerteado *produce (Col.)*	**¡Siga!** *Come in!*
la mazorca *ear of corn*	**su merced** *you (form.)*
mejorarse *to get better*	**el tiple** *12-string Colombian guitar*

---

1 Sinónimos Empareja cada palabra o expresión con su sinónimo.

   _b_ 1. confundirse

   _d_ 2. pedir algo con insistencia

   _e_ 3. recobrar la salud

   _a_ 4. acordar

   _c_ 5. dinero

a. quedar
b. equivocarse
c. plata
d. rogar
e. mejorarse

2 Preguntas En parejas, túrnense para hacerse las preguntas.

1. ¿Qué papel tiene la música en tu vida?
2. ¿Tocas algún instrumento? ¿Cuál? Si no, ¿cuál te gustaría tocar? ¿Por qué?
3. ¿Cuál es tu género musical favorito?
4. ¿Qué instrumento aparece en la imagen?
5. Piensa en el título del cortometraje y mira el poster. ¿De qué crees que va a tratar?

③ Make the activity more general and ask students if they have ever had to make a personal sacrifice in order to help a friend or relative.

3 Un pequeño tesoro En parejas, imaginen que uno de ustedes necesita dinero para ayudar a su mejor amigo/a y decide vender algo muy importante o muy especial. La otra persona hace el papel del comprador. Inventen una conversación en la que se explican las razones por las que se decidió vender el objeto y lo importante que es.

Practice more at **vhlcentral.com.**

EL TIPLE

UN CORTOMETRAJE DE IVÁN D. GAONA

Mejor cortometraje 2013
FICCI 53-Cartagena de Indias

Guión y dirección de IVÁN D. GAONA Producido por DIANA PÉREZ MEJIA

Dirección de fotografía ANDRÉS ARIZMENDY

Diseño de producción JUAN DAVID BERNAL Música original EDSON VELANDIA

Actores JUSTO PASTOR MONCADA, VERÓNICA ROMERO, LUZ MARINA,

GLADYS GARZÓN, BERCELÍ VARGAS

ARGUMENTO Pastor hará todo lo posible para que la salud de su esposa mejore.

PASTOR ¿Cómo sigue?
HIJA Igual.

HIJA Papá, nos hacen falta todavía cuarenta y ocho mil pesos para las inyecciones.

PASTOR Yo lo llamaba para el asunto de… Lo que hablamos que… Le voy a coger la caña del negocio del tiple.

ESPOSA ¿Por qué no me toca una canción con el tiple? A ver si me mejoro.
PASTOR A lo que° se mejore, vamos a ver qué le cantamos.

GLADYS ¿Por qué no se toca un torbellino°, Pastor?
PASTOR Bueno, con mucho gusto.
GLADYS Espéreme, Pastor, un segundito, ya le traigo la plata.

PASTOR Don Juan, ¿por aquí no ha visto a Gladys?
JUAN No ha venido por aquí.

A lo que *As soon as* **torbellino** *Colombian folk music*

Después de ver el corto

1 **Oraciones** Indica si estas oraciones son **ciertas** o **falsas**. Luego, en parejas, corrijan las falsas.

Some answers will vary.

1. La esposa de Pastor está enferma. Cierto.

2. Pastor encuentra dinero en su cartera para pagar las medicinas de su esposa.
   Falso. Pastor no tiene dinero para pagar las medicinas.

3. La mujer joven que aparece al principio del cortometraje es una amiga de la familia.
   Falso. La mujer joven que aparece al principio del cortometraje es hija de Pastor.

4. Pastor llama a Campo Elías para venderle el tiple. Cierto.

5. A la esposa de Pastor le gusta escucharlo tocar el tiple. Cierto.

6. Pastor compró el tiple el año pasado. Falso. Pastor compró el tiple hace cuarenta años.

7. Al final, Pastor decide no vender el tiple. Falso. Pastor le vende el tiple a Campo Elías.

8. A la esposa de Pastor no le hicieron efecto las pastillas que le recetaron. Cierto.

9. Pastor compra las inyecciones con el dinero que consiguió con la venta del tiple.
   Falso. La hija de Pastor ya había conseguido el dinero con la venta de los plátanos y las mazorcas.

10. Gladys va a casa de Pastor a llevarle la medicina a su esposa.
    Falso. Gladys va a casa de Pastor a llevarle el tiple.

2 **Interpretar** En parejas, contesten las preguntas.

1. Pastor le vende su tiple a Campo Elías por ciento veinte mil pesos, pero ¿qué valor tiene el tiple en realidad? ¿Qué representa ese instrumento para él?

2. ¿Por qué Pastor no le dice a su esposa que va a vender el tiple?

3. ¿Por qué mejora la salud de la esposa cuando Pastor toca el tiple?

4. ¿Por qué crees que Gladys devuelve el tiple a la familia?

5. ¿Cómo es Gladys? ¿Qué importancia tiene en el desenlace (*outcome*) de la historia?

6. ¿Crees que el cortometraje podría tener un mejor final? ¿Por qué?

3 **Comunicación no verbal** En grupos de tres, observen las imágenes de Gladys, de Pastor y de la esposa de Pastor en la página 68. Comenten qué comunican las miradas en cada uno de los tres personajes.

4 **Citas** En parejas, comenten la importancia que tiene cada una de estas citas en el argumento de la historia.

> **PASTOR** A la orden el plátano y la mazorca.
>
> **TRANSEÚNTES** No, señor, muchas gracias.

> **CONDUCTOR** Señor, ¡buenas tardes!
> Hágame un favor: ¿la salida para Bogotá?

> **HIJA DE PASTOR** Un señor que iba para Bogotá
> se equivocó de camino y me compró todo el huerteado.

5 **¿Qué habrías hecho tú?** Imagina que estás en la situación de Pastor. Escribe un párrafo en el que cuentes qué habrías hecho tú en su lugar y por qué.

2 Ask students: ¿Creen que esta historia tiene una moraleja? ¿Cuál es?

2 Have students discuss the healing power of music. Ask: ¿Es posible que una persona pueda mejorar su salud por medio de la música?

3 Ask questions such as: ¿Qué creen que está sintiendo la mujer de Pastor en esa imagen?

Practice more at **vhlcentral.com.**

Ask students to describe the mood in *Calesita en la plaza*, by Aldo
Severi. Say: **¿Cómo describirían la atmósfera de este cuadro?**
¿Qué recursos utiliza el artista para crear esa atmósfera?

Calesita en la plaza, 1999
Aldo Severi, Argentina

"No está la felicidad en vivir, sino en saber vivir."

— Diego de Saavedra Fajardo

Antes de leer

Idilio

Sobre el autor

Mario Benedetti (1920–2009) nació en Tacuarembó, Uruguay. Su volumen de cuentos publicado en 1959, *Montevideanos*, lo consagró como escritor, y dos años más tarde alcanzó fama internacional con su segunda novela, *La tregua*, con un fuerte contenido sociopolítico. Tras diez años de exilio en Argentina, Perú, Cuba y España, regresó a Uruguay en 1983. El exilio que lo alejó de su patria y de su familia dejó una marca profunda tanto en su vida personal como en su obra literaria. Benedetti incursionó en todos los géneros: poesía, cuento, novela y ensayo. El amor, lo cotidiano, la ausencia, el retorno y el recuerdo son temas constantes en la obra de este prolífico escritor. En 1999, ganó el Premio Reina Sofía de Poesía Iberoamericana.

Vocabulario

colocar *to place*
hondo/a *deep*
la imagen *image; picture*
la pantalla *(television) screen*

por primera/última vez *for the first/last time*
redondo/a *round*
señalar *to point at*
el televisor *television set*

Practicar Completa las oraciones con palabras o frases del vocabulario.

1. Voy a ____colocar____ el televisor sobre la mesa.
2. Julio me ____señaló____ la calle que debo tomar, pero no quiso ir conmigo.
3. En lo más ____hondo____ de mi corazón, guardo el recuerdo de mi primera novela.
4. Ayer salí _por primera vez_ en la televisión y me invitaron a participar en otro programa la semana que viene.

Conexión personal ¿Cómo te entretenías cuando eras niño/a? ¿A qué jugabas? ¿Mirabas mucha televisión? ¿Tus padres establecían límites y horarios? ¿Qué harás tú cuando tengas hijos?

Análisis literario: las formas verbales

Las formas verbales son un factor muy importante para tener en cuenta al analizar obras literarias. La elección de formas verbales es una decisión deliberada del autor y afecta al tono del texto. El uso de un registro formal o informal puede hacer el texto más o menos cercano al lector. La elección de tiempos verbales también puede tener efectos como involucrar o distanciar al lector, dar o quitar formalidad, hacer que la narración parezca más oral, etc. A medida que lees *Idilio*, presta atención a los tiempos verbales que usa Benedetti. ¿Qué tono dan a la historia estas elecciones deliberadas del autor?

Practice more at **vhlcentral.com.**

IDILIO

Mario Benedetti

Preview Ask students to think about this question before reading the text: ¿Creen que es posible confundir la ficción con la realidad al ver la televisión?

 Audio: Dramatic Reading

La noche en que colocan a Osvaldo (tres años recién cumplidos) por primera vez frente a un televisor (se exhibe un drama británico de hondas resonancias), queda

half-opened   hipnotizado, la boca entreabierta°, los ojos redondos de estupor.

surrendered to the magic 5   La madre lo ve tan entregado al sortilegio° de las imágenes que

washes pots and pans   se va tranquilamente a la cocina. Allí, mientras friega ollas y sartenes°,

se olvida del niño. Horas más tarde se acuerda, pero piensa: "Se

habrá dormido". Se seca las manos y va a buscarlo al living.

blank   La pantalla está vacía°, pero Osvaldo se mantiene en la misma

10   postura y con igual mirada extática.

orders   —Vamos. A dormir —conmina° la madre.

—No —dice Osvaldo con determinación.

—¿Ah, no? ¿Se puede saber por qué?

—Estoy esperando.

15   —¿A quién?

—A ella.

Y señaló el televisor.

—Ah. ¿Quién es ella?

—Ella.

20   Y Osvaldo vuelve a señalar la pantalla. Luego sonríe,

innocent; naïve   candoroso°, esperanzado, exultante.

—Me dijo: "querido". ∎

Teaching option Before reading the selection, have students underline all verbs and identify the most common verb tense (present tense). After reading the text, ask how the author's use of present tense affects the tone of the story.

Después de leer

Idilio
Mario Benedetti

(1) Ask additional comprehension questions. Ex: ¿Por qué dice Osvaldo que no quiere irse a dormir? ¿Qué expresión tiene Osvaldo antes de decir "querido"?

1 Comprensión Contesta las preguntas con oraciones completas.

1. ¿Cómo se llama el protagonista de esta historia?
   El protagonista se llama Osvaldo.
2. ¿Cómo se queda el niño cuando está por primera vez delante del televisor? El niño se queda hipnotizado, con la boca entreabierta y los ojos redondos de estupor.
3. ¿Qué hace la madre mientras Osvaldo mira la televisión?
   La madre va tranquilamente a la cocina y friega (lava) ollas y sartenes.
4. Cuando la madre va a buscarlo horas más tarde, ¿cómo está la pantalla?
   Cuando la madre vuelve, la pantalla está vacía.
5. ¿Qué piensa Osvaldo que le dice la televisión?
   Osvaldo piensa que la televisión le dice "querido".

2 Interpretar Contesta las preguntas. Some answers will vary.

1. Según Osvaldo, ¿quién le dijo "querido"? ¿Qué explicación lógica le puedes dar a esta situación?

2. En el cuento, la madre se olvida del hijo por varias horas. ¿Crees que este hecho es importante en la historia? ¿Crees que el final sería distinto si se tratara sólo de unos minutos frente al televisor?

3. ¿Crees que la televisión puede ser adictiva para los niños? ¿Y para los adultos? ¿Qué consecuencias crees que tiene la adicción a la televisión?

(3) Before completing the activity, have students list several popular children's programs.

3 Imaginar En grupos, imaginen que un grupo de padres solicita una audiencia con el/la director(a) de programación infantil de una popular cadena de televisión. Los padres quieren sugerir cambios. Miren la programación y, después, contesten las preguntas.

CANAL 7					
6:00	**6:30**	**7:00**	**8:00**	**9:15**	**10:00**
Trucos para la escuela Cómo causar una buena impresión con poco esfuerzo	**Naturaleza viva** Documentales	**Mi familia latina** Divertida comedia sobre un joven estadounidense que va a México como estudiante de intercambio	**Historias policiales** Ladrones, crímenes y accidentes	**Buenas y curiosas** Noticiero alternativo que presenta noticias buenas y divertidas de todo el mundo	**Dibujos animados clásicos** Conoce los dibujos animados que miraban tus padres

- ¿Qué programas quieren pedir que cambien? ¿Por qué?
- ¿Qué programas deben seguir en la programación?
- ¿Qué otros tipos de programas se pueden incluir?
- ¿Harían cambios en los horarios? ¿Qué cambios harían?

(4) If students have trouble coming up with ideas, suggest that they think of a time when they might have believed something they saw on TV.

(4) Have students read their anecdotes aloud to the class. Encourage classmates to ask detailed questions.

4 Escribir Piensa en alguna anécdota divertida de cuando eras niño/a. Cuenta la anécdota en un párrafo usando el tiempo presente.

MODELO Un día estoy con mi hermano en el patio de mi casa jugando a la pelota. De repente, …

🛈 Practice more at **vhlcentral.com**.

Antes de leer

Preview Invite students to answer the question: **¿Qué controversia presenta el toreo en general? ¿Les parece un acto cultural o de maltrato?**

Vocabulario

la corrida *bullfight*

lidiar *to fight (bulls)*

el/la matador(a)/el/la torero(a) *bullfighter who kills the bull*

la plaza de toros *bullring*

el ruedo *arena*

torear *to fight bulls*

el toreo *bullfighting*

el/la torero/a *bullfighter*

el traje de luces *bullfighter's outfit (lit. costume of lights)*

El toreo Completa las oraciones con palabras y frases del vocabulario.

1. Ernest Hemingway era un aficionado al ____toreo____. Asistió a muchas ____corridas____ y las describió en detalle en sus obras.

2. El ____matador____ es la persona que mata al toro al final. Siempre lleva un ____traje de luces____ de colores brillantes.

3. Manolete fue un ____torero____ español muy famoso que fue herido por un toro y que murió al poco tiempo.

4. No se permite que el público baje al ____ruedo____ porque los toros pueden ser muy peligrosos.

El toreo To generate discussion using the vocabulary, ask students: **¿Qué saben acerca de los toros en la cultura hispana a través del cine o la literatura?**

Conexión personal ¿Conoces alguna costumbre local o alguna tradición estadounidense que cause mucha controversia? ¿Hay deportes que resultan muy problemáticos o controvertidos para algunas personas? ¿Por qué? ¿Cuál es tu opinión al respecto?

Contexto cultural

En Fresnillo, México, en 1940 una mujer tomó una espada y se puso un traje de luces —una blusa y falda bordadas de adornos brillantes— para promover la causa de la igualdad en un terreno casi completamente dominado por los hombres: el toreo. **Juanita Cruz** había nacido en Madrid en 1917, cuando aún no se permitía a las mujeres torear a pie en el ruedo. En batalla constante contra obstáculos legales, Cruz consiguió lidiar en muchas corridas de toros en su país. Pero cuando terminó la guerra civil española, al ver que Franco imponía estrictamente las leyes de prohibición del toreo a las mujeres, Cruz dejó España y emigró a México, donde se convirtió en torera profesional. Fue todo un fenómeno, la primera gran matadora de la historia, y abrió camino para otras mujeres, como las españolas Cristina Sánchez y Mari Paz Vega. Hoy día la presencia de toreras añade otro nivel de controversia al debate constante y a veces apasionado del toreo. ¿Cuál es tu impresión? ¿Crees que la igualdad de sexos en el toreo es algo positivo o negativo? ¿Por qué?

Contexto cultural Ask students questions to spark discussion: **¿Les sorprende que haya mujeres que también se dediquen al toreo? En su opinión, ¿qué tipo de mujer se dedicaría al toreo?**

Contexto cultural Provide information about other famous female bullfighters, such as **La Reverte** and Conchita Cintrón. In 1908, the Spanish **La Reverte,** (María Salomé Rodríguez) pretended to be a man in order to bullfight. In Perú, Cintrón was only allowed to bullfight on horseback since the laws of the time prohibited women from bullfighting on foot.

Teaching option Have students research and write a brief profile about a female bullfighter mentioned in **Contexto cultural** or in another source.

Practice more at **vhlcentral.com.**

El toreo:
¿Cultura o tortura?

Hay pocas cosas tan emblemáticas en el mundo hispano, y a la vez tan polémicas, como el toreo. Los días de corrida, hasta cuarenta mil aficionados se sientan en la Plaza Monumental de México, la plaza de toros más grande del mundo. Sin embargo, la opinión

5 pública está profundamente dividida: algunos defienden con orgullo esta tradición que sobrevive desde tiempos antiguos y otros se levantan en protesta antes del final.

origins

Las raíces° del toreo son diversas. Los celtibéricos dejaron en España restos de templos circulares, precursores de las plazas actuales, donde sacrificaban animales. Los griegos y romanos practicaban la matanza° ritual de toros en ceremonias públicas sagradas. Sin embargo, fue en la España del siglo XVIII donde se desarrolló° la corrida que conocemos y se introdujeron la muleta, una capa muy fácil de manejar, y el estoque, la espada del matador.

slaughter

developed 15

El aficionado de hoy considera que el toreo es más un rito° que un espectáculo, ciertamente no un deporte. Es una lucha desigual, a muerte, entre una persona —armada con sólo la capa la mayor parte del tiempo— y el toro, bestia que pesa° hasta más de media tonelada. El torero se prepara para el duelo como para una ceremonia: se viste con el traje de luces tradicional y actúa dirigido por el ritmo de la música. Se enfrenta al animal con su arte y su inteligencia, y generalmente gana, aunque no siempre. El riesgo° de una cornada° grave forma parte de la realidad del torero, que en su baile peligroso muestra su talento y su belleza. Para el defensor de las corridas, no matar al toro al final es como

rite

weighs

risk
goring

> ❝ **El toreo es cabeza y plasticidad, porque a fuerza siempre gana el toro.** ❞

jugar con él, una falta de respeto al animal, al público y a la tradición.

Quienes se oponen a las corridas dicen que es una lucha injusta y cruel. Hay gente que piensa que el toreo es una barbarie° similar a la de los juegos de los romanos, una costumbre primitiva que no tiene sentido en una sociedad moderna y civilizada. Protestan contra la crueldad de una muerte lenta y prolongada, dedicada al entretenimiento. En respuesta a las protestas, en algunos países ha aparecido una alternativa, la "corrida sin sangre°", donde no se permite hacer daño físico° al toro. Pero otros sostienen que esta corrida tortura igualmente a la bestia y, por tanto, han prohibido el toreo por completo. En julio de 2010, el Parlamento catalán abolió las corridas de toros en Cataluña, España, con 68 votos a favor de la prohibición y 55 en contra.

barbarity 40

45

bloodless bullfight 50
to hurt

55

Por último, a algunas personas les indigna la idea machista de que sólo un hombre tiene la fuerza y el coraje para lidiar. Las toreras pioneras como Juanita Cruz tuvieron que coserse° su propio traje de luces, con falda en vez de pantalón, y cruzar océanos para poder ejercer su profesión. Incluso en tiempos recientes, algunos toreros célebres como el español Jesulín de Ubrique se han negado° a lidiar junto a una mujer.

60

to sew

65

have refused

La torera más famosa de nuestra época, Cristina Sánchez, sostiene que no es necesario ser hombre para lidiar con éxito: "El toreo es cabeza y plasticidad°, porque a fuerza siempre gana el toro." En su opinión, el derecho de torear es incuestionable, una parte de la cultura hispana. No obstante, su profesión provoca tanta división que a veces el duelo entre la bestia y la persona es empequeñecido° por la batalla entre las personas. ∎

70

agility

75

dwarfed

80

¿Dónde hay corridas?

Toreo legalizado: España, México, Colombia, Ecuador, Perú, Venezuela, Francia

Corridas sin sangre: Bolivia, Nicaragua, Estados Unidos, Portugal

Toreo ilegalizado: Argentina, Chile, Cuba, Uruguay

¡Olé! ¡Olé!

El público también tiene su papel en las corridas: evalúa el talento del torero. La interjección "¡olé!" se oye frecuentemente para celebrar una acción particularmente brillante y expresar admiración. De origen árabe, contiene la palabra "alá" (Dios) y significa literalmente "¡por Dios!".

Después de leer

El toreo: ¿cultura o tortura?

1 Comprensión Responde a las preguntas con oraciones completas. Some answers will vary.

1. ¿En qué país se encuentra la plaza de toros más grande del mundo?
   Se encuentra en México.
2. ¿Qué hacían los celtibéricos en sus templos circulares?
   Sacrificaban animales.
3. ¿Qué es el toreo según un aficionado?
   Es un rito, una lucha a muerte entre la bestia y el torero.
4. ¿Cómo se prepara el torero para la corrida?
   Se pone el traje de luces y actúa dirigido por el ritmo de la música.
5. Para quienes se oponen al toreo, ¿cuáles son algunos de los problemas?
   Es una lucha injusta y cruel. Se prolonga la muerte del toro para el entretenimiento de las personas.
6. ¿Qué es una "corrida sin sangre"?
   Es una corrida en que no se hace daño físico al toro.
7. ¿Qué sucedió en Cataluña en julio de 2010?
   El Parlamento catalán abolió las corridas de toros en Cataluña.
8. Según Cristina Sánchez, ¿sólo los hombres pueden lidiar bien?
   No, no es necesario ser hombre para lidiar con éxito.

2 Opinión Responde a las preguntas con oraciones completas.

1. ¿Te gustaría asistir a una corrida? ¿Por qué?

2. ¿Qué opinas del duelo entre toro y torero/a? ¿Hay algún aspecto especialmente problemático para ti?

3. ¿Qué piensas de las alternativas al toreo tradicional como la "corrida sin sangre"? ¿Es una solución adecuada para proteger a los animales?

4. En tu opinión, ¿es más cruel la vida de un toro destinado al toreo o la de una vaca destinada a una carnicería?

3 ¿Qué piensan? Trabajen en parejas para contestar las preguntas. Luego, compartan sus respuestas con la clase.

1. Un eslogan conocido en las protestas antitaurinas es: "Tortura no es arte ni cultura". ¿Qué significa esta frase?

2. ¿Hay acciones cuestionables que se justifiquen porque son parte de una costumbre o tradición? ¿Cuál es la postura de ustedes en el debate? ¿Por qué?

3. ¿Es apropiado tener una opinión sobre las tradiciones de culturas diferentes a la tuya o es necesario aceptar sin criticar?

4. ¿Creen que el gobierno tiene derecho a reglamentar (*regulate*) o prohibir tradiciones o costumbres? Den ejemplos.

4 Postales Imagina que viajas a México y unos amigos te invitan a una corrida de toros. Escribe una postal a tu familia para contarles tu experiencia. Usa estas preguntas como guía: ¿Aceptaste la invitación o no? ¿Por qué? Si fuiste a la corrida, ¿qué te pareció? ¿Te sentiste obligado/a a asistir por respeto a la cultura local?

MODELO Querida familia: Les escribo desde Guadalajara, una ciudad al noroeste de México. No saben dónde me llevaron mis amigos este fin de semana...

5 Animales En parejas, hagan una lista de tradiciones, costumbres o deportes en los que las personas utilizan a los animales como entretenimiento. Después, compartan su lista con el resto de la clase y debatan sobre qué actividades son perjudiciales para los animales y cuáles no. Justifiquen sus respuestas.

 Practice more at **vhlcentral.com**.

1 Ask additional comprehension questions. Ex: ¿Por qué compara la gente el toreo con los juegos romanos? ¿Qué torero español se negó a lidiar junto a una mujer?

2 For item 2, divide the class into two groups to debate the cultural merits of bullfighting. One group should defend traditional bullfighting as a necessary component of Hispanic culture. The other group should criticize it and propose the **corridas sin sangre** as an alternative.

4 Review related vocabulary with the class before assigning the writing activity.

4 Have students exchange their postcards and write responses to their classmates.

Atando cabos

¡A conversar!

👥 **La música y el deporte** Trabajen en grupos de cuatro o cinco para preparar una presentación sobre un(a) cantante o deportista latino/a famoso/a.

> ### Presentaciones
>
> **Tema:** Pueden preparar una presentación sobre un(a) cantante o deportista famoso/a que les guste.
>
> **Investigación:** Busquen información en Internet o en la biblioteca. Una vez reunida la información necesaria, elijan los puntos más importantes y seleccionen material audiovisual. Informen a su profesor(a) acerca de estos materiales para contar con los medios necesarios el día de la presentación.
>
> **Organización:** Hagan un esquema (*outline*) que los ayude a planear la presentación.
>
> **Presentación:** Traten de promover la participación a través de preguntas y alternen la charla con los materiales audiovisuales. Recuerden tener a mano los materiales de la investigación para responder preguntas adicionales de sus compañeros.

¡A escribir!

Correo electrónico Imagina que tus padres vienen a visitarte por un fin de semana. Llevas varios días haciendo planes para que el fin de semana sea perfecto y tienes miedo de que tu novio/a arruine tus planes. Mándale un mensaje por correo electrónico para recordarle lo que debe hacer.

> ### Plan de redacción
>
> **Un saludo informal:** Comienza tu mensaje con un saludo informal, como: **Hola**, **Qué tal**, **Qué onda**, etc.
>
> **Contenido:** Organiza tus ideas para no olvidarte de nada.
>
> 1. Escribe una breve introducción para recordarle a tu novio/a qué cosas les gustan a tus padres y qué cosas no. Puedes usar estas expresiones: **(no) les gusta**, **les fascina**, **les encanta**, **les aburre**, **(no) les interesa**, **(no) les molesta.**
>
> 2. Recuérdale que tus padres son formales y elegantes, y explícale que tiene que arreglarse un poco para la ocasión. Usa expresiones como: **quitarse el arete**, **afeitarse**, **vestirse mejor**, **peinarse**, etc.
>
> 3. Recuérdale dónde van a encontrarse.
>
> **Despedida:** Termina el mensaje con un saludo informal de despedida.

INSTRUCTIONAL RESOURCES
SAM/WebSAM: WB

¡A conversar!
- Brainstorm a list of famous singers and athletes from the Spanish-speaking world. Encourage heritage speakers to add to the list.

- As a class, discuss the major components that should be covered in the presentation.

¡A escribir!
- Review the use of verbs like **gustar** before assigning the activity. Help students create a list on the board of common phrases to open and close informal letters and e-mails.

(S) Vocabulary Tools

La música y el teatro

el álbum	album
el asiento	seat
el/la cantante	singer
el concierto	concert
el conjunto/grupo musical	musical group; band
el escenario	scenery; stage
el espectáculo	show
el estreno	premiere
la función	performance (theater; movie)
el/la músico/a	musician
la obra de teatro	play
la taquilla	box office
aplaudir	to applaud
conseguir (e:i) boletos/entradas	to get tickets
hacer cola	to wait in line
poner música	to play music

Los lugares de recreo

el cine	movie theater
el circo	circus
la discoteca	night club
la feria	fair
el festival	festival
el parque de atracciones	amusement park
el zoológico	zoo

Los deportes

el/la árbitro/a	referee
el campeón/la campeona	champion
el campeonato	championship
el club deportivo	sports club
el/la deportista	athlete
el empate	tie (game)
el/la entrenador(a)	coach; trainer
el equipo	team

el/la espectador(a)	spectator
el torneo	tournament
anotar/marcar (un gol/un punto)	to score (a goal/a point)
desafiar	to challenge
empatar	to tie (games)
ganar/perder (e:ie) un partido	to win/lose a game
vencer	to defeat

Las diversiones

el ajedrez	chess
el billar	pool; billiards
el boliche	bowling
las cartas/los naipes	(playing) cards
los dardos	darts
el juego de mesa	board game
el pasatiempo	pastime
la televisión	television
el tiempo libre/los ratos libres	free time
el videojuego	video game
aburrirse	to get bored
alquilar una película	to rent a movie
brindar	to make a toast
celebrar/festejar	to celebrate
dar un paseo	to take a stroll/walk
disfrutar (de)	to enjoy
divertirse (e:ie)	to have fun
entretener(se) (e:ie)	to amuse (oneself)
gustar	to like
reunirse (con)	to get together (with)
salir (a comer)	to go out (to eat)
aficionado/a (a)	enthusiastic about; a fan (of)
animado/a	lively
divertido/a	fun
entretenido/a	entertaining

Más vocabulario

Expresiones útiles	Ver p. 47
Estructura	Ver pp. 54–55, 58–59 y 62–63

Cinemateca

el huerteado	produce (Col.)
la mazorca	ear of corn
la plata	money
el tiple	12-string Colombian guitar
coger la caña	to accept (Col.)
equivocarse	to be mistaken
mejorarse	to get better
quedar	to agree on
rogar	to beg
bendito/a	blessed
prestado/a	borrowed
¿Cómo así?	How come?
¡Siga!	Come in!
su merced	you (form.)

Literatura

la imagen	image; picture
la pantalla	(television) screen
el televisor	television set
colocar	to place
señalar	to point at
hondo/a	deep
redondo/a	round
por primera/última vez	for the first/last time

Cultura

la corrida	bullfight
el/la matador(a)	bullfighter (who kills the bull)
la plaza de toros	bullring
el ruedo	arena
el toreo	bullfighting
el/la torero/a	bullfighter
el traje de luces	bullfighter's outfit (lit. costume of lights)
lidiar	to fight (bulls)
torear	to fight bulls

La vida diaria

3

Communicative Goals

You will expand your ability to...
- narrate in the past
- express completed past actions
- express habitual or ongoing past events and conditions

Vocabulary Tools

INSTRUCTIONAL RESOURCES
SAM/WebSAM (WB, LM),
Textbook/Lab Audio,
Audioscripts,
Textbook/Lab AK

La vida diaria

Preview Ask students to talk about their daily agendas and how they keep track of their personal lives. Ex: **¿Tienen muchas responsabilidades en la escuela? ¿En el trabajo? ¿Cómo se organizan en la vida personal?** Recycle previously learned vocabulary, such as rooms of the house and clothing.

En casa

el balcón *balcony*

la escalera *staircase*
el hogar *home; fireplace*
la limpieza *cleaning*
los muebles *furniture*
los quehaceres *chores*

apagar *to turn off*
barrer *to sweep*
calentar (e:ie) *to warm up*
cocinar *to cook*
encender (e:ie) *to turn on*
freír (e:i) *to fry*
hervir (e:ie) *to boil*
lavar *to wash*
limpiar *to clean*
pasar la aspiradora *to vacuum*
poner/quitar la mesa *to set/clear the table*
quitar el polvo *to dust*
tocar el timbre *to ring the doorbell*

Teaching option
Have students create a survey with adverbs from the **Expresiones** list. Ex: **¿Con qué frecuencia vas al cine?**
a) a menudo
b) a veces
c) casi nunca

De compras

el centro comercial *mall*
el dinero en efectivo *cash*
la ganga *bargain*
el probador *dressing room*
el reembolso *refund*
el supermercado *supermarket*
la tarjeta de crédito/débito *credit/debit card*

devolver (o:ue) *to return (items)*
hacer mandados *to run errands*
ir de compras *to go shopping*
probarse (o:ue) *to try on*
seleccionar *to select; to pick out*

auténtico/a *genuine*
barato/a *inexpensive*
caro/a *expensive*

Camila **fue de compras** al **supermercado**, decidida a gastar lo menos posible. **Seleccionó** los productos más **baratos** y pagó con **dinero en efectivo**.

Expresiones

a menudo *often*
a propósito *on purpose*
a tiempo *on time*
a veces *sometimes*
apenas *hardly; scarcely*
así *like this; so*
bastante *quite; enough*
casi *almost*
casi nunca *rarely*
de repente *suddenly*
de vez en cuando *once in a while*
en aquel entonces *at that time*
en el acto *on the spot*
enseguida *right away*
por casualidad *by chance*

Point out that **bastante** can be used as an adjective or adverb. Ex: **Tenemos bastante trabajo.** (adjective) **Tenemos que trabajar bastante.** (adverb)

Variación léxica
a propósito ⟷ adrede
barato/a ⟷ económico/a
caro/a ⟷ costoso/a
cocinar ⟷ guisar
hacer mandados ⟷ hacer recados

Desde que comenzó a trabajar en un restaurante, Emilia ha tenido que **acostumbrarse** al **horario** de chef. ¡La nueva **rutina** no es tan fácil! **Suele** volver a la casa después de la medianoche.

la agenda *schedule*
la costumbre *custom; habit*
el horario *schedule*
la rutina *routine*
la soledad *solitude; loneliness*

---
acostumbrarse (a) *to get used to*
arreglarse *to get ready*
averiguar *to find out*
probar (o:ue) (a) *to try*
soler (o:ue) *to be in the habit of*

---
atrasado/a *late*
cotidiano/a *everyday*
diario/a *daily*
inesperado/a *unexpected*

Práctica

(1) Escuchar

A. Escucha lo que dice Julián y luego decide si las oraciones son **ciertas** o **falsas**. Corrige las falsas.

1. Julián tiene muchas cosas que hacer. Cierto.

2. Julián está en un supermercado.
   Falso. Julián está en su casa.

3. Julián tiene que quitar el polvo de los muebles y pasar la aspiradora. Cierto.

4. Él siempre sabe dónde está todo.
   Falso. Él nunca sabe dónde deja las cosas.

5. Él encuentra su tarjeta de crédito debajo de la escalera. Cierto.

6. Julián recibe una visita inesperada. Cierto.

B. Escucha la conversación entre Julián y la visita inesperada y después contesta las preguntas con oraciones completas.

1. ¿Quién está tocando el timbre?
   María está tocando el timbre.

2. ¿Qué tiene que hacer ella?
   Tiene que ir al centro comercial.

3. ¿Qué quiere devolver?
   Quiere devolver unos pantalones.

4. ¿Eran caros los pantalones?
   No. Los pantalones eran una ganga.

5. ¿Qué hace Julián antes de ir al centro comercial con ella? Julián se arregla.

6. ¿Es seguro que María puede devolver los pantalones? ¿Por qué?
   No, porque a veces no dan reembolsos.

(2) No pertenece Indica qué palabra no pertenece a cada grupo.

1. limpiar–pasar la aspiradora–barrer–calentar

2. de repente–auténtico–casi nunca–enseguida

3. balcón–escalera–muebles–soler

4. hacer mandados–a tiempo–ir de compras–probarse

5. costumbre–rutina–cotidiano–apagar

6. quitar el polvo–barato–caro–ganga

7. quehaceres–hogar–soledad–limpieza

8. barrer–acostumbrarse–soler–cotidiano

(2) For an extra challenge, have volunteers explain what the other words have in common.

Práctica

③ To preview this activity, ask questions using words from the box. Ex: **¿Qué haces a diario? ¿Llegas a tiempo a clase? ¿Sueles comer en clase?**

③ Julián y María Completa el párrafo con las palabras o expresiones de la lista.

a diario	cotidiano	horario	soledad
a tiempo	en aquel entonces	por casualidad	soler

Julián y María se conocieron un día (1) ___por casualidad___ en el supermercado. Julián estaba muy contento por haber conocido a María porque, (2) ___en aquel entonces___, él era nuevo en el barrio y no conocía a nadie. A él no le gusta la (3) ___soledad___. Desde aquel día, se ven casi (4) ___a diario___. Durante la semana, ellos (5) ___suelen___ quedar para tomar un café después del trabajo, pues los dos tienen (6) ___horarios___ similares.

④ Una agenda muy ocupada Sara tiene mucho que hacer antes de su cita con Carlos esta noche. Ha apuntado todo en su agenda, pero está muy atrasada.

A. En parejas, comparen el horario de Sara con la hora en que realmente hace cada actividad.

VIERNES, 15 DE OCTUBRE

1:00 ¡Hacer mandados!	5:00 Hacer la limpieza
2:00 Banco: depositar un cheque	6:00 Cocinar, poner la mesa
3:00 Centro comercial: comprar vestido	7:00 Arreglarme
4:00 Supermercado: pollo, arroz, verduras	8:00 Cita con Carlos ♡

④ Review the phrase **lograr** + [*infinitive*] used in the model. Encourage students to use this phrase in their answers.

MODELO
—¿A qué hora deposita su cheque en el banco?
—Sara quiere depositarlo a las dos, pero no logra hacerlo hasta las dos y media.

2:30

1.
4:00

2.
5:30

3.
6:45

4.
7:30

5.
7:45

6.
8:00

B. Ahora, improvisen una conversación entre Carlos y Sara. ¿Creen que los dos lo van a pasar bien? ¿Creen que van a tener otra cita?

✨ Practice more at **vhlcentral.com**.

5 Los quehaceres

A. En grupos de cuatro, túrnense para preguntar con qué frecuencia sus compañeros hacen los quehaceres de la lista. Combinen palabras de cada columna en sus respuestas y añadan sus propias ideas.

barrer	almuerzo	todos los días
cocinar	aspiradora	a menudo
lavar	balcón	a veces
limpiar	cuarto	de vez en cuando
pasar	polvo	casi nunca
quitar	ropa	nunca

MODELO —¿Con qué frecuencia barres el balcón?
—Lo barro de vez en cuando, especialmente si vienen invitados.

B. Ahora, compartan la información con la clase y decidan quién es la persona más ordenada y la más desordenada.

6 Agendas personales

A. Primero, escribe tu horario para esta semana. Incluye algunas costumbres de tu rutina diaria y también actividades inesperadas de esta semana.

> lunes
>
> martes
>
> miércoles
>
> jueves
>
> viernes
>
> sábado
>
> domingo

B. En parejas, pregúntense sobre sus horarios. Comparen sus rutinas diarias y los eventos de esta semana. ¿Tienen costumbres parecidas? ¿Tienen algunas actividades en común? ¿Cuáles?

C. Utiliza la información para escribir un párrafo breve sobre la vida cotidiana de tu compañero/a. ¿Le gusta la rutina? ¿Disfruta de lo inesperado? ¿Llena su agenda con actividades sociales o prefiere estar en casa? Comparte tu párrafo con la clase.

---

(5) Have students pretend they disagree with their classmates. Have them refute the sentences using opposite adverbs. Ex: **¡Qué va! Casi nunca barres el balcón.**

(6) Part B: Have pairs create two columns called **similitudes** and **diferencias** in order to help them organize their comparisons of the two schedules.

(6) For an expansion activity, bring in a school social calendar. Using the schedules created in Part A, have students discuss which events they could attend and which they could not. Point out that students should use **asistir a** for *to attend.*

Video

Diana y Fabiola conversan sobre la vida diaria. Aguayo pide ayuda con la limpieza, pero casi todos tienen excusas.

Synopsis
- Aguayo's vacuum cleaner does not work until Mariela kicks it.
- Aguayo tries in vain to recruit everyone to help him clean the office.
- Fabiola and Johnny fight over pastries.
- Éric finds a mound of dust on his desk, stashed there by Mariela.

FABIOLA Odio los lunes.

DIANA Cuando tengas tres hijos, un marido y una suegra, odiarás los fines de semana.

FABIOLA ¿Discutes a menudo con tu familia?

DIANA Siempre tenemos discusiones. La mitad las ganan mis hijos y mi esposo. Mi suegra gana la otra mitad.

FABIOLA ¿Te ayudan en las tareas del hogar?

DIANA Ayudan, pero casi no hay tiempo para nada. Hoy tengo que ir de compras con la mayor de mis hijas.

FABIOLA ¿Y por qué no va ella sola?

DIANA Hay tres grupos que gastan el dinero ajeno, Fabiola: los políticos, los ladrones y los hijos… Los tres necesitan supervisión.

FABIOLA Tengan cuidado en las tiendas. Hace dos meses andaba de compras y me robaron la tarjeta de crédito.

DIANA ¿Y fuiste a la policía?

FABIOLA No.

DIANA ¿Lo dices así, tranquilamente? Te van a arruinar.

FABIOLA No creas. El que me la robó la usa menos que yo.

Más tarde en la cocina…

AGUAYO El señor de la limpieza dejó un recado diciendo que estaba enfermo. Voy a pasar la aspiradora a la hora del almuerzo. Si alguien desea ayudar…

FABIOLA Tengo una agenda muy llena para el almuerzo.

DIANA Yo tengo una reunión con un cliente.

ÉRIC Tengo que… Tengo que ir al banco. Sí. Voy a pedir un préstamo.

JOHNNY Yo tengo que ir al dentista. No voy desde la última vez… Necesito una limpieza.

Aguayo y Mariela se quedan solos.

Diana regresa del almuerzo con unos dulces.

DIANA Les traje unos dulces para premiar su esfuerzo.

AGUAYO Gracias. Los probaría todos, pero estoy a dieta.

DIANA ¡Qué bien! Yo también estoy a dieta.

MARIELA ¡Pero si estás comiendo!

DIANA Sí, pero sin ganas.

INSTRUCTIONAL RESOURCES
Fotonovela Video, SAM/WebSAM (VM),
Script & Translation, SAM AK

Preview Ask: ¿Cómo son los lunes para ustedes? ¿Han trabajado alguna vez en una oficina? ¿Qué les parece la rutina de la oficina?

Lección 3

Personajes

AGUAYO

DIANA

ÉRIC

FABIOLA

JOHNNY

MARIELA

4

En la oficina de Aguayo…

MARIELA ¿Necesita ayuda?

AGUAYO No logro hacer que funcione.

MARIELA Creo que Diana tiene una pequeña caja de herramientas.

AGUAYO ¡Cierto!

Aguayo sale de la oficina. Mariela le da una patada a la aspiradora.

5

AGUAYO ¡Aceite lubricante y cinta adhesiva! ¿Son todas las herramientas que tienes?

DIANA ¡Claro! Es todo lo que necesito. La cinta para lo que se mueva y el aceite para lo que no se mueva.

Se escucha el ruido de la aspiradora encendida.

AGUAYO Oye… ¿Cómo lo lograste?

MARIELA Fácil… Me acordé de mi ex.

9

Fabiola y Johnny llegan a la oficina. Mariela está terminando de limpiar.

JOHNNY ¡Qué pena que no llegué a tiempo para ayudarte!

FABIOLA Lo mismo digo yo. Y eso que almorcé tan deprisa que no comí postre.

MARIELA Si gustan, quedan dos dulces en la cocina. Están riquísimos… (*habla sola mirando el aerosol*) Y no hubiera sido mala idea echarles un poco de esto.

10

Johnny y Fabiola vuelven de la cocina.

JOHNNY Qué descortés eres, Fabiola. Si yo hubiera llegado primero, te habría dejado el dulce grande a ti.

FABIOLA ¿De qué te quejas, entonces? Tienes lo que querías y yo también. Por cierto, ¿no estuviste en el dentista?

JOHNNY Los dulces son la mejor anestesia.

Expresiones útiles

Talking about the past

No llegué a tiempo para ayudarte.
I didn't get here on time to help you.

¿Y fuiste a la policía?
And did you go to the police?

El señor de la limpieza dejó un recado.
The cleaner left a message.

Tienes lo que querías.
You have what you wanted.

Estaba enfermo.
He was sick.

Expressing strong dislikes

¡Odio… !
I hate…!

¡No me gusta nada… !
I don't like… at all!

Detesto…
I detest…

No soporto…
I can't stand…

Estoy harto/a de…
I am fed up with…

Additional vocabulary

acordarse *to remember*
ajeno/a *somebody else's*
andar *to be (doing something); to walk*
la caja de herramientas *toolbox*
el ladrón/la ladrona *thief*
lograr *to manage to; to achieve*
la mitad *half*
la patada *kick*
premiar *to give a prize*
¡Qué pena! *What a shame!*

Variación léxica
acordarse ⟷ recordar
¡Claro! ⟷ ¡Claro que sí!
No soporto… ⟷ No aguanto…
¡Qué pena! ⟷ ¡Qué lástima!

Teaching option Play the entire episode. Have students take notes on the characters and describe their attitudes and personalities.

Comprensión

① Have students write three sentences using **tengo que.**

1 **¿Quién lo dijo?** Indica quién dijo estas oraciones.

Aguayo **Diana** **Éric**

Fabiola **Johnny** **Mariela**

___Mariela___ 1. ¿Necesita ayuda?

___Aguayo___ 2. Si alguien desea ayudar…

___Fabiola___ 3. Tengo una agenda muy llena.

___Diana___ 4. Tengo una reunión con un cliente.

___Éric___ 5. Tengo que ir al banco.

___Johnny___ 6. Tengo que ir al dentista.

② For further practice, have students create questions based on the exercise. Point out the written difference between **¿por qué?** and **porque.** Ex: **¿Por qué odia Diana los fines de semana? Porque discute Diana con su familia.**

2 **Relacionar** Escribe oraciones que conecten las frases de las dos columnas usando **porque**.

_f_ 1. Diana odia los fines de semana…

_e_ 2. Diana quiere ir de compras con su hija…

_c_ 3. Fabiola dice que tengan cuidado en las tiendas…

_b_ 4. Fabiola no fue a la policía…

_d_ 5. Aguayo pasará la aspiradora…

_a_ 6. Aguayo no prueba los dulces…

a. está a dieta.

b. el ladrón usa la tarjeta de crédito menos que ella.

c. hace dos meses le robaron la tarjeta de crédito.

d. el señor que limpia está enfermo.

e. no quiere que gaste mucho dinero.

f. discute mucho con su familia.

③ To spark discussion, ask questions such as: **¿A quién le gustan los lunes? ¿Con quién sueles almorzar?**

Teaching option Have students role-play a situation between an employer and employee in which they must negotiate a work schedule. The company is understaffed and the employee is involved in many extracurricular activities.

3 **Seleccionar** Selecciona la opción que expresa la misma idea.

1. Odio los lunes.
   a. No soporto los lunes.   b. No detesto los lunes.   c. Me gustan los lunes.

2. Tengo una agenda muy llena para el almuerzo.
   a. Tengo planeado un almuerzo.   b. Tengo muchas tareas a la hora del almuerzo.   c. No tengo mi agenda aquí.

3. Tienes lo que quieres.
   a. Tu deseo se cumplió.   b. Tienes razón.   c. Te quiero.

4. Lo mismo digo yo.
   a. ¡Ni modo!   b. No creas.   c. Estoy de acuerdo.

Practice more at **vhlcentral.com.**

Ampliación

4 **Excusas falsas** Aguayo pide ayuda para limpiar la oficina, pero sus compañeros le dan excusas. Escribe qué preguntas puede hacer Aguayo para descubrir sus mentiras. Después, en grupos de cinco, representen a los personajes y dramaticen la situación.

5 **Opiniones** En grupos de tres, contesten las preguntas. Si es posible, den ejemplos de la vida cotidiana.

1. ¿Está justificado a veces dar excusas falsas? ¿Por qué?

2. Describe una situación en la que hayas dado una excusa falsa. ¿Por qué lo hiciste? ¿Se enteraron los demás?

3. ¿Es mejor decir siempre la verdad? ¿Por qué?

6 **Apuntes culturales** En parejas, lean los párrafos y contesten las preguntas.

La agenda diaria

¡Diana se queja de que no hay tiempo para nada! En muchos países hispanos, las horas del día se expresan utilizando números del 0 al 23. Muchas agendas en español usan este horario modelo, es decir que las **10 p.m.** serían las **22:00**. ¡Pobre Diana! ¡Con tanto trabajo, necesita que el día tenga más horas!

La hora del almuerzo

Fabiola tiene una agenda muy ocupada para el almuerzo. En España y en algunos pueblos de Latinoamérica, este descanso suele ser de 13:00 a 16:00. Los que trabajan cerca vuelven a sus casas, pero en las grandes ciudades algunas personas lo aprovechan, además, para hacer mandados, compras o ir al gimnasio. ¿Qué tendrá que hacer Fabiola que sea más importante que limpiar la oficina?

¿Servicios bancarios en el supermercado?

Éric tiene que ir al banco a pedir un préstamo. En Hispanoamérica, la mayoría de los préstamos y los pagos de servicios se realizan en el banco. Y en países como Argentina, Costa Rica y Perú, las cuentas de gas, electricidad y teléfono también se pueden pagar en el supermercado.

1. ¿Cómo se pueden escribir las *2 p.m.* y las *8 p.m.* en español?

2. En tu país, ¿cuánto tiempo se toman normalmente los empleados para almorzar? ¿Qué hacen durante ese descanso?

3. ¿Cuáles son los horarios comerciales de la ciudad donde vives? ¿Te parecen suficientes?

4. ¿A qué hora sueles almorzar? ¿Dónde?

5. ¿Cómo pagas los servicios como la electricidad y el teléfono? ¿Te resulta conveniente tu método de pago? ¿Te gustaría poder pagarlos en el supermercado? ¿Por qué?

4 To model the activity, have students invent other situations in which they might need to make excuses. Ex: **Me mudo a otro apartamento este fin de semana. ¿Quién me puede ayudar?**

6 Expand the discussion with additional questions. Ex: **¿Es importante tomar un descanso al mediodía? ¿Qué opinan de la siesta española? ¿Utilizan Internet para pagar las cuentas? ¿Creen que hacerlo les ahorra tiempo?**

INSTRUCTIONAL RESOURCES
Flash Cultura Video, Script & Translation

En detalle

ESPAÑA

LA FAMILIA REAL

La familia real española durante un acto oficial.

En 1492, Isabel de Castilla y Fernando de Aragón se casaron, unieron sus reinos y formaron lo que hoy conocemos como España. Más de 500 años después, en 2014, Felipe VI de Borbón se convirtió en el último rey de esta vieja nación. La proclamación del nuevo rey se produjo después de que su padre Juan Carlos I decidió abdicar°, dando fin a un largo reinado° (1975–2014) de prosperidad, que empezó con la llamada "transición democrática". ¿En qué consistió esa transición? España vivió 40 años bajo la dictadura de Francisco Franco. Al final de su mandato, el dictador quiso que el entonces príncipe Juan Carlos fuera su sucesor; pero tras la muerte de Franco en 1975, el Rey decidió integrar a España en la comunidad de naciones democráticas de Europa. Gracias al carisma de Juan Carlos I, y a su protagonismo en el camino hacia la libertad, la Corona° tuvo un gran respaldo popular. Sin embargo, la monarquía quedó afectada con la larga crisis económica y política que comenzó en 2008. Además, Cristina de Borbón, una de las hijas del rey, y su marido tuvieron problemas con la justicia. Casi cuarenta años después de que Juan Carlos fue coronado rey, su hijo Felipe VI se enfrenta a una segunda transición: dar sentido a la monarquía en la era de Internet. Su esposa, doña Letizia, que fue periodista antes

que reina, lo está ayudando a conseguirlo: aunque Felipe VI no tiene el carisma natural de su padre, es un comunicador mucho más eficaz.

La sociedad española parece haber recibido bien esta renovación en la familia real, formada por Juan Carlos I, doña Sofía, los reyes Felipe y Letizia, y las hijas de éstos, la princesa Leonor y la infanta° Sofía. Según las encuestas, cuando Juan Carlos I anunció que abdicaría en su hijo, la popularidad de la Corona aumentó y la monarquía empezó a recuperar su prestigio. La segunda transición ya está en marcha. ■

¿Futura reina?
La **princesa Leonor** es la primogénita° del **rey Felipe VI**. Sin embargo, si los monarcas tienen un hijo varón, él sería el heredero de la Corona. Para que esto cambie, se tendría que cambiar la Constitución española de 1978: la mayoría de los españoles apoyaría ese cambio.

abdicar *to abdicate* **reinado** *reign* **Corona** *Crown* **infanta** *princess* **primogénita** *first born*

Teaching option Preview the reading by asking students what they already know about royal families. What would they expect from royalty? After reading the text, ask students to compare what they learned with their original expectations. **¿Por qué creen que el apoyo popular es importante para las familias reales? ¿Cómo creen que un rey puede ser útil a su país?**

ASÍ LO DECIMOS

La familia

mima (Cu.)	
amá (Col.)	*mom*
apá (Col.)	
pipo (Cu.)	*dad*
tata (Arg. y Chi.)	
yayo (Esp.)	*grandpa*
carnal (Méx.)	*brother, friend*
carnala (Méx.)	*sister*
carnalita (Méx.)	*little sister*
m'hijo/a (Amér. L.)	*exp. to address a son or daughter*
chavalo/a (Amér. C.)	
chaval(a) (Esp.)	*boy/girl*

EL MUNDO HISPANOHABLANTE

Las compras diarias

En España, las grandes tiendas y también muchas tiendas pequeñas cierran los domingos. Por eso, los españoles realizan todas sus compras durante el resto de la semana. En algunos casos, las grandes tiendas, como El Corte Inglés, abren un domingo al mes. Las panaderías abren todos los días de la semana, ya que el pan es un producto imprescindible para los españoles.

En México D.F. todavía hay escribidores, o escribanos, que escriben y leen cartas de amor. También escriben facturas, contratos y otros documentos.

En México, la profesión de escribidor empezó en la década de 1950 y fue muy común, pero está a punto de desaparecer por culpa de las nuevas tecnologías de la comunicación.

En Nicaragua y otros países de Latinoamérica hay muchos vendedores ambulantes, como los mieleros que van vendiendo miel, queso y otros alimentos naturales por las casas.

PERFIL

LETIZIA ORTIZ

Letizia Ortiz nació en Oviedo el 15 de septiembre de 1972 en el seno de una familia trabajadora. Si alguien les hubiera dicho a sus padres que su hija iba a ser reina, seguramente lo habrían tomado por loco. Esta joven inteligente y emprendedora° estudió periodismo y ejerció su profesión en algunos de los mejores medios españoles: el periódico *ABC*, y los canales CNN plus y TVE. Cuando se formalizó el compromiso° con el entonces príncipe Felipe, Letizia tuvo que dejar de trabajar y empezó un entrenamiento particular para ser princesa, ya que al casarse se convertiría en Princesa de Asturias. Su relación con el Príncipe se distingue por no haber respondido a la formalidad que se espera en estos casos. Poco antes de la boda, un periodista le preguntó: "¿Y cómo se declara un príncipe?", a lo que Letizia contestó: "Como cualquier hombre que quiere a una mujer".

❝ … a partir de ahora y de forma progresiva voy a integrarme y a dedicarme a esta nueva vida con las responsabilidades y obligaciones que conlleva. ❞ (Letizia Ortiz)

⚲$ Conexión Internet

¿Qué tareas oficiales realiza el rey de España como jefe del Estado?	Investiga sobre este tema en **vhlcentral.com**.

---

emprendedora *enterprising* **compromiso** *engagement*

¿Qué aprendiste?

① **¿Cierto o falso?** Indica si las oraciones son **ciertas** o **falsas**. Corrige las falsas. Some answers will vary.

1. El general Francisco Franco quería que Juan Carlos de Borbón fuera su sucesor.
Cierto.

2. Francisco Franco trabajó mucho para establecer la democracia en España. Falso.
España vivió 40 años bajo la dictadura de Francisco Franco.

3. El príncipe Felipe se convirtió en rey tras la muerte de su padre. Falso. El príncipe Felipe se convirtió en rey cuando su padre abdicó la corona.

4. La dictadura de Franco también se conoce como transición. Falso. La transición fue el cambio de la dictadura a la democracia.

5. El príncipe Felipe se casó con una presentadora de televisión. Cierto.

6. Cristina de Borbón es soltera.
Falso. Cristina de Borbón está casada.

7. La Familia Real no ha tenido problemas.
Falso. Cristina de Borbón y su marido tuvieron problemas con la justicia.

8. A muchos españoles les gusta la familia real. Cierto.

② **Oraciones incompletas** Completa las oraciones.

1. Los padres de Letizia Ortiz son ___de clase trabajadora___.

2. Letizia estudió ___periodismo___.

3. Cristina de Borbón es la ___hermana___ del rey Felipe VI.

4. Felipe VI es un comunicador más eficaz que ___su padre___.

5. En España, las grandes tiendas abren ___un domingo al mes___.

6. En México, usan la palabra *carnala* para referirse a ___una hermana___.

③ **Preguntas** Contesta las preguntas. Some answers may vary.

1. ¿Cuál es una forma cariñosa de referirse al padre en Cuba? Una forma cariñosa de referirse al padre en Cuba es *pipo*.

2. ¿Por qué crees que Letizia Ortiz tuvo que dejar de trabajar como periodista al convertirse en princesa?

3. ¿Es seguro que la princesa Leonor sea reina de España en el futuro? No, si tiene un hermano, habría que cambiar la Constitución.

4. ¿Crees que tienen sentido las monarquías en el siglo XXI? ¿Por qué?

5. Vuelve a leer la cita de Letizia Ortiz. ¿A qué responsabilidades y obligaciones crees que se refiere?

6. Muchos supermercados abren las 24 horas. ¿Crees que esto es necesario o crees que la gente está muy "malcriada" (*spoiled*)?

④ **Opiniones** En parejas, preparen dos listas. En una lista, anoten los elementos positivos de ser príncipe o princesa heredero/a y, en la otra, los elementos negativos que creen que puede tener. Guíense por estos planteamientos y otros.

- ¿Vale la pena ser rico y famoso si pierdes tu vida privada?

- ¿Estarías dispuesto/a a guardar los modales las 24 horas del día?

- ¿Serías capaz de cumplir con todas las responsabilidades que conlleva este cargo?

Practice more at **vhlcentral.com**.

PROYECTO

A domicilio

Existen muchos servicios a domicilio que facilitan la vida diaria. Además del ejemplo de los mieleros en Nicaragua, están los paseadores de perros, los supermercados con entrega a domicilio y las empresas que nos permiten recibir en casa libros o ropa por correo.

Imagina que vas a crear una empresa para ofrecer un servicio a domicilio.

Usa esta guía para preparar un folleto (*brochure*) sobre tu empresa. Describe:

- el servicio que vas a ofrecer y cómo se llama

- las principales características de tu servicio

- cómo va a facilitar la vida diaria de tus clientes

② For additional practice with the readings, have students create three more sentences with missing words or phrases. Then have them exchange their sentences with a partner for completion.

Proyecto Have students do short presentations about their service.

92 *noventa y dos*

Lección 3

Video

De compras en Barcelona

Hacer las compras tal vez te parezca una actividad aburrida y poco glamorosa, pero ¡te equivocas! En este episodio de **Flash Cultura** podrás pasear por el antiguo mercado de Barcelona y descubrir una manera distinta de elegir los mejores productos en tiendas especializadas.

Corresponsal: Mari Carmen Ortiz
País: España

La Boquería es un paraíso para los sentidos: olores de comida, el bullicio° de la gente, colores vivos se abren a tu paso mientras haces tus compras.

VOCABULARIO ÚTIL

amplio/a *wide*	**la gamba** *(Esp.) shrimp*
el buñuelo *fritter*	**los mariscos** *seafood*
el carrito *shopping cart*	**las patas traseras** *hind legs*
la charcutería *delicatessen*	**el puesto** *market stand*

Preparación ¿Qué productos españoles típicos conoces? ¿Cuál te gustaría probar más?

 Comprensión Indica si estas afirmaciones son ciertas o falsas. Después, en parejas, corrijan las falsas.

1. Las Ramblas de Barcelona son amplias avenidas. Cierto.

2. En La Boquería debes elegir un carrito a la entrada y pagar toda la compra al final. Falso. En La Boquería no hay carritos y en cada parada se debe pagar la compra.

3. Hay distintos tipos de jamón serrano, según la curación y la región. Cierto.

4. Barcelona ofrece una gran variedad de marisco y pescado fresco porque es un puerto marítimo. Cierto.

5. En España, la mayoría de las tiendas cierra al mediodía durante media hora. Falso. Las tiendas cierran durante tres horas.

6. Las panaderías abren todos los días menos los domingos. Falso. Las panaderías están abiertas también los domingos.

Hay tiendas que nunca cierran a la hora de comer: las tiendas de moda y los grandes almacenes°. Pero aún éstas tienen que cerrar tres domingos al mes.

Expansión En parejas, contesten estas preguntas.

- ¿Prefieres hacer las compras en tiendas pequeñas y mercados tradicionales o en un supermercado normal? ¿Por qué?

- ¿Te levantas temprano para comprar el pan o algún otro producto los domingos? ¿Qué producto es tan esencial para la gente de tu país como el pan para los españoles?

- ¿Te parece bien que las tiendas cierren a la hora de la siesta? ¿Para qué usarías tú todo ese tiempo?

El jamón serrano es una comida típica española y es servido con frecuencia en los bares de tapas°.

bullicio *hubbub* **almacenes** *department stores* **tapas** *Spanish appetizers*

 Practice more at **vhlcentral.com.**

3.1 The preterite

- Spanish has two simple tenses to indicate actions in the past: the preterite (**el pretérito**) and the imperfect (**el imperfecto**). The preterite is used to describe actions or states that began or were completed at a definite time in the past.

The preterite of regular -*ar*, -*er*, and -*ir* verbs		
comprar	**vender**	**abrir**
compré	vendí	abrí
compraste	vendiste	abriste
compró	vendió	abrió
compramos	vendimos	abrimos
comprasteis	vendisteis	abristeis
compraron	vendieron	abrieron

- The preterite tense of regular verbs is formed by dropping the infinitive ending (**-ar**, **-er**, **-ir**) and adding the preterite endings. Note that the endings of regular **-er** and **-ir** verbs are identical in the preterite tense.

- The preterite of all regular and some irregular verbs requires a written accent on the preterite endings in the **yo, usted, él,** and **ella** forms.

  Ayer **empecé** un nuevo trabajo.
  Yesterday I started a new job.

  Mi mamá **preparó** una cena deliciosa.
  My mom prepared a delicious dinner.

- Verbs that end in **-car, -gar,** and **-zar** have a spelling change in the **yo** form of the preterite. All other forms are regular.

buscar	busc-	-qu-	yo busqué
llegar	lleg-	-gu-	yo llegué
empezar	empez-	-c-	yo empecé

- **Caer, creer, leer,** and **oír** change **-i-** to **-y-** in the third-person forms (**usted, él,** and **ella** forms and **ustedes, ellos,** and **ellas** forms) of the preterite. They also require a written accent on the **-i-** in all other forms.

caer	caí, caíste, cayó, caímos, caísteis, cayeron
creer	creí, creíste, creyó, creímos, creísteis, creyeron
leer	leí, leíste, leyó, leímos, leísteis, leyeron
oír	oí, oíste, oyó, oímos, oísteis, oyeron

- Verbs with infinitives ending in **-uir** change **-i-** to **-y-** in the third-person forms of the preterite.

| construir | construí, construiste, construyó, construimos, construisteis, construyeron |
| incluir | incluí, incluiste, incluyó, incluimos, incluisteis, incluyeron |

- Stem-changing **-ir** verbs also have a stem change in the third-person forms of the preterite. Stem-changing **-ar** and **-er** verbs do not have a stem change in the preterite.

Preterite of *-ir* stem-changing verbs			
pedir		**dormir**	
pedí	pedimos	dormí	dormimos
pediste	pedisteis	dormiste	dormisteis
pidió	pidieron	durmió	durmieron

¡ATENCIÓN!

Other **-ir** stem-changing verbs include:

conseguir	**repetir**
consentir	**seguir**
hervir	**sentir**
morir	**servir**
preferir	

- A number of **-er** and **-ir** verbs have irregular preterite stems. Note that none of these verbs takes a written accent on the preterite endings.

Les traje unos dulces para premiar su esfuerzo.

Por cierto, ¿no estuviste en el dentista?

¡ATENCIÓN!

Ser, ir, dar, and **ver** also have irregular preterites. The preterite forms of **ser** and **ir** are identical.

ser/ir
fui, fuiste, fue, fuimos, fuisteis, fueron

dar
di, diste, dio, dimos, disteis, dieron

ver
vi, viste, vio, vimos, visteis, vieron

The preterite of **hay** is **hubo.**

Hubo dos conciertos el viernes.
There were two concerts on Friday.

Preterite of irregular verbs

Infinitive	u-stem	preterite forms
andar	anduv-	anduve, anduviste, anduvo, anduvimos, anduvisteis, anduvieron
estar	estuv-	estuve, estuviste, estuvo, estuvimos, estuvisteis, estuvieron
poder	pud-	pude, pudiste, pudo, pudimos, pudisteis, pudieron
poner	pus-	puse, pusiste, puso, pusimos, pusisteis, pusieron
saber	sup-	supe, supiste, supo, supimos, supisteis, supieron
tener	tuv-	tuve, tuviste, tuvo, tuvimos, tuvisteis, tuvieron

Infinitive	i-stem	preterite forms
hacer	hic-	hice, hiciste, hizo, hicimos, hicisteis, hicieron
querer	quis-	quise, quisiste, quiso, quisimos, quisisteis, quisieron
venir	vin-	vine, viniste, vino, vinimos, vinisteis, vinieron

Infinitive	j-stem	preterite forms
conducir	conduj-	conduje, condujiste, condujo, condujimos, condujisteis, condujeron
decir	dij-	dije, dijiste, dijo, dijimos, dijisteis, dijeron
traer	traj-	traje, trajiste, trajo, trajimos, trajisteis, trajeron

Have students conjugate **deshacer, oponer,** and **atraer.** Note that all verbs ending in **hacer, poner,** and **traer** are also irregular in the preterite.

Ask a volunteer to conjugate **producir** and **traducir.**

Teaching option In order to practice verbs in the preterite, throw a ball to one student in the room and shout out a verb and subject. The student must conjugate the verb in the preterite and then throw the ball to a classmate, calling out a different verb and subject.

- Note that the stem of **decir (dij-)** not only ends in **j**, but the stem vowel **e** changes to **i**. In the **usted, él,** and **ella** form of **hacer (hizo)**, **c** changes to **z** to maintain the pronunciation. Most verbs that end in **-cir** have **j**-stems in the preterite.

Práctica

TALLER DE CONSULTA

MANUAL DE GRAMÁTICA
Más práctica

3.1 The preterite, p. A18

① Students can exchange papers and correct each other's work. They should refer to the verb lists on previous pages.

① For a drill, have students orally conjugate the verbs from the activity.

② Remind students that **tener que** is always followed by an infinitive.

② Brainstorm three more words or phrases that indicate the past, such as **hace _____ años que, el mes pasado, en el año _____,** etc.

Teaching option For additional verb drills, divide the class into two groups. Give an infinitive to the class and have one student from each group go to the board and conjugate it in the preterite. Each team receives a point for a correct conjugation. Continue the activity by calling out other infinitives and having a different team member come up to the board each time. The group with the most points wins.

① **Quehaceres** Escribe la forma correcta del pretérito de los verbos indicados.

1. El sábado pasado, mis compañeros de apartamento y yo _____hicimos_____ (hacer) la limpieza semanal.
2. Jorge _____barrió_____ (barrer) el suelo de la cocina.
3. Yo _____pasé_____ (pasar) la aspiradora por el salón.
4. Martín y Felipe _____quitaron_____ (quitar) los sillones para limpiarlos y después los _____volvieron_____ (volver) a poner en su lugar.
5. Yo _____lavé_____ (lavar) toda la ropa sucia y la _____puse_____ (poner) en el armario.
6. Nosotros _____terminamos_____ (terminar) con todo en menos de una hora.
7. Luego, Martín _____abrió_____ (abrir) el refrigerador.
8. Él _____vio_____ (ver) que no había nada de comer.
9. Felipe _____dijo_____ (decir) que iría al supermercado. Todos nosotros _____decidimos_____ (decidir) acompañarlo.
10. Yo _____apagué_____ (apagar) las luces y nosotros _____fuimos_____ (ir) al mercado.

② **¿Qué hicieron?** Combina elementos de cada columna para narrar lo que hicieron las personas.

MODELO Una vez, mis amigos y yo tuvimos que cocinar para cincuenta invitados.

anoche	yo	conversar	¿?
anteayer	mi compañero/a	dar	¿?
ayer	de cuarto	decir	¿?
la semana	mis amigos/as	ir	¿?
pasada	el/la profesor(a)	leer	¿?
una vez	de español	pedir	¿?
dos veces	mi novio/a	tener que	¿?

③ **La última vez** Con oraciones completas, indica cuándo fue la última vez que hiciste cada una de estas actividades. Da detalles en tus respuestas. Después comparte la información con la clase.

MODELO ir al cine
La última vez que fui al cine fue en abril. La película que vi fue *Alicia en el país de las maravillas...*

1. hacer mandados
2. decir una mentira
3. andar atrasado/a
4. olvidar algo importante
5. devolver un regalo
6. ir de compras
7. oír una buena/mala noticia
8. encontrar una ganga increíble
9. probarse ropa en una tienda
10. comprar algo muy caro

Practice more at **vhlcentral.com.**

Comunicación

NATIONAL communication STANDARDS

4 **La semana pasada** Recorre el salón de clase y averigua lo que hicieron tus compañeros durante la semana pasada. Anota el nombre de la primera persona que conteste que sí a cada una de las preguntas.

MODELO **ir al cine**
—¿Fuiste al cine durante la semana pasada?
—Sí, fui al cine y vi la última película de Cuarón./No, no fui al cine.

Actividades	Nombre
1. asistir a un partido de fútbol	_____
2. cocinar para los amigos	_____
3. conseguir una buena nota en una prueba	_____
4. dar un consejo (*advice*) a un(a) amigo/a	_____
5. dormirse en clase o en el laboratorio	_____
6. estudiar toda la noche para un examen	_____
7. enojarse con un(a) amigo/a	_____
8. incluir un álbum de fotos en Facebook	_____
9. ir a la oficina de un(a) profesor(a)	_____
10. ir al centro comercial	_____
11. pedir dinero prestado	_____
12. perder algo importante	_____
13. probarse un vestido/un traje elegante	_____

5 **Una fiesta** En parejas, túrnense para comentar la última fiesta que dieron o a la que asistieron.

- ocasión
- fecha y lugar
- organizador(a)
- invitados
- comida
- música
- actividades

6 **Anécdotas**

A. Escribe dos anécdodas divertidas o curiosas que te ocurrieron en el pasado.

MODELO Una vez fui a una entrevista muy importante con un zapato de cada color...

B. Presenta una de tus historias ante la clase. Después, la clase votará por la anécdota más divertida e interesante.

4 Have students report their own activities during the past week. They can start by saying **Pues yo...**

4 Ask students which errands they usually run every month using the verb **soler**. Ex: ¿**Suelen ir de compras?** Then preview the imperfect tense with **soler** to express habitual actions in the past. Ex: **Solía ir de compras todos los meses.**

5 Ask students what they like to do when hosting a party.

INSTRUCTIONAL RESOURCES
Grammar Presentation Slides,
SAM/WebSAM (WB, LM),
Lab Audio, Audioscripts,
Textbook/SAM AK

3.2 The imperfect

- The imperfect tense in Spanish is used to narrate past events without focusing on their beginning, end, or completion.

El recado decía
que él estaba
enfermo.

Siempre tenía
problemas con
la aspiradora.

- The imperfect tense of regular verbs is formed by dropping the infinitive ending (**-ar, -er, -ir**) and adding personal endings. **-Ar** verbs take the endings **-aba, -abas, -aba, -ábamos, -abais, -aban. -Er** and **-ir** verbs take **-ía, -ías, -ía, -íamos, -íais, -ían**.

The imperfect of regular -ar, -er, and -ir verbs		
caminar	**deber**	**abrir**
camin**aba**	deb**ía**	abr**ía**
camin**abas**	deb**ías**	abr**ías**
camin**aba**	deb**ía**	abr**ía**
camin**ábamos**	deb**íamos**	abr**íamos**
camin**abais**	deb**íais**	abr**íais**
camin**aban**	deb**ían**	abr**ían**

- **Ir, ser,** and **ver** are the only verbs that are irregular in the imperfect.

The imperfect of irregular verbs		
ir	**ser**	**ver**
iba	era	veía
ibas	eras	veías
iba	era	veía
íbamos	éramos	veíamos
ibais	erais	veíais
iban	eran	veían

Remind students that
progressive forms are less
common in Spanish than
in English. Ex: **Camino al
banco.** *I am walking to the
bank.* **Caminaba al banco.**
I was walking to the bank.

- The imperfect tense narrates what was going on at a certain time in the past. It often indicates what was happening in the background.

> Cuando yo **era** joven, **vivía** en una ciudad muy grande. Todas las semanas, mis padres y yo **íbamos** al centro comercial.
>
> *When I was young, I lived in a big city. Every week, my parents and I went to the mall.*

- The imperfect of **hay** is **había**.

> **Había** tres cajeras en el supermercado.
> *There were three cashiers in the supermarket.*

> Sólo **había** un mesero en el café.
> *There was only one waiter in the café.*

- These words and expressions are often used with the imperfect because they express habitual or repeated actions: **de niño/a** (*as a child*), **todos los días** (*every day*), **mientras** (*while*), **siempre** (*always*).

> **De niño, vivía** en un barrio de Madrid.
> *As a child, I lived in a Madrid neighborhood.*

> **Todos los días iba** a la casa de mi abuela.
> *Every day I went to my grandmother's house.*

> **Siempre escuchaba** música **mientras corría** en el parque.
> *I always listened to music while I ran in the park.*

Siempre dormía muy mal.
Nunca podía relajarme.
Estaba desesperado; no sabía qué hacer.
Ahora, mis problemas están resueltos con mi nueva cama.

DORMALUX
LA CAMA DE TUS SUEÑOS

Práctica

TALLER DE CONSULTA

MANUAL DE GRAMÁTICA
Más práctica

3.2 The imperfect, p. A19

① Point out that the imperfect is usually used to give someone's age in the past.

① Ask students: **De niños/as, ¿vivían en otra ciudad? ¿Cómo era su vida diaria allá?**

① **Granada** Escribe la forma correcta del imperfecto de los verbos indicados.

Granada, en el sur de España

Cuando yo (1) ___tenía___ (tener) veinte años, estuve en España por seis meses. (2) ___Vivía___ (vivir) en Granada, una ciudad de Andalucía. (3) ___Era___ (ser) estudiante en un programa de español para extranjeros. Entre semana, mis amigos y yo (4) ___estudiábamos___ (estudiar) español por las mañanas. Por las tardes, (5) ___visitábamos___ (visitar) los lugares más interesantes de la ciudad para conocerla mejor. Los fines de semana, nosotros (6) ___íbamos___ (ir) de excursión. (Nosotros) (7) ___Visitábamos___ (visitar) ciudades y pueblos nuevos. Los paisajes (8) ___eran___ (ser) maravillosos. Quiero volver pronto.

② Point out that since the expression **los lunes** implies repetition of an action, the imperfect must be used.

② **Antes** En parejas, túrnense para hacerse preguntas usando estas frases. Sigan el modelo.

MODELO **levantarse tarde los lunes**
—¿Te levantas tarde los lunes?
—Ahora sí, pero antes nunca me levantaba tarde los lunes./Ahora no, pero antes siempre me levantaba tarde los lunes.

1. hacer los quehaceres del hogar
2. usar una agenda
3. ir de compras al centro comercial
4. pagar con tarjeta de crédito
5. trabajar por las tardes
6. preocuparse por el futuro

③ To preview the preterite vs. the imperfect, encourage students to use both tenses in their comics.

③ **Una historieta** En grupos de tres, creen una pequeña historieta (*comic*) explicando cómo era la vida diaria de un héroe o una heroína. Después, presenten sus historietas a la clase.

MODELO Superchica era una niña con un poder muy peculiar: podía volar...

Practice more at **vhlcentral.com**.

Comunicación

4 **De niños**

④ Have students also state how old they were at the time. Ex: **Cuando tenía cinco años, iba mucho al parque.**

A. Busca en la clase compañeros/as que hacían estas cosas cuando eran niños/as. Escribe el nombre de la primera persona que conteste afirmativamente cada pregunta.

MODELO **ir mucho al parque**
—¿Ibas mucho al parque?
—Sí, iba mucho al parque.

¿Qué hacían?	Nombre
1. tener miedo de los monstruos	_____
2. llorar todo el tiempo	_____
3. siempre hacer su cama	_____
4. ser muy travieso/a (*mischievous*)	_____
5. romper los juguetes (*toys*)	_____
6. darles muchos regalos a sus padres	_____
7. comer muchos dulces	_____
8. creer en fantasmas	_____

B. Ahora, comparte con la clase los resultados de tu búsqueda.

5 **Antes y ahora** En parejas, comparen cómo ha cambiado la vida de Andrés en los últimos años. ¿Cómo era antes? ¿Cómo es ahora?

⑤ Ask volunteers to bring "then and now" photos of themselves (or celebrities). Have them use the imperfect and the present tense to describe themselves in the past and present.

antes

ahora

6 **En aquel entonces**

⑥ Ask heritage speakers to include details about their families' countries of origin.

A. Utiliza el imperfecto para escribir un párrafo sobre la vida diaria de un(a) pariente tuyo/a de otra época. ¿Cómo era su vida cotidiana? ¿Qué solía hacer para divertirse?

B. Ahora comparte tu párrafo con un(a) compañero/a. Pregúntense sobre los personajes y comparen la vida diaria de aquel entonces con la de hoy. ¿En qué aspectos era mejor la vida hace veinte años? ¿Hace cincuenta años? ¿Hace doscientos años? ¿En qué aspectos era peor?

Teaching option Find news articles in Spanish on the Internet. Have students work in pairs to identify the preterite and imperfect tenses.

INSTRUCTIONAL RESOURCES
Grammar Presentation Slides,
SAM/WebSAM (WB, LM),
Lab Audio, Audioscripts,
Textbook/SAM AK

3.3 The preterite vs. the imperfect

- Although the preterite and imperfect both express past actions or states, the two tenses have different uses and, therefore, are not interchangeable.

¿Cómo lograste encender la aspiradora? Antes no funcionaba.

Fácil... Me acordé de mi ex.

Uses of the preterite

- To express actions or states viewed by the speaker as completed

Compraste esos muebles hace un mes, ¿no? *You bought that furniture a month ago, right?*	Mis amigas **fueron** al centro comercial ayer. *My girlfriends went to the mall yesterday.*

- To express the beginning or end of a past action

La telenovela **empezó** a las ocho. *The soap opera began at eight o'clock.*	Esta mañana se nos **acabó** el café. *We ran out of coffee this morning.*

- To narrate a series of past actions

Me levanté, **me vestí** y **fui** a clase. *I got up, got dressed, and went to class.*	**Lavamos** la ropa, **pasamos** la aspiradora y **quitamos** el polvo *We did the laundry, vacuumed, and dusted.*

Uses of the imperfect

- To describe an ongoing past action without reference to beginning or end

Se acostaba muy temprano. *He went to bed very early.*	Juan siempre **tenía** pesadillas. *Juan always had nightmares.*

- To express habitual past actions

Pedro **jugaba** al fútbol los domingos por la mañana. *Pedro liked to play soccer on Sunday mornings.*	Los jueves **solían** comprar verduras en el mercado. *On Thursdays they used to buy vegetables in the market.*

- To describe mental, physical, and emotional states or conditions

En aquel entonces José Miguel sólo **tenía** quince años. *At that time José Miguel was only fifteen.*	**Estaba** tan hambriento que me comí medio pollo yo solo. *I was so hungry that I ate half a chicken, all by myself.*

- To tell time

Eran las ocho y media de la mañana. *It was eight thirty a.m.*	**Era** la una en punto. *It was exactly one o'clock.*

Point out that, when referring to a person's age in the past, the imperfect is almost always used. Ex: **Tenía treinta años cuando llegó a este país.**

Remind students that **soler** means *to usually do something.* Point out that **soler** is used in the imperfect because its meaning implies repetition. Ask personalized questions to practice the use of **soler** with infinitives.

TALLER DE CONSULTA

To review telling time, see **Manual de gramática**, 3.4, p. A21.

Uses of the preterite and imperfect together

● When narrating in the past, the imperfect describes what *was happening*, while the preterite describes the action that *interrupts* the ongoing activity. The imperfect provides background information, while the preterite indicates specific events that advance the plot.

Cuando **conocí** a Julia los dos **teníamos** quince años. Ella **tocaba** muy bien el piano; me **dijo** que **quería** ser pianista profesional. Yo me **quedaba** horas escuchándola. Un día, mientras **tocaba** un concierto de Bach, me **enamoré**. Bueno, eso **pensaba** entonces, pero en realidad nunca la **quise**. Yo **amaba** su música, eso sí, pero sólo su música. Cuando me **di** cuenta no **sabía** cómo decírselo. Afortunadamente, fue Julia la que me **dijo** que **quería** a otro.

*When I **met** Julia, we **were** both fifteen years old. She **played** the piano very well; she **told** me that she **wanted** to be a professional pianist. I **would listen** to her play for hours. Then one day, when she **was playing** a Bach concerto, I **fell** in love with her. Well, that's what I **thought** back then, but the truth is I never really **loved** her. I **loved** her music, that much is true, but only her music. When I **realized** it, I **didn't know** how to tell her. Fortunately, it was Julia who **told** me that she **was** in love with someone else.*

Different meanings in the imperfect and preterite

Quise encender
la aspiradora, pero
no pude.

● The verbs **querer, poder, saber,** and **conocer** have different meanings when they are used in the preterite. Notice also the meanings of **no querer** and **no poder** in the preterite.

INFINITIVE	IMPERFECT	PRETERITE
querer	Quería acompañarte. *I wanted to go with you.*	Quise acompañarte. *I tried to go with you (but failed).*
		No quise acompañarte. *I refused to go with you.*
poder	Ana podía hacerlo. *Ana could do it.*	Ana pudo hacerlo. *Ana succeeded in doing it.*
		Ana no pudo hacerlo. *Ana could not do it.*
saber	Ernesto sabía la verdad. *Ernesto knew the truth.*	Por fin Ernesto supo la verdad. *Ernesto finally discovered the truth.*
conocer	Yo ya conocía a Andrés. *I already knew Andrés.*	Yo conocí a Andrés en la fiesta. *I met Andrés at the party.*

Práctica

TALLER DE CONSULTA

MANUAL DE GRAMÁTICA
Más práctica

3.3 The preterite vs. the
imperfect, p. A20

① Model by having a
volunteer complete the
first sentence.

① If appropriate, discuss
why each sentence takes
the preterite or imperfect.
Discuss how changing
the past tense from
preterite to imperfect, and
vice versa, changes the
meaning of the sentence.

1 **Una cena especial** Elena y Francisca tenían invitados para cenar y lo estaban preparando todo. Completa las oraciones con el imperfecto o el pretérito de estos verbos. Puedes usar los verbos más de una vez.

averiguar	haber	ofrecerse	salir
decir	levantarse	pasar	ser
estar	limpiar	preparar	terminar
freír	llamar	quitar	tocar

1. ___Eran___ las ocho cuando Francisca y Elena __se levantaron__ para preparar todo.
2. Elena __pasaba__ la aspiradora cuando Felipe la __llamó__ para preguntar la hora de la cena. Le __dijo__ que __era__ a las diez y media.
3. Francisca __preparaba__ las tapas en la cocina. Todavía __era__ temprano.
4. Mientras Francisca __freía__ las papas en aceite, Elena __limpiaba__ la sala.
5. Elena __quitaba__ el polvo de los muebles cuando su madre __tocó__ el timbre. ¡__Fue__ una visita sorpresa!
6. Su madre __se ofreció__ a ayudar. Elena __dijo__ que sí.
7. Cuando Francisca __terminó__ de hacer las tapas, __averiguó__ que no __había__ suficientes refrescos. Francisca __salió__ al supermercado.
8. Cuando por fin __terminaron__, ya __eran__ las nueve. Todo __estaba__ listo.

② Have students ask
questions of their
classmates based on
the exercise. Ex: ¿Qué
hacías cuando el
médico llamó?

2 **Interrupciones** Combina palabras y frases de cada columna para contar lo que hicieron estas personas. Usa el pretérito y el imperfecto.

MODELO Ustedes miraban la tele cuando el médico llamó.

yo	dormir	usted	llamar por teléfono
tú	comer	el/la médico/a	salir
Marta y Miguel	escuchar música	la policía	sonar
nosotros	mirar la tele	la alarma	recibir el mensaje
Paco	conducir	los amigos	ver el accidente
ustedes	ir a...	Juan Carlos	tocar el timbre

③ Remind students how to
write dates in Spanish.

3 **Las fechas importantes**

A. Escribe cuatro fechas importantes en tu vida y explica qué pasó.

MODELO

Fecha	¿Qué pasó?	¿Dónde y con quién estabas?	¿Qué tiempo hacía?
el 6 de agosto de 2010	Conocí a Lady Gaga.	Estaba en el gimnasio con un amigo.	Llovía mucho.

Teaching option On the
board, write Iba a _____,
pero al final _____. Have
volunteers create sentences
about what they were going
to do and what really
happened. Ex: **Iba a
llamar a mis padres,
pero al final decidí
salir con mis amigos.**

B. Intercambia tu información con tres compañeros/as. Ellos/as te van a hacer preguntas sobre lo que te pasó.

🔎 Practice more at **vhlcentral.com.**

Comunicación

4 La mañana de Esperanza

A. En parejas, observen los dibujos. Escriban lo que le pasó a Esperanza después de abrir la puerta de su casa. ¿Cómo fue su mañana? Utilicen el pretérito y el imperfecto en la narración.

1.

2.

3.

4.

B. Con dos parejas más, túrnense para presentar las historias que han escrito. Después, combinen sus historias para hacer una nueva.

5 Síntesis

En grupos de cuatro, turnénse para pasarse una hoja de papel. Cada uno/a escribe una oración con el fin de narrar un cuento sobre un día extraordinario en el que la rutina diaria se vio interrumpida por una serie de eventos inesperados. Después, presenten sus cuentos a la clase. Utilicen el pretérito, el imperfecto y el vocabulario de esta lección. Sean creativos/as.

> **MODELO**
> —El día empezó como cualquier otro día…
> —Me levanté, me arreglé y salí para la clase de las nueve…
> —Caminaba por la avenida central como siempre, cuando, de repente, en medio de la calle, vi algo horroroso, algo que me hizo temblar de miedo…

4 Remind students that the imperfect is used to tell time in the past.

4 Suggested answers:
1. Abrió la puerta. Salió a la calle. Estaba nublado. Eran las diez y media de la mañana.
2. Mientras caminaba por la calle, empezó a llover. Eran las once menos dieciséis.
3. Cuando llegó al supermercado, estaba lloviendo mucho. Eran las once.
4. Llegó a su casa a las once y media. Empezó a preparar el almuerzo.

5 Before completing the activity, review transition words and their corresponding past tenses with the class.

Teaching option Using comic strips or series of photos, have students use the preterite and imperfect to describe what happened in the pictures.

Antes de ver el corto

ADIÓS MAMÁ

país México   **director** Ariel Gordon
duración 7 minutos   **protagonistas** hombre joven, señora

Vocabulario

afligirse *to get upset*	**parecerse** *to look like*
el choque *crash*	**repentino/a** *sudden*
despedirse (e:i) *to say goodbye*	**el timbre** *tone of voice*
las facciones *(facial) features*	**titularse** *to graduate*

1 Practicar Completa cada una de las rimas usando el vocabulario del corto.

1. Cuando Anabel tiene un problema, ___se aflige___, pero nunca lo corrige.
2. ¡Qué buen actor! Sus ___facciones___ siempre reflejan sus acciones.
3. ¡Pobre don Roque! Compró carro nuevo y a los dos días tuvo un ___choque___.
4. No me gusta el ___timbre___ de voz de ese hombre.
5. ¡Qué estilos tan variados! Las pinturas son trece y ninguna ___se parece___.
6. Le faltan muchos cursos. Si no decide apurarse (*hurry up*), nunca va a ___titularse___.

2 Comentar En parejas, intercambien opiniones sobre las preguntas.

1. ¿Hablan con desconocidos en algunas ocasiones? ¿En qué situaciones?
2. Según su título, ¿de qué creen que va a tratar el corto?
3. ¿En qué lugares es más fácil o frecuente hablar con gente que no conocen? Den dos o tres ejemplos.
4. ¿A veces son ingenuos/as? ¿Se creen historias falsas? Den ejemplos.
5. ¿Alguna vez les sucedió algo interesante o divertido en un supermercado? ¿Qué sucedió?
6. Observen los fotogramas. ¿Qué creen que va a pasar en este cortometraje?

 Practice more at **vhlcentral.com.**

Short Film

Premio especial del Jurado, Semana Internacional de Cine Experimental de Valladolid, España

Adiós Mamá

Una producción de CONACULTA/INSTITUTO MEXICANO DE CINEMATOGRAFÍA Guión y Dirección ARIEL GORDON
Producción JAVIER BOURGES Producción ejecutiva PATRICIA RIGGEN
Fotografía SANTIAGO NAVARRETE Edición CARLOS SALCES Música GERARDO TAMEZ
Sonido SANTIAGO NÚÑEZ/NERIO BARBERIS
Arte FERNANDO MERI/AARÓN NIÑO CÁMARA
Actores DANIEL GIMÉNEZ CACHO/DOLORES BERISTAIN/PATRICIA AGUIRRE/PACO MORAYTA

Escenas

Synopsis In this award-winning short film, a man is grocery shopping alone on an ordinary day when a chance meeting makes him the focus of an elderly woman's existential conflict.

Preview Read and discuss the dialogue before viewing the film. Ask: **¿Por qué no termina el cortometraje en la quinta escena? ¿Cuál será el problema en la sexta escena?**

Teaching option While viewing the film, ask students to pay close attention to the characters' facial expressions and their own reactions to the characters' emotions.

SEÑORA Se parece a mi hijo. Realmente es igual a él.
HOMBRE Ah, pues no, no sé qué decir.

SEÑORA Murió en un choque. El otro conductor iba borracho. Si él viviera, tendría la misma edad que usted.
HOMBRE Por favor, no llore.

SEÑORA ¿Sabe? Usted es su doble. Bendito sea el Señor que me ha permitido ver de nuevo a mi hijo. ¿Le puedo pedir un favor?
HOMBRE Bueno.

SEÑORA Nunca tuve oportunidad de despedirme de él. Su muerte fue tan repentina. ¿Al menos podría llamarme "mamá" y decirme adiós cuando me vaya?

SEÑORA ¡Adiós, hijo!
HOMBRE ¡Adiós, mamá!
SEÑORA ¡Adiós, querido!
HOMBRE ¡Adiós, mamá!

CAJERA No sé lo que pasa, la máquina desconoce el artículo. Espere un segundo a que llegue el gerente.
(*El gerente llega y ayuda a la cajera.*)

Después de ver el corto

1 **Comprensión** Contesta las preguntas con oraciones completas. Some answers will vary.

1. ¿Dónde están los personajes? Están en un supermercado.

2. ¿Qué relación hay entre el hombre y la señora? Ninguna. Ellos no se conocen.

3. ¿A quién dice la señora que se parece el hombre? Se parece al hijo de la señora.

4. ¿Por qué dice la señora que no pudo despedirse de su hijo? Porque el hijo murió en un choque.

5. ¿Qué favor le pide la señora al hombre? Le pide que le diga "adiós, mamá" al salir.

6. ¿Cuántas compras tiene que pagar el hombre? ¿Por qué? El hombre tiene que pagar dos compras porque también tiene que pagar por lo que compró la señora.

2 **Ampliación** En parejas, háganse las preguntas.

1. ¿Has sido alguna vez víctima de un fraude similar? ¿Qué pasó?

2. ¿Qué haces cuando un desconocido te pide un favor?

3. ¿Qué creen que pasa después del final? ¿Tiene que pagar la cuenta completa el hombre? ¿Tiene que intervenir la policía?

4. Después de lo que sucedió, ¿qué consejos puede darles el hombre a sus amigos?

3 **Inventar** En parejas, lean la cita y consideren que la señora realmente tiene un hijo, pero que no murió. Imagínenlo. ¿Qué le pasó? ¿Cómo fue su vida? ¿Visitaba a su madre con frecuencia? Escriban un párrafo de diez líneas.

“ **Murió en un choque. El otro conductor iba borracho. Si él viviera, tendría la misma edad que usted. Se habría titulado y probablemente tendría una familia. Yo sería abuela.** ”

4 **Imaginar** En parejas, describan la vida de uno los personajes del corto. Escriban por lo menos cinco oraciones, usando como base las preguntas.

- ¿Cómo es?
- ¿Dónde vive?

- ¿Con quién vive?
- ¿Qué le gusta?

- ¿Qué no le gusta?
- ¿Tiene dinero?

5 **Detective** El joven está contándole a un(a) detective lo que pasó en el supermercado. En parejas, uno/a de ustedes es el/la detective y el/la otro/a es el hombre. Preparen las preguntas y representen la escena delante de la clase.

6 **Notas** Imagina que eres el/la detective y escribe un informe (*report*) de lo que pasó en el supermercado. Tiene que ser un informe lo más completo posible. Puedes inventar los datos que tú quieras.

Practice more at **vhlcentral.com**.

Teacher's notes (sidebar)

1 Ask students to write a brief summary of the film, based on their answers.

2 Ask the class to think about strangers in modern-day society. Ex: **¿Cómo distingues a una persona que necesita ayuda de un impostor? ¿Se puede confiar en un desconocido?**

4 Have students make a list of the qualities that they associate with each character.

4 Ask students to be creative and invent a backstory for the characters. Ex: **¿Cómo eran de jóvenes? ¿Pasó algo que cambió la vida de estas personas?**

6 Encourage students to use active vocabulary from the film.

Teaching option Ask students to identify the subjects in this painting, and to use the adjectives they know to describe its atmosphere. Ask: ¿**Qué elementos identificas en esta composición? ¿Creen que el título es adecuado? ¿Por qué?**

La siesta, 2010
Oscar Sir Avendaño, Colombia

"Tras el vivir y el soñar, está lo que más importa: el despertar."

— Antonio Machado

Antes de leer

Último brindis

Sobre el autor

Nicanor Parra nació en 1914, en San Fabián, Chile. Era el mayor de ocho hermanos, entre los que se encuentra la famosa cantante chilena Violeta Parra. Además de poeta, Nicanor Parra es matemático y físico. A los 17 años se marchó a Santiago para estudiar y allí, influido por la obra de García Lorca y de los surrealistas, comenzó a escribir. En 1937 apareció su primer libro de poemas, *Cancionero sin nombre*. En 1954 publicó su obra más conocida, *Poemas y antipoemas*, que marcó una nueva tendencia en la poesía hispanoamericana con su estilo directo y su marcado sentido del humor. Por su carrera literaria y su trabajo por la renovación de la lengua, se le concedió el Premio Cervantes en 2011.

Vocabulario

las alternativas *options*	**la copa** *glass*	**el mañana** *the future*
el ayer *the past*	**deshojar** *to pull out petals*	**pertenecer** *to belong*
el brindis *toast*	**disponer (de)** *to have; to make use of*	**en resumidas cuentas** *in a nutshell*

Vocabulario Completa las oraciones.

1. Puedes ___disponer de___ mis libros cuando quieras.
2. No sé a quién ___pertenece___ esa agenda, pero no es mía.
3. Pasaron muchas cosas más pero, ___en resumidas cuentas___, perdimos el campeonato.
4. En la celebración de la boda se hizo ___un brindis___ en honor de los novios.
5. Mi abuela siempre recuerda ___el ayer___ con melancolía.
6. En la obra de teatro, Ana ___deshoja___ una flor y dice: "me quiere", "no me quiere".

Conexión personal ¿Te preocupa el paso del tiempo? ¿Cuáles te parecen las ventajas de ser joven? ¿Y de ser viejo? ¿Por qué piensas que la juventud recibe tanta atención en nuestra cultura? ¿Te consideras un optimista o un pesimista de la vida?

Análisis literario: La antipoesía

El inicio de la antipoesía se atribuye al escritor Nicanor Parra con la publicación de su obra *Poemas y Antipoemas*. La antipoesía aparece como reacción a la temática y al lenguaje de la poesía solemne y grandiosa, y critica la imagen del poeta como un ser sagrado. El antipoeta se ocupa de la vida del hombre común y usa el humor negro, la ironía, el sarcasmo, el cliché y el lenguaje cotidiano en un tono escéptico y pesimista. A veces, el antipoema toma la forma de un aviso publicitario o de una conferencia. Cuando leas *Último brindis*, intenta identificar características de la antipoesía.

Practice more at **vhlcentral.com.**

Último brindis

Nicanor Parra

Preview
Challenge students to create their own toasts using the
following formula: **Propongo un brindis por…** Have students
write their toasts in pairs or small groups, and then share
them with the class.

Lo queramos o no
Sólo tenemos tres alternativas:
El ayer, el presente y el mañana.

not even   Y ni siquiera° tres
5   Porque como dice el filósofo
El ayer es ayer
Nos pertenece sólo en el recuerdo:
A la rosa que ya se deshojó
No se le puede sacar otro pétalo.

10   Las cartas por jugar
Son solamente dos:
El presente y el día de mañana.

Y ni siquiera dos
Porque es un hecho bien establecido
15   Que el presente no existe
Except   Sino° en la medida en que se hace pasado
Y ya pasó...
como la juventud.

En resumidas cuentas
20   Sólo nos va quedando el mañana:
Yo levanto mi copa
Por ese día que no llega nunca
Pero que es lo único
De lo que realmente disponemos. ▪

Teaching option
Have students read the poem "**Ah
de la vida...**" by Francisco de
Quevedo. Then have them answer
these questions: **¿Qué similitudes
y qué diferencias hay entre los
dos poemas? ¿Cómo describirían
el estilo literario de los dos
poemas? ¿Con cuál poema se
identifican más?**

Después de leer

Último brindis
Nicanor Parra

(1) Comprensión Contesta las preguntas con oraciones completas. Some answers will vary.

1. ¿Qué alternativas ve el poeta en la vida? El poeta ve tres alternativas: el ayer, el presente y el mañana.
2. ¿Quién dice que "el ayer es el ayer"? El filósofo dice que "el ayer es el ayer".
3. ¿Con qué se compara el pasado? El pasado se compara con una rosa que se deshoja.
4. Según el autor, ¿cuáles son las dos cartas que podemos jugar? Según el autor, sólo podemos jugar el presente y el futuro.
5. ¿Cuál es, según el poeta, el problema del presente? El presente no existe sino en la medida que se hace pasado.
6. ¿Cómo termina el poema? El poema termina con un brindis por el mañana, ese día que nunca llega.

(2) Interpretación Contesta las preguntas.

1. ¿Cuál crees que es el tema de *Último brindis*?
2. ¿A quién piensas que le habla el poeta?
3. ¿Por qué te parece que dice "lo queramos o no"?
4. ¿A qué se refiere con "las cartas por jugar"?
5. ¿En qué estado se encuentra una rosa deshojada y qué dice esto del paso del tiempo?
6. ¿Crees que para el poeta disponemos realmente de alguna alternativa en la vida?

(3) Análisis En parejas, respondan a las preguntas.

1. ¿Creen que *Último brindis* es un poema de esperanza o de todo lo contrario? ¿Por qué?
2. ¿Por qué creen que, según el poeta, el mañana es "ese día que no llega nunca"?
3. Los brindis honran a alguien o festejan alguna situación. ¿Cómo utiliza el poeta su *Último brindis*?
4. ¿Por qué creen que el autor se refiere a este brindis como el "último"?

(4) Ampliación En parejas, relean el poema.

1. ¿Creen que la edad del poeta tiene algo que ver con el contenido del poema?
2. ¿En qué les hace pensar el poema?
3. ¿Qué palabra que no se menciona nunca es esencial en el poema?
4. ¿Qué elementos de la antipoesía pueden identificar en el poema?

(5) El tiempo En grupos, elijan una de las siguientes opciones y escriban un texto publicitario. Deben justificar la necesidad de comprar el producto, describir sus efectos o ventajas y citar testimonios de personas que han usado el producto previamente. Luego, presenten su trabajo a la clase.

- Pastillas milagrosas para vivir más de 200 años.
- Un boleto de ida y vuelta para un viaje en el tiempo.
- Un espejo que te muestra cómo será tu vida en 20 años.
- Un jarabe que te permite olvidar los momentos del pasado que no quieres recordar.

(2) Have students share their answers and discuss them with the class.

(3) Have students read other poems about time such as "**Oda al tiempo**" by Pablo Neruda. Point out the differences in point of view and tone from poet to poet. Ask them: **¿Con cuál coinciden más?**

(4) Have students research other "anti-poems" and share them with the class.

Practice more at **vhlcentral.com**.

Antes de leer

Vocabulario

el cansancio *exhaustion*	**pintar** *to paint*
el cuadro *painting*	**el/la pintor(a)** *painter*
fatigado/a *fatigued*	**previsto/a** *planned*
imprevisto/a *unexpected*	**retratar** *to portray*
la obra maestra *masterpiece*	**el retrato** *portrait*

Variación léxica
imprevisto/a ⟷ inesperado/a
el cansancio ⟷ el agotamiento

Pablo Picasso Completa las oraciones con el vocabulario de la tabla.

Guernica, de Pablo Picasso

1. De todo el arte del Museo Reina Sofía, yo prefiero los ___cuadros/retratos___ de Pablo Picasso.

2. De muy joven, el ___pintor___ español creaba arte realista.

3. Al poco tiempo, este gran artista empezó a ___pintar___ obras de otros estilos e inventó el cubismo.

4. Su obra más famosa, el *Guernica*, quiere ___retratar___ el horror del bombardeo alemán al pueblo de Guernica, en el norte de España.

5. Según mucha gente, el *Guernica* es su creación más importante, la ___obra maestra___ de Picasso.

Conexión personal ¿Qué haces para recordar los eventos y las personas que son importantes para ti? ¿Sacas fotos o mantienes un diario? ¿Cuentas historias? ¿Cuáles son algunos de los recuerdos que te gustaría recordar para siempre?

Contexto cultural

Niños comiendo uvas y un melón, Bartolomé Esteban Murillo

Del siglo XVI al siglo XVII, España pasó de ser una enorme potencia política a ser un imperio en camino de extinción. Donde antes había victorias militares, riqueza (*wealth*) y expansión, ahora había crisis política y económica, y decadencia. Sin embargo, estos problemas contrastaban con la extraordinaria producción artística y literaria del Siglo de Oro. A pesar de su éxito, se consideraba a los pintores más artesanos que artistas y, por lo tanto, no eran de alta posición social. Muchos artistas trabajaban por encargo; la realeza y la nobleza eran sus mecenas (*patrons*). Con sus obras, contribuían a la educación cultural, y a menudo religiosa, de la sociedad.

Contexto cultural
Have students use the Internet or the library to research Spanish paintings from the 16th–17th centuries. Ask them to identify common themes.

Preview
Ask the class to discuss art as an imitation of life. **¿Qué importancia tenía la pintura antes del invento de la cámara de fotos? ¿Sigue teniendo la misma importancia? ¿Por qué?**

Practice more at **vhlcentral.com.**

Vieja friendo huevos

El **arte** de la **vida diaria**

Diego Velázquez es importante no sólo por su mérito artístico, sino también por lo que nos cuentan sus cuadros. Conocido sobre todo como pintor de retratos, Velázquez se interesaba también por temas mitológicos y escenas cotidianas. 5 En todo su arte, examinaba y reproducía en minucioso detalle sólo aquello que veía. Su imitación de la naturaleza, de lo inmediatamente observable, era lo que daba vida a su arte y a la vez creaba un arte de la vida diaria.

Antes de mudarse a la Corte del Rey°, ^king's court
10 Velázquez pintó cuadros de temas cotidianos.
Un ejemplo célebre es la *Vieja friendo huevos*
(1618). El cuadro capta un momento sin
aparente importancia: una mujer vieja cocina
mientras un niño trae aceite y un melón.
15 Varios objetos de la casa, reproducidos con
precisión, llenan el lienzo°, dignos de nuestra ^canvas
atención, por ejemplo: la cuchara, un plato
blanco en el que descansa un cuchillo, jarras°, ^jugs
una cesta de paja°. Junto con la comida ^wicker basket
20 que prepara —no hay carne ni variedad— la
ropa típica de pobre sugiere que la mujer es
humilde. Con el cuadro, Velázquez interrumpe
un momento que podría ser de cualquier día.
No es una naturaleza muerta°, sino un instante ^still life
25 de la vida.

Incluso cuando pintaba temas
mitológicos, Velázquez tomaba como modelo
gente de la calle. Por eso, se pueden percibir
escenas diarias en temas distanciados de la
30 época. Un ejemplo es *El triunfo° de Baco* ^triumph
(1628–9). En este cuadro, el dios romano del
vino se sienta en un campo abierto, no con
otros dioses, sino con campesinos°. Sus caras ^peasants
fatigadas reflejan a la vez el cansancio de una
35 vida de trabajo —la vida del plebeyo° español ^commoner
era entonces especialmente dura— y la alegría
de poder descansar un rato.

En los cuadros de la Corte, Velázquez nos
da una imagen rica y compleja del mundo del

El triunfo de Baco

palacio. En vez de retratar exclusivamente a 40
la familia real y los nobles, incluye también
toda la tropa de personajes que los servía y
entretenía. En este grupo numeroso entraban
enanos° y bufones°, a quienes Velázquez ^little people/ jesters
pinta con dignidad. En *Las Meninas* 45
(1656), su cuadro más famoso y misterioso,
la princesa Margarita está rodeada° por sus ^surrounded
damas, enanos y un perro. A la izquierda, el
mismo Velázquez pinta detrás de un lienzo
inmenso. En el fondo° se ve una imagen de 50 ^background
los reyes.

Sin embargo, el cuadro sugiere más
preguntas que respuestas. ¿Dónde están
exactamente el rey y la reina? ¿La imagen
de ellos que vemos es un reflejo de espejo°? 55 ^mirror
¿Qué pinta el artista y por qué aparece en el
cuadro? ¿Qué significa? Tampoco se sabe por
qué se detiene aquí el grupo: puede ser por una
razón prevista, como posar para un cuadro;
o puede ser algo totalmente imprevisto, un 60
momento efímero° de la vida de una princesa ^fleeting
y su grupo. ¿Es un momento importante? *Las
Meninas* invita al debate sobre un instante que
no se pierde sólo porque un pintor lo capta y
lo rescata° del olvido. Paradójicamente es su 65 ^rescues
enfoque en lo momentáneo y en el detalle de
la vida común lo que eleva a Velázquez por
encima de otros grandes artistas. ∎

Las Meninas

Biografía breve

1599 Diego Velázquez nace en Sevilla.

1609 Empieza sus estudios formales de arte.

1623 Nombrado pintor oficial del Rey Felipe IV en Madrid.

1660 Muere después de una breve enfermedad.

Teaching option As an expansion activity, have students do
additional research for Velázquez's biography.

Después de leer

El arte de la vida diaria

(1) Comprensión Después de leer el texto, decide si las oraciones son **ciertas** o **falsas**. Corrige las falsas. Some answers will vary.

1. Velázquez es conocido sobre todo como pintor religioso.
   Falso. Velázquez es conocido sobre todo como pintor de retratos.
2. Velázquez era un pintor impresionista que transformaba su sujeto en la imaginación.
   Falso. Reproducía en minucioso detalle sólo aquello que veía.
3. Por lo general, Velázquez tomaba como modelo gente de la calle.
   Cierto.
4. En *El triunfo de Baco*, el dios romano del vino se sienta con campesinos españoles.
   Cierto.
5. Velázquez retrataba exclusivamente a la familia real y a los nobles.
   Falso. También retrataba a la tropa de personajes, como los bufones y los enanos, que los servían y entretenían.
6. Velázquez se autorretrata en *Las Meninas*.
   Cierto.

(2) Interpretación Contesta las preguntas con oraciones completas. Some answers will vary.

1. ¿Se refleja de alguna manera la crisis económica del siglo XVII en los cuadros de Velázquez? Menciona detalles específicos en tu respuesta.
2. ¿Qué te enseña *Vieja friendo huevos* sobre la vida en España en el siglo XVII?
3. ¿Es *El triunfo de Baco* un cuadro realista? Explica tu respuesta.
4. ¿Te sorprende que Velázquez represente a los sirvientes de la Corte? ¿Por qué?
5. ¿En qué sentido es *Las Meninas* un cuadro misterioso?

(3) Análisis En parejas, respondan a las preguntas.

1. A través de pequeños detalles, *El triunfo de Baco* revela mucho sobre la posición social de los hombres del cuadro. Estudien, por ejemplo, la ropa y el aspecto físico para describir y analizar su situación económica. ¿Cuál es su conclusión?
2. ¿Qué o quién es el personaje central de *Las Meninas*? ¿El grupo de la princesa? ¿Los reyes? ¿El mismo Velázquez? ¿El arte? Comenten sus hipótesis sobre la obra maestra de Velázquez.

(4) Reflexión En grupos de cuatro, comparen cómo se entretenía la realeza en el pasado con cómo se entretienen los líderes de las naciones modernas. Usen estas preguntas como guía.

- Antes, los reyes tenían bufones. ¿Qué piensan de la situación social de los bufones de la Corte? ¿Es ético utilizar a las personas para la diversión?
- ¿Qué familias presidenciales conocen? ¿Cómo viven? ¿Su vida cotidiana es diferente a la de los reyes de otras épocas?
- ¿Se puede ser parte del poder político y tener una vida cotidiana normal?

(5) Recuerdos Imagina que *Vieja friendo huevos* capta, como una fotografía, un momento de tu propio pasado cuando ayudabas a tu abuela en la cocina. Inspirándote en el cuadro de Velázquez, inventa una historia. ¿Qué hacía tu abuela? ¿Cómo pasaba los días? Y tú, ¿por qué llegaste a la cocina aquel día? ¿Te mandó tu madre o tenías hambre? Utilizando los tiempos del pasado que conoces, describe esta escena de tu infancia.

Practice more at **vhlcentral.com.**

---

(2) As an expansion activity, have students research different representations of *Las Meninas* painted by Picasso. Ask: **¿Por qué creen que Picasso pintó sus propias versiones de esa pintura? ¿Qué significado tenía para él?**

(4) Have students debate modern-day reality shows in this context. Ask: **¿Creen que los *reality shows* manipulan a las personas para la diversión?**

(5) If necessary, review the differences between preterite and imperfect when narrating in the past.

Atando cabos

¡A conversar!

Un día en la historia Trabajen en grupos pequeños para preparar una presentación sobre un día en la vida de un personaje histórico hispano.

Presentaciones

Tema: Elijan un personaje histórico hispano. Algunos personajes que pueden investigar son: Sor Juana Inés de la Cruz, Simón Bolívar, José de San Martín, Emiliano Zapata, Catalina de Erauso, Álvar Núñez Cabeza de Vaca, Fray Bartolomé de las Casas. Pueden elegir también un personaje que no esté en la lista.

Investigación y preparación: Busquen información en Internet o en la biblioteca. Recuerden buscar o preparar materiales visuales. Una vez reunida la información necesaria sobre el personaje, imagínense un día en su vida cotidiana, desde que se levantaba hasta que se acostaba. Al imaginar los detalles, tengan en cuenta la época en la que vivió el personaje.

Organización: Hagan un esquema (*outline*) que los ayude a planear la presentación.

Presentación: Utilicen el pretérito y el imperfecto para las descripciones. Traten de promover la participación a través de preguntas y alternen la charla con materiales visuales.

Simón Bolívar

¡A escribir!

Una anécdota del pasado Sigue el plan de redacción para contar una anécdota que te haya ocurrido en el pasado. Piensa en una historia divertida, dramática o interesante relacionada con uno de estos temas:

- un regalo especial que recibiste
- una situación en la que usaste una excusa falsa y las cosas no te salieron bien
- una situación en la que fuiste muy ingenuo/a

Plan de redacción

Título: Elige un título breve que sugiera el contenido de la historia pero que no dé demasiada información.

Contenido: Explica qué estaba pasando cuando ocurrió el acontecimiento, dónde estabas, con quién estabas, qué pasó, cómo pasó, etc. Usa expresiones como: **al principio, al final, después, entonces, luego, todo empezó/comenzó cuando,** etc. Recuerda que debes usar el pretérito para las acciones y el imperfecto para las descripciones.

Conclusión: Termina la historia explicando cuál fue el resultado del acontecimiento y cómo te sentiste.

INSTRUCTIONAL RESOURCES
SAM/WebSAM: WB

¡A conversar!
- Ask students to explain why they chose their **personaje**. Encourage students to also discuss the historical significance of each well-known figure.
- To facilitate organization of ideas, brainstorm important elements and key questions the group should answer throughout the presentation.
- Assign a time limit for all presentations and explain that all group members must have an equal share in the presentation.

¡A escribir!
As a class, brainstorm three more themes for the students' anecdotes.

Teaching option
Have students exchange their final essays for peer review.

Vocabulary Tools

En casa

el balcón	*balcony*
la escalera	*staircase*
el hogar	*home; fireplace*
la limpieza	*cleaning*
los muebles	*furniture*
los quehaceres	*chores*
apagar	*to turn off*
barrer	*to sweep*
calentar (e:ie)	*to warm up*
cocinar	*to cook*
encender (e:ie)	*to turn on*
freír (e:i)	*to fry*
hervir (e:ie)	*to boil*
lavar	*to wash*
limpiar	*to clean*
pasar la aspiradora	*to vacuum*
poner/quitar la mesa	*to set/clear the table*
quitar el polvo	*to dust*
tocar el timbre	*to ring the doorbell*

De compras

el centro comercial	*mall*
el dinero en efectivo	*cash*
la ganga	*bargain*
el probador	*dressing room*
el reembolso	*refund*
el supermercado	*supermarket*
la tarjeta de crédito/ débito	*credit/debit card*
devolver (o:ue)	*to return (items)*
hacer mandados	*to run errands*
ir de compras	*to go shopping*
probarse (o:ue)	*to try on*
seleccionar	*to select; to pick out*
auténtico/a	*genuine*
barato/a	*inexpensive*
caro/a	*expensive*

Expresiones

a menudo	*often*
a propósito	*on purpose*
a tiempo	*on time*
a veces	*sometimes*
apenas	*hardly; scarcely*
así	*like this; so*
bastante	*quite; enough*
casi	*almost*
casi nunca	*rarely*
de repente	*suddenly*
de vez en cuando	*once in a while*
en aquel entonces	*at that time*
en el acto	*on the spot*
enseguida	*right away*
por casualidad	*by chance*

La vida diaria

la agenda	*schedule*
la costumbre	*custom; habit*
el horario	*schedule*
la rutina	*routine*
la soledad	*solitude; loneliness*
acostumbrarse (a)	*to get used to*
arreglarse	*to get ready*
averiguar	*to find out*
probar (o:ue) (a)	*to try*
soler (o:ue)	*to be in the habit of*
atrasado/a	*late*
cotidiano/a	*everyday*
diario/a	*daily*
inesperado/a	*unexpected*

Más vocabulario

Expresiones útiles	*Ver p. 87*
Estructura	*Ver pp. 94–95, 98–99 y 102–103*

Cinemateca

el choque	*crash*
las facciones	*(facial) features*
el timbre	*tone of voice*
afligirse	*to get upset*
despedirse (e:i)	*to say goodbye*
parecerse	*to look like*
titularse	*to graduate*
repentino/a	*sudden*

Literatura

las alternativas	*options*
el ayer	*past*
el brindis	*toast*
la copa	*glass*
el mañana	*the future*
deshojar	*to pull out petals*
disponer (de)	*to have; to make use of*
pertenecer	*to belong*
en resumidas cuentas	*in a nutshell*

Cultura

el cansancio	*exhaustion*
el cuadro	*painting*
la obra maestra	*masterpiece*
el/la pintor(a)	*painter*
el retrato	*portrait*
pintar	*to paint*
retratar	*to portray*
fatigado/a	*fatigued*
imprevisto/a	*unexpected*
previsto/a	*planned*

La salud y el bienestar

4

Communicative Goals

You will expand your ability to...
- express will and emotion
- express doubt and denial
- give orders, advice, and suggestions

La salud y el bienestar

Vocabulary Tools

INSTRUCTIONAL RESOURCES
SAM/WebSAM (WB, LM),
Textbook/Lab Audio,
Audioscripts,
Textbook/Lab AK

Preview Have students discuss health and well-being on campus. Ex: ¿Se da mucha importancia a la salud de los estudiantes? ¿Hay una clínica de salud en el campus? ¿Se come bien en los restaurantes estudiantiles? ¿Van al gimnasio para mantenerse en forma? Encourage students to recycle vocabulary about sports and activities from Lesson 2.

Los síntomas y las enfermedades

Inés pensaba que tenía sólo un **resfriado,** pero no paraba de **toser** y estaba **agotada.** El médico le confirmó que era una **gripe** y que debía **permanecer** en cama.

la depresión *depression*
la enfermedad *disease; illness*
la gripe *flu*
la herida *injury*
el malestar *discomfort*
la obesidad *obesity*
el resfriado *cold*
la respiración *breathing*
la tensión (alta/baja) *(high/low) blood pressure*
la tos *cough*
el virus *virus*
———
contagiar(se) *to pass on (an illness); to become infected*

desmayarse *to faint*
empeorar *to get worse*
enfermarse *to get sick*
estar resfriado/a *to have a cold*
lastimarse *to get hurt*
permanecer *to remain*
ponerse bien/mal *to get well/sick*
sufrir (de) *to suffer (from)*
tener buen/mal aspecto *to look healthy/sick*
tener fiebre *to have a fever*
toser *to cough*
———
agotado/a *exhausted*
inflamado/a *inflamed*
mareado/a *dizzy*

La salud y el bienestar

la alimentación *diet (nutrition)*
la autoestima *self-esteem*
el bienestar *well-being*
el estado de ánimo *mood*
la salud *health*
———
adelgazar *to lose weight*
dejar de fumar *to quit smoking*
descansar *to rest*
engordar *to gain weight*
estar a dieta *to be on a diet*
mejorar(se) *to improve*
prevenir (e:ie) *to prevent*
relajarse *to relax*
trasnochar *to stay up all night*
———
sano/a *healthy*

Los médicos y el hospital

la cirugía *surgery*
el/la cirujano/a *surgeon*
la consulta *doctor's appointment*

el consultorio *doctor's office*
la operación *operation*
los primeros auxilios *first aid*
la sala de emergencias *emergency room*

Variación léxica
la gripe ⟷ la gripa
el resfriado ⟷ el resfrío; el catarro
agotado/a ⟷ fatigado/a
inflamado/a ⟷ hinchado/a
sano/a ⟷ saludable
la medicina ⟷ el medicamento
la pastilla ⟷ la píldora
la sala de emergencias ⟷ la sala de urgencias
poner una inyección ⟷ dar una inyección

Las medicinas y los tratamientos

A Ignacio no le gusta tomar medicinas. Nunca toma **pastillas** ni **jarabes**. Sin embargo, le dolía tanto la cabeza que tuvo que tomarse un **analgésico**. El doctor le dijo que tenía la **tensión alta**.

el analgésico *painkiller*
la aspirina *aspirin*
el calmante *sedative; painkiller*
los efectos secundarios *side effects*
el jarabe *syrup*
la pastilla *pill*
la receta *prescription*
el tratamiento *treatment*
la vacuna *vaccine*
la venda *bandage*
el yeso *cast*

curarse *to heal; to be cured*
poner(se) una inyección
   to give/get a shot
recuperarse *to recover*
sanar *to heal*
tratar *to treat*
vacunar(se) *to vaccinate/*
   to get vaccinated
_____
curativo/a *healing*

La salud y el bienestar

Práctica

(1) Escuchar

A. Escucha la conversación entre Sara y su hermano David. Después completa las oraciones y decide quién dijo cada una. Some answers will vary.

1. No sé lo que me pasa, la verdad. Estoy siempre _____agotada_____. _____Sara_____

2. Creo que ___estás adelgazando___ demasiado. ¿Has ido al _____médico_____? _____David_____

3. No he ido porque no tenía _____fiebre_____, sólo era un ligero _____malestar_____. _____Sara_____

4. Deja de ser una niña. Tienes que ___ponerte bien___. _____David_____

5. Por eso te llamo. No se me va el dolor de estómago ni con _____pastillas_____. _____Sara_____

6. Ahora mismo llamo al doctor Perales para hacerle una _____consulta_____. _____David_____

B. A Sara le diagnosticaron apendicitis. Escucha lo que le dice la cirujana a la familia después de la operación y luego contesta las preguntas.

1. ¿Qué tiene que tomar Sara cada ocho horas?
   calmantes
2. ¿Cómo se puede sentir al principio?
   un poco mareada
3. ¿Va a tomar mucho tiempo su recuperación?
   no
4. ¿Puede comer de todo?
   No, los dos primeros días tiene que estar a dieta de líquidos.
5. ¿Qué es lo más importante que tiene que hacer ahora Sara? Lo importante ahora es que Sara descanse.

(2) A curarse Indica qué tiene que hacer cada persona en cada situación.

_d_ 1. Se lastimó con un cuchillo.	a. empezar una dieta
_e_ 2. Tiene fiebre.	b. dejar de fumar
_c_ 3. Su estado de ánimo es malo.	c. hablar con un(a) amigo/a
_f_ 4. Quiere prevenir la gripe.	d. ponerse una venda
_b_ 5. Le falta la respiración.	e. tomar aspirinas y descansar
_a_ 6. Está obeso/a.	f. ponerse una vacuna

Teaching option If necessary, review **me duele el/la...**, **me rompí el/la...**, and vocabulary for parts of the body.

ciento veintitrés **123**

Práctica

③ For additional practice, have students pick five more words from **Contextos** and create their own definitions.

③ Acróstico Completa el acróstico. Al terminarlo, se formará una palabra de **Contextos**.

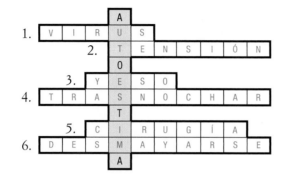

1. V I R U S
2. T E N S I Ó N
   O
3. Y E S O
4. T R A S N O C H A R
   T
5. C I R U G Í A
6. D E S M A Y A R S E

(vertical: A U T O E S T I M A)

1. Organismo muy pequeño que transmite enfermedades.
2. Si la tienes alta, puedes tener problemas del corazón.
3. Material blanco que se usa para inmovilizar fracturas.
4. No dormir en toda la noche.
5. Es sinónimo de *operación*.
6. Caerse y quedar inconsciente.

④ For item 1, review reflexives and object pronouns if necessary.

④ Amelia está enferma Completa las oraciones con la opción lógica.

1. Amelia está tosiendo continuamente. No se le cura (la gripe/la depresión).
2. Sus compañeros de trabajo no se enfermaron este año porque se (lastimaron/vacunaron).
3. Su madre siempre le había dicho que es preferible (mejorar/prevenir) las enfermedades que curarlas.
4. El médico le dio una receta para (un jarabe/un consultorio).
5. Su jefe le ha dicho que no vaya a trabajar. Ella tiene que volver a la oficina cuando esté (agotada/recuperada).

⑤ To expand the conversation, have students write three sentences with the words that have not been used in the activity.

⑤ Invite volunteers to act out their dialogues for the class.

⑤ Malos hábitos Martín tiene hábitos que no son buenos para la salud. Completa la conversación entre Martín y su doctor con las palabras de la lista. Haz los cambios necesarios.

ánimo	descansar	mejorar	sano
dejar de fumar	empeorar	pastillas	trasnochar
deprimido	engordar	salud	vacuna

MARTÍN Doctor, a mí me gusta mucho comer pizza mientras veo la tele.

DOCTOR Por eso usted está (1) __engordando__ tanto. Debe hacer ejercicio y (2) __mejorar__ su alimentación.

MARTÍN También me gusta salir y acostarme tarde.

DOCTOR No es bueno (3) __trasnochar__ todo el tiempo. Es importante (4) __descansar__.

MARTÍN Pero ¡doctor! ¿Puedo fumar un poco, por lo menos?

DOCTOR No, Martín. Usted debe (5) __dejar de fumar__ cuanto antes.

MARTÍN ¡Todo lo que me gusta hacer es malo para la (6) __salud__! Si le hago caso a usted, voy a estar (7) __sano__ pero deprimido.

DOCTOR No es así. Si usted mejora su forma física, su estado de (8) __ánimo__ va a mejorar también. Recuerde: "Mente sana en cuerpo sano".

Teaching option
Have students decide whether these statements are true or false:
1. A Martín le gusta hacer ejercicio. (falso)
2. Martín no sale de noche. (falso) 3. El doctor le recomienda hacer ejercicio. (cierto)
4. Todo lo que hace Martín es malo para la salud. (cierto)

Practice more at **vhlcentral.com**.

Comunicación

6 **Vida sana**

A. En parejas, háganse las preguntas de la encuesta.

	Siempre	A menudo	De vez en cuando	Nunca
1. ¿Trasnochas más de dos veces por semana?	☐	☐	☐	☐
2. ¿Practicas algún deporte?	☐	☐	☐	☐
3. ¿Consumes vitaminas y minerales diariamente?	☐	☐	☐	☐
4. ¿Comes mucha comida frita?	☐	☐	☐	☐
5. ¿Tienes dolores de cabeza?	☐	☐	☐	☐
6. ¿Te enfermas?	☐	☐	☐	☐
7. ¿Desayunas sin prisa?	☐	☐	☐	☐
8. ¿Pasas muchas horas al día sentado/a?	☐	☐	☐	☐
9. ¿Te pones de mal humor?	☐	☐	☐	☐
10. ¿Tienes problemas para dormir?	☐	☐	☐	☐

B. Imagina que eres médico/a. ¿Tiene tu compañero/a una vida sana? ¿Qué debe hacer para mejorar su salud? Utiliza la conversación entre Martín y su médico de la Actividad 5 como modelo.

7 **Citas célebres**

A. En grupos de cuatro, elijan las citas (*quotations*) que les parezcan más interesantes y expliquen por qué las eligieron.

La salud

"La salud no lo es todo, pero, sin ella, todo lo demás es nada."
A. Schopenhauer

"El ser humano pasa la primera mitad de su vida arruinando la salud y la otra mitad intentando recuperarla."
Joseph Leonard

"Come poco y cena más poco, que la salud de todo el cuerpo se decide en la oficina del estómago."
Miguel de Cervantes

La medicina

"Antes que al médico, llama a tu amigo."
Pitágoras

"Los médicos no están para curar, sino para recetar y cobrar; curarse o no es cuenta del enfermo."
Molière

"La esperanza es el mejor médico que yo conozco."
Alejandro Dumas, hijo.

La enfermedad

"El peor de todos los males es creer que los males no tienen remedio."
Francisco Cabarrus

"La investigación de las enfermedades ha avanzado tanto que cada vez es más difícil encontrar a alguien que esté completamente sano."
Aldous Huxley

"El arte de la medicina consiste en entretener al paciente mientras la Naturaleza cura la enfermedad."
Voltaire

B. Utilicen el vocabulario de **Contextos** para escribir una frase original sobre la salud. Compártanla con la clase. ¿Cuál es la frase más original?

---

6 Have students write answers in two categories: healthy and unhealthy. Ask volunteers to share their partners' responses.

6 Ask students to create four sentences about their own lives using **siempre, a menudo, de vez en cuando,** and **nunca.**

7 After students complete Part B, have the class judge the sentences in several categories, such as most original, most realistic, and funniest.

7 Have pairs write an anecdote that ends in one of these quotes.

Video

Synopsis
- Diana and Johnny talk about exercise.
- Johnny and Fabiola discuss diet and exercise.
- Mariela has lost her voice.
- Johnny brings in an assortment of healthy foods, yet Fabiola finds him eating chocolate.

Los empleados de *Facetas* se preocupan por mantenerse sanos y en forma.

DIANA ¿Johnny? ¿Qué haces aquí tan temprano?

JOHNNY Madrugué para ir al gimnasio.

DIANA ¿Estás enfermo?

JOHNNY ¿Qué? ¿Nunca haces ejercicio?

DIANA No mucho… A veces me dan ganas de hacer ejercicio, y entonces me acuesto y descanso hasta que se me pasa.

En la cocina…

JOHNNY (*habla con los dulces*) Los recordaré dondequiera que esté. Sé que esto es difícil, pero deben ser fuertes… No pongan esa cara de "cómeme". Por mucho que insistan, los tendré que tirar. Ojalá me puedan olvidar.

FABIOLA ¿Empezaste a ir al gimnasio? Te felicito. Para ponerse en forma hay que trabajar duro.

JOHNNY No es fácil.

FABIOLA No es difícil. Yo, por ejemplo, no hago ejercicio, pero trato de comer cosas sanas.

JOHNNY Nada de comidas rápidas.

FABIOLA ¡Cómo me gustaría tener tu fuerza de voluntad!

En la cocina…

DON MIGUEL ¡Válgame! Aquí debe haber como mil pesos en dulces. ¡Mmm! Y están buenos.

JOHNNY ¿Qué tal, don Miguel? ¿Cómo le va?

DON MIGUEL (*Sonríe sin poder decir nada porque está comiendo.*)

JOHNNY ¡Otro que se ha quedado sin voz! ¿Qué es esto? ¿Una epidemia?

FABIOLA ¿Qué compraste?

JOHNNY Comida bien nutritiva y baja en calorías. Juré que jamás volvería a ver un dulce.

FABIOLA ¿Qué es eso?

JOHNNY Esto es tan saludable que con sólo tocar la caja te sientes mejor.

FABIOLA ¿Y sabe bien?

JOHNNY Claro, sólo hay que calentarlo.

En la oficina de Aguayo…

DIANA Los nuevos diseños están perfectos. Gracias.

AGUAYO Mariela, insisto en que veas a un doctor. Vete a casa y no vuelvas hasta que no estés mejor. Te estoy dando un consejo. No pienses en mí como tu jefe.

DIANA Piensa en él como un amigo que siempre tiene razón.

INSTRUCTIONAL RESOURCES Fotonovela Video, SAM/WebSAM (VM), Script & Translation, SAM AK

Preview In pairs, have students cover the captions and invent a short dialogue for one of the video stills Encourage them to use vocabulary from **Contextos**.

AGUAYO

DIANA

ÉRIC

FABIOLA

JOHNNY

MARIELA

DON MIGUEL

En la sala de conferencias…

AGUAYO (*dirigiéndose a Mariela*) Quiero que hagas unos cambios a estos diseños.

DIANA Creemos que son buenos y originales, pero tienen dos problemas.

ÉRIC Los que son buenos no son originales, y los que son originales no son buenos.

AGUAYO ¿Qué crees? (*Mariela no contesta.*)

Mariela escribe "perdí la voz" en la pizarra.

AGUAYO ¿Perdiste la voz?

DIANA Gracias a Dios… Por un momento creí que me había quedado sorda.

AGUAYO Estás enferma. Deberías estar en cama.

ÉRIC Sí, podías haber llamado para decir que no venías.

AGUAYO Por cierto, Diana, acompáñame a entregar los diseños ahora mismo. Tengo que volver enseguida. Estoy esperando una llamada muy importante.

DIANA Vamos.

Se van. Suena el teléfono. Mariela se queda horrorizada porque no puede contestarlo.

FABIOLA ¿No ibas a mejorar tu alimentación?

JOHNNY Si no puedes hacerlo bien, disfruta haciéndolo mal. Soy feliz.

FABIOLA Los dulces no dan la felicidad, Johnny.

JOHNNY Lo dices porque no has probado la *Chocobomba*.

Teaching option Have students list the characters and jot down any health-related information they learn about them from viewing the episode. Ex: **Johnny: Le gusta comer dulces.**

Expresiones útiles

Giving advice and making recommendations

Insisto en que veas/vea a un doctor.
I insist that you go see a doctor. (fam./form.)

Te aconsejo que vayas a casa.
I advise you to go home. (fam.)

Le aconsejo que vaya a casa.
I advise you to go home. (form.)

Sugiero que te pongas a dieta.
I suggest that you go on a diet. (fam.)

Sugiero que se ponga usted a dieta.
I suggest that you go on a diet. (form.)

Asking about tastes

¿Y sabe bien?
And does it taste good?

¿Cómo sabe?
How does it taste?

Sabe a ajo/menta/limón.
It tastes like garlic/mint/lemon.

¿Qué sabor tiene? ¿Chocolate?
What flavor is it? Chocolate?

Tiene un sabor dulce/agrio/amargo/agradable.
It has a sweet/sour/bitter/pleasant taste.

Additional vocabulary

la comida rápida *fast food*
dondequiera *wherever*
la epidemia *epidemic*
la fuerza de voluntad *willpower*
madrugar *to wake up early*
mantenerse en forma *to stay in shape*
nutritivo/a *nutritious*
ponerse en forma *to get in shape*
quedarse sordo/a *to go deaf*
saludable *healthy*

Point out that **saber** means both *to taste* and *to know*. Tell students that *junk food* is commonly referred to as **comida chatarra** or **comida basura**.

Comprensión

1 **¿Cierto o falso?** Indica si las oraciones son **ciertas** o **falsas**. Luego, en parejas, corrijan las falsas.

Cierto   Falso   Some answers will vary.

Cierto	Falso	
☑	☐	1. Johnny llegó temprano porque madrugó para ir al gimnasio.
☐	☑	2. Cuando Diana va al gimnasio, se queda dormida.
		Diana no va al gimnasio; se va a dormir cuando tiene ganas de ir al gimnasio.
☐	☑	3. Los primeros diseños de Mariela están perfectos.
		Los nuevos diseños de Mariela están perfectos.
☐	☑	4. Diana se quedó sorda.
		Diana no escuchó a Mariela porque Mariela se quedó sin voz.
☑	☐	5. Don Miguel probó los dulces.
☑	☐	6. Johnny no continuó con su dieta.

2 **Oraciones incompletas** Completa las oraciones de la **Fotonovela** con la opción correcta.

1. Para ponerse ___c___ hay que trabajar duro.
   a. en cama   b. a dieta   c. en forma

2. ¡Cómo me gustaría tener tu fuerza ___b___!
   a. física   b. de voluntad   c. de carácter

3. ¡Otro que se ha quedado ___b___!
   a. sordo   b. sin voz   c. dormido

4. Piensa en él como un amigo que siempre ___a___.
   a. tiene razón   b. se mantiene en forma   c. se preocupa

2 For item 1, explain that the phrase **hay que** + [*infinitive*] is similar to *you have to*. Have students write three sentences using this structure.

3 **Títulos** Busca en la **Fotonovela** la palabra adecuada para poner un título a cada lista.
Answers will vary.

dulces	ejercicio	comida rápida	comida nutritiva
chocolates	correr	salchicha	sopa de verduras
caramelos	saltar	hamburguesa	ensalada
pastel de chocolate	caminar	papas fritas	pollo asado
postre	nadar	sándwich	frutas

3 Have pairs create two more categories using words or expressions from **Contextos**. Ask them to make a list of related words.

4 **Opiniones**

A. Los empleados de *Facetas* tienen opiniones distintas sobre la salud y el bienestar. En parejas, escriban una descripción breve de la actitud de cada personaje. Utilicen los elementos de la lista y añadan sus propias ideas.

comer comidas sanas	ir al gimnasio	permanecer en cama
descansar	ir al médico	probar los dulces

MODELO   Diana casi nunca va al gimnasio. Cree que es más importante descansar para mantenerse sana...

B. ¿Con qué opinión te identificas más? ¿Qué haces tú para mantenerte en forma?

4 Ask students to share their own opinions about health. As a cultural comparison, ask heritage speakers to share attitudes toward health in their home countries.

 Practice more at **vhlcentral.com.**

Ampliación

5 Comidas rápidas

A. Para ponerse en forma, Johnny decide evitar las comidas rápidas. En parejas, háganse las preguntas y comparen sus propias opiniones acerca de la comida rápida.

1. ¿Con qué frecuencia comes en restaurantes de comida rápida?
2. ¿Crees que la comida rápida es mala para la salud?
3. ¿Buscas opciones saludables cuando necesitas comer deprisa?
4. ¿Crees que las personas obesas tienen derecho a demandar (*sue*) a los restaurantes de comida rápida?

B. Ahora, en dos grupos, organicen un debate sobre los beneficios y desventajas de la comida rápida. Un grupo representa a los dueños y ejecutivos de los restaurantes, y el otro grupo representa a la gente que ha sufrido problemas de salud por comer demasiadas comidas rápidas.

6 Apuntes culturales En parejas, lean los párrafos y contesten las preguntas.

Los dulces

"Los recordaré dondequiera que esté", dice Johnny despidiéndose de los dulces. ¡A los hispanos les encantan los dulces! Un postre muy popular de la cocina colombiana, venezolana, mexicana y centroamericana es el postre de las **tres leches**. Este postre se prepara con leche fresca, leche condensada y crema de leche. ¡Un verdadero manjar (*delicacy*)!

El deporte colombiano

Fabiola dice que para ponerse en forma hay que trabajar duro. El ciclista colombiano **Nairo Quintana** sabe mucho de esto: a los 23 años ya era un héroe nacional. Nairo saltó a la fama en 2013 con su triunfo en la Vuelta al País Vasco, España. Ese mismo año, quedó segundo en el Tour de Francia, y en 2014 ganó el Giro de Italia.

Las comidas rápidas

Fabiola y Johnny conversan sobre las comidas rápidas. En los países hispanos, las cadenas estadounidenses adaptan los menús a los sabores locales. En Chile, McDonald's ofrece la **Pechuga Palta**, un sándwich de pollo con palta (*avocado*). En Argentina, los **McCafé** sirven bebidas como el **frappé de dulce de leche**. ¿Podrá resistirse Johnny?

1. ¿Conoces otros postres típicos de los países hispanos? ¿De qué países o regiones son? ¿Cuáles son los ingredientes principales?
2. Menciona postres o platos típicos de tu cultura. ¿Cuál es tu preferido?
3. ¿Qué deportistas hispanos juegan en equipos de los EE.UU.?
4. ¿Probaste comidas rápidas de otras culturas? ¿Cuáles? ¿Cuál es tu favorita?

---

5 Part A: Expand the discussion with additional questions: **¿De qué manera influye la comida rápida en la salud de los niños? ¿Comían mucha comida rápida cuando eran niños? ¿Creen que las experiencias con la comida que tenían cuando eran niños influyen en las decisiones que toman hoy en día?**

6 Have heritage speakers talk about typical dishes and desserts from their home countries.

6 Ask heritage speakers which sports are popular in their home countries.

6 Bring in ads for fast food chains from other countries, or have students look them up on the Internet. Ask them to report the differences and similarities they notice when compared to ads from this country.

INSTRUCTIONAL RESOURCES
Flash Cultura Video, Script & Translation

En detalle

COLOMBIA

DE ABUELOS Y CHAMANES

Sentada en su cocina en Bogotá, Marcela Mahecha destapa frasquitos° de hierbas y describe las "agüitas°" que le enseñó a preparar su abuela: agüita de toronjil° para calmar los nervios, agüita de paico° para los cólicos° y muchas más.

Muchos de estos remedios caseros° son más que simples "recetas de la abuela". Su uso proviene de los conocimientos milenarios que los curanderos° y chamanes° han ido pasando de generación en generación. Colombia, segundo país en el mundo en diversidad de especies vegetales, desarrolló una medicina tradicional muy rica, que aún hoy subsiste en todos los niveles de la sociedad. A pesar de la llegada de la medicina científica, muchas comunidades indígenas siguen practicando su medicina tradicional. Cuanto más aislada está la comunidad, mejor mantiene sus tradiciones.

En la cultura indígena americana, lo espiritual y lo corporal se funden° con la naturaleza. Los curanderos y chamanes son los responsables de mantener estos mundos en equilibrio. Para ello, combinan las propiedades medicinales de las plantas con ritos sagrados. En Colombia, al igual que en otros países, hay un renovado interés por conocer las propiedades medicinales de las plantas que se han usado durante siglos. Instituciones gubernamentales, universidades y organizaciones ecologistas intentan recuperar y conservar estos conocimientos. En sólo siete años, el Instituto Nacional de Vigilancia de Alimentos y Medicamentos aumentó de 17 a 95 el número de plantas medicinales aprobadas para usos curativos.

El deseo de las empresas farmacéuticas de apropiarse de las plantas y patentarlas ha hecho que el gobierno colombiano controle el derecho a sacarlas del país. Esto es importante porque algunas están en peligro de extinción y porque estas plantas forman parte indeleble de la identidad indígena. ∎

Algunas plantas curativas

Chuchuguaza Árbol que crece en la región amazónica de Colombia, Ecuador y Perú. Se usa como diurético y también contra el reumatismo, la gota° y la anemia.

Gualanday Árbol originario del Valle del Cauca y que crece en las regiones colombianas de Putumayo y Amazonas. La corteza°, la hoja y la flor se usan contra neuralgias, dolores de huesos, várices° y afecciones del hígado°.

Sauco Árbol proveniente de cultivos en la sabana° de Bogotá. La hoja, la corteza, el fruto y la flor se usan para tratar afecciones bronquiales.

destapa frasquitos *uncovers little jars* **agüitas** *herbal teas* **toronjil** *lemon balm* **paico** *Mexican tea (plant)* **cólicos** *cramps* **caseros** *home* **curanderos** *folk healers* **chamanes** *shamans* **se funden** *merge* **gota** *gout* **corteza** *bark* **várices** *varicose veins* **afecciones del hígado** *liver conditions* **sabana** *savannah*

En detalle Preview the reading by asking students if there are any home remedies that they grew up with. Ex: ¿Usan remedios caseros? ¿De dónde vienen?

Teaching option Point out that the diminutive is used in the passage (**frasco** → **frasquito**, **agua** → **agüita**).

La salud y el bienestar

el/la buquí (R. Dom.) *glutton*

cachucharse (Chi.) *to hit oneself*

caer bien/mal *to agree with (food)*

curar el empacho (Arg.) *to cure indigestion*

estar constipado/a *to have a cold / to be constipated (Arg., Chi. y Uru.)*

estar depre (Arg., Esp. y Pe.) *to feel down*

estar funado/a (Chi.) *to feel demotivated*

estar pachucho/a (Arg. y Esp.) *to be under the weather*

el/la matasanos (Esp.) *bad doctor; quack*

¡Se me parte la cabeza! (Arg.) *I have a splitting headache!*

La salud y el bienestar públicos

Los gobiernos hispanoamericanos suelen brindar servicios de salud pública gratuitos° a todos los ciudadanos. Algunos países, como Cuba, han desarrollado un **sistema de salud universalista** en el cual todos los servicios son gratuitos. Otros países, como Chile, tienen un modelo mixto, que combina el sector público con el privado.

En el **ránking del mejor país donde nacer** de 2013, hecho por *The Economist Intelligence Unit*, España aparece en el lugar 28 sobre un total de 80 países. Este ránking considera no sólo los ingresos económicos, sino también otros indicadores como el bienestar y la satisfacción individual de las personas.

El colombiano **Rodolfo Llinás** es quizá el científico hispanoamericano de más prestigio a nivel mundial. Llinás estudió para ser médico, pero decidió dedicarse a la investigación. Llinás trabajó con dos ganadores del premio Nobel y estableció la ley Llinás, según la cual cada tipo de neurona tiene una función específica y no puede ser sustituido por otro tipo.

gratuitos *free of charge*

LA CICLOVÍA DE BOGOTÁ

Todos los domingos y lunes festivos, se cierran algunas de las principales vías de la capital de Colombia para que más de un millón de habitantes salgan a la Ciclovía: 120 kilómetros para montar en bicicleta, caminar, correr o patinar. Es una forma de recreación para la comunidad, una manera distinta de recorrer la ciudad y una manera de promover un estilo de vida activo y saludable. La Ciclovía cuenta además con la Recreovía: espacios distribuidos en diferentes puntos del trayecto, en los cuales la gente tiene la oportunidad de hacer actividades físicas, como aeróbicos y clases de baile, dirigidas por instructores especializados. Estos servicios no tienen ningún costo y todos son bienvenidos. En el recorrido también se pueden encontrar puntos para la práctica de deportes extremos, zonas especiales para niños e incluso puestos de atención para mascotas. Algunos países como México, Chile y Venezuela también están implementando la Ciclovía como una opción de recreación para todos los habitantes de la ciudad.

> **"** Los conocimientos de la medicina tradicional son conocimientos adquiridos de nuestros antepasados y mantienen vivas las más ricas culturas de América Latina. **"**
> (Donato Ayma, político boliviano)

🌐 Conexión Internet

¿Qué beneficios tienen los distintos tés de hierbas?

Investiga sobre este tema en **vhlcentral.com.**

El mundo hispanohablante Have students describe the healthcare system in the U.S. or Canada. Then have them debate the merits of public versus private healthcare.

¿Qué aprendiste?

① Comprensión Indica si estas afirmaciones son **ciertas** o **falsas**. Corrige las falsas. Answers will vary.

1. Marcela aprendió a usar infusiones en un viaje a Colombia, la tierra de su abuela.
Falso. Marcela vive en Colombia.

2. Colombia es uno de los países con mayor diversidad de especies vegetales. Cierto.

3. En las prácticas curativas tradicionales, se combinan las propiedades curativas de las plantas con el poder curativo de los animales. Falso. Se combinan las propiedades curativas de las plantas con los ritos sagrados.

4. Los conocimientos sobre los poderes curativos de las plantas han pasado de padres a hijos a través de los siglos. Cierto.

5. En Colombia, el uso de plantas curativas es popular sólo entre las comunidades indígenas. Falso. Es común en todos los niveles de la sociedad colombiana.

6. A pesar de la llegada de la medicina científica, muchas comunidades mantuvieron sus prácticas medicinales tradicionales. Cierto.

7. Las comunidades que mejor conservaron las tradiciones fueron las que estaban más cerca de la costa. Falso. Las comunidades que mejor conservaron las tradiciones fueron las que estaban más aisladas.

8. En Colombia, las instituciones no se preocupan por recuperar las tradiciones curativas. Falso. En Colombia, las instituciones intentan recuperar las tradiciones curativas.

9. Las empresas farmacéuticas quieren apropiarse de las plantas. Cierto.

10. Colombia ha empezado a controlar las exportaciones de plantas curativas. Cierto.

② Oraciones incompletas Completa las oraciones con la información correcta.

1. En la Recreovía, los colombianos pueden hacer ___aeróbicos___ o tomar clases de baile.
   a. aeróbicos   b. manualidades   c. concursos

2. Países como México, Chile y ___Venezuela___ también están implementando la Ciclovía.
   a. Costa Rica   b. El Salvador   c. Venezuela

3. En Chile, el sistema de salud sigue el modelo ___mixto___.
   a. mixto   b. universalista   c. privado

4. Rodolfo Llinás descubrió que un tipo de ___neurona___ no puede ser sustituido por otro.
   a. cerebro   b. neurona   c. cáncer

5. En Chile, usan *estar funado* para decir que alguien tiene ___poca energía___.
   a. indigestión   b. gripe   c. poca energía

③ Opiniones En parejas, hablen sobre estas preguntas. Después, compartan su opinión con la clase.

- ¿Se puede patentar la naturaleza?
- ¿Tienen derecho las empresas farmacéuticas a patentar plantas?
- ¿Tienen derecho a hacerlo si modifican la estructura genética de la planta?
- ¿Cuáles son las posibles consecuencias de patentar plantas y organismos vivos?

 Practice more at **vhlcentral.com**.

PROYECTO

Las plantas curativas

Como hemos visto, muchas comunidades latinoamericanas usan las plantas para curar diferentes enfermedades. Busca información en Internet o en la biblioteca sobre alguna de estas plantas.

Usa las preguntas como guía para tu investigación.

- ¿Para qué se usa la planta?
- ¿En qué comunidad(es) se usa?
- ¿Qué enfermedad(es) específica(s) cura?
- ¿Cómo se usa según la tradición?
- ¿Se comprobaron científicamente las propiedades de la planta?
- ¿Es común su uso en la medicina científica?

Las farmacias

Ya has leído sobre el interés renovado por conocer las propiedades medicinales de las plantas en Colombia. En este episodio de **Flash Cultura** conocerás las distintas opciones de farmacias que existen actualmente en uno de sus países vecinos, Ecuador.

VOCABULARIO ÚTIL

la arruga *wrinkle*	**el mostrador** *counter*
la baba de caracol *snail slime*	**la piel tersa** *smooth skin*
la cicatriz *scar*	**el ungüento** *ointment*
el estante *shelf*	**la vitrina** *glass cabinet*

Preparación ¿Qué haces cuando sientes algún dolor? ¿Alguna vez tomaste medicamentos sin visitar antes al médico?

Comprensión Indica si estas afirmaciones son **ciertas** o **falsas**. Después, en parejas, corrijan las falsas.

1. En Ecuador pueden encontrarse farmacias similares a las que hay en Estados Unidos o en Europa. Cierto.

2. Las grandes farmacias no ofrecen remedios caseros como la crema de cicuta. Cierto.

3. No es costumbre en Ecuador que el farmacéutico recete a los clientes. Falso. Es común que los clientes consulten a los farmacéuticos y éstos les aconsejen personalmente.

4. En las farmacias tradicionales, los clientes no tienen acceso a los productos, que se guardan en estantes o vitrinas detrás del mostrador. Cierto.

5. La crema de baba de caracol sirve para dolores e inflamación de la piel. Falso. La crema de baba de caracol sirve para borrar manchas y cicatrices, mantener la piel tersa y borrar las arrugas.

6. Para la medicina tradicional, algunas plantas son malas. Falso. Para la medicina tradicional, todas las plantas traen un beneficio.

Expansión En parejas, contesten estas preguntas.

- Imagina que viajas a Ecuador y te enfermas. ¿Buscarías el consejo de un farmacéutico en vez de ir al médico? Justifica tu respuesta.

- Entre unas píldoras recetadas por el médico y una limpia de energía, ¿cuál elegirías? ¿Te parece que alguna de esas opciones puede ser mala para la salud? ¿Por qué?

- ¿En qué se parecen las farmacias de Ecuador a las de tu ciudad? ¿En qué se diferencian? ¿Qué tipo de farmacia te parece mejor? ¿Por qué?

Corresponsal: Mónica Díaz
País: Ecuador

Los consejos personales que el farmacéutico ofrece al cliente es lo que distingue a las pequeñas farmacias de las grandes.

A veces, las personas en el mundo hispano utilizan medicina alternativa para curar sus dolencias°.

Para la medicina tradicional, la gripe es un bajón° de energía; a través de la limpia°, se aumenta la energía y de esa manera se sale de ese proceso.

dolencias *ailments* **bajón** *drop* **limpia** *cleansing*

Practice more at **vhlcentral.com**.

INSTRUCTIONAL RESOURCES
Grammar Presentation Slides,
SAM/WebSAM (WB, LM),
Lab Audio, Audioscripts,
Textbook/SAM AK

TALLER DE CONSULTA

MANUAL DE GRAMÁTICA
Más práctica

4.1 The subjunctive in noun
clauses, p. A23
4.2 Commands, p. A24
4.3 **Por** and **para**, p. A25

Más gramática

4.4 The subjunctive with
impersonal expressions,
p. A26

To preview the material,
write three sentences on the
board using the subjunctive
form of regular -ar, -er, and
-ir verbs. Have volunteers
identify the verb forms and
ask how the endings differ
from the indicative.

¡ATENCIÓN!

The *indicative* is used to
express actions, states, or
facts the speaker considers
to be certain. The *subjunctive*
expresses the speaker's
attitude toward events, as
well as actions or states
that the speaker views
as uncertain.

· · · · ·

Verbs that end in **-car, -gar,**
and **-zar** undergo spelling
changes in the present
subjunctive.

sacar: saque

jugar: juegue

almorzar: almuerce

· · · · ·

The present subjunctive
form of **hay** is **haya**.

**No creo que haya
una solución.**
*I don't think there is
a solution.*

4.1 The subjunctive in noun clauses

Forms of the present subjunctive

- The subjunctive (**el subjuntivo**) is used mainly in the subordinate (dependent) clause of multiple-clause sentences to express will, influence, emotion, doubt, or denial. The present subjunctive is formed by dropping the **-o** from the **yo** form of the present indicative and adding these endings.

The present subjunctive		
hablar	**comer**	**escribir**
hable	coma	escriba
hables	comas	escribas
hable	coma	escriba
hablemos	comamos	escribamos
habléis	comáis	escribáis
hablen	coman	escriban

- Verbs with irregular **yo** forms show that same irregularity in all forms of the present subjunctive.

conocer	conozca	seguir	siga
decir	diga	tener	tenga
hacer	haga	traer	traiga
oír	oiga	venir	venga
poner	ponga	ver	vea

- Verbs with stem changes in the present indicative show the same changes in the present subjunctive. Stem-changing **-ir** verbs also undergo a stem change in the **nosotros/as** and **vosotros/as** forms of the present subjunctive.

pensar (e:ie)	piense, pienses, piense, pensemos, penséis, piensen
jugar (u:ue)	juegue, juegues, juegue, juguemos, juguéis, jueguen
mostrar (o:ue)	muestre, muestres, muestre, mostremos, mostréis, muestren
entender (e:ie)	entienda, entiendas, entienda, entendamos, entendáis, entiendan
resolver (o:ue)	resuelva, resuelvas, resuelva, resolvamos, resolváis, resuelvan
pedir (e:i)	pida, pidas, pida, pidamos, pidáis, pidan
sentir (e:ie)	sienta, sientas, sienta, sintamos, sintáis, sientan
dormir (o:ue)	duerma, duermas, duerma, durmamos, durmáis, duerman

- The following five verbs are irregular in the present subjunctive.

dar	dé, des, dé, demos, deis, den
estar	esté, estés, esté, estemos, estéis, estén
ir	vaya, vayas, vaya, vayamos, vayáis, vayan
saber	sepa, sepas, sepa, sepamos, sepáis, sepan
ser	sea, seas, sea, seamos, seáis, sean

Verbs of will and influence

- A clause is a group of words that contains both a conjugated verb and a subject (expressed or implied). In a subordinate noun clause (**oración subordinada sustantiva**), a group of words function together as a noun.

Quiero que hagas unos cambios en estos diseños.

Remind students that subordinate clauses are sometimes called *dependent clauses*.

- When the subject of the main (independent) clause of a sentence exerts influence or will on the subject of the subordinate clause, the verb in the subordinate clause takes the subjunctive.

MAIN CLAUSE	CONNECTOR	SUBORDINATE CLAUSE
Yo quiero	**que**	**tú vayas al médico.**

Verbs and expressions of will and influence

aconsejar *to advise*	**gustar** *to like*	**preferir (e:ie)** *to prefer*
desear *to desire;*	**hacer** *to make*	**prohibir** *to prohibit*
to wish	**importar** *to be important*	**proponer** *to propose*
es importante	**insistir en** *to insist (on)*	**querer (e:ie)** *to want; to wish*
it's important	**mandar** *to order*	**recomendar (e:ie)**
es necesario	**necesitar** *to need*	*to recommend*
it's necessary	**oponerse a** *to oppose*	**rogar (o:ue)** *to beg*
es urgente *it's urgent*	**pedir (e:i)** *to ask for;*	**sugerir (e:ie)** *to suggest*
exigir *to demand*	*to request*	

¡ATENCIÓN!

Pedir is used with the subjunctive to ask someone to do something.

Preguntar is used to ask questions, and is not followed by the subjunctive.

No te pido que lo hagas ahora.
I'm not asking you to do it now.

No te pregunto si lo haces ahora.
I'm not asking you if you're doing it now.

Necesito que **consigas** estas pastillas en la farmacia.
I need you to get these pills at the pharmacy.

El médico siempre me **recomienda** que **deje** de fumar.
The doctor always recommends that I quit smoking.

Insisto en que **vayas** a la sala de emergencias.
I insist that you go to the emergency room.

Se oponen a que **salgas** si estás enfermo.
They object to your going out if you're sick.

- The infinitive, not the subjunctive, is used with verbs and expressions of will and influence if there is no change of subject in the sentence. The **que** is unnecessary in this case.

Quiero **ir** a Bogotá en junio.
I want to go to Bogotá in June.

Prefiero que **vayas** en agosto.
I prefer that you go in August.

Emphasize to students that impersonal expressions are followed by the infinitive unless a new subject is introduced in the dependent clause. Give some examples: **Es importante sacar buenas notas./Es importante que tú saques buenas notas.**

Teaching option Have students change the sample sentences into sentences that use an infinitive instead of a subordinate clause. Ex: **Necesito conseguir estas pastillas en la farmacia.** Ask how the meaning changes in each case.

Verbs of emotion

- When the main clause expresses an emotion like hope, fear, joy, pity, or surprise, the verb in the subordinate clause must be in the subjunctive if its subject is different from that of the main clause.

Espero que **te recuperes** pronto.
I hope you recover quickly.

Es terrible que Ana **tenga** esa enfermedad.
Its terrible that Ana suffers from that illness.

Verbs and expressions of emotion

alegrarse (de) *to be happy (about)*	**es terrible** *it's terrible*	**molestar** *to bother*
es bueno *it's good*	**es una lástima** *it's a shame*	**sentir (e:ie)** *to be sorry; to regret*
es extraño *it's strange*	**es una pena** *it's a pity*	**sorprender** *to surprise*
es malo *it's bad*	**esperar** *to hope; to wish*	**temer** *to fear*
es mejor *it's better*	**gustar** *to like; to be pleasing*	**tener miedo a/de** *to be afraid (of)*
es ridículo *it's ridiculous*		

- The infinitive, not the subjunctive, is used with verbs and expressions of emotion if there is no change of subject in the sentence.

No me gusta **llegar** tarde.
I don't like to arrive late.

Es mejor que lo **hagas** ahora.
It's better that you do it now.

Verbs of doubt or denial

- When the main clause implies doubt, uncertainty, or denial, the verb in the subordinate clause must be in the subjunctive if its subject is different from that of the main clause.

No creo que él nos **quiera** engañar.
I don't think that he wants to deceive us.

Dudan que el jarabe **sea** un buen remedio.
They doubt that the syrup will be a good remedy.

Verbs and expressions of doubt and denial

dudar *to doubt*	**negar (e:ie)** *to deny*
es imposible *it's impossible*	**no creer** *not to believe*
es improbable *it's improbable*	**no es evidente** *it's not evident*
es poco seguro *it's uncertain*	**no es seguro** *it's not certain*
(no) es posible *it's (not) possible*	**no es verdad/cierto** *it's not true*
(no) es probable *it's (not) probable*	**no estar seguro de** *not to be sure (of)*

- The infinitive, not the subjunctive, is used with verbs and expressions of doubt or denial if there is no change in the subject of the sentence.

Es imposible **viajar** hoy.
It's impossible to travel today.

No es seguro que él **viaje** hoy.
It's not certain that he will travel today.

¡ATENCIÓN!

The subjunctive is also used with expressions of emotion that begin with **¡Qué...!** (*What a...!/It's so...!*)

¡Qué pena que él no vaya!
What a shame he's not going!

• • • • •

The expression **ojalá** (*I hope; I wish*) is always followed by the subjunctive. The use of **que** with **ojalá** is optional.

Ojalá (que) no llueva.
I hope it doesn't rain.

Ojalá (que) no te enfermes.
I hope you don't get sick.

The subjunctive is sometimes used in sentences that begin with **que** when the main clause is inferred or implied. Ex: **(Espero) Que te vaya bien.** See Estructura 4.2.

¡ATENCIÓN!

The subjunctive is also used after **quizá(s)** and **tal vez** (*maybe; perhaps*) when they signal uncertainty, even if there is no change of subject in the sentence.

Quizás vengan a la fiesta.
Maybe they'll come to the party.

Point out that the subjunctive exists in English, but rarely differs from the indicative. Ex: *I wish I were in Dixie./If I had a million dollars.../If I were you.../I suggest that he write...*

Práctica

1 **Opiniones contrarias** Escribe una oración que exprese lo opuesto en cada ocasión.

Some answers will vary.

MODELO **No creo que Carlos esté resfriado.**
— Creo que Carlos está resfriado.

1. Están seguros de que Pedro puede dejar de fumar.
   No están seguros de que Pedro pueda dejar de fumar.
2. Es evidente que estás agotado.
   No es evidente que estés agotado.
3. No creo que las medicinas naturales sean curativas.
   Creo que las medicinas naturales son curativas.
4. Es verdad que la cirujana no quiere operarte.
   No es verdad que la cirujana no quiera operarte.
5. No es seguro que este médico conozca el mejor tratamiento.
   Es seguro que este médico conoce el mejor tratamiento.

2 **Siempre enferma** Últimamente, Ana María se enferma demasiado y sus amigas están preocupadas por ella. Completa la conversación con el infinitivo, el indicativo o el subjuntivo.

MARTA Es una pena que Ana María (1) __esté__ (estar / está / esté) enferma otra vez.

ADRIANA El problema es que no le gusta (2) __tomar__ (tomar / toma / tome) vitaminas. Además, ella casi nunca (3) __come__ (comer / come / coma) verduras.

MARTA Y no creo que Ana María (4) __haga__ (hacer / hace / haga) ejercicio. Yo siempre le (5) __pido__ (pedir /pido / pida) que (6) __venga__ (venir / viene / venga) conmigo al gimnasio, pero ella prefiere (7) __quedarse__ (quedarse / se queda / se quede) en casa.

ADRIANA Y cuando ella se enferma, no (8) __sigue__ (seguir / sigue / siga) los consejos del médico. Si él le recomienda que (9) __permanezca__ (permanecer / permanece / permanezca) en cama, ella dice que no es necesario (10) __descansar__ (descansar / descansa / descanse). Si él le da una receta, ella ni (11) __compra__ (comprar / compra /compre) las medicinas. ¿Qué vamos a hacer, Marta?

MARTA Es necesario que (12) __hablemos__ (hablar / hablamos / hablemos) con ella. Si no, ¡temo que un día de éstos ella nos (13) __llame__ (llamar / llama / llame) para llevarla a la sala de emergencias!

ADRIANA Bueno, creo que (14) __tienes__ (tener / tienes / tengas) razón. ¡Sólo espero que ella nos (15) __escuche__ (escuchar / escucha / escuche)!

3 **Consejos** Combina los elementos de cada columna para escribir cinco consejos. Usa el presente del subjuntivo.

MODELO Te recomendamos que hagas más ejercicio.

aconsejar		comer frutas y verduras
es importante		descansar
es necesario	que	hacer más ejercicio
querer		ir al gimnasio
recomendar		seguir las recomendaciones del médico
sugerir		tomar las medicinas

TALLER DE CONSULTA

MANUAL DE GRAMÁTICA
Más práctica

4.1 The subjunctive in noun clauses, p. A23

1 Have students create five similar sentences using subjunctive or indicative.

2 For sentences that require the subjunctive, have students explain why they used it.

3 As a variant, have one student write a main clause on the board. Then have another student complete the sentence with a subordinate clause in the subjunctive.

Teaching option Do a rapid-response drill. Write a list of noun clauses on the board (Ex: **Quiero que…**) and have students respond with a subordinate clause.

Práctica

④ Point out that Spanish contains over 2,000 words of Arabic origin. **Ojalá** is one, and it means **quiera Dios** (*God willing*), expressing a strong desire for something to happen.

Teaching option Play the song *Ojalá que llueva café*, by Juan Luis Guerra (available on iTunes). Pass out lyrics with blank lines for students to fill in the subjunctive verb forms.

⑤ To preview the activity, have students write a personal ad as if they were Lucía or Roberto. Encourage them to be creative.

⑤ For an optional writing activity, help students create a list of possible problems about which someone might write to an advice columnist. Then have them use the present subjunctive to write a response letter giving advice. Recycle vocabulary from past lessons.

④ **Ojalá** Para muchos, el amor es una enfermedad. El cantante Silvio Rodríguez sugiere en esta canción una cura para el amor.

A. Utiliza el presente del subjuntivo de los verbos entre paréntesis para completar la estrofa (*verse*) de la canción.

> Ojalá que las hojas no te (1) __toquen__ (tocar) el cuerpo cuando (2) __caigan__ (caer) para que no las puedas convertir en cristal.
> Ojalá que la lluvia (3) __deje__ (dejar) de ser milagro que baja por tu cuerpo.
> Ojalá que la luna (4) __pueda__ (poder) salir sin ti.
> Ojalá que la tierra no te (5) __bese__ (besar) los pasos.

B. Ahora, escribe tu propia estrofa.

1. Ojalá que los sueños _____.
2. Ojalá que la noche _____.
3. Ojalá que la herida _____.
4. Ojalá una persona _____.

⑤ **El hombre ideal** Roberto está enamorado de Lucía, pero ella no le presta atención. Mira el dibujo del hombre ideal de Lucía y escribe cinco recomendaciones para Roberto. Utiliza el presente del subjuntivo y las palabras de la lista.

MODELO Roberto, es necesario que te vistas mejor.

aconsejar	insistir en
es importante	proponer
es malo	recomendar
es mejor	rogar
es necesario	sugerir

Roberto

Hombre ideal

✦ Practice more at **vhlcentral.com.**

Comunicación

6 Have students work in pairs to write a letter to Dr. Sánchez. Have them exchange letters and write responses.

6 Ask volunteers to read their letters and answers to the class. Then ask: **¿Qué debe hacer** [name of student] **en esta situación?**

6 **El doctor Sánchez responde** Los lectores de una revista de salud envían sus consultas al doctor Sánchez. Trabajen en parejas para decidir qué consejos corresponden a cada consulta. Luego redacten la respuesta para cada lector usando las expresiones de la lista.

Los lectores preguntan. **El Dr. Sánchez responde.**

1. Estimado Dr. Sánchez:
   Tengo 55 años y quiero adelgazar 10 kilos. Mi médico insiste en que mejore mi alimentación. Probé varias dietas, pero no logro adelgazar. ¿Qué puedo hacer? b
   Ana J.

2. Querido Dr. Sánchez:
   Tengo 38 años y sufro fuertes dolores de espalda (back). Trabajo en una oficina y estoy muchas horas sentada. Después de varios análisis, mi médico dijo que tengo los huesos perfectamente. Me recetó unas pastillas para los músculos, pero no quiero tomar medicinas. ¿Hay otra solución? c
   Isabel M.

3. Dr. Sánchez:
   Siempre me duele mucho el estómago. Soy muy nervioso y no puedo dormir. Mi médico me aconseja que trabaje menos. Pero eso es imposible.
   Andrés S. a

A. No comer con prisa.
   Pasear mucho.
   No tomar café.
   Practicar yoga.

B. Caminar mucho.
   Practicar natación.
   No comer las cuatro "p": papas, pastas, pan y postres.
   Tomar dos litros de agua por día.

C. No permanecer sentada más de dos horas seguidas.
   Hacer cincuenta minutos de ejercicio por día.
   Adoptar una buena postura al estar sentada.
   Elegir una buena cama.
   Usar una almohada dura.

es importante que	le aconsejo que
es improbable que	le propongo que
es necesario que	le recomiendo que
es poco seguro que	le sugiero que
es urgente que	no es seguro que

7 **Estilos de vida** En parejas, elijan cada uno/a una de estas personalidades. Después, dense consejos para cambiar su estilo de vida. Utilicen el subjuntivo.

1. Voy al gimnasio tres veces al día. Lo más importante en mi vida es mi cuerpo.

2. Me gusta salir por las noches. Trasnocho casi todos los días.

3. Siempre como comida rápida porque está muy rica y no me gusta cocinar.

4. No hago nada de ejercicio. Estoy todo el día trabajando en la oficina.

4.2 Commands

Formal (*Ud.* and *Uds.*) commands

- Formal commands (**mandatos**) are used to give orders or advice to people you address as **usted** or **ustedes**. Their forms are identical to the present subjunctive forms for **usted** and **ustedes**.

Formal commands		
Infinitive	**Affirmative command**	**Negative command**
tomar	**tome** (usted)	**no tome** (usted)
	tomen (ustedes)	**no tomen** (ustedes)
volver	**vuelva** (usted)	**no vuelva** (usted)
	vuelvan (ustedes)	**no vuelvan** (ustedes)
salir	**salga** (usted)	**no salga** (usted)
	salgan (ustedes)	**no salgan** (ustedes)

Familiar (*tú*) commands

- Familiar commands are used with people you address as **tú**. Affirmative **tú** commands have the same form as the **él, ella,** and **usted** form of the present indicative. Negative **tú** commands have the same form as the **tú** form of the present subjunctive.

Piensa en él como un amigo que tiene siempre razón.

No pienses en mí como tu jefe.

Familiar commands		
Infinitive	**Affirmative command**	**Negative command**
viajar	viaja	no viajes
empezar	empieza	no empieces
pedir	pide	no pidas

- These verbs have irregular affirmative **tú** commands. Their negative forms are still the same as the **tú** form of the present subjunctive.

decir	di	salir	sal
hacer	haz	ser	sé
ir	ve	tener	ten
poner	pon	venir	ven

Nosotros/as commands

- **Nosotros/as** commands are used to give orders or suggestions that include yourself as well as other people. In Spanish, **nosotros/as** commands correspond to the English *let's* + [*verb*]. Affirmative and negative **nosotros/as** commands are generally identical to the **nosotros/as** forms of the present subjunctive.

Indicate that **nosotros/as** commands can also be expressed with **vamos a** + [*infinitive*]. Ex: **¡Vamos a comer!** *Let's eat!*

Nosotros/as commands		
Infinitive	**Affirmative command**	**Negative command**
bailar	bailemos	no bailemos
beber	bebamos	no bebamos
abrir	abramos	no abramos

- The **nosotros/as** commands for **ir** and **irse** are irregular: **vamos** and **vámonos**. The negative commands are regular: **no vayamos** and **no nos vayamos**.

Using pronouns with commands

- When object and reflexive pronouns are used with affirmative commands, they are always attached to the verb. When used with negative commands, the pronouns appear between **no** and the verb.

¡ATENCIÓN!

When one or more pronouns are attached to an affirmative command, an accent mark may be necessary to maintain the original stress. This usually happens when the combined verb form has three or more syllables.

decir

di, dile, dímelo

diga, dígale, dígaselo

digamos, digámosle, digámoselo

Levántense temprano.	**No** se **levanten** tarde.
Wake up early.	*Don't wake up late.*
Dime todo.	**No** me **digas nada**.
Tell me everything.	*Don't tell me anything.*

- When the pronouns **nos** or **se** are attached to an affirmative **nosotros/as** command, the final **s** of the command form is dropped.

Sentémonos aquí.	**No** nos **sentemos** aquí.
Let's sit here.	*Let's not sit here.*
Démoselo mañana.	**No** se lo **demos** mañana.
Let's give it to him/her tomorrow.	*Let's not give it to him/her tomorrow.*

Indirect (*él, ella, ellos, ellas*) commands

- The construction **que** + [*subjunctive*] can be used with a third-person form to express indirect commands that correspond to the English *let someone do something*. If the subject of the indirect command is expressed, it usually follows the verb.

TALLER DE CONSULTA

See **2.1**, pp. 54–55 for object pronouns.

See **2.3**, pp. 62–63 for reflexive pronouns.

Que pase el siguiente.	**Que** lo **haga** ella.
Let the next person pass.	*Let her do it.*

- As with other uses of the subjunctive, pronouns are never attached to the conjugated verb, regardless of whether the indirect command is affirmative or negative.

Explain that the main clause is implicit in indirect commands. Ex: **[Es necesario] Que pase el siguiente.**

Que se lo den José y Raquel.	**Que no se lo den** José y Raquel.
Let José and Raquel give it to them.	*Don't let José and Raquel give it to them.*
Que lo vuelva a hacer Ana.	**Que no lo vuelva** a hacer Ana.
Let Ana do it again.	*Don't let Ana do it again.*

Práctica

TALLER DE CONSULTA

MANUAL DE GRAMÁTICA
Más práctica

4.2 Commands, p. A24

① Have students continue the activity in pairs. Ask each student to write two more sentences for his/her partner to change into commands.

① Mandatos Cambia estas oraciones para que sean mandatos.

1. Te conviene descansar. Descansa.
2. Deben relajarse. Relájense.
3. Es hora de que usted tome su pastilla. Tome su pastilla.
4. ¿Podría usted describir sus síntomas? Describa sus síntomas.
5. ¿Y si dejamos de fumar? Dejemos de fumar.
6. ¿Podrías consultar con un especialista? Consulta con un especialista.
7. Ustedes necesitan comer bien. Coman bien.
8. Le pido que se vaya de mi consultorio. Váyase de mi consultorio.

② Suggested answers for Part B: **1.** Prevén las caries. **2.** Cepíllate los dientes después de cada comida. **3.** No comas dulces. **4.** Pon poco azúcar en el café o té. **5.** Come o bebe alimentos que tengan calcio. **6.** Consulta al dentista periódicamente.

② El cuidado de los dientes

A. Escribe los consejos que dio un dentista durante una visita a una escuela. Usa el imperativo formal de la segunda persona del plural.

1. prevenir las caries (*cavities*) Prevengan las caries.
2. cepillarse los dientes después de cada comida Cepíllense los dientes después de cada comida.
3. no comer dulces No coman dulces.
4. poner poco azúcar en el café o el té Pongan poco azúcar en el café o el té.
5. comer o beber alimentos que tengan calcio Coman o beban alimentos que tengan calcio.
6. consultar al dentista periódicamente Consulten al dentista periódicamente.

B. Reescribe los consejos usando el imperativo informal.

③ Have volunteers present their own problems or bad habits for the class to give appropriate advice, using commands.

③ El doctor de Felipito Felipito es un niño muy inquieto. A cada rato tiene pequeños accidentes. Utiliza mandatos informales para aconsejarle cómo evitarlos.

MODELO No toques perros en la calle.

1.   2.   3.

4.   5.   6.

Teaching option Give one student a **tú** command. Have them respond with the **Ud.** command of the same verb. For additional practice, have a third student give the **Uds.** command form.

Practice more at **vhlcentral.com**.

Comunicación

4 **Que lo hagan ellos** Carlos está tan entretenido con su nuevo videojuego que no quiere hacer nada más. En parejas, preparen una conversación entre Carlos y su madre en la que ella le da mandatos y Carlos sugiere que otras personas la ayuden. Utilicen mandatos indirectos en la conversación.

4 Recycle household vocabulary by adding these chores to the list: **hacer la cama, poner la mesa, lavar las ventanas, pasar la aspiradora.**

MODELO

MADRE Limpia tu cuarto, Carlos.
CARLOS Que lo limpie mi hermano. ¡Estoy a punto de alcanzar el próximo nivel!

ayudarme en la cocina	mis amigos
cortar cebollas	mi hermana
pasear al perro	mi hermano
llamar a la abuela	mi padre
ir a la farmacia	tú/Ud.

5 **Hasta el siglo XXII**

A. ¿Qué consejos le darías a un(a) amigo/a para que viva hasta el siglo XXII? En grupos pequeños, escriban ocho recomendaciones utilizando mandatos informales afirmativos y negativos. Sean creativos/as.

MODELO No tomes mucho café. Toma sólo agua y jugos naturales.

B. Ahora reúnanse con otro grupo y lean las dos listas. ¿En qué se parecen y en qué se diferencian sus recomendaciones?

5 Have volunteers read their sentences aloud and write the commands on the board in two columns: **mandatos afirmativos** and **mandatos negativos.**

6 **Anuncios** En grupos, elijan tres de estos productos y escriban un anuncio de televisión para promocionar cada uno de ellos. Utilicen los mandatos formales para convencer al público de que lo compre.

MODELO El nuevo perfume "Enamorar" de Rita Ferrero le va a encantar. Cómprelo en cualquier perfumería de su ciudad. Pruébelo y…

perfume "Enamorar"	computadora portátil "Digitex"
chocolate sin calorías "Deliz"	crema hidratante "Suavidad"
raqueta de tenis "Rayo"	todo terreno "Intrepid"
pasta de dientes "Sonrisa Sana"	cámara digital "Flimp"

6 Ask groups to read their commercials aloud, then have the class vote on whether or not they were convinced to buy the product.

Teaching option Have pairs find ads in Spanish from magazines or the Internet that use the imperative or subjunctive forms. Have students present their ads to the class, commenting on the product advertised, the target audience, and the overall effectiveness of the ad.

4.3 *Por* and *para*

- **Por** and **para** are both translated as *for*, but they are not interchangeable.

Madrugué para
ir al gimnasio.

Por mucho que
insistan, los tendré
que tirar.

Explain that **para** is
often used with adverbs
to indicate *in the direction of.*
para arriba *upwards*
para atrás *backwards*

Variación léxica Point
out that in some regions,
including the Caribbean,
the second syllable of
para is often dropped
from spoken Spanish.
Ex: **pa'rriba, pa'bajo**

Uses of *para*

Destination *(toward; in the direction of)*	El cirujano sale de su casa **para** la clínica a las ocho. *The surgeon leaves his house at eight to go to the clinic.*
Deadline or a specific time in the future *(by; for)*	El resultado del análisis va a estar listo **para** mañana. *The test results will be ready by tomorrow.*
Goal (para + [*infinitive*]) *(in order to)*	El doctor usó un termómetro **para** ver si el niño tenía fiebre. *The doctor used a thermometer to see if the boy had a fever.*
Purpose (para + [*noun*]) *(for; used for)*	El investigador descubrió una cura **para** la enfermedad. *The researcher discovered a cure for the disease.*
Recipient *(for)*	La enfermera preparó la cama **para** doña Ángela. *The nurse prepared the bed for Doña Ángela.*
Comparison with others or opinion *(for; considering)*	**Para** su edad, goza de muy buena salud. *For her age, she enjoys very good health.*
	Para mí, lo que tienes es gripe y no un resfriado. *To me, what you have is the flu, not a cold.*
Employment *(for)*	Mi hijo trabaja **para** una empresa farmacéutica. *My son works for a pharmaceutical company.*

Expressions with *para*

no estar para bromas *to be in no mood for jokes*

no ser para tanto *to not be a big deal*

para colmo *to top it all off*

para que *so that*

para que (lo) sepas *just so you know*

para siempre *forever*

- Note that the expression **para que** is followed by the subjunctive.

  Te compré zapatos de tenis **para que** hagas ejercicio.
  I got you sneakers so that you will work out.

Para ponerse en forma hay que trabajar duro.

Yo, por ejemplo, trato de comer cosas sanas.

Uses of *por*

Motion or a general location
(along; through; around; by)

Duration of an action
(for; during; in)

Reason or motive for an action
(because of; on account of; on behalf of)

Object of a search
(for; in search of)

Means by which
(by; by way of; by means of)

Exchange or substitution
(for; in exchange for)

Unit of measure
(per; by)

Agent (passive voice)
(by)

Me quebré la pierna corriendo **por** el parque.
I broke my leg running through the park.

Estuvo en cama **por** dos meses.
He was in bed for two months.

Rezó **por** su hijo enfermo.
She prayed for her sick child.

El enfermero fue **por** un termómetro.
The nurse went to get a thermometer.

Consulté con el doctor **por** teléfono.
I consulted with the doctor by phone.

Cambiamos ese tratamiento **por** uno nuevo.
We changed from that treatment to a new one.

Tengo que tomar las pastillas cinco veces **por** día.
I have to take the pills five times a day.

La nueva política de salud pública fue anunciada **por** la prensa.
The new public health policy was announced by the press.

Expressions with *por*

por ahora *for the time being*

por allí/aquí *around there/here*

por casualidad *by chance*

por cierto *by the way*

¡Por Dios! *For God's sake!*

por ejemplo *for example*

por escrito *in writing*

por eso *therefore; for that reason*

por fin *finally*

por lo general *in general*

por lo menos *at least*

por lo tanto *therefore*

por lo visto *apparently*

por más/mucho que *no matter how much*

por otro lado/otra parte *on the other hand*

por primera vez *for the first time*

por si acaso *just in case*

por supuesto *of course*

Práctica

TALLER DE CONSULTA

MANUAL DE GRAMÁTICA
Más práctica

4.3 **Por** and **para**, p. A25

① Have students review the tables on pp. 144–145 and identify the use of **por** or **para** for each item.

---

① **Otra manera** Lee la primera oración y completa la segunda versión con **por** o **para**.

1. Mateo pasó el verano en Colombia con su abuela.
   Mateo fue a Colombia __para__ visitar a su abuela.

2. Ella estaba enferma y quería la compañía de su nieto.
   Ella estaba enferma; __por__ eso, Mateo decidió ir.

3. La familia le envió muchos regalos a la abuela.
   La familia envió muchos regalos __para__ la abuela.

4. La abuela se alegró mucho de la visita de Mateo.
   La abuela se puso muy feliz __por__ la visita de Mateo.

5. Mateo pasó tres meses en ese país.
   Mateo estuvo en Colombia __por__ tres meses.

Cartagena, Colombia

---

② Have students write a response letter from Catalina to Mateo, using **por** and **para** at least three times each.

② **Carta de amor** Completa la carta con **por** y/o **para**.

De:	mateo25@tucorreo.com
A:	cata@tucorreo.com
Tema:	Noticias desde Cartagena

Mi amada Catalina:

(1) __Por__ fin encuentro un momento (2) __para__ escribirte. Es que mi abuela me tiene a su lado (3) __por__ horas y horas cada día, contándome historias de su niñez aquí en Cartagena. Poquito a poco va recuperándose, pero no sé de dónde saca tantas fuerzas (4) __para__ hablar. Pero estoy aquí sólo (5) __por/para__ ella, así que no me quejo de nada. En las tardes ella descansa y yo suelo caminar (6) __por__ la playa y, (7) __por__ supuesto, pienso en ti…

Hoy mi abuelita me pidió llamar (8) __por__ teléfono a la clínica, pues le duele mucho el estómago y cree que es (9) __por__ las otras medicinas que le recetó el cirujano. Mientras tío Javi la lleva a la clínica, yo iré al centro (10) __para__ hacer unas compras. Ya sé lo que voy a comprar (11) __para__ ti.
Ya pronto nos veremos…
Te amaré (12) __para/por__ siempre…

Mateo

---

③ For additional practice, tell students to add at least two more verbs and nouns to the list.

Teaching option For faster-paced classes, hand out a brief article in Spanish from a newspaper or magazine. Read the text together and have volunteers find examples of **por** and **para** and explain why they are used.

③ **Oraciones** Utiliza palabras de cada columna para formar oraciones lógicas.

MODELO   Mi hermana preparó una cena especial para la fiesta.

caminar		él
comprar		la fiesta
jugar	por	mi mamá
hacer	para	su hermana
preparar		el parque

 Practice more at **vhlcentral.com**.

Comunicación

4 **Soluciones** En parejas, comenten cuáles son las mejores maneras de lograr los objetivos de la lista. Sigan el modelo y utilicen **por** y **para**.

> **MODELO** Para tener buena salud, lo mejor es comer cinco frutas o verduras por día porque tienen muchas vitaminas.

concentrarse al estudiar	relajarse
divertirse	ser famoso/a
hacer muchos amigos	ser organizado/a
mantenerse en forma	tener buena salud

4 Have students share their responses with the class. Refer them to pp. 144–145 and have them identify the uses of **por** and **para** in their sentences.

5 **Conversación** En parejas, elijan una de las situaciones y escriban una conversación. Utilicen **por** y **para**, y algunas de las expresiones de la lista.

A. Tu vecino, don José, ganó en un concurso unas vacaciones a Medellín, Colombia, pero él no puede ir. Está pensando en ti y en otro/a vecino/a. Convence a don José de que te dé a ti las vacaciones.

B. Hace un año que trabajas en una librería y nunca has tenido vacaciones. Habla con tu jefe/a y dile que quieres tomarte unas vacaciones de dos semanas. Tu jefe/a dice que ahora no puedes tomarte vacaciones y te da algunas razones. Explícale tú tus razones.

no es para tanto	por casualidad	por lo menos
para colmo	por eso	por lo tanto
para siempre	por fin	por supuesto

5 Have two pairs act out their conversations for situations **A** and **B** in front of the class. Then have other students offer alternative ways to convince the **vecino** or **jefe/a**.

6 **Síntesis** En grupos de cuatro miren la foto e inventen una conversación. Deben usar por lo menos tres verbos en el subjuntivo, tres mandatos y tres expresiones con **por** o **para**. Dramaticen la conversación para el resto de la clase.

> **MODELO** — Quiero que me digas qué debo hacer para adelgazar.
> — ¡Bebe té verde por la mañana!

6 While each group performs their scene, have the rest of the class take note of the uses of the subjunctive, the imperative and **por/para**. Then have volunteers write the sentences or phrases they heard on the board.

INSTRUCTIONAL RESOURCES
Short Film, Script & Translation

Point out that, in 2007, *Éramos pocos* was nominated for an Oscar in the Short Film category.

Antes de ver el corto

ÉRAMOS POCOS

país España
duración 16 minutos
director Borja Cobeaga

protagonistas Joaquín (padre), Fernando (hijo), Lourdes (abuela)

Vocabulario

el álbum (de fotos) *(photo) album*	**enseguida** *right away*
apañar *to fix up*	**largarse** *to take off*
apañarse *to manage; to make do*	**el marco** *frame*
el asilo (de ancianos) *nursing home*	**la paella** *(Esp.) traditional rice and seafood dish*
descalzo/a *barefoot*	**la tortilla** *(Esp.) potato omelet*
el desorden *mess*	**el trastero** *storage room*

① For expansion, ask students if they have ever tried **paella** or a Spanish **tortilla.** If any students have traveled to Spain, ask them to share any thoughts or stories involving Spanish food.

1 **Oraciones incompletas** Completa las oraciones con las palabras apropiadas.

1. Pones las fotos en un _____marco_____ para colocarlas en la pared.
2. Te vas a vivir a un _____asilo_____ cuando eres un anciano.
3. Guardas los muebles antiguos en un _____trastero_____.
4. Cuando no llevas zapatos, vas ___descalzo/a___.
5. La _____tortilla_____ es un plato que se cocina con huevos y patatas.

② For item 3, have heritage speakers discuss nursing homes vs. living with the family in their families' countries of origin.

2 **Preguntas** En parejas, contesten las preguntas.

1. ¿Crees que ahora los hombres ayudan en las tareas del hogar más que antes?
2. ¿Conoces a alguna mujer que sea ama de casa? ¿Le gusta serlo?
3. ¿Cuáles crees que son las ventajas y las desventajas de vivir en un asilo o vivir con la familia cuando una persona es anciana? ¿Por qué?
4. ¿Cómo crees que va a ser la situación de los ancianos dentro de unos años?

③ Once students have watched the film, ask them if they were correct in their predictions.

3 **¿Qué sucederá?** En parejas, miren el fotograma e imaginen lo que va a ocurrir en la historia. Compartan sus ideas con la clase.

Practice more at **vhlcentral.com.**

Escenas

ARGUMENTO Tras ser abandonado por su mujer, Joaquín decide traer a su suegra a casa para que haga las labores del hogar.

Synopsis A father and his son are incapable of taking care of housework. When the wife leaves and does not return, they decide to bring the grandmother back from the nursing home so she will cook and clean for them.

Preview In pairs, ask students to cover the captions and look only at the photos. Have them invent their own captions based on the videograbs.

FERNANDO ¿Por qué estás descalzo?
JOAQUÍN Porque no encuentro mis zapatillas.
FERNANDO ¿Y estás seguro de que se ha ido sin más°?
JOAQUÍN Eso parece.

FERNANDO Cuánto tiempo sin verte.
LOURDES Mucho tiempo.
FERNANDO Mira, papá, es la abuela.
LOURDES Hola.
JOAQUÍN Hola, soy tu yerno Joaquín. No sé si te acuerdas de mí.

LOURDES ¿Y mi habitación?
JOAQUÍN Esto se arregla en un momento. Desde que te fuiste usamos este cuarto como un trastero, pero enseguida lo apañamos. ¡Fernando!
LOURDES No te preocupes, no pasa nada.
JOAQUÍN ¡Fernando!

JOAQUÍN Creo que se ha dado cuenta. Que sabe para qué la hemos traído.
FERNANDO ¿Qué dices?
JOAQUÍN ¿No la notas demasiado… contenta?

ABUELA ¿Qué? ¿No coméis?
JOAQUÍN Que te diga esto a lo mejor te parece desproporcionado, Lourdes. Pero es que Julia lleva mucho tiempo de viaje.
FERNANDO Mucho, mucho.
JOAQUÍN No sabes lo que esta tortilla significa para nosotros.

JOAQUÍN Julia, soy yo. No me cuelgues°, ¿eh? Es importante. Es sobre tu madre. Ya sé que fui yo el que insistió en meterla en un asilo pero ahora está aquí, con nosotros. Es para pedirte perdón y para que veas que puedo cambiar.

sin más *just like that* **No me cuelgues** *Don't hang up on me*

1 Comprensión Contesta las preguntas con oraciones completas. Some answers will vary.

1. ¿Dónde está Julia?
   Julia se ha ido de casa.
2. ¿Qué ha pasado con las zapatillas de Joaquín?
   Julia tiró las zapatillas por la ventana.
3. ¿Por qué van a recoger a la abuela?
   Van a recoger a la abuela para que ayude en la casa.
4. ¿Por qué cree Joaquín que la abuela se ha dado cuenta del plan?
   Joaquín cree que la abuela se ha dado cuenta del plan porque ella está demasiado contenta.
5. ¿Para qué llama Joaquín a su mujer?
   Joaquín llama a su mujer para pedirle perdón y decirle que ha cambiado.
6. ¿Qué le dice su mujer?
   Le dice que ella está con su madre.
7. ¿Para qué mira Joaquín el álbum de fotos?
   Para ver si la mujer que está en su casa es Lourdes.
8. ¿Qué descubre Joaquín?
   Joaquín descubre que la mujer que vive con ellos no es Lourdes.

2 Ampliación Contesta las preguntas.

1. ¿Por qué piensas que Joaquín y Fernando son incapaces de vivir sin una mujer?

2. Según Joaquín, ¿por qué es importante la tortilla?

3. ¿Por qué está tan contenta Lourdes a pesar de trabajar tanto?

4. ¿Por qué crees que Joaquín no dice que la mujer no es su suegra?

5. ¿Qué opinas del final del corto? ¿Te parece que los personajes se están engañando unos a otros o se están ayudando? ¿Por qué?

6. ¿Cómo se relaciona el título con lo que sucede en el corto?

3 Julia En parejas, imaginen cómo es la esposa de Joaquín y cómo es su vida.

- ¿Cómo es?
- ¿Por qué se fue de casa?
- ¿Dónde está ahora?
- ¿Crees que sigue haciendo las labores del hogar?
- ¿Volverá con su familia?

4 Salud mental En parejas, imaginen que un día Julia llama a su hijo para explicarle por qué se fue. Según ella, era necesario para su salud mental y su bienestar. Piensen en estas preguntas y ensayen la conversación telefónica entre Fernando y Julia. Represéntenla delante de la clase.

- ¿Está Fernando de acuerdo con la explicación de su madre?
- ¿Perdona Fernando a su madre?
- ¿Le importa realmente que su madre se haya ido?
- ¿Está arrepentida Julia?
- ¿Estaba realmente enferma Julia cuando se fue de la casa?

5 Cartas Elige una de estas dos situaciones y escribe una carta.

1. Eres la anciana que se hace pasar por Lourdes y decides escribirle una carta a tu verdadera familia explicando por qué te fuiste del asilo con otra familia.

2. Eres un(a) anciano/a que acaba de irse a un asilo. Escribe una carta a tu familia describiendo qué extrañas de vivir en casa y qué te gusta del asilo.

Practice more at **vhlcentral.com**.

---

2 Ask additional questions. Ex: **¿Crees que Lourdes sabía desde el primer momento que Joaquín y Fernando no eran su yerno y su nieto, o sólo se dio cuenta más tarde? ¿Es aceptable engañar a otras personas si al hacerlo las estamos ayudando?**

2 For item 6, see what students come up with on their own and then explain that the title of the film comes from the saying **Éramos pocos y parió la abuela.** Explain that this saying roughly translates as *Just when you think things couldn't get any worse...* It is similar to the idea of Murphy's law: *Anything that can go wrong will go wrong.* It describes a difficult situation that becomes more complicated. How does this saying broaden their understanding of the film?

Teaching option
For advanced students, ask discussion questions about the importance of mental health. Ex: **¿La salud mental es tan importante como la salud física? ¿Qué tipo de apoyo ofrece tu escuela o universidad para estudiantes con inquietudes o problemas emocionales? ¿Crees que evadir un problema es una forma de solucionarlo?**

Tell students to read the title of this painting. Ask them to identify each of the characters, including the shadowy figures in the background: **¿Quién es el enfermo? ¿Quién es la persona que cuida de él? ¿Y las personas de atrás? ¿Qué crees que representan?**

Autorretrato con el Dr. Arrieta, 1820
Francisco de Goya, España

"Cuando sientes que la mano de la muerte se posa sobre el hombro, la vida se ve iluminada de otra manera…"

— Isabel Allende

Antes de leer

Mujeres de ojos grandes

Sobre la autora

Ángeles Mastretta nació en Puebla, México, en 1949. Estudió periodismo y colaboró en periódicos y revistas: "Escribía de todo: de política, de mujeres, de niños, de lo que veía, de lo que sentía, de literatura, de cultura, de guerra". Su primer libro fue de poemas: *La pájara pinta* (1978), pero fue *Arráncame la vida* (1985), su primera novela, la que le dio fama y reconocimiento. En 1997 fue la primera mujer en ganar el Premio Rómulo Gallegos con su novela *Mal de amores*. En su obra habla sobre la psicología de la mujer. *Mujeres de ojos grandes* está compuesto de relatos sobre mujeres que muestran "el poder que tienen en sus cosas y el poder que tienen para hacer con sus vidas lo que quieran, aunque no lo demuestren. Son mujeres poderosas que se saben poderosas pero no lo ostentan (*boast*)".

Sobre la autora Have students talk about other female authors who treat similar themes in their writing.

Vocabulario

los adelantos *advances*	**el/la enfermero/a** *nurse*	**el ombligo** *navel*
la aguja *needle*	**el hallazgo** *discovery*	**la pena** *sorrow*
la cordura *sanity*	**la insensatez** *senselessness*	**el regocijo** *joy*
desafiante *challenging*	**latir** *to beat*	**la terapia intensiva** *intensive care*

Variación léxica
los adelantos ⟷ las mejoras, los avances
el hallazgo ⟷ el descubrimiento

La historia de Julio Completa el párrafo con las palabras apropiadas.

Julio prefería una vida (1) ___desafiante___ que no lo aburriera. Sin embargo, al perder todo por la caída de la bolsa (*stock market crash*), Julio —siempre una persona tan sensata— perdió la (2) ___cordura___. Después de unos meses, los síntomas desaparecieron para gran (3) ___regocijo___ de la familia. Sin embargo, pensar en su trabajo lo llenaba de (4) ___pena___ y en su corazón latía el deseo de hacer algo nuevo. Tan agradecido estaba con los médicos que decidió estudiar para ser (5) ___enfermero___.

Conexión personal Cuando te sientes enfermo/a, ¿intentas curarte por tus propios medios? ¿Alguna vez estuviste en un hospital? ¿Confías en la medicina tradicional o has probado la medicina alternativa? ¿Crees que la ciencia puede resolverlo todo?

Conexión personal Ask these questions to spark discussion: ¿Quieres ser médico/a o enfermero/a? ¿Por qué? ¿Qué cualidades se necesitan? ¿Cuáles son algunos programas de televisión populares que tienen lugar en un hospital? ¿Son realistas?

Análisis literario: el símil o la comparación

El símil, o la comparación, es un recurso literario que consiste en comparar una cosa con otra por su semejanza, parecido o relación. De esa manera, se logra mayor expresividad. Implica el uso del término comparativo explícito: **como**. Por ejemplo: "*ojos grandes* **como** *lunas*". Crea algunas comparaciones con estos pares de palabras o inventa tus propias comparaciones: muerte/noche, rostro/fantasma, mejillas/manzanas, hombre/ratón, lugar/cementerio.

Análisis literario Have pairs choose artwork from the **Lecturas** pages found in each lesson of the book. Based on the image they choose, have them create a series of three similes. If necessary, review vocabulary from past lessons to get ideas. Have the class vote on the best one.

Practice more at **vhlcentral.com.**

Mujeres de ojos grandes

Último cuento; sin título

Ángeles Mastretta

Tía Jose Rivadeneira tuvo una hija con los ojos grandes como dos lunas, como un deseo. Apenas colocada en su abrazo, todavía húmeda y vacilante°, la niña mostró los ojos y algo en las alas° de sus labios que parecía pregunta.

—¿Qué quieres saber? —le dijo tía Jose jugando a que entendía ese gesto.

Como todas las madres, tía Jose pensó que no había en la historia del mundo una criatura tan hermosa como la suya. La deslumbraban° el color de su piel, el tamaño de sus pestañas° y la placidez con que dormía. Temblaba de orgullo imaginando lo que haría con la sangre y las quimeras° que latían en su cuerpo.

Se dedicó a contemplarla con altivez° y regocijo durante más de tres semanas. Entonces la inexpugnable° vida hizo caer sobre la niña una enfermedad que en cinco horas convirtió su extraordinaria viveza° en un sueño extenuado° y remoto° que parecía llevársela de regreso a la muerte.

Cuando todos sus talentos curativos no lograron mejoría alguna, tía Jose, pálida de terror, la cargó hasta el hospital. Ahí se la quitaron de los brazos y una docena de médicos y enfermeras empezaron a moverse agitados y confundidos en torno a la niña. Tía Jose la vio irse tras una puerta que le prohibía la entrada y se dejó caer al suelo incapaz de cargar consigo misma y con aquel dolor como un acantilado°.

Ahí la encontró su marido, que era un hombre sensato y prudente como los hombres acostumbran fingir° que son. La ayudó a levantarse y la regañó° por su falta de cordura y esperanza. Su marido confiaba en la ciencia médica y hablaba de ella como otros hablan de Dios. Por eso lo turbaba° la insensatez en que se había colocado su mujer, incapaz de hacer otra cosa que llorar y maldecir° al destino.

Aislaron a la niña en una sala de terapia intensiva. Un lugar blanco y limpio al que las madres sólo podían entrar media hora diaria. Entonces se llenaba de oraciones° y ruegos.

Todas las mujeres persignaban° el rostro de sus hijos, les recorrían el cuerpo con estampas y agua bendita°, pedían a todo Dios que los dejara vivos. La tía Jose no conseguía sino llegar junto a la cuna° donde su hija apenas respiraba para pedirle: "no te mueras". Después lloraba y lloraba sin secarse los ojos ni moverse hasta que las enfermeras le avisaban que debía salir.

Entonces volvía a sentarse en las bancas cercanas a la puerta, con la cabeza sobre las piernas, sin hambre y sin voz, rencorosa° y arisca°, ferviente° y desesperada. ¿Qué podía hacer? ¿Por qué tenía que vivir su hija? ¿Qué sería bueno ofrecerle a su cuerpo pequeño lleno de agujas y sondas° para que le interesara quedarse en este mundo? ¿Qué podría decirle para convencerla de que valía la pena hacer el esfuerzo en vez de morirse?

Una mañana, sin saber la causa, iluminada sólo por los fantasmas de su corazón, se le acercó a la niña y empezó a contarle las historias de sus antepasadas°. Quiénes habían sido, qué mujeres tejieron° sus vidas con qué hombres antes de que la boca y el ombligo de su hija se anudaran° a ella. De qué estaban hechas, cuántos trabajos° habían pasado, qué penas y jolgorios° traía ella como herencia. Quiénes sembraron con intrepidez° y fantasías la vida que le tocaba prolongar.

Durante muchos días recordó, imaginó, inventó. Cada minuto de cada hora disponible habló sin tregua° en el oído de su hija. Por fin, al atardecer de un jueves, mientras contaba implacable alguna historia, su hija abrió los ojos y la miró ávida° y desafiante, como sería el resto de su larga existencia.

El marido de tía Jose dio las gracias a los médicos, los médicos dieron gracias a los adelantos de su ciencia, la tía abrazó a su niña y salió del hospital sin decir una palabra. Sólo ella sabía a quiénes agradecer la vida de su hija. Sólo ella supo siempre que ninguna ciencia fue capaz de mover tanto, como la escondida en los ásperos° y sutiles° hallazgos de otras mujeres con los ojos grandes. ■

Marginal glosses:
unsteady
wings
dazzled
eyelashes
fancy ideas
pride
impregnable
liveliness/ exhausted far off
cliff
to pretend
scolded
bothered
to curse
prayers

crossed
holy
crib
spiteful
surly/ fervent
probes; catheters
(female) ancestors
wove
tied
hardships
fun
bravery
relentlessly
eager
rough; harsh/ subtle

Después de leer

Mujeres de ojos grandes
Ángeles Mastretta

(1) Comprensión Contesta las siguientes preguntas con oraciones completas.

1. ¿Quiénes son los tres personajes principales de este relato?
   Los personajes principales son la tía Jose, su marido y su hija.
2. ¿Tía Jose lleva inmediatamente a su hija al hospital?
   No. Sólo cuando sus talentos curativos no logran mejoría, tía Jose la lleva al hospital.
3. ¿Qué piensa el marido de la ciencia de los médicos y del comportamiento de su esposa?
   El marido confía en la ciencia médica y lo turba la insensatez de su esposa, que está desesperada.
4. ¿Qué historias le cuenta tía Jose a su hija? ¿Son todas reales?
   Tía Jose le cuenta historias de sus antepasadas. No todas son reales porque también imagina e inventa.
5. Para el padre de la niña, ¿qué o quién le salvó la vida? ¿Y para tía Jose?
   Para el padre, los médicos y la ciencia salvaron a su hija. Para tía Jose, fueron las historias sobre las mujeres que ella le contó.

(2) Análisis Lee el relato nuevamente y contesta las preguntas.

1. Los ojos de la hija de tía Jose son "grandes como dos lunas, como un deseo". ¿Por qué se eligen estos dos términos para la comparación? ¿Puedes encontrar otras comparaciones en el cuento?
2. La expresión "las alas de sus labios" es un recurso ya analizado. ¿Cómo se llama?
3. En el hospital, la niña es llevada lejos de su madre, "tras una puerta que le prohibía la entrada". ¿A qué lugar se refiere?
4. Tía Jose comienza a contarle historias a su hija "iluminada por los fantasmas de su corazón". Reflexiona: ¿los fantasmas se asocian con la luz o con la oscuridad? ¿A quiénes se refiere la palabra "fantasmas" en el relato?

(3) Interpretación En parejas, respondan las preguntas.

1. El personaje de la tía Jose pierde la voz ante la enfermedad de su hija. ¿Cómo recupera la voz? ¿Por qué?
2. La hija de tía Jose tiene ojos grandes, al igual que las mujeres de los relatos que le cuenta su madre. ¿Qué creen que simboliza esto?
3. El padre agradece a los médicos por haber salvado a la niña; los médicos agradecen a la ciencia. ¿Por qué tía Jose "salió del hospital sin decir una palabra"?
4. ¿Qué creen que salvó la vida de la niña? ¿Conocen algún caso de recuperación asombrosa en la vida real?

(4) Debate Formen dos grupos: uno debe hacer una lista de los argumentos que usó el marido de tía Jose para tranquilizarla en el hospital; el otro grupo debe imaginar cuáles eran las razones de las mujeres que rezaban (*prayed*) para sanar a sus hijos. Después, organicen un debate para discutir las alternativas, defendiendo su argumento y señalando las debilidades del argumento contrario.

(5) Historias Redacta una de las historias que la tía Jose le contó a su hija. Utiliza algunos de los usos de **por** y **para**. Incluye por lo menos dos símiles.

Practice more at **vhlcentral.com.**

(2) For item 4, ask students: **¿Qué poder tiene el uso de la luz y la oscuridad en este cuento?**

(3) Ask students this additional question: **El/La narrador(a) llama a la protagonista "tía Jose". ¿Qué significado puede tener la palabra "tía"? ¿Qué nos sugiere sobre la relación entre el/la narrador(a) y la historia que cuenta?**

Antes de leer

Vocabulario

la aldea *village*	**los gusanos** *worms*
la batalla *battle*	**la mosca** *fly*
la ceguera *blindness*	**el oro** *gold*
el chiripazo *coincidence*	**la picadura** *bite*
el ciclo vital *life cycle*	**rascar(se)** *to scratch (oneself)*
de hecho *in fact*	**el tráfico de esclavos** *slave trade*
el estibador de puerto *longshoreman*	

Vocabulario Tell students that the word **chiripazo** is a colloquial term that is used only in Colombia, Cuba, and Honduras.

Oraciones incompletas Completa las oraciones con las palabras adecuadas.

1. Los insectos cambian de forma durante su ___ciclo vital___.

2. ¡No te bebas ese jugo, tiene una ___mosca___ dentro!

3. Él tiene una ___picadura___ de mosquito en el brazo y no para de ___rascarse___.

4. No estoy enfermo, ¡___de hecho___, me siento muy bien!

5. Gracias a la ciencia algunas personas con ___ceguera___ recuperan la visión.

6. El ___oro___ es un metal precioso y muy caro.

7. El ___tráfico de esclavos___ es una de las mayores tragedias de la humanidad.

8. Una ___aldea___ es una comunidad rural donde viven pocas personas.

Conexión personal ¿Puedes pensar en alguna enfermedad que afecta a tu comunidad o a un grupo que conoces? ¿Ha recibido la comunidad alguna ayuda?

Contexto cultural

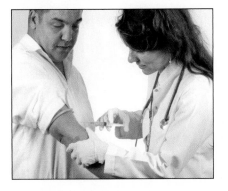

Colombia es un país en el que convergen múltiples culturas. Muestra de esta diversidad es la coexistencia de la medicina convencional y de las tradiciones medicinales indígenas. Científicos como **Rodolfo Llinás**, reconocido por sus aportes al campo de la neurociencia y por sus avances en la cura del cáncer y del alzhéimer, y **Manuel Elkin Patarroyo**, mundialmente famoso por su trabajo en el desarrollo de la vacuna contra la malaria, destacan en el campo de la medicina convencional. Sin embargo, en Colombia existe también otra visión muy diferente de la medicina: muchas de las comunidades indígenas del país cuentan con **curanderos** (*healers*). Según éstos, las enfermedades se producen por el desequilibrio (*imbalance*) entre el hombre, su entorno (*environment*) y el cosmos. Por esta razón, para curar las enfermedades, acuden a diversos rituales que buscan devolver el equilibrio y la armonía a las personas enfermas. ¿Qué piensas tú de estos dos enfoques de la medicina?

Contexto cultural Ask heritage speakers if they are familiar with the indigenous population from their families' home countries. If so, discuss how this population enriches the national culture.

Preview Ask the class to discuss potential social issues that might arise from the interaction of two cultures. Have them give examples from their communities.

Practice more at **vhlcentral.com**.

Colombia gana la guerra a una vieja enfermedad

Quien haya hecho una excursión por un bosque del noroeste de Norteamérica a finales de primavera sabrá lo que es la mosca negra: un insecto que se reproduce en los ríos y cuya picadura causa una pequeña inflamación rojiza, y poco más. Aunque en Nortemérica la mosca negra
5 no es peligrosa, en Suramérica provoca la llamada "ceguera de los ríos", una cruel enfermedad con la que se lucha en más de treinta países. Colombia se ha convertido en el primero de ellos en ganar la batalla.

¿Por qué cruel? La oncocercosis, o ceguera de los ríos, es básicamente una invasión de gusanos que entran en el cuerpo humano a través de la picadura de la mosca negra. Estos gusanos se reproducen y generan miles de larvas que emigran a todas partes del cuerpo por debajo de la piel. Esto hace que la infección sea tan desagradable. Según el doctor Donald Bundy, coordinador del Banco Mundial para el Control de la Oncocercosis, es común ver que en las aldeas afectadas las personas se rascan constantemente, razón por la cual terminan con cortes terribles en la piel. Con el paso de los años, esas larvas viajeras pasan de la piel a los ojos y cubren la córnea causando ceguera.

Después del glaucoma, la oncocercosis es la principal causa de ceguera a nivel mundial. Según la Organización Mundial de la Salud (OMS),° la oncocercosis afecta a 37 millones de personas en el mundo, de las cuales 300.000 ya han quedado completamente ciegas° . Casi todos los casos de oncocercosis se dan° en África; de hecho, se cree que esta enfermedad llegó al Nuevo Mundo a principios del siglo XVIII con el tráfico de esclavos. Actualmente, la enfermedad es parte de la realidad de muchas comunidades de países como Ecuador, Venezuela, México y Guatemala, y también de Colombia. Allí se descubrió en 1965 cuando un estibador de puerto llegó a la consulta del médico con una infección en los ojos. Casualmente°, el doctor que lo vio había estudiado oftalmología tropical en Francia. Enseguida, diagnosticó su enfermedad: oncocercosis.

"Fue un chiripazo", dice la doctora Gloria Palma, del Centro Internacional de Entrenamiento e Investigaciones Médicas (CIDEIM) de Colombia, quien asegura que estuvieron buscando la enfermedad en el sitio equivocado. Según Palma, el Instituto Nacional de Salud llevaba años buscando la enfermedad por la zona norte del país y había planes para ir a buscarla en el Pacífico.

La aparición del primer caso permitió centrar la búsqueda en la región del río Chuaré, Cauca. Finalmente, el foco de la ceguera de los ríos apareció en la comunidad de Nacioná, en el municipio° de López de Micay, una zona de difícil acceso. La economía de esta comunidad se ha basado, principalmente, en la extracción de oro en el propio río donde vive y se reproduce la mosca negra.

Una vez localizado el foco de la enfermedad había que dar el siguiente paso°: eliminarla. La estrategia para conseguirlo fue tratar a la población de la zona afectada con un medicamento llamado Ivermectina, donado por la empresa farmacéutica Merck. El tratamiento con este medicamento empezó en 1996 y continuó cada seis meses, hasta que en 2007 se comprobó que la mosca negra ya no transmitía el parásito. Pero eso no era suficiente. Había que demostrar que, tres años después, no hubiera ningún caso nuevo, y que el ciclo vital del parásito a través de la mosca negra y el hombre estaba definitivamente interrumpido. Y así fue: en 2011 la enfermedad se declaró oficialmente eliminada de Colombia. Misión cumplida. ∎

World Health Organization (WHO)

blind

occur

coincidentally

township

to take the next step

La oncocercosis en Colombia

Mar Caribe · Guajira · Atlántico · Magdalena · Bolívar · Sucre · Córdoba · Venezuela · Panamá · Océano Pacífico · López de Micay · río Chuaré · Cauca · Brasil

■ Zonas de búsqueda°
■ Foco de la enfermedad

búsqueda *search*

Después de leer

Colombia gana la guerra a una vieja enfermedad

(1) Have students work in pairs to answer the questions.

(1) Comprensión Contesta las preguntas con oraciones completas. Some answers will vary.

1. ¿Qué es la oncocercosis? Es una invasión de gusanos que entran en el cuerpo humano a través de la picadura de la mosca negra.
2. ¿Qué otro nombre recibe la oncocercosis? La oncocercosis también se conoce como "ceguera de los ríos".
3. ¿Cuándo se cree que llegó la oncocercosis al Nuevo Mundo? Se cree que llegó a principios del siglo XVIII.
4. ¿De qué continente se cree que procede la oncocercosis? Se cree que la oncocercosis procede de África.
5. ¿Por qué se produce la oncocercosis cerca de los ríos? Porque la mosca negra se reproduce en los ríos.
6. ¿Cómo se eliminó la oncocercosis en Colombia? La oncocercosis se eliminó al dar Ivermectina a las personas de la zona afectada.

(2) Preguntas Responde las preguntas con oraciones completas. Some answers will vary.

1. ¿Por qué se le llama "ceguera de los ríos" a la oncocercosis? Porque la enfermedad causa ceguera y la transmite una mosca que vive en los ríos.
2. ¿Por qué muchos enfermos de oncocercosis tienen cortes en la piel? Tienen cortes en la piel porque se rascan mucho.
3. ¿Por qué produce ceguera esta enfermedad? Las larvas del parásito llegan a los ojos y cubren la córnea causando ceguera.
4. ¿Cómo se cree que llegó esta enfermedad al Nuevo Mundo? Se cree que llegó con el tráfico de esclavos africanos.
5. ¿Al comienzo, en qué lugar estaba buscando la enfermedad el Instituto Nacional de Salud de Colombia? Estaba buscando la enfermedad por la zona norte del país.
6. ¿En qué otros lugares las comunidades deben enfrentarse a esta enfermedad? En países como Ecuador, Venezuela, México y Guatemala.
7. ¿Por qué estaban expuestos a la picadura de la mosca los habitantes de Nacioná? Porque las moscas viven en los ríos donde la gente busca oro.
8. ¿Qué crees que hay que hacer para eliminar esta enfermedad en todo el mundo? Hay que tratar con fármacos a todas las personas afectadas.

(3) Ask students to use vocabulary from **Contextos** and the information in the article to inform their conversation.

(3) Hipocondríaco Imagina que visitas Nacioná con un(a) amigo/a y que lo pica una mosca negra. Tu amigo/a se pone muy nervioso/a porque cree que se va a quedar ciego/a. Inventen una conversación sobre lo que sucede a continuación.

MODELO
—¡Me picó una mosca! ¡Voy a quedarme ciego!
—No te preocupes, aquí ya no hay oncocercosis.

(4) Have students research more information about the disease online. Have them include photos, graphs and illustrations in their posters.

(4) Campaña En grupos, creen una campaña para combatir una enfermedad que conozcan. Elijan un país afectado y desarrollen un cartel informativo con la siguiente información. Utilicen la gramática de la lección. Después, presenten los carteles a la clase.

- definición de la enfermedad
- síntomas de la enfermedad
- cómo se transmite la enfermedad
- cómo se cura
- cómo se puede prevenir
- qué repercusión tiene la eliminación de esa enfermedad a nivel mundial

(5) Debate En grupos de cuatro, debatan sobre las implicaciones que puede tener la utilización de animales en las investigaciones para encontrar la cura de enfermedades. Compartan sus conclusiones con la clase.

Practice more at **vhlcentral.com**.

Atando cabos

¡A conversar!

La nueva cafetería Trabajen en grupos de cuatro. Imaginen que son consultores/as contratados/as por una escuela o universidad para diseñar una nueva cafetería que cumpla con los objetivos del recuadro. Presenten su plan a la clase.

Objetivos de la nueva cafetería

- brindar a los estudiantes un espacio para socializar y relajarse
- ofrecer una selección de alimentos que sea atractiva, pero que, al mismo tiempo, sea saludable y lo más natural posible
- informar a los estudiantes acerca de temas relacionados con la salud, la alimentación y el bienestar a través de afiches y otros elementos visuales

---

¡A escribir!

Un decálogo Imagina que eres médico/a. Sigue el **Plan de redacción** para escribir un decálogo en el que das diez consejos generales a tus pacientes para que lleven una vida sana.

Plan de redacción

Preparación: Prepara un esquema (*outline*) con los diez consejos más importantes.

Título: Elige un título para el decálogo.

Contenido: Escribe los diez consejos. Utiliza el subjuntivo o el imperativo en todos los consejos. Puedes incluir la siguiente información.

- qué alimentos se deben comer y cuáles se deben evitar
- cuántas comidas se deben consumir al día
- cuántas horas se debe dormir
- qué hábitos se deben evitar

Cuídese:

1. Haga ejercicio tres veces a la semana como mínimo.

2. Es importante que no consuma muchas grasas.

3. Es esencial que...

INSTRUCTIONAL RESOURCES
SAM/WebSAM: WB

¡A conversar!
- Encourage students to use examples from their own school.
- Have students research statistics or facts about student health to add to their discussion.
- Review food vocabulary and have students make a list of healthy foods that they would offer at the cafeteria.
- Students should also discuss possible challenges of creating the new cafeteria, such as budget or student resistance.

¡A escribir!
In addition to the list of ten **consejos**, have students also create a list of **posibles riesgos** if the advice is not followed.
Ex: **Haga ejercicio tres veces a la semana como mínimo. Posible riesgo si no hace ejercicio: Es posible que engorde y tenga la tensión alta.**

Vocabulary Tools

Los síntomas y las enfermedades

la depresión	depression
la enfermedad	disease; illness
la gripe	flu
la herida	injury
el malestar	discomfort
la obesidad	obesity
el resfriado	cold
la respiración	breathing
la tensión (alta/baja)	(high/low) blood pressure
la tos	cough
el virus	virus
contagiarse	to become infected
desmayarse	to faint
empeorar	to get worse
enfermarse	to get sick
estar resfriado/a	to have a cold
lastimarse	to get hurt
permanecer	to remain
ponerse bien/mal	to get well/sick
sufrir (de)	to suffer (from)
tener buen/mal aspecto	to look healthy/sick
tener fiebre	to have a fever
toser	to cough
agotado/a	exhausted
inflamado/a	inflamed
mareado/a	dizzy

La salud y el bienestar

la alimentación	diet (nutrition)
la autoestima	self-esteem
el bienestar	well-being
el estado de ánimo	mood
la salud	health
adelgazar	to lose weight
dejar de fumar	to quit smoking
descansar	to rest
engordar	to gain weight
estar a dieta	to be on a diet

mejorar(se)	to improve
prevenir (e:ie)	to prevent
relajarse	to relax
trasnochar	to stay up all night
sano/a	healthy

Los médicos y el hospital

la cirugía	surgery
el/la cirujano/a	surgeon
la consulta	doctor's appointment
el consultorio	doctor's office
la operación	operation
los primeros auxilios	first aid
la sala de emergencias	emergency room

Las medicinas y los tratamientos

el analgésico	painkiller
la aspirina	aspirin
el calmante	sedative; painkiller
los efectos secundarios	side effects
el jarabe	syrup
la pastilla	pill
la receta	prescription
el tratamiento	treatment
la vacuna	vaccine
la venda	bandage
el yeso	cast
curarse	to heal; to be cured
poner(se) una inyección	to give/get a shot
recuperarse	to recover
sanar	to heal
tratar	to treat
vacunar(se)	to vaccinate/to get vaccinated
curativo/a	healing

Más vocabulario

Expresiones útiles	Ver p. 127
Estructura	Ver pp. 134–136, 140–141 y 144–145

Cinemateca

el álbum (de fotos)	(photo) album
el asilo (de ancianos)	nursing home
el desorden	mess
el marco	frame
la paella	(Esp.) traditional rice and seafood dish
la tortilla	(Esp.) potato omelet
el trastero	storage room
apañar	to fix up
apañarse	to manage; to make do
largarse	to take off
descalzo/a	barefoot
enseguida	right away

Literatura

los adelantos	advances
la aguja	needle
la cordura	sanity
el/la enfermero/a	nurse
el hallazgo	discovery
la insensatez	senselessness
el ombligo	navel
la pena	sorrow
el regocijo	joy
la terapia intensiva	intensive care
latir	to beat
desafiante	challenging

Cultura

la aldea	village
la batalla	battle
la ceguera	blindness
el chiripazo	coincidence
el ciclo vital	life cycle
de hecho	in fact
el estibador de puerto	longshoreman
los gusanos	worms
la mosca	fly
el oro	gold
la picadura	bite
el tráfico de esclavos	slave trade
rascar(se)	to scratch (oneself)

Los viajes

Communicative Goals

You will expand your ability to...
- make comparisons
- use negative, affirmative, and indefinite expressions
- express uncertainty and indefiniteness

Vocabulary Tools

INSTRUCTIONAL RESOURCES
SAM/WebSAM (WB, LM),
Textbook/Lab Audio,
Audioscripts,
Textbook/Lab AK

Los viajes

Preview Ask students with whom they
have traveled and where they have gone.
Review vocabulary about friends and
family and the use of the past tense.
¿Ibas de vacaciones con tu familia?
¿Qué tipo de vacaciones? ¿Adónde?

De viaje

Para sus vacaciones,
Cecilia y Juan
hicieron un viaje al
Caribe. El último día
decidieron descansar
en la piscina antes de
hacer las maletas.
Se durmieron... ¡y
perdieron el vuelo!
De todos modos, no
querían **regresar.**

la bienvenida *welcome*
la despedida *farewell*
el destino *destination*
el itinerario *itinerary*
la llegada *arrival*

el pasaje (de ida y vuelta)
 (round-trip) ticket
el pasaporte *passport*
la tarjeta de embarque
 boarding pass
la temporada alta/baja
 high/low season
el/la viajero/a *traveler*

hacer las maletas *to pack*
hacer transbordo *to transfer (planes/trains)*
hacer un viaje *to take a trip*
ir(se) de vacaciones *to go on vacation*
perder (e:ie) (el vuelo) *to miss (the flight)*
regresar *to return*

a bordo *on board*
retrasado/a *delayed*
vencido/a *expired*
vigente *valid*

Variación léxica
el accidente automovilístico ⟷ el choque
el congestionamiento ⟷ el embotellamiento; el atasco
estar lleno/a ⟷ estar completo/a
la excursión ⟷ el tour
hacer transbordo ⟷ hacer escala
regresar ⟷ volver
vencido/a ⟷ caducado/a
visa ⟷ visado

El alojamiento

el albergue *hostel*
el alojamiento *lodging*
la habitación individual/doble *single/double room*
la recepción *front desk*
el servicio de habitación *room service*

alojarse *to stay*
cancelar *to cancel*
estar lleno/a *to be full*
quedarse *to stay*
reservar *to reserve*

de (buena) categoría *first-rate*
incluido/a *included*
recomendable *advisable*

La seguridad y los accidentes

el accidente (automovilístico) *(car) accident*
el/la agente de aduanas *customs agent*
el aviso *notice; warning*
el cinturón de seguridad *seat belt*
el congestionamiento *traffic jam*
las medidas de seguridad *security measures*
la seguridad *safety; security*
el seguro *insurance*

aterrizar *to land*
despegar *to take off*
ponerse/quitarse el cinturón *to fasten/to
 unfasten the seat belt*
reducir (la velocidad) *to reduce (speed)*

peligroso/a *dangerous*
prohibido/a *prohibited*

NO
ESTACIONAR

Después de **recorrer** el canal de Panamá, el **crucero navegó** hasta un **puerto** de Costa Rica, donde los viajeros pudieron disfrutar de dos días de **ecoturismo**.

la aventura *adventure*

el/la aventurero/a *adventurer*

la brújula *compass*

el buceo *scuba diving*

el campamento *campground*

el crucero *cruise (ship)*

el (eco)turismo *(eco)tourism*

la excursión *outing; tour*

la frontera *border*

el/la guía turístico/a *tour guide*

la isla *island*

las olas *waves*

el puerto *port*

las ruinas *ruins*

la selva *jungle*

el/la turista *tourist*

navegar *to sail*

recorrer *to tour*

lejano/a *distant*

turístico/a *tourist (adj.)*

① Have students read through the sentences before listening to the conversation.

Teaching option
Play a *Jeopardy!*-style game. Divide the class into three teams and have one representative from each team stand up. Read a definition; the first team representative to raise his/her hand must answer in the form of a question. Ex: **Es la línea que separa dos países. (¿Qué es una frontera?)** Each correct answer earns one point.

Práctica

(1) Escuchar

A. Escucha lo que dice Julia, una guía turística, y después marca las oraciones que contienen la información correcta.

1. a. Los turistas llegaron hace una semana.
   b. La guía turística les da la bienvenida.
2. a. Los turistas van a ir al campamento en autobús.
   b. Los turistas van a ir al campamento en tren.
3. a. Los turistas se van a alojar en un campamento.
   b. Los turistas van a ir a un albergue.
4. a. El destino es una isla.
   b. El destino es la selva.
5. a. Les van a dar el itinerario mañana.
   b. El itinerario se lo darán la semana que viene.

B. Dos aventureros se separaron del grupo y tuvieron problemas. Escucha la conversación telefónica entre Mariano y el agente de viajes, y después contesta las preguntas. Some answers will vary.

1. ¿Qué les ha pasado a Mariano y a su novia?
   Han tenido un accidente automovilístico.
2. ¿Adónde iban ellos cuando tuvieron el accidente?
   a visitar unas ruinas
3. ¿Quién fue el responsable del accidente?
   ¿Por qué? Mariano fue el responsable porque no redujo la velocidad.
4. ¿Tienen que pagar por los gastos médicos?
   No. El seguro estaba incluido en el precio del viaje.
5. ¿Qué ha decidido la pareja?
   cancelar el resto del viaje

(2) Significados Escribe la palabra adecuada para cada definición.

1. documento necesario para ir a otro país
   ___pasaporte___
2. las forma el movimiento del agua del mar
   ___olas___
3. vacaciones en un barco ___crucero___
4. instrumento que dice dónde está el norte
   ___brújula___
5. línea que separa dos países ___frontera___
6. lugar del hotel donde te dan las llaves de la habitación ___recepción___
7. documento necesario para poder subir a un avión ___tarjeta de embarque___
8. lo contrario de vencido ___vigente___
9. lugar rodeado de agua ___isla___

Práctica

③ Have pairs write three additional fill-in-the-blank sentences and read them aloud. Call on volunteers to provide the correct answers.

③ Oraciones incompletas Completa las oraciones con las palabras apropiadas de **Contextos**.

1. Si vas a estar solo/a en el hotel, tomas una habitación ____individual____.
2. Cuando hay muchos coches en la calle al mismo tiempo, se producen ____congestionamientos____.
3. Los barcos, cuando llegan a tierra, se amarran (*dock*) en los ____puertos____.
4. Si vas a viajar a otro país, tienes que comprobar que tu pasaporte no esté ____vencido____.
5. El deporte que se practica debajo del agua del mar es el ____buceo____.

④ For additional practice, have students write a continuation of Mar and Pedro's conversation using lesson vocabulary.

④ Planes Completa la conversación con las palabras adecuadas del recuadro. Haz los cambios que sean necesarios.

a bordo	navegar	reservar
lleno/a	recorrer	retrasado/a

MAR ¿Qué quieres hacer hoy? ¿Quieres ir al crucero que (1) ____recorre____ las islas de la zona?

PEDRO ¿No hay que llamar antes para (2) ____reservar____ las plazas (*seats*)?

MAR No creo que el barco esté (3) ____lleno____. Espera, llamo por teléfono…

MAR ¡Tenemos suerte! El barco está (4) ____retrasado____, ahora sale a las diez y media. Tenemos que estar (5) ____a bordo____ a las diez. ¡En marcha!

PEDRO Perfecto, me gusta la idea. Hoy es un buen día para (6) ____navegar____.

⑤ As a variant, have volunteers tell the class about one of their past vacations. Ask: **¿Qué preparativos hicieron para el viaje?**

⑤ If necessary, provide a word bank: **agente de aduanas, despedida, hacer las maletas, isla, pasaje de ida y vuelta, ponerse el cinturón, tarjeta de embarque, etc.**

⑤ De viaje En parejas, utilicen palabras y expresiones de **Contextos** para escribir oraciones completas sobre cada dibujo. Sigan el modelo.

MODELO Primero, Eva hizo las maletas. Metió camisetas, un traje de baño y…

1.
2.
3.
4.
5.
6.

 Practice more at **vhlcentral.com**.

Comunicación

6 **Problemas** En parejas, representen una de estas situaciones. Den detalles, excusas y razones, y traten de buscar una solución al problema. Luego, representen la situación ante la clase.

1.
ESTUDIANTE 1 Eres un(a) huésped en un hotel que está muy sucio. No te gusta el servicio de habitación y además hace demasiado calor en tu cuarto.

ESTUDIANTE 2 Tu tío te ha dejado a cargo de su hotel. Es temporada alta y, como el hotel está lleno, tienes mucho trabajo. No sabes qué hacer.

2.
ESTUDIANTE 1 Llegas al aeropuerto y te das cuenta de que dejaste el pasaporte en tu casa. Además, en la ciudad hay mucho congestionamiento.

ESTUDIANTE 2 Eres taxista en el aeropuerto. Como has estado muy estresado/a, el médico te ha recomendado no apurarte por ningún motivo.

3.
ESTUDIANTE 1 Ibas manejando y has tenido un accidente. Te bajas del carro para hablar con el/la otro/a conductor(a). No tienes los papeles del seguro.

ESTUDIANTE 2 Ibas manejando y has tenido un accidente. No llevabas el cinturón de seguridad y te has roto una pierna.

7 **¡Bienvenidos!**

A. En grupos de cuatro, imaginen que trabajan en la Oficina de Turismo de su ciudad. Tienen que organizar una visita turística de tres días. Conversen sobre las preguntas de la lista y luego preparen un itinerario detallado para los turistas.

- ¿Quiénes son los/las turistas?
- ¿A qué aeropuerto o estación llegan?
- ¿En qué hotel se alojan?
- ¿Qué excursiones pueden hacer?
- ¿Qué lugares exóticos hay para visitar?
- ¿Adónde pueden ir con un(a) guía turístico/a?
- ¿Pueden navegar en algún mar, lago o río? ¿En cuál?
- ¿Qué museos, parques o edificios hay para visitar?
- ¿Qué deportes pueden practicar?

Tres días en Antigua Guatemala

B. Ahora, reúnanse con otro grupo y túrnense para explicar sus itinerarios. Un grupo representa a los empleados de la Oficina de Turismo y el otro a los turistas. Háganse preguntas específicas.

6 Give students this additional situation. **Estudiante 1: Trabajas como agente del gobierno en la frontera. Nadie puede cruzar sin su pasaporte. Estudiante 2: Después de viajar por muchas horas, llegas con tu hermano/a a la frontera. Aunque traes identificación, olvidaste tu pasaporte.**

7 Have students also answer logistical questions, such as: **¿Necesitan pasaporte y visa? ¿Cuánto dinero deben llevar para la visita?**

7 For expansion, have students write ads for places they have visited.

Video

Fabiola y Éric se preparan para un viaje de ecoturismo a la selva amazónica.

Synopsis
- Fabiola and Éric compare passports for their trip to Venezuela.
- Éric arrives dressed like Indiana Jones.
- Fabiola reminds Éric that they are traveling to write a story on ecotourism.
- Diana and Aguayo wrap Éric's suitcase in adhesive tape with the passport inside.

1

DIANA Aquí están los boletos para Venezuela, la guía de la selva amazónica y los pasaportes… Después les doy la información del hotel.

ÉRIC Gracias.

FABIOLA Gracias.

2

ÉRIC ¿Me dejas ver tu pasaporte?

FABIOLA No me gusta como estoy en la foto. Me hicieron esperar tanto que salí con cara de enojo.

ÉRIC No te preocupes… Ésa es la cara que vas a poner cuando estés en la selva.

3

DIANA Es necesario que memoricen esto. A ver, repitan: tenemos que salir por la puerta 12.

FABIOLA, ÉRIC Y JOHNNY Tenemos que salir por la puerta 12.

DIANA El autobús del hotel nos va a recoger a las 8:30.

FABIOLA Y ÉRIC El autobús del hotel nos va a recoger a las 8:30.

6

ÉRIC Sí, pero en el Amazonas, Fabiola. ¡Amazonas!

MARIELA Es tan arriesgado que van a tener un guía turístico y el alojamiento más lujoso de la selva.

ÉRIC Mientras ella escribe su artículo en la seguridad del hotel, yo voy a estar explorando y tomando fotos. Debo estar protegido.

FABIOLA Según parece, de lo único que debes estar protegido es de ti mismo.

7

Juegan a que están en la selva.

JOHNNY *(con la cara pintada)* ¿Cuál es el chiste? Los soldados llevan rayas… Lo he visto en las películas.

ÉRIC Intentémoslo nuevamente.

JOHNNY Esta vez soy un puma que te ataca desde un árbol.

ÉRIC Mejor.

8

Antes de despedirse, Éric guarda cosas en su maleta.

AGUAYO Por la seguridad de todos creo que debes dejar tu machete, Éric.

ÉRIC ¿Por qué debo dejarlo? Es un machete de mentiras.

DIANA Pero te puede traer problemas reales.

AGUAYO Todos en la selva te lo van a agradecer.

INSTRUCTIONAL RESOURCES Fotonovela video, SAM/WebSAM (VM), Script & Translation, SAM AK

Preview Have students read the dialogue in class and take note of any travel-related words or expressions. Review numbers and telling time before showing the video.

168 *ciento sesenta y ocho*

Lección 5

Personajes

AGUAYO

DIANA

ÉRIC

FABIOLA

JOHNNY

MARIELA

DIANA El último número que deben recordar es cuarenta y ocho dólares con cincuenta centavos.

FABIOLA Y ÉRIC Cuarenta y ocho dólares con cincuenta centavos.

JOHNNY Y ese último número, ¿para qué es?

DIANA Es lo que van a tener que pagar por llegar en taxi al hotel si olvidan los dos números primeros.

ÉRIC (*Entra vestido de explorador.*) Fuera, cobardes, la aventura ha comenzado.

MARIELA ¿Quién crees que eres? ¿México Jones?

ÉRIC No. Soy Cocodrilo Éric, el fotógrafo más valiente de la selva. Listo para enfrentar el peligro.

FABIOLA ¿Qué peligro? Vamos a hacer un reportaje sobre ecoturismo… ¡Ecoturismo!

ÉRIC ¿Alguien me puede ayudar a cerrar la maleta?

JOHNNY ¿Qué rayos hay acá dentro?

AGUAYO Es necesario que dejes algunas cosas.

ÉRIC Imposible. Todo lo que llevo es de primerísima necesidad.

JOHNNY ¿Cómo? ¿Esto?

Johnny saca un látigo de la maleta.

Diana cierra la maleta con cinta adhesiva.

DIANA Listo… ¡Buen viaje!

AGUAYO Espero que disfruten y que traigan el mejor reportaje que puedan.

JOHNNY Y es importante que no traten de mostrarse ingeniosos, ni cultos; sólo sean ustedes mismos.

DIANA Y no olviden sus pasaportes.

ÉRIC Ahora que me acuerdo… ¡lo había puesto en la maleta!

Teaching option Review the subjunctive in noun clauses (**Estructura 4.1**) by having students underline examples in the dialogue.

Comprensión

① As a class, create a time line about the episode based on the activity answers.

1 Comprensión Contesta las preguntas con oraciones completas.

1. ¿Adónde van Éric y Fabiola?
   Van a la selva amazónica.
2. ¿Por qué a Fabiola no le gusta la foto del pasaporte?
   Salió con cara de enojo.
3. ¿A qué hora los recoge el autobús del hotel?
   Los recoge a las ocho y media.
4. ¿Por qué van de viaje?
   Van a hacer un reportaje sobre el ecoturismo.
5. ¿Será realmente un viaje arriesgado?
   No, no será arriesgado porque tendrán un guía turístico y el alojamiento más lujoso de la selva.
6. ¿Por qué Éric tiene que dejar algunas cosas?
   No cabe todo en la maleta.

② Based on the episode, have students come up with original sentences describing the characters' personalities. Ex: **Mariela tiene mucha curiosidad. Éric busca la aventura.**

2 Preguntas y respuestas Une las preguntas de la **Fotonovela** con las respuestas apropiadas. Luego, identifica quién dice cada oración.

AGUAYO   DIANA   ÉRIC   FABIOLA   JOHNNY   MARIELA

_c_ 1. ¿Me dejas ver tu pasaporte?
      Éric

_a_ 2. Y ese último número, ¿para qué es? Johnny

_d_ 3. ¿Quién crees que eres? ¿México Jones? Mariela

_e_ 4. ¿Por qué debo dejarlo? Es un machete de mentiras. Éric

_b_ 5. ¿Alguien me puede ayudar a cerrar la maleta? Éric

a. Es lo que van a tener que pagar por llegar en taxi. Diana

b. Es necesario que dejes algunas cosas.
   Aguayo

c. No me gusta como estoy en la foto.
   Fabiola

d. No, soy el fotógrafo más valiente de la selva. Éric

e. Sí, pero te puede traer problemas reales. Diana

③ If necessary, review the subjunctive in noun clauses.

3 Consejos

A. Diana y Aguayo les dan varios consejos a Fabiola y a Éric antes de su viaje a la selva. Utiliza el subjuntivo o el infinitivo para completar las sugerencias que les dan. Some answers may vary.

1. Es necesario que _memoricen_ esto.

2. El último número que deben _recordar_ es cuarenta y ocho dólares con cincuenta centavos.

3. Es el dinero que van a tener que _pagar_ para tomar un taxi.

4. Creo que debes _dejar_ tu machete.

5. Es necesario que _dejes/dejen_ parte del equipaje.

6. Espero que _disfruten_ y que _traigan/hagan_ el mejor reportaje que puedan.

B. ¿Qué sugerencias les darían ustedes? En parejas, escriban una lista de seis o siete consejos, órdenes y sugerencias para que disfruten de sus vacaciones y eviten problemas.

> **MODELO**   Creo que deben probar la comida típica de Venezuela.
> Espero que no hagan nada arriesgado y que tengan cuidado con los animales de la selva.

Teaching option
Have students imagine they are planning a Spring break trip. Ask them to create a conversation between two students who are searching the web and discussing the types of trips available to them (destination, price, activities, etc.). Ask heritage speakers to suggest attractions in their families' countries of origin.

Practice more at **vhlcentral.com**.

Ampliación

(4) **¿Te gusta hacer ecoturismo?** En parejas, háganse las preguntas. Luego, recomienden un viaje ideal para su compañero/a, según los resultados.

Más o			
Sí	menos	No	
☐	☐	☐	1. ¿Te gusta ir de campamento?
☐	☐	☐	2. ¿Sabes hacer fuego?
☐	☐	☐	3. ¿Sabes cocinar?
☐	☐	☐	4. ¿Te gusta ver animales salvajes?
☐	☐	☐	5. ¿Te gusta caminar mucho?
☐	☐	☐	6. ¿Puedes estar una semana sin ducharte?

Clave

Sí	=	2 puntos
Más o menos	=	1 punto
No	=	0 puntos

Resultados

0 a 4	No intentes hacer ecoturismo.
5 a 8	Puedes hacer ecoturismo.
9 a 12	¿A qué esperas para hacer ecoturismo?

(5) **Apuntes culturales** En parejas, lean los párrafos y contesten las preguntas.

El felino más temido

Johnny juega a ser un puma dispuesto a atacar a Éric. El puma habita en todo el continente americano, especialmente en montañas y bosques. Es el segundo felino más grande del continente americano, después del jaguar. Por su fortaleza y agilidad, los incas lo consideraron el símbolo supremo de poder. ¿Podrá Éric contra la astucia (*shrewdness*) de este felino?

Ecoturismo en Centroamérica

Fabiola y Éric van a realizar un reportaje sobre ecoturismo. En Centroamérica, el ecoturismo constituye no sólo una fuente importante de trabajo, sino también una forma de obtener recursos económicos para la administración de las áreas protegidas. Actualmente existen más de 550 áreas protegidas en la región, lo que representa aproximadamente un 25% del territorio.

Una fábrica de oxígeno

La selva amazónica es la reserva ecológica generadora de oxígeno más grande del planeta. Comprende, entre otros países, Brasil, Colombia, Venezuela y Perú. Desafortunadamente, la deforestación de esta zona está reduciendo su área aceleradamente. ¿Podrán los personajes de *Facetas* fomentar en su reportaje la lucha contra la deforestación?

1. ¿Qué animales fueron considerados sagrados en el pasado? ¿Y en la actualidad?
2. ¿Hay áreas protegidas en la región donde vives? ¿Cuál es su importancia para los habitantes de la zona? ¿Contienen especies protegidas?
3. ¿Conoces otros lugares donde hacer ecoturismo? ¿Cuáles son?
4. ¿Qué significa la expresión "una fábrica de oxígeno"? ¿Qué otras "fábricas de oxígeno" hay en el mundo? ¿Por qué es importante preservarlas?

---

(4) Have students share results with the class and have a volunteer keep track of them on the board. Then agree on a possible class trip based on students' interests.

(5) To encourage discussion, ask what students do in their own lives to help protect the environment.

Teaching option
Ask students to research an area known for its ecotourism in Latin America on the Internet. Have them prepare brief presentations, including the location, statistics, photos, and discussion questions. If necessary, give a list of searchable terms to help them get started.

En detalle

CENTROAMÉRICA

LA RUTA DEL CAFÉ

Los turistas que llegan a Finca° Esperanza Verde, "ecoalbergue" ubicado a 1.200 metros (4.000 pies) de altura en la selva tropical nicaragüense, descubren un paraíso natural con bosques, exuberantes montañas y aves tropicales. En este paraíso, los turistas pueden visitar un cafetal° y conocer los aspectos humanos y ecológicos que se conjugan° para que podamos disfrutar de algo tan simple como una taza de café.

El café, ese compañero de las mañanas, es el protagonista de la vida social, cultural y económica de Centroamérica. Para el visitante, esto salta a la vista apenas llega a estas tierras: el paisaje está cubierto de cafetales. Hoy día, dos terceras partes del café de todo el mundo son de origen americano.

Esta popular bebida llegó a América en el siglo XVIII. Pocos años después, su cultivo° se había extendido por México y Centroamérica. Los altibajos° en los precios del café han llevado a los productores centroamericanos a diversificar sus actividades: han iniciado el cultivo de café orgánico, han creado cooperativas de comercio justo° que buscan alcanzar° precios más equitativos° para productores y consumidores, y han promovido el ecoturismo.

El país pionero fue Costa Rica, que organizó la primera ruta del café, pero ya todos los países centroamericanos, y también algunos suramericanos, han creado sus rutas. Un día por una ruta del café suele constar de° una visita a las plantaciones de café, donde no sólo se conoce el proceso de cultivo y producción, sino que también se pueden tomar unas tazas de café. Después, se organizan almuerzos con platos típicos y, para terminar la jornada°, se visitan rutas históricas y pueblos cercanos donde los turistas pueden disfrutar del folklore local y comprar artesanías°. ■

La ruta del café en el siglo XVIII

Venecia 1615 · Europa
Marsella 1644
Estambul 1555
Santo Domingo 1731
Persia
Caribe · Martinica 1730
África · El Cairo 1510
Etiopía

Finca *Farm* **cafetal** *coffee plantation* **se conjugan** *are combined*
cultivo *cultivation* **altibajos** *ups and downs* **comercio justo** *fair trade*
alcanzar *to reach* **equitativos** *equitable* **constar de** *to consist of*
jornada *day* **artesanías** *handicrafts*

En detalle Preview the reading by discussing coffee. Ex: **¿Toman café todos los días? ¿Lo toman en casa o en otro sitio? ¿Es caro o barato? ¿Saben de dónde viene el café que toman?**

El mundo hispanohablante Preview the subjunctive in adjective clauses by asking: ¿Conocen otros productos que sean de origen americano? (el chocolate, los frijoles, el cacahuete, el plátano)

Perfil Tell students that there is a plan underway to build a new transoceanic canal in Nicaragua. If time allows, tell them to research the topic online.

ASÍ LO DECIMOS

Los viajes

el turismo sostenible **el turismo sustentable**	*sustainable tourism*
el billete (Esp.) **el boleto (Amér. L.)**	*ticket*
el boleto redondo (Méx.)	*round-trip ticket*
la autopista (Esp.)	*turnpike; toll road*
la autovía (Esp.)	*highway*
la carretera (Esp.)	*road*
la burra (Gua.) **la guagua (Carib.)**	*bus*

EL MUNDO HISPANOHABLANTE

De América al mundo

El tomate Su nombre se deriva de *tomatl*, una palabra del idioma náhuatl. Entró en Europa por la región de Galicia, en el noroeste de España, y se extendió luego a Francia e Italia. Los españoles y los portugueses lo difundieron° por el Oriente Medio, África, y Norteamérica.

El maíz Es uno de los cereales de mayor producción mundial junto con el trigo y el arroz. A pesar de las controversias acerca de su origen exacto, los investigadores coinciden en que los indígenas de América Central y México lo difundieron por el continente, los conquistadores lo introdujeron a Europa y los comerciantes lo llevaron a Asia y África.

La papa o patata Estudios científicos ubican el origen de la papa en Perú. En la actualidad, la papa se consume por todo el mundo, siendo Bielorrusia (Europa Oriental) el país donde más papas se consumen per cápita. Cada persona consume un promedio de 181 kilogramos (399 libras) al año.

PERFIL

EL CANAL DE PANAMÁ

El canal de Panamá, una de las obras arquitectónicas más extraordinarias del planeta, une° los océanos Atlántico y Pacífico a través del istmo° de Panamá. Es, a su vez, una ruta importantísima para la economía mundial, pues lo cruzan° más de 14.000 barcos por año, es decir, unos 270 barcos por semana. La monumental obra, construida por Estados Unidos entre 1904 y 1914, consta de dos lagos artificiales, varios canales, tres estructuras de compuertas° y una represa°. El Canal tiene en su recorrido varias esclusas°, cuya finalidad° es subir o bajar los barcos desde el nivel de uno de los océanos hasta el nivel del otro. Dependiendo del tránsito, la travesía° por este atajo° de 80 kilómetros (50 millas) puede demorar° hasta 10 horas. Panamá y Estados Unidos negociaron la entrega del canal a Panamá en 1977, que pasó a estar bajo control panameño el 31 de diciembre de 1999.

❝ Viajar es imprescindible y la sed de viaje, un síntoma neto de inteligencia. ❞ (Enrique Jardiel Poncela, escritor español)

Conexión Internet

¿Qué otras opciones de turismo sostenible hay en América Central?

Investiga sobre este tema en **vhlcentral.com.**

une *links* **istmo** *isthmus* **cruzan** *cross* **compuertas** *floodgates* **represa** *dam* **esclusas** *locks* **finalidad** *purpose* **travesía** *crossing (by boat)* **atajo** *shortcut* **demorar** *last* **difundieron** *spread*

Teaching option Have students read the quote and ask: ¿Qué quiere decir "la sed de viaje"? ¿Por qué dice que la sed de viaje es un síntoma de inteligencia? ¿Están de acuerdo?

Los viajes

ciento setenta y tres **173**

¿Qué aprendiste?

1 **¿Cierto o falso?** Indica si estas afirmaciones son **ciertas** o **falsas**. Corrige las falsas. Some answers will vary.

1. El ecoalbergue Finca Esperanza Verde se encuentra en una zona montañosa de Costa Rica.
Falso. Se encuentra en una zona montañosa de Nicaragua.

2. Los turistas que van a Finca Esperanza Verde pueden visitar un cafetal que se encuentra allí mismo. Cierto.

3. La mitad del café mundial se produce en América. Falso. Dos terceras partes del café mundial son de origen americano.

4. El café es originario del continente americano. Falso. El café llegó al continente americano en el siglo XVIII.

5. El café llegó a América a través de México.
Falso. El café llegó a América por Martinica/Santo Domingo.

6. Los productores tuvieron que diversificar sus actividades debido a los bajos precios del café. Cierto.

7. La finalidad de las cooperativas de comercio justo es ayudar a que los productores reciban un pago justo y los consumidores paguen precios razonables. Cierto.

8. El primer país en crear una ruta del café fue Honduras. Falso. El primer país en crear una ruta del café fue Costa Rica.

9. Los turistas pueden visitar las plantaciones, pero no pueden presenciar el proceso de producción. Falso. Los turistas pueden conocer el proceso de cultivo y de producción.

10. Los turistas que van a la ruta del café suelen visitar también las rutas históricas de la zona. Cierto.

2 **Oraciones incompletas** Completa las oraciones con la información correcta. Some answers will vary.

1. El canal de Panamá está en manos panameñas __desde el 31 de diciembre de 1999__.

2. El canal de Panamá tiene _____ dos lagos _____ artificiales.

3. La finalidad de las esclusas es subir o bajar los barcos __desde el nivel de uno de los océanos hasta el nivel del otro__

4. En el Caribe, *guagua* significa _____ autobús _____.

5. __Los españoles y los portugueses__ difundieron el tomate por el Oriente Medio.

3 **Preguntas** En parejas, contesten las preguntas.

1. ¿Qué papel tiene el café en tu cultura? ¿Tiene la misma importancia que en la cultura centroamericana?

2. ¿Prefieres productos ecológicos y productos que garantizan el comercio justo o compras productos comunes?

3. ¿Qué tipo de turismo sueles hacer? ¿Hiciste alguna vez ecoturismo?

4. ¿Qué alimentos provenientes de otros continentes forman parte de tu dieta?

4 **Opiniones** En grupos de tres, contesten estas preguntas: ¿Es bueno para los países recibir turismo? ¿Por qué? ¿Qué consecuencias tiene la llegada del turismo a ciertas zonas? ¿Qué beneficios tiene viajar?

Practice more at **vhlcentral.com**.

PROYECTO

Un viaje por la ruta del café

Busca información sobre una excursión organizada por una ruta del café. Imagina que vas a la excursión y escribe una pequeña descripción de un día de visita, basándote en la información que has encontrado.

Incluye información sobre:

- los platos típicos que comiste
- los pueblos que visitaste
- lo que aprendiste sobre el café
- lo que fue más interesante de la visita
- lo que compraste para llevar a casa

Proyecto As an expansion activity, have students prepare a brochure of their **Proyecto** destination.

4 As an optional writing activity, have students describe a place that has changed because of tourism. **¿Cómo era antes? ¿Cómo es ahora?** Remind students to use the imperfect when describing in the past.

Comunicación

④ If necessary, review lesson vocabulary and create a word bank on the board.

④ To facilitate discussion, have students work individually to prepare a list of questions for their partners about the trip.

④ Un viaje inolvidable

A. Habla con un(a) compañero/a sobre el viaje más inolvidable de tu vida. Puede ser un viaje buenísimo o un viaje malísimo, e incluso puede ser un viaje imaginario. Di al menos siete u ocho oraciones usando comparativos y superlativos, y algunas de las palabras de la lista. Túrnense.

mejor/peor que	tan
más/menos que	como
de los mejores/peores	buenísimo/malísimo

B. Ahora, describe el viaje de tu compañero/a al resto de la clase. La clase tratará de adivinar qué viajes son verdaderos y cuáles son ficticios.

⑤ Las vacaciones ideales En grupos de cuatro, imaginen que son miembros de una familia que ganó un viaje de tres semanas a cualquier país del mundo. El único problema es que tienen que ponerse de acuerdo acerca del destino.

A. Primero, cada uno/a debe decidir cuál es el país ideal para sus vacaciones y escribir una descripción breve con las razones para escogerlo. Utiliza comparativos y superlativos en tu descripción.

⑤ Part A: If time and resources permit, bring in travel brochures or magazines for students to consult.

México

República Dominicana

Costa Rica

Venezuela

B. Luego, túrnense para presentar sus opiniones y traten de convencer a los demás de que su país ideal es el mejor de todos. Deben usar comparativos y superlativos para comparar las atracciones de cada país. Compartan su decisión final con la clase.

MODELO Es obvio que Venezuela es el mejor país para nuestras vacaciones. Venezuela tiene la catarata más alta del mundo y unas playas tan bonitas como las de República Dominicana. Además, ¡las arepas venezolanas son más ricas que las tortillas mexicanas! Venezuela tiene más atracciones de las que se pueden imaginar. Ya verán que no me equivoco.

Teaching option
For additional practice with superlatives, have pairs role-play a conversation in which a freshman asks advice from a senior about the best/worst classes and professors.

5.2 Negative, affirmative, and indefinite expressions

Cocodrilo Éric no le tiene miedo a nada.

TALLER DE CONSULTA

To express contradictions, **pero** and **sino** are also used.

See **Manual de gramática**, 5.5, p. A32.

Say several sentences aloud that use negative, affirmative, or indefinite words and have volunteers change each sentence into its opposite. Ex: **1. Siempre estudio para los exámenes.** (No estudio nunca para los exámenes.) **2. No veo a nadie.** (Veo a alguien.)

Share with students a word game with a double negative:
—Señor, ¿usted no nada nada?
—No, yo no traje traje.

- The following chart shows negative, affirmative, and indefinite expressions.

algo *something; anything*	**nada** *nothing; not anything*
alguien *someone; somebody; anyone*	**nadie** *no one; nobody; not anyone*
alguno/a(s), algún *some; any*	**ninguno/a, ningún** *no; none; not any*
o... o *either... or*	**ni... ni** *neither... nor*
siempre *always*	**nunca, jamás** *never; not ever*
también *also; too*	**tampoco** *neither; not either*

- In Spanish, double negatives are perfectly acceptable.

¿Dejaste **algo** en la mesa?
Did you leave something on the table?

No, no dejé **nada**.
No, I didn't leave anything.

Siempre tuvimos ganas de viajar a Costa Rica.
We always wanted to travel to Costa Rica.

Hasta ahora, **no** tuvimos **ninguna** oportunidad de ir.
Until now, we never had the opportunity to go there.

- Most negative statements use the pattern **no** + [*verb*] + [*negative word*]. When the negative word precedes the verb, **no** is omitted.

No lo extraño **nunca**.
I never miss him.

Nunca lo extraño.
I never miss him.

Su opinión sobre política internacional **no** le importa a **nadie**.
His opinion on international politics doesn't matter to anyone.

A **nadie** le importa su opinión sobre política internacional.
Nobody cares about his opinion on international politics.

- Once one negative word appears in an English clause, no other negative word may be used. In Spanish, however, once a negative word is used, all other elements must be expressed in the negative if possible.

No le digas **nada** a **nadie**.
Don't say anything to anyone.

Tampoco hables **nunca** de esto.
Don't ever talk about this either.

No quiero **ni** pasta **ni** pizza.
I don't want pasta or pizza.

Tampoco quiero **nada** para tomar.
I don't want anything to drink either.

- The personal **a** is used before negative and indefinite words that refer to people when they are the direct object of the verb.

  Nadie me comprende. ¿Por qué será?
  No one understands me. Why?

  No, eres tú quien no comprende **a nadie**.
  No, you are the one who doesn't understand anyone.

  Algunos pasajeros prefieren no desembarcar en los puertos.
  Some passengers prefer not to disembark at the ports.

  Pues, no conozco **a ninguno** que se quede en el crucero.
  Well, I don't know any who stay on the cruise ship.

- Before a masculine, singular noun, **alguno** and **ninguno** are shortened to **algún** and **ningún**.

  ¿Has sufrido **algún** daño en el choque?
  Have you suffered any harm in the accident?

  Me había puesto el cinturón de seguridad, por lo que no sufrí **ningún** daño.
  I had fastened my seat belt, which is why I suffered no injuries.

- **Tampoco** means *neither* or *not either*. It is the opposite of **también**.

  Mi novia no soporta los congestionamientos en el centro, ni yo **tampoco**.
  My girlfriend can't stand the traffic jams downtown, and neither can I.

  Por eso ella toma el metro, y yo **también**.
  That's why she takes the subway, and so do I.

¿Esto también es de primerísima necesidad?

- The conjunction **o... o** (*either... or*) is used when there is a choice to be made between two options. **Ni... ni** (*neither... nor*) is used to negate both options.

  Debo hablar **o** con el gerente **o** con la dueña.
  I have to speak with either the manager or the owner.

  El precio del pasaje **ni** ha subido **ni** ha bajado en los últimos días.
  The price of the ticket has neither risen nor fallen in the past few days.

- The conjunction **ni siquiera** (*not even*) is used to add emphasis.

  Ni siquiera se despidieron antes de salir.
  They didn't even say goodbye before they left.

  La señora Guzmán no viaja nunca, **ni siquiera** para visitar a sus nietos.
  Mrs. Guzmán never travels, not even to visit her grandchildren.

Point out the use of **ni yo tampoco** after a negative statement. Ex: **Gustavo no pudo ir al cine, ni yo tampoco.**

Review the use of **también** and **tampoco** with **gustar** and similar verbs. **Me gusta viajar.** → **A mí también.**

Práctica

TALLER DE CONSULTA

MANUAL DE GRAMÁTICA
Más práctica

5.2 Negative, affirmative, and indefinite expressions, p. A29

① Before assigning this activity, go around the room and read each student a sentence using a negative, affirmative, or indefinite expression. Each student must contradict it using the opposite expression. Ex. **Nadie de esta clase toma café.** → **Alguien toma café.**

1 Comidas típicas Marlene acaba de regresar de un viaje a Madrid y le fascinó la comida española. Completa su conversación con Frank usando las expresiones del recuadro.

alguna	ni... ni	o... o
nadie	ningún	tampoco
	nunca	

MARLENE Frank, ¿(1) ___alguna___ vez has probado las tapas españolas?

FRANK No, (2) ___nunca___ he probado la comida española.

MARLENE ¿De veras? ¿No has probado (3) ___ni___ la tortilla de patata (4) ___ni___ la paella?

FRANK No, no he comido (5) ___ningún___ plato español. (6) ___Tampoco___ conozco los ingredientes típicos de la cocina española.

MARLENE Entonces tenemos que salir a comer juntos. ¿Conoces un restaurante llamado Carmela?

FRANK No, no conozco (7) ___ningún___ restaurante con ese nombre.

MARLENE (8) ___Nadie___ lo conoce. Es nuevo, pero es muy bueno. A mí me viene bien que vayamos (9) ___o___ el lunes (10) ___o___ el jueves que viene.

FRANK El jueves también me viene bien.

② Point out that students may need to change more than just one word.

② Remind students that plural forms might change to singular in the negative. Ex: **Algunos** and **todos** change to **ningún** and **nadie**.

2 El viajero Imagina que estás hablando de lo que no te gusta hacer en los viajes. Cambia las oraciones de afirmativas a negativas usando las expresiones correspondientes. Sigue el modelo. Some answers may vary.

MODELO Yo siempre como la comida del país.
Yo nunca como la comida del país.

1. Cuando voy de viaje, siempre compro regalos.
Cuando voy de viaje, nunca compro ningún regalo.
2. A mí también me gusta visitar todos los lugares turísticos.
A mí tampoco me gusta visitar ningún lugar turístico.
3. Yo siempre hablo el idioma local con todo el mundo.
Yo nunca hablo el idioma local con nadie.
4. Normalmente, o alquilo un carro o alquilo una motocicleta.
Normalmente, ni alquilo un carro ni alquilo una motocicleta.
5. Siempre intento visitar a algún conocido de mi familia.
Nunca intento visitar a ningún conocido de mi familia.
6. Cuando visito un lugar nuevo, siempre hago nuevas amistades.
Cuando visito un lugar nuevo, nunca hago nuevas amistades.

③ In pairs, ask students to write brief conversations for each of the responses shown. Call on volunteers to read their conversations to the class. Encourage them to be creative.

3 Discusiones En parejas, escriban las discusiones que provocarían estas respuestas.

¡Yo jamás haría eso!

¡Yo nunca iría!

Nadie lo sabe.

Yo tampoco.

Ni puedo ni quiero verla.

 Practice more at **vhlcentral.com.**

Comunicación

④ Have students share their opinions with the class. Then have a debate about these points.

④ Opiniones En parejas, hablen sobre estos enunciados. Usen expresiones negativas, afirmativas e indefinidas.

- Nadie tendría que necesitar pasaporte ni visa para entrar a un país extranjero.
- El turismo siempre es bueno para la economía del país.
- Ningún vuelo tendría que retrasarse, incluso cuando hace mal tiempo.
- Está bien que las compañías aéreas cobren por todas las maletas que llevan los pasajeros.
- No hay ningún tipo de turismo mejor que el ecoturismo.
- Siempre es mejor irse de vacaciones a relajarse que a ver museos y monumentos.
- Los turistas siempre deben hablar la lengua del país que visitan.
- Nunca se puede decir: "jamás viviría en otro país", porque nunca se sabe.
- Nunca viajaría a una ciudad sólo para ver un museo.

⑤ Escena

⑤ As a follow-up activity, have students describe an argument they had with their own parents.

A. En grupos de tres, escriban una conversación entre un(a) adolescente y sus padres usando expresiones negativas, afirmativas e indefinidas.

> **MODELO**
>
> **HIJA** ¿Por qué siempre desconfían de mí?
> No soy ninguna mentirosa y mis amigos tampoco lo son.
> No tienen ninguna razón para preocuparse.
> **MAMÁ** Sí, hija, muy bien, pero recuerda que...
> **HIJA** Por última vez, ¿puedo ir...?
> **PAPÁ** ...

B. Ahora, representen ante la clase la conversación que escribieron.

INSTRUCTIONAL RESOURCES
Grammar Presentation Slides,
SAM/WebSAM (WB, LM),
Lab Audio, Audioscripts,
Textbook/SAM AK

¡ATENCIÓN!

An adjective clause
(**oración subordinada
adjetiva**) is one that
modifies or describes
a noun or pronoun in
the main clause.

Preview the idea of uncertainty
by asking questions using
buscar and **necesitar**.
Ex: **¿Buscan trabajo?
¿De qué tipo?**

Point out that while **que** is
the most common connector,
conjunctions like **donde** and **en
que** can also be used before
adjective clauses. Ex: **¿Hay
algún restaurante por aquí
donde se pueda pagar con
tarjeta de crédito?**

Remind students that one of
the main characteristics of
the subjunctive is the idea of
uncertainty.

5.3 The subjunctive in adjective clauses

● When an adjective clause describes an antecedent that is known to exist, use the indicative. When the antecedent is uncertain or unknown, use the subjunctive.

MAIN CLAUSE	CONNECTOR	SUBORDINATE CLAUSE
Busco una ciudad	**que**	**tenga playa.**

ANTECEDENT CERTAIN → INDICATIVE

Necesito el libro que **habla**
sobre las ruinas mayas.
*I need the book that talks
about Mayan ruins.*

Buscamos los documentos que
describen el itinerario del viaje.
*We're looking for the documents that
describe the itinerary for the trip.*

Las personas que **van** a Costa Rica
sienten pasión por la naturaleza.
*People who go to Costa Rica
are passionate about nature.*

ANTECEDENT UNCERTAIN → SUBJUNCTIVE

Necesito un libro que **hable**
sobre las ruinas mayas.
*I need a book that talks
about Mayan ruins.*

Buscamos documentos que
describan el itinerario del viaje.
*We're looking for (any) documents that
(may) describe the itinerary for the trip.*

Las personas que **vayan** a Costa Rica
verán unos bosques increíbles.
*People going to Costa Rica will see
amazing forests.*

● When the antecedent of an adjective clause is a negative pronoun (**nadie, ninguno/a**), the subjunctive is used in the subordinate clause.

¡No hay nadie
que la pueda
cerrar, Éric!

No hay nada que
pueda dejar.

ANTECEDENT CERTAIN → INDICATIVE

Elena tiene tres parientes que
viven en San Salvador.
*Elena has three relatives who
live in San Salvador.*

Hay dos países en su itinerario que
requieren una visa.
*There are two countries on your
itinerary that require visas.*

Hay muchos viajeros que **quieren**
quedarse en el hotel.
*There are many travelers who want
to stay at the hotel.*

ANTECEDENT UNCERTAIN → SUBJUNCTIVE

Elena no tiene **ningún** pariente
que **viva** en La Palma.
*Elena doesn't have any relatives who
live in La Palma.*

No hay **ningún** país en su itinerario
que **requiera** una visa.
*There aren't any countries on your
itinerary that require a visa.*

No hay **nadie** que **quiera**
alojarse en el albergue.
*There is nobody who wants to stay
at the hostel.*

- Do not use the personal **a** with direct objects that represent hypothetical persons.

ANTECEDENT UNCERTAIN → SUBJUNCTIVE	ANTECEDENT CERTAIN → INDICATIVE
Busco un guía que **hable** inglés. *I'm looking for a guide who speaks English.*	Conozco **a** un guía que **habla** inglés. *I know a guide who speaks English.*

- Use the personal **a** before **nadie, ninguno/a,** and **alguien**, even when their existence is uncertain.

ANTECEDENT UNCERTAIN → SUBJUNCTIVE	ANTECEDENT CERTAIN → INDICATIVE
No conozco **a nadie** que **se queje** tanto como Antonio. *I don't know anyone who complains as much as Antonio.*	Yo conozco **a alguien** que **se queja** aún más que Antonio... ¡tú! *I know someone who complains even more than Antonio... you!*

- The subjunctive is commonly used in questions with adjective clauses when the speaker is trying to find out information about which he or she is uncertain. If the person who responds knows the information, the indicative is used.

ANTECEDENT UNCERTAIN → SUBJUNCTIVE	ANTECEDENT CERTAIN → INDICATIVE
¿Me recomienda usted un hotel que **esté** cerca de la costa? *Can you recommend a hotel that is near the coast?*	Sí, el Hotel Flamingo **está** justo en la playa. *Yes, the Flamingo Hotel is right on the beach.*
¿Tiene otra brújula que **sea** más fácil de usar? *Do you have another compass that is easier to use?*	Vea ésta y, si no, tengo tres más que **son** muy fáciles de usar. *Look at this one, and if not, I have three others that are very easy to use.*

Hotel Tucán

En el Hotel Tucán su satisfacción es lo más importante. Si hay algo que podamos hacer para mejorar nuestros servicios, no dude en informarnos.

_____

_____

_____

_____

Práctica

TALLER DE CONSULTA

MANUAL DE GRAMÁTICA
Más práctica

5.3 Negative, affirmative, and indefinite expressions, p. A30

① Have students work in pairs to create three additional items for each column. Then have them exchange papers with another pair and complete the sentences.

② As a project, have students research Nicaragua and prepare an itinerary for Carmen, complete with photographs and detailed descriptions of the areas she will visit.

① Oraciones Combina las frases de las dos columnas para formar oraciones lógicas. Recuerda que a veces vas a necesitar el subjuntivo y a veces no.

_c_ 1. Luis tiene un hermano que   a. sea alta e inteligente.

_d_ 2. Tengo dos primos que   b. sean respetuosos y estudiosos.

_e_ 3. No conozco a nadie que   c. canta cuando se ducha.

_a/e_ 4. Jorge busca una novia que   d. hablan español.

_b_ 5. Quiero tener hijos que   e. hable más de cinco lenguas.

_f_ 6. Quiero un carro que   f. sea muy económico.

② El agente de viajes Carmen va a ir de vacaciones a Montelimar, en Nicaragua, y le escribe un correo electrónico a su agente de viajes explicándole cuáles son sus planes. Completa el correo electrónico con el subjuntivo o el indicativo.

De:	Carmen <carmen@micorreo.com>
Para:	Jorge <jorge@micorreo.com>
Asunto:	Viaje a Montelimar

Querido Jorge:
Estoy muy contenta porque el mes que viene voy a viajar a Montelimar para tomar unas vacaciones. He estado pensando en el viaje y quiero decirte qué me gustaría hacer. Quiero ir a un hotel que (1) ___sea___ (ser) de cinco estrellas y que (2) ___tenga___ (tener) vista al mar. Me gustaría hacer una excursión que (3) ___dure___ (durar) varios días y que me (4) ___permita___ (permitir) ver el famoso lago Nicaragua. ¿Qué te parece?
Mi hermano me dice que hay un guía turístico que (5) ___conoce___ (conocer) algunos lugares exóticos y que me puede llevar a verlos. También dice que el guía es un hombre que (6) ___tiene___ (tener) el pelo muy rubio y que (7) ___es___ (ser) muy alto. ¿Tú lo conoces? Creo que se llama Ernesto Montero. Espero tu respuesta.
Carmen

③ Explain that **lo ideal** means *the ideal*. Other common phrases using **lo** are **lo mejor** (*the best thing*), **lo peor** (*the worst thing*), and **lo importante** (*the important thing*).

③ For each situation, call on students and ask specific questions. Ex: **¿Cómo es tu compañero/a de cuarto? ¿Qué buscas en un(a) buen(a) compañero/a?**

③ El ideal En parejas, imaginen cómo es el/la compañero/a ideal en cada una de estas situaciones. Si ya conocen a alguien que tenga las características ideales, también pueden hablar de esa persona. Utilicen el subjuntivo o el indicativo de acuerdo a la situación.

MODELO   Lo ideal es vivir con alguien que no se queje demasiado.

- alguien con quien vivir
- alguien con quien trabajar
- alguien con quien ver películas de amor o de aventuras
- alguien con quien comprar ropa
- alguien con quien estudiar
- alguien con quien viajar por el desierto de Atacama

Practice more at **vhlcentral.com**.

Comunicación

4 **Anuncios** En parejas, escriban anuncios para un periódico basados en la información y usando el indicativo y el subjuntivo. Añadan detalles. Después, inventen dos anuncios originales para enseñárselos a la clase.

4 Ask students to bring in samples from the classifieds section of a Spanish newspaper. Read and discuss several examples as a class.

La familia Pérez busca a su perro Tomás, que se perdió en el parque. Aquí tienen una foto de él.

Miguel y Carlos Solís buscan un guía turístico para su viaje a los volcanes de Guatemala.

5 **Síntesis** La tormenta tropical Alberto azota (*is hitting*) las costas de Florida. En parejas, cubran esta noticia para un programa de televisión. Uno/a de ustedes informa del huracán desde la costa y la otra persona presenta el programa desde el estudio. Escriban una conversación sobre este desastre y sus consecuencias. Usen comparativos, superlativos, el subjuntivo en oraciones subordinadas adjetivas y expresiones negativas, afirmativas e indefinidas.

5 Have students work in pairs to prepare a mock interview with a resident of the Florida coast.

5 Ask students to watch Spanish language weather reports on the Internet, and use them as models for tone and pace.

> **MODELO**
>
> **CONDUCTOR(A)** Cuéntanos, Juan Francisco, ¿cómo es la tormenta?
> **CORRESPONSAL** ¡Nunca he visto una tormenta tan destructiva! ¡No hay casas que puedan soportar vientos tan fuertes!
> **CONDUCTOR(A)** ¡Pero no es posible que el viento sea más fuerte que durante el huracán Jimena!
> **CORRESPONSAL** Les aseguro que esta tormenta es la peor...

Teaching option As an additional communicative exercise, have groups invent a new tourism company. Ask students to write a paragraph describing the mission statement, the jobs they need to fill, and the type of person they are seeking. Encourage them to use lesson grammar and vocabulary. Ex: **Buscamos un guía que conozca la cultura nicaragüense.**

INSTRUCTIONAL RESOURCES
Grammar Presentation Slides,
SAM/WebSAM (WB, LM),
Lab Audio, Audioscripts,
Textbook/SAM AK

¡ATENCIÓN!

While English speakers often use the present perfect to express actions that continue into the present time, Spanish uses the phrase **hace** + [*period of time*] + **que** + [*present tense*].

Hace dos años que estudio español.

I have studied Spanish for two years.

5.4 The present perfect and the past perfect

The present perfect

- The present perfect tense (**el pretérito perfecto**) expresses what *has happened*. It generally refers to recently completed actions or to a past that still bears relevance in the present.

  ¿**Has viajado** al extranjero alguna vez?
  Have you ever traveled abroad?

  Aún no **hemos decidido** adónde ir de vacaciones.
  We have not decided yet where to go on vacation.

- The present perfect is formed with the present tense of the verb **haber** and a past participle. Regular past participles are formed by adding **-ado** to the stem of **-ar** verbs, and **-ido** to the stem of **-er** and **-ir** verbs.

The present perfect		
comprar	**beber**	**recibir**
he comprado	he bebido	he recibido
has comprado	has bebido	has recibido
ha comprado	ha bebido	ha recibido
hemos comprado	hemos bebido	hemos recibido
habéis comprado	habéis bebido	habéis recibido
han comprado	han bebido	han recibido

- Note that past participles do not change form in the present perfect tense.

  Todavía no **hemos comprado** los boletos.
  We still haven't bought the tickets.

  El agente de viajes no **ha terminado** de hacer las reservas.
  The travel agent hasn't finished making the reservations.

- To express that something *has just happened*, use **acabar de** + [*infinitive*]. **Acabar** is a regular **-ar** verb.

  Acabo de recibir los boletos.   **Acabamos de ver** la película.
  I've just received the tickets.   *We've just seen the movie.*

- When the stem of an **-er** or **-ir** verb ends in **a**, **e**, or **o**, the past participle requires a written accent (**ído**) to maintain the correct stress. No accent mark is needed for stems ending in **u**.

  ca-er → caído   le-er → leído

  o-ír → oído   constru-ir → construido

- Many verbs have irregular past participles.

abrir	abierto	morir	muerto
cubrir	cubierto	poner	puesto
decir	dicho	resolver	resuelto
descubrir	descubierto	romper	roto
escribir	escrito	ver	visto
hacer	hecho	volver	vuelto

- Note that, unlike in English, the verb **haber** may not be separated from the past participle by any other word (**no**, adverbs, pronouns, etc.)

    ¿Por qué **no has reservado todavía** el hotel?
    Why haven't you reserved your hotel yet?

    Todavía no he decidido las fechas.
    I haven't yet decided on the dates.

- Note that, when a past participle is used as an adjective, it must agree in number and gender with the noun it modifies. Past participles are often used as adjectives with **estar** or other verbs to describe physical or emotional states.

    La visa está **vencida.**
    The visa is expired.

    Los vuelos están **cancelados.**
    The flights are canceled.

The past perfect

- The past perfect tense (**el pretérito pluscuamperfecto**) is formed with the imperfect of **haber** and a past participle. As with other perfect tenses, the past participle does not change form.

The past perfect		
viajar	**perder**	**incluir**
había viajado	había perdido	había incluido
habías viajado	habías perdido	habías incluido
había viajado	había perdido	había incluido
habíamos viajado	habíamos perdido	habíamos incluido
habíais viajado	habíais perdido	habíais incluido
habían viajado	habían perdido	habían incluido

- In Spanish, as in English, the past perfect expresses what someone *had done* or what *had occurred* before another action or condition in the past.

    Compré una cámara digital nueva para el viaje porque la vieja se me **había roto.**
    I bought a new digital camera for the trip because my old one had broken.

    Cuando por fin llegaron al aeropuerto, su avión ya **había salido.**
    When they finally arrived at the airport, their plane had already departed.

- **Antes, aún, nunca, todavía,** and **ya** are often used with the past perfect to indicate that one action occurred before another. Note that adverbs, pronouns, and the word **no** may not separate **haber** from the past participle.

    Cuando viajé a España, **aún no había aprendido** español.
    When I traveled to Spain, I hadn't yet learned Spanish.

    El avión **todavía no había aterrizado**, pero el pasajero encendió el celular.
    The plane hadn't landed yet, but the passenger turned on his cell phone.

Note that, while in English adverbs are frequently used in between the helping verb and the past participle, in Spanish they are placed either before **haber** or after the participle. Ex: *She has already arrived.* **Ya ha llegado. /Ha llegado ya.**

Draw a time line on the board to compare and contrast preterite, present perfect, and past perfect tenses.

Práctica

TALLER DE CONSULTA

1 **Experiencias** Completa el párrafo usando el pretérito perfecto.

Este viaje a Guatapé (1) ___ha sido___ (ser) una
experiencia fabulosa. Mi esposa y yo (2) ___hemos visto___
(ver) lugares sensacionales. Lo que más nos
(3) ___ha llamado___ (llamar) la atención es que la gente
nos (4) ___ha tratado___ (tratar) como si fuéramos de la
familia. Nos (5) ___hemos quedado___ (quedar) en casa de una
familia y las dos hijas nos (6) ___han enseñado___ (enseñar) a
hacer arepas. Lo que más nos (7) ___ha gustado___ (gustar)
es subir al Peñón de Guatapé. Desde la cima, (8) ___hemos observado___ (observar) el embalse
y sus islitas y bahías. Verdaderamente, este lugar nos (9) ___ha encantado___ (encantar).

2 **Oraciones** Combina los elementos para formar oraciones completas. Utiliza el pretérito
perfecto y añade elementos cuando sea necesario.

> **MODELO** yo / siempre / querer / un GPS
> Yo siempre he querido un GPS.

1. nosotros / comprar / cámara digital más innovadora
   Nosotros hemos comprado una cámara digital más innovadora.
2. tú / nunca / pensar / en hacer buceo
   Tú nunca has pensado en hacer buceo.
3. los turistas / ya / llegar / a la isla.
   Los turistas ya han llegado a la isla.
4. el profesor / escribir / fórmulas en la pizarra
   El profesor ha escrito (las/unas) fórmulas en la pizarra.
5. mis padres / siempre / preferir / los hoteles de lujo
   Mis padres siempre han preferido los hoteles de lujo.

3 **Experiencias** Indica si has hecho lo siguiente y añade información adicional.

> **MODELO** ir al Polo Sur
> No he ido al Polo Sur, pero he viajado a Latinoamérica.

1. viajar a la Luna
2. ganar la lotería
3. ver a un extraterrestre
4. inventar algo
5. conocer al presidente del país
6. estar más de dos días sin dormir
7. hacer algo revolucionario
8. soñar con ser astronauta

4 **Discurso** Jorge Báez, un médico dedicado a las enfermedades tropicales, ha recibido
un premio por su trabajo en África y América Latina. Completa su discurso de
agradecimiento con el pluscuamperfecto.

Muchas gracias por este premio. Recuerdo que antes de cumplir 12 años ya
(1) ___había decidido___ (decidir) ser médico. Desde pequeño, mi madre siempre me
(2) ___había llevado___ (llevar) al hospital donde ella trabajaba y recuerdo que desde
la primera vez me (3) ___habían fascinado___ (fascinar) esos médicos vestidos de blanco.
Luego, cuando cumplí 26 años, ya (4) ___había pasado___ (pasar) tres años estudiando
las enfermedades tropicales, en especial desde que (5) ___había leído___ (leer)
un informe de la Organización Panamericana de la Salud. Cuando terminé mis
estudios de posgrado, ya se (6) ___habían hecho___ (hacer) grandes adelantos científicos...

Practice more at **vhlcentral.com.**

Teaching option Do a
rapid-response drill. Call out a
verb and a subject, and have
volunteers respond with a
complete sentence using the
present perfect.

③ Have students survey
each other, asking:
¿Qué has hecho hoy?
Model the response by
describing things you
have done and writing
them on the board. Ex:
**He tomado tres tazas
de café. He corregido
los exámenes de ayer.**

④ For additional practice
with the past perfect,
have students imagine
they have also just won
an award. Have a
volunteer begin by
stating: **Gracias por
este premio de ____.
Recuerdo que antes
de cumplir 12 años yo
ya había...** Call on
several volunteers to
add to the speech,
using the past perfect in
their sentences.

Comunicación

5 **Preguntas personales** Busca un(a) compañero/a de clase a quien no conozcas bien y hazle preguntas sobre su vida usando el pretérito perfecto.

> **MODELO** —¿Has tomado clases de informática?
> —Sí, he tomado muchas clases de informática. ¡Siempre me ha fascinado la tecnología!

conocer a una persona famosa	ganar algún premio
escribir poemas	visitar un país hispano
estar enamorado/a	vivir en el extranjero

6 **Celebridades** En grupos de tres, cada miembro debe pensar en una persona famosa, sin decir quién es. Las otras dos personas deben hacer preguntas. Utilicen el pretérito perfecto para dar pistas hasta que adivinen el nombre de cada celebridad.

> **MODELO** **ESTUDIANTE 1** Este hombre ha ganado muchísimo dinero.
> **ESTUDIANTE 2** ¿Es Donald Trump?

7 **Síntesis** En grupos de tres, imaginen que son policías y deben preparar un informe sobre un accidente ocurrido en una ciudad muy turística. Entrevisten a las personas involucradas en el accidente para determinar lo que ha ocurrido y qué habían hecho inmediatamente antes del accidente. Utilicen la gramática de esta lección.

> **MODELO** **POLICÍA** ¿Qué ha sucedido aquí?
> **LINDA** ¡No es mi culpa! ¡El carro verde venía rapidísimo! Yo había frenado en la intersección, cuando de repente...

Antes de ver el corto

VOLAMOS HACIA MIAMI

país España

directores María Giráldez y Miguel Provencio

duración 18 minutos

protagonistas Mauro, niño, Luisa

Vocabulario

el arma *(f.) weapon*	**molar** *to be cool (Esp.)*
la cabina *cockpit*	**molestar** *to bother*
la cobertura *(cell phone) service*	**morder** *to bite*
correr a cargo de *to be paid by*	**la rabia** *rabies*
cretino/a *idiot*	**el secuestro** *hijacking*
la espuma *foam*	**los sudores** *sweats*
el expediente *investigation*	**la tripa** *belly*
meterse en un lío *to get into a mess*	**la tripulación** *crew*

---

① Ask students to write definitions for the words from the vocabulary that have not been used. A partner will have to guess the words.

1 **Correo** Completa el correo electrónico con las palabras del vocabulario.

De: Claudia <claudia01@micorreo.com>
Para: Andrés <andres.1982@sucorreo.com>
Asunto: Saludos desde Cancún

Hola, Andrés:
¿Cómo estás? Marta y yo acabamos de llegar a Cancún. Estamos contentas porque el viaje (1) <u>corre a cargo</u> de nuestro jefe ☺. La compañía aérea mexicana es fenomenal. Los miembros de la (2) <u>tripulación</u> han sido muy amables. Lo peor del viaje ha sido que el señor de atrás no me dejaba de (3) <u>molestar</u>, dando golpes continuamente al asiento. Y, cuando por fin le pedí que parara, me insultó; me dijo que yo era una (4) <u>cretina</u>. En fin, me voy a cuidar a Marta, que le duele muchísimo la (5) <u>tripa</u>. ¿Será el pollo que ha comido en el avión?
Cuéntame, ¿cómo estás tú?
Saludos,
Claudia
P.D.: No te puedo llamar por teléfono porque no tengo (6) <u>cobertura</u>.

---

② Ask students to share their answers with the class. Create a debate about item 5.

② Start a debate about the fare system in air travel. Ask: **¿Qué les parece que los aviones estén divididos en asientos de primera clase, *business* y turista?**

2 **Comentar** En parejas, túrnense para hacerse las preguntas.

1. ¿Cuál ha sido tu viaje más extraño? ¿Adónde ibas? ¿Qué medio de transporte usaste?

2. ¿Qué te gusta más de viajar en avión? ¿Qué te gusta menos?

3. ¿Te gusta la comida que ofrecen en los aviones? ¿Por qué?

4. ¿Qué opinas de las medidas de seguridad en los aeropuertos?

5. ¿Te gusta que tus viajes vayan según el plan o prefieres que haya sorpresas? ¿Por qué?

6. Observa el cartel de la página siguiente. ¿De qué crees que va a tratar el cortometraje?

Ⓢ Practice more at **vhlcentral.com**.

Short Film

fran PEREA
silvia ESPIGADO

un cortometraje de
GIRÁLDEZ & PROVENCIO

VOLAMOS HACIA MIAMI

(Mejor Cortometraje
de Comedia
Thanatos (2012))

Dirección: **María Giráldez / Miguel Provencio** • Intérpretes: **Fran Perea / Silvia Espigado / José Luis Torrijo**
Guión: **María Giráldez / Lidia Provencio /Miguel Provencio** • Música: **Pony Bravo**
Producción: **María Giráldez and Miguel Provencio** • Jefe de producción: **Paul Mateos Verdejo**
Dirección de fotografía: **Josu Ubiria** • Jefe de sonido: **Néstor Luz**
Dirección artística: **Mercedes García Navas** • Montaje: **Charly Prada**

Escenas

ARGUMENTO Las exigencias de un pasajero alteran el curso de un vuelo Madrid-Miami.

Synopsis A manipulative, cunning, and selfish passenger named Mauro gets into serious trouble during a flight. When the captain decides to return to Madrid, Mauro organizes a revolt and appoints himself as mediator between the angry passengers and the cockpit. Mauro manages to get the flight back on its original course, but a foolish final act gives the story a sweet ending.

Preview Ask groups of students to read the captions; each student has a role. Then have them try to reconstruct the events based on the available information.

Teaching option Ask students to recall an uncomfortable situation with a fellow passenger on a trip. Ask: **¿Quién les molestaba? ¿Cómo resolvieron la situación?**

Teaching option Tell students that in Spanish the word **banda** has various meanings, including *bunch*, *gang*, and *musical band*. Ask them to listen for this word, as it is important to the plot.

NIÑO ¡Quiero ver a Mickey Mouse! ¡Quiero ver a Mickey Mouse! ¡Quiero ver a Mickey Mouse! ¡Quiero ver a Mickey Mouse!

LUISA Caballero°, ¿pasta o pollo?
MAURO Para mí que sean las dos.
LUISA Perdone, es pasta o pollo, no pasta y pollo.
MAURO ¿Y no podríamos hacer una excepción?

LUISA Tenemos un problema; un pasajero ha agredido° a un menor.
PILOTO ¿A su hijo?
LUISA No, no se conocían. Un niño de cinco años. Iba a Disney World, con su madre.

MAURO ¿Qué es eso de que regresamos por motivos de seguridad y que el responsable pagará no sé qué?
LUISA Ha sido decisión del piloto.
MAURO Y usted no ha tenido nada que ver, ¿no? ¡Exijo hablar con el piloto de inmediato!

PASAJERO 1 ¿Has oído a los de atrás?
PASAJERO 2 No sé, he oído gritos pero...
PASAJERO 1 Una banda°, una banda que nos tiene en sus manos.
PASAJERA 6 ¿Cómo que una banda? ¿De música?

MAURO La salida de emergencia está entre las puertas diez y once. ¿Es que ya no te acuerdas, azafata?

Caballero *Sir* **ha agredido** *has hit* **banda** *gang*

Después de ver el corto

(1) **Comprensión** Contesta las preguntas con oraciones completas. Some answers will vary.

1. ¿Por qué Mauro le intenta dar miedo al niño? ¿Por qué le habla de Mickey?
   Le intenta dar miedo para que el niño deje de molestarlo. Le habla de Mickey porque el niño va a ir a Disney World.
2. ¿Qué hace la azafata después del incidente con el niño? Pone al niño y a su madre en primera
   clase y les comunica a los pilotos sobre la agresión.
3. ¿Por qué anuncia el piloto que el avión regresará a Madrid? ¿Quién debe
   correr a cargo de los gastos de los pasajeros? El avión debe regresar por motivos de seguridad.
   El responsable (Mauro) deberá correr a cargo de los gastos.
4. ¿Cómo se extiende en el avión el rumor de que han sido secuestrados por una banda?
   Mauro dice en voz alta que están en manos de una banda de cretinos y un pasajero lo oye.
5. ¿Qué hace Mauro cuando escucha el rumor de que el avión ha sido secuestrado?
   Mauro decide manipular a todos los pasajeros.
6. ¿Por qué hay interferencias en el avión? Hay interferencias porque todos los pasajeros están utilizando sus celulares.
7. ¿Por qué están todos los pasajeros agrupados al final del avión y capturan a la azafata?
   Porque creen que la tripulación es la banda que ha secuestrado el avión.
8. ¿Por qué entra Mauro en la cabina? ¿Qué les dice a los pilotos? Mauro entra para hablar con
   los pilotos. Les dice que, por el bien de ellos, deben volver a Miami.

(2) **Ampliación** En parejas, contesten las preguntas.

1. ¿Qué tipo de persona es Mauro?
2. ¿Qué piensas de la opinión de Mauro acerca de la comida del avión?
3. ¿Por qué crees que la azafata les cuenta a los pilotos lo que ha pasado?
4. ¿Cuál te parece el momento más divertido del cortometraje? ¿Por qué?
5. ¿Te parece realista el argumento de este cortometraje? ¿Por qué?

(3) **Histeria colectiva** En grupos, lean las citas extraídas del cortometraje y contesten las preguntas.

> Estamos en manos de una banda de cretinos.
> —Mauro

> Una banda que nos tiene en sus manos.
> —Pasajero 1

> ¡Esto es un secuestro!
> —Pasajero 9

> La tripulación, ellos son los secuestradores...
> —Mauro

1. ¿Cómo surge la idea de que la tripulación ha secuestrado el avión?
2. ¿Cómo beneficia a Mauro este caso de histeria colectiva?
3. ¿Cómo consigue Mauro manipular a los pasajeros y a la tripulación?
4. ¿Conocen otros casos, reales o de ficción, de histeria colectiva? ¿Cuáles?

(4) **Justicia poética** Escribe una versión de lo que podría pasarle a Mauro en una hipotética continuación de *Volamos hacia Miami*.

 Practice more at **vhlcentral.com.**

Los viajes

---

**Sidebar (right column):**

(1) Ask pairs of students to compare and correct each other's answers.

(2) If time permits, have pairs of students share their answers with the class.

(3) Bring into class the short story *Algo muy grave va a suceder en este pueblo*, by Gabriel García Márquez, and have students debate about the topic of collective hysteria and rumors.

(4) Brainstorm with students a list of violations commited by Mauro, and how the US laws may punish such conduct. Say: **¿Creen que Mauro podrá volver a Madrid? ¿Por qué?**

Antes de leer

La luz es como el agua

Sobre el autor

Nacido en 1928 en Aracataca, Colombia, **Gabriel García Márquez** fue criado por sus abuelos entre mitos y leyendas que serán la base de su futura obra narrativa. Abandonó sus estudios de derecho para dedicarse al periodismo. Como corresponsal en Italia, viajó por toda Europa. Vivió en diferentes lugares y escribió guiones (*scripts*) de cine, cuentos y novelas. En 1967 publicó su novela más famosa, *Cien años de soledad*, y en 1982 recibió el Premio Nobel de Literatura. Tras su muerte en 2014, se le recuerda como uno de los narradores contemporáneos más influyentes de la literatura en español, y quizá como el más querido. De su libro *Doce cuentos peregrinos* (al que pertenece el cuento "La luz es como el agua"), dijo que lo escribió porque quería hablar "sobre las cosas extrañas que les suceden a los latinoamericanos en Europa".

Vocabulario

ahogado/a *drowned*	**el faro** *lighthouse*	**la popa** *stern*
la bahía *bay*	**flotar** *to float*	**la proa** *bow*
el bote *boat*	**el muelle** *pier*	**el remo** *oar*
la cascada *cascade; waterfall*	**la pesca** *fishing*	**el tiburón** *shark*

Palabras relacionadas Indica qué palabra no pertenece al grupo.

1. bote–remo–mueble–navegar
2. brújula–balcón–puerto–proa
3. pesca–buceo–tiburones–tigre
4. popa–edificio–cascada–bahía

Conexión personal Cuando eras niño/a, ¿te gustaba soñar con viajes a lugares imposibles? ¿Sigues soñando o imaginando viajes a lugares fantásticos? ¿Alguna vez viviste en un país extranjero? ¿Qué cosas extrañabas?

Análisis literario: el realismo mágico

El realismo mágico es una síntesis entre el realismo y la literatura fantástica. Muchos escritores latinoamericanos, como Gabriel García Márquez y Carlos Fuentes, incorporaron elementos fantásticos al mundo cotidiano de los personajes, que aceptan la magia y la fantasía como normales. En el realismo mágico, lo real se torna mágico, lo maravilloso es parte de lo cotidiano y no se cuestiona la lógica de lo fantástico. Uno de los precursores del género, Alejo Carpentier, explicó que "En América Latina, lo maravilloso se encuentra en vuelta de cada esquina, en el desorden, en lo pintoresco de nuestras ciudades, (...) en nuestra naturaleza y (...) también en nuestra historia". Presta atención a la representación de la realidad en el cuento.

Practice more at **vhlcentral.com.**

Before they read *La luz es como el agua*, ask students to imagine a story line with a beginning, middle, and end, based on the elements of this painting. Ask: **¿Qué pasa al principio de la historia? ¿Qué pasa en esta imagen? ¿Qué pasa al final?** Point out that this painting is not an illustration of the reading.

 Audio: Dramatic Reading

Altamar, 2000
Graciela Rodo Boulanger, Bolivia

La luz es como el agua

Gabriel García Márquez

En Navidad los niños volvieron a pedir un bote de remos.

—De acuerdo —dijo el papá, lo compraremos cuando volvamos a Cartagena.

5 Totó, de nueve años, y Joel, de siete, estaban más decididos de lo que sus padres creían.

—No —dijeron a coro°—. Nos hace falta ahora y aquí.

—Para empezar —dijo la madre—, aquí no 10 hay más aguas navegables que la que sale de la ducha°.

Tanto ella como el esposo tenían razón. En la casa de Cartagena de Indias había un patio con un muelle sobre la bahía, y un refugio para dos yates grandes. En cambio aquí en Madrid 15 vivían apretados° en el piso quinto del número 47 del Paseo de la Castellana. Pero al final ni él ni ella pudieron negarse, porque les habían prometido un bote de remos con su sextante y su brújula si se ganaban el laurel del tercer año 20 de primaria, y se lo habían ganado. Así que el papá compró todo sin decirle nada a su esposa, que era la más reacia° a pagar deudas de juego. Era un precioso bote de aluminio con un hilo dorado en la línea de flotación. 25

—El bote está en el garaje —reveló el papá

in unison — coro°

shower — ducha°

cramped — apretados°

reluctant — reacia°

Preview Have students research the climates and landscapes of Cartagena de Indias and Madrid on the Internet. Ask students to guess how this information might be important to the story.

en el almuerzo—. El problema es que no hay cómo subirlo ni por el ascensor ni por la escalera, y en el garaje no hay más espacio 30 disponible.

Sin embargo, la tarde del sábado siguiente los niños invitaron a sus condiscípulos° para *schoolmates* subir el bote por las escaleras, y lograron llevarlo hasta el cuarto de servicio.

35 —Felicitaciones —les dijo el papá—, ¿ahora qué?

—Ahora nada —dijeron los niños—. Lo único que queríamos era tener el bote en el cuarto, y ya está.

40 La noche del miércoles, como todos los miércoles, los padres se fueron al cine. Los niños, dueños y señores de la casa, cerraron puertas y ventanas, y rompieron la bombilla encendida de una lámpara de la sala. Un *stream/golden* 45 chorro° de luz dorada° y fresca como el *light bulb* agua empezó a salir de la bombilla° rota, y lo dejaron correr hasta que el nivel llegó a cuatro palmos. Entonces cortaron la corriente°, *current* sacaron el bote, y navegaron a placer° por *at one's pleasure* 50 entre las islas de la casa.

Esta aventura fabulosa fue el resultado de una ligereza° mía cuando participaba en un *flippant remark* seminario sobre la poesía de los utensilios domésticos. Totó me preguntó cómo era que 55 la luz se encendía con sólo apretar un botón, y

yo no tuve el valor de pensarlo dos veces.

—La luz es como el agua —le contesté: uno abre el grifo°, y sale. *faucet*

De modo que siguieron navegando los miércoles en la noche, aprendiendo el 60 manejo del sextante y la brújula, hasta que los padres regresaban del cine y los encontraban dormidos como ángeles de tierra firme. Meses después, ansiosos de ir más lejos, pidieron un equipo de pesca submarina. Con todo: 65 máscaras, aletas, tanques y escopetas de aire comprimido.

—Está mal que tengan en el cuarto de servicio un bote de remos que no les sirve para nada —dijo el padre—. Pero está peor que quieran 70 tener además equipos de buceo.

—¿Y si nos ganamos la gardenia de oro del primer semestre? —dijo Joel.

—No —dijo la madre, asustada—. Ya no más. 75

El padre le reprochó su intransigencia.

—Es que estos niños no se ganan ni un clavo° *nail* por cumplir con su deber —dijo ella—, pero por un capricho° son capaces de ganarse hasta *whim* la silla del maestro. 80

Los padres no dijeron al fin ni que sí ni que no. Pero Totó y Joel, que habían sido los últimos en los dos años anteriores, se ganaron en julio las dos gardenias de oro y el reconocimiento público del rector. Esa misma tarde, sin que 85 hubieran vuelto a pedirlos, encontraron en el dormitorio los equipos de buzos en su empaque original. De modo que el miércoles siguiente, mientras los padres veían *El último tango en París*, llenaron el apartamento hasta 90 la altura de dos brazas, bucearon como tiburones mansos° por debajo de los muebles *tame* y las camas, y rescataron del fondo° de la luz *bottom* las cosas que durante años se habían perdido en la oscuridad. 95

En la premiación° final los hermanos fueron *awards ceremony* aclamados como ejemplo para la escuela, y les dieron diplomas de excelencia. Esta vez no tuvieron que pedir nada, porque los padres les preguntaron qué querían. Ellos fueron tan razonables, que sólo quisieron una fiesta en casa para agasajar° a los compañeros de curso.

El papá, a solas con su mujer, estaba radiante.

—Es una prueba de madurez —dijo.

—Dios te oiga —dijo la madre.

El miércoles siguiente, mientras los padres veían *La Batalla de Argel*, la gente que pasó por la Castellana vio una cascada de luz que caía de un viejo edificio escondido entre los árboles. Salía por los balcones, se derramaba° a raudales° por la fachada°, y se encauzó° por la gran avenida en un torrente dorado que iluminó la ciudad hasta el Guadarrama.

Llamados de urgencia, los bomberos forzaron la puerta del quinto piso, y encontraron la casa rebosada de° luz hasta el techo. El sofá y los sillones forrados° en piel de leopardo flotaban en la sala a distintos niveles, entre las botellas del bar y el piano de cola° y su mantón° de Manila que aleteaba° a media agua como una mantarraya de oro. Los utensilios domésticos, en la plenitud de su poesía, volaban con sus propias alas° por el cielo de la cocina. Los instrumentos de la banda de guerra, que los niños usaban para bailar, flotaban al garete° entre los peces de colores liberados de la pecera de mamá, que eran los únicos que flotaban vivos y felices en la vasta ciénaga° iluminada. En el cuarto de baño flotaban los cepillos de dientes de todos, los preservativos de papá, los pomos° de cremas y la dentadura de repuesto° de mamá, y el televisor de la alcoba° principal flotaba de costado°, todavía encendido en el último episodio de la película de media noche prohibida para niños.

Al final del corredor, flotando entre dos aguas, Totó estaba sentado en la popa del bote, aferrado° a los remos y con la máscara puesta, buscando el faro del puerto hasta donde le alcanzó el aire de los tanques, y Joel flotaba en la proa buscando todavía la altura de la estrella polar con el sextante, y flotaban por toda la casa sus treinta y siete compañeros de clase, eternizados en el instante de hacer pipí° en la maceta° de geranios, de cantar el himno de la escuela con la letra cambiada por versos de burla contra el rector, de beberse a escondidas un vaso de brandy de la botella de papá. Pues habían abierto tantas luces al mismo tiempo que la casa se había rebosado°, y todo el cuarto año elemental de la escuela de San Julián el Hospitalario se había ahogado en el piso quinto del número 47 del Paseo de la Castellana. En Madrid de España, una ciudad remota de veranos ardientes y vientos helados, sin mar ni río, y cuyos aborígenes° de tierra firme nunca fueron maestros en la ciencia de navegar en la luz. ■

Marginal glosses:
- to entertain
- poured out in torrents / façade / channeled
- brimming with
- covered
- grand piano / shawl
- fluttered
- wings
- adrift
- marsh
- jars
- spare bedroom / sideways
- clinging
- to pee / flowerpot
- overflowed
- natives

Después de leer

La luz es como el agua
Gabriel García Márquez

(1) Comprensión Indica si las oraciones son **ciertas** o **falsas**. Corrige las falsas. Some answers will vary.

1. La acción transcurre en Cartagena. Falso. La acción transcurre en Madrid.

2. Totó y Joel dicen que quieren el bote para pasear con sus compañeros en el río.
Falso. Los niños dicen que lo único que quieren es tener el bote en el cuarto.

3. Los padres van todos los miércoles por la noche al cine. Cierto.

4. Los niños inundan la casa con agua de la ducha.
Falso. Inundan la casa con luz de la bombilla de una lámpara de la sala.

5. Cuando llegaron los bomberos todo flotaba por el aire. Cierto.

6. El que le sugiere a Totó la idea de que la luz es como el agua es su papá.
Falso. El que dice eso es el narrador.

(2) Análisis En parejas, relean la definición de realismo mágico y luego respondan las preguntas.

1. Los niños navegan "entre las islas de la casa". ¿Qué son las islas del apartamento?

2. ¿Qué significa la frase "rescataron del fondo de la luz las cosas que durante años se habían perdido en la oscuridad"? En la realidad, ¿les parece que la luz tiene fondo? En este relato, ¿cuál es el fondo de la luz?

3. Repasa el significado de *comparación* (**p. 153**). ¿Se usan comparaciones en este relato? Escríbanlas y expliquen cómo proporcionan mayor expresividad.

(3) Interpretación Responde las preguntas con oraciones completas.

1. ¿Por qué te parece que, teniendo una gran casa en Cartagena, viven en Madrid en un pequeño apartamento? ¿Cuáles crees que podrían ser las causas?

2. El narrador señala que toda la aventura de los niños es consecuencia de una "ligereza" suya, porque "no tuvo el valor de pensarlo dos veces". ¿Por qué te parece que dice eso? ¿Qué opinas tú de su respuesta? ¿Crees que él es culpable de lo que ocurre después?

3. Los niños aprovechan que sus padres no están para inundar el apartamento y guardan el secreto; sólo se lo cuentan a sus compañeros. ¿Por qué hacen eso?

4. ¿Puedes establecer alguna relación entre ir al cine y navegar con la luz?

5. Imagina que la familia nunca se fue de Cartagena. ¿Cómo cambia la historia?

(4) Entrevista En grupos de cuatro, preparen una entrevista con el primer bombero que entró en el apartamento inundado. Uno/a de ustedes es el/la reportero/a y los demás son bomberos. Hablen sobre las causas y consecuencias del accidente, y usen lenguaje objetivo y preciso. Luego, representen la entrevista frente a la clase.

(5) Bitácoras de viaje Utilizando el realismo mágico, describe un día de un viaje especial. Describe adónde fuiste, qué hiciste, con quién fuiste y por qué fue especial. Describe elementos maravillosos de tu viaje y presenta detalles mágicos como si fueran normales.

Practice more at **vhlcentral.com**.

---

(2) Before completing the activity, review and discuss the concept of magical realism.

(3) Ask additional questions, such as: **¿Qué importancia tiene el hecho de que los padres van al cine cuando los niños se quedan solos en casa? ¿Por qué creen que el autor nos da los títulos de las películas? ¿Conocen estas películas?**

(4) As an expansion activity, have students write the official report issued by the fire department explaining what happened to the children.

Antes de leer

Vocabulario

el apogeo *peak*	**el mito** *myth*
el artefacto *artifact*	**la pared** *wall*
el campo *ball field*	**la piedra** *stone*
el/la dios(a) *god/goddess*	**la pirámide** *pyramid*
el juego de pelota *ball game*	**la ruta maya** *the Mayan Trail*
la leyenda *legend*	

Tikal Completa las oraciones con las palabras apropiadas.

1. Tikal, antiguamente una gran ciudad, es ahora una impresionante colección de ruinas que se encuentra en la ___ruta maya___ de Guatemala.

2. Hay seis ___pirámides___ en el centro de la ciudad. Son los edificios más grandes de Tikal.

3. En la misma zona hay varios ___campos___ donde se jugaba al ___juego de pelota___.

4. Durante sus excavaciones, los arqueólogos han encontrado ___artefactos___ fascinantes y también esculturas y monumentos de ___piedra___.

Conexión personal ¿Cuál es la ruta más interesante que has recorrido? ¿Fue un viaje organizado o lo planeaste por tu cuenta?

Contexto cultural

Campo de pelota en Chichén Itzá

En la cultura maya, el deporte era a veces cuestión de vida o muerte. El juego de pelota se jugó durante más de 3.000 años en un campo entre muros (*walls*) con una pelota muy dura y muy pesada: podía llegar a pesar hasta nueve libras, aproximadamente. Este juego se celebraba en la vida cotidiana, pero a veces se jugaba como parte de una ceremonia. Entonces era un juego muy violento que acababa a veces con un sacrificio ritual: posiblemente la decapitación de algunos de los jugadores.

Cuenta la leyenda que los hermanos gemelos Ixbalanqué y Hunahpú eran tan aficionados al juego que enojaron a los dioses de la muerte, los señores de Xibalbá, con el ruido (*noise*) que hacían con las pelotas. Los señores de Xibalbá controlaban un mundo subterráneo, al que se llegaba por una cueva (*cave*). Todo individuo que entraba en Xibalbá pasaba por una serie de pruebas terribles, como cruzar un río de escorpiones, entrar en una casa llena de cuchillos en movimiento y participar en un juego mortal de pelota.

Los gemelos usaron su habilidad atlética, su inteligencia y la magia para vencer a los dioses y transformarse en el sol y la luna. Por eso, entre los mayas, el juego era una competencia entre fuerzas opuestas, como el bien y el mal, o la luz y la oscuridad.

Practice more at **vhlcentral.com**.

APOGEO MAYA

Chichén Itzá
967–987 d.C.

Uxmal
600–900 d.C.

MÉXICO   BELICE
Tikal
250–800 d.C.

GUATEMALA   HONDURAS
Copán
300–900 d.C.

EL SALVADOR

Chichén Itzá

La ruta maya

Los mayas, investigadores de ciencias y matemáticas, y destacados° renowned
arquitectos de espacios monumentales, han dejado evidencia de
un mundo ilustre e intelectual que todavía brilla hoy día. En su
momento de mayor extensión, el territorio maya incluía partes
5 de lo que ahora es México, Guatemala, Belice, El Salvador y
Honduras. Una imaginaria ruta maya une estos lugares dispersos,
atravesando° siglos y países, y revela restos de una gran civilización. crossing
La ruta pasa por selva y ciudad, por vegetación exuberante y por

ruinas que resisten y también muestran el paso del tiempo. El viajero puede elegir entre múltiples lugares y numerosos caminos. Sin embargo, hay un itinerario particular que conecta la arquitectura, la cultura y el deporte a través del tiempo y el espacio: la ruta de los campos de pelota. Debido al° enorme valor cultural del juego, se construyeron canchas en casi todas las poblaciones importantes, incluyendo las espléndidas construcciones de Copán y Chichén Itzá. La ruta, que pasa por algunos de los 700 campos de pelota, desentierra° maravillas arqueológicas.

En la densa selva en el oeste de Honduras, cerca de la frontera con Guatemala, surge° Copán, donde gobernaron varias dinastías de reyes. Entre las ruinas, permanece° un elegantísimo campo de pelota, una cancha que tenía hasta vestuarios° para los jugadores. Grandes paredes, adornadas de esculturas de loros°, rodean° el campo más artístico de Mesoamérica. En Copán vivía una élite de artesanos y nobles que esculpían° y escribían en piedra. Por eso, se concentran en Copán la mayor cantidad de esculturas° y estelas° —monumentos de figuras y lápidas° con

Due to the (15)

unearths

emerges

lies (25)

dressing rooms

parrots/ surround

sculpted

sculptures/ steles

stone tables

Campo de pelota en Copán

El más impresionante de los campos de pelota se encuentra en Chichén Itzá en Yucatán, México. En su período de esplendor, Chichén Itzá era el centro de poder de Mesoamérica. Actualmente es uno de los sitios arqueológicos más importantes del mundo. La gran pirámide, conocida con el nombre *El Castillo*, era un rascacielos° en su época. Con escaleras que suben a la cumbre° por los cuatro lados, El Castillo sirvió de templo del dios Kukulcán. Hay varias canchas de pelota en Chichén Itzá, pero la más grandiosa y espectacular se llama el Gran Juego de Pelota. A pesar de medir° 166 por 68 metros (181 por 74 yardas), la acústica es tan magnífica que sirve de modelo para teatros: un susurro° se puede oír de un extremo al otro. Mientras competían, los jugadores sentían la presión de las esculturas que adornaban las paredes, las cuales muestran a unos jugadores decapitando a otros. El peligro era un recordatorio° de que el juego era también una ceremonia solemne y el campo, un templo.

skyscraper

(45)

peak (50)

measuring (55)

whisper

(60)

reminder

Esta ruta maya continúa por campos como el de Uxmal en Yucatán, México, donde se pueden apreciar grandes logros° arquitectónicos. En todos ellos, se oyen las voces lejanas de la civilización maya, ecos que nos hacen viajar por el tiempo y despiertan la imaginación. ■

(65)

achievements

(70)

Mesoamérica

La región de Mesoamérica empieza en el centro de México y llega hasta la frontera entre Nicaragua y Costa Rica. Aquí vivían sociedades agrarias que se destacaron por sus avances en la arquitectura, el arte y la tecnología en los 3.000 años anteriores a la llegada de Cristóbal Colón al continente americano. Entre las culturas de Mesoamérica se incluyen la maya, la azteca, la olmeca y la tolteca. Los mayas tomaron la escritura y el calendario mesoamericanos y los desarrollaron hasta su mayor grado de sofisticación.

stairways

(35) jeroglíficos— de la ruta maya. En las famosas escalinatas° de la ciudad se pueden examinar jeroglíficos que contienen todo un árbol genealógico y que cuentan la historia de los reyes de Copán. Estas inscripciones forman el texto maya más largo que se preserva hoy día. (40)

Después de leer
La ruta maya

① Comprensión Decide si las oraciones son **ciertas** o **falsas**. Corrige las falsas. Some answers will vary.

1. En su momento de mayor extensión, el territorio maya empezaba en lo que hoy se llama México y terminaba en lo que hoy se llama Guatemala.
Falso. El territorio maya incluía partes de lo que ahora es México, Guatemala, Belice, El Salvador y Honduras.

2. Los mayas construyeron muy pocas canchas de pelota.
Falso. Construyeron canchas en casi todas las poblaciones importantes.

3. En Copán vivía una élite de artesanos y nobles que escribían en piedra.
Cierto.

4. Los jeroglíficos de Copán cuentan la leyenda de los gemelos Ixbalanqué y Hunahpú.
Falso. Los jeroglíficos de Copán contienen un árbol genealógico y cuentan la historia de los reyes de Copán.

5. Chichén Itzá fue el centro de poder de Mesoamérica.
Cierto.

6. El Castillo es la cancha de pelota más grande.
Falso. El Castillo es la gran pirámide y templo del dios Kukulcán.

② Preguntas Contesta las preguntas con oraciones completas.

1. ¿Qué significado tenía el juego de pelota en la cultura maya?

2. ¿Cuáles eran algunos de los peligros del juego?

3. ¿Qué tienen de extraordinario las ruinas de Copán?

4. ¿Qué detalles indican que Chichén Itzá había sido una ciudad importantísima?

5. ¿Cuál es un ejemplo de la importancia de los dioses para los mayas?

③ Itinerarios En grupos, preparen el itinerario para un recorrido por una de estas rutas. Luego, compartan el itinerario con el resto de la clase.

- la ruta de los campos de béisbol
- Norteamérica de punta a punta
- las mansiones de los famosos en Hollywood

④ Jeroglíficos

A. En parejas, inventen un mensaje jeroglífico. Pueden usar letras, números, dibujos, figuras geométricas, etc. Después, intercambien el mensaje con otra pareja para descifrarlo. Pueden dar pistas si es necesario.

MODELO ≈ & PP: ♫ 100 🏠 2
(Mar y Pepe: Recién casados)

B. Presenten los mensajes descifrados a la clase. ¿Qué pareja usó el sistema de escritura más original?

Practice more at **vhlcentral.com.**

¡A conversar!

La luna de miel Trabajen en grupos de cuatro. Imaginen cómo fue la luna de miel de dos de estas parejas.

a   b   c   d

A. Primero, hablen acerca de la luna de miel de cada pareja: ¿Cómo es la pareja? ¿Adónde fueron? ¿Por qué eligieron ese lugar? ¿Qué cosas empacaron?

B. Luego, comparen las dos lunas de miel. Escriban por lo menos seis oraciones usando comparativos y superlativos, y expresiones negativas, afirmativas e indefinidas.

C. Por último, compartan sus comparaciones con la clase y escuchen las comparaciones de sus compañeros/as. Entre todos, resuman en una lista las comparaciones más destacadas.

¡A escribir!

Consejos de viaje Sigue el **Plan de redacción** para escribir unos consejos de viaje. Imagina que trabajas en una agencia de viajes y tienes que organizar una excursión para unos/as amigos/as. Haz una lista de los lugares y cosas que les recomiendas que hagan. Ten en cuenta la personalidad de tus amigos/as y elige bien qué sitios crees que les van a gustar más.

Plan de redacción

Contenido: Ten en cuenta el clima del lugar, la ropa que deben llevar, el hotel donde pueden alojarse y los espectáculos culturales a los que pueden asistir. También es importante que les recomiendes algún restaurante o alguna comida típica del lugar. No olvides utilizar oraciones con subjuntivo en todas tus recomendaciones. Puedes usar estas expresiones:

- Es importante que...
- Les recomiendo que...
- Busquen un hotel que...
- Es probable que...
- Es mejor que...
- Visiten lugares que...

Conclusión: Termina la lista de consejos deseándoles a tus amigos/as un buen viaje.

INSTRUCTIONAL RESOURCES
SAM/WebSAM: WB

¡A conversar!
- Bring in travel magazines for possible honeymoon destinations.

- Have students give each couple two recommendations about their honeymoons using the subjunctive.

- Write columns **a, b, c,** and **d** on the board. As students describe the couples, record the adjectives they use under the appropriate column.

¡A escribir!
- Have students write a brief description of their expertise on the chosen location.

- Have students exchange their lists with a partner for peer editing.

- As a variant, have students think about pieces of advice for different travel groups: **un grupo de ancianos, un grupo de estudiantes universitarios, una familia con niños pequeños.**

S Vocabulary Tools

De viaje

la bienvenida	welcome
la despedida	farewell
el destino	destination
el itinerario	itinerary
la llegada	arrival
el pasaje (de ida y vuelta)	(round-trip) ticket
el pasaporte	passport
la tarjeta de embarque	boarding pass
la temporada alta/baja	high/low season
el/la viajero/a	traveler
hacer las maletas	to pack
hacer transbordo	to transfer (planes/trains)
hacer un viaje	to take a trip
ir(se) de vacaciones	to go on vacation
perder (e:ie) (el vuelo)	to miss (the flight)
regresar	to return
a bordo	on board
retrasado/a	delayed
vencido/a	expired
vigente	valid

El alojamiento

el albergue	hostel
el alojamiento	lodging
la habitación individual/doble	single/double room
la recepción	front desk
el servicio de habitación	room service
alojarse	to stay
cancelar	to cancel
estar lleno/a	to be full
quedarse	to stay
reservar	to reserve
de (buena) categoría	first-rate
incluido/a	included
recomendable	advisable

La seguridad y los accidentes

el accidente (automovilístico)	(car) accident
el/la agente de aduanas	customs agent
el aviso	notice; warning
el cinturón de seguridad	seat belt
el congestionamiento	traffic jam
las medidas de seguridad	security measures
la seguridad	safety; security
el seguro	insurance
aterrizar	to land
despegar	to take off
ponerse/quitarse el cinturón	to fasten/to unfasten the seat belt
reducir (la velocidad)	to reduce (speed)
peligroso/a	dangerous
prohibido/a	prohibited

Las excursiones

la aventura	adventure
el/la aventurero/a	adventurer
la brújula	compass
el buceo	scuba diving
el campamento	campground
el crucero	cruise (ship)
el (eco)turismo	(eco)tourism
la excursión	outing; tour
la frontera	border
el/la guía turístico/a	tour guide
la isla	island
las olas	waves
el puerto	port
las ruinas	ruins
la selva	jungle
el/la turista	tourist
navegar	to sail
recorrer	to tour
lejano/a	distant
turístico/a	tourist (adj.)

Más vocabulario

Expresiones útiles	Ver p. 169
Estructura	Ver pp. 176–177, 180–181, 184–185 y 188–189

Cinemateca

el arma	weapon
la cabina	cockpit
la cobertura	(cell phone) service
la espuma	foam
el expediente	investigation
la rabia	rabies
el secuestro	hijacking
los sudores	sweats
la tripa	belly
la tripulación	crew
correr a cargo de	to be paid by
meterse en un lío	to get into a mess
molar	to be cool
molestar	to bother
morder	to bite
cretino/a	idiot

Literatura

la bahía	bay
el bote	boat
la cascada	cascade; waterfall
el faro	lighthouse
el muelle	pier
la pesca	fishing
la popa	stern
la proa	bow
el remo	oar
el tiburón	shark
flotar	to float
ahogado/a	drowned

Cultura

el apogeo	peak
el artefacto	artifact
el campo	ball field
el/la dios(a)	god/goddess
el juego de pelota	ball game
la leyenda	legend
el mito	myth
la pared	wall
la piedra	stone
la pirámide	pyramid
la ruta maya	the Mayan Trail

La naturaleza

Communicative Goals

You will expand your ability to...

- describe and narrate in the future
- express what you or others would do
- express purpose, condition, and intent
- express will, emotion, doubt, or denial in the past
- discuss hypothetical situations and events that depend on other events

Vocabulary Tools

INSTRUCTIONAL RESOURCES
SAM/WebSAM (WB, LM),
Textbook/Lab Audio,
Audioscripts,
Textbook/Lab AK

La naturaleza

Preview Ask discussion questions about nature and the environment. Ex: ¿Qué importancia tiene la naturaleza en tu vida diaria? ¿Crees que a veces se exageran los problemas del medio ambiente? Recycle previously learned vocabulary, such as common animal names.

La naturaleza

El Caribe presenta **costas** infinitas con palmeras **a orillas del mar**, aguas cristalinas y extensos **arrecifes** de coral con un **paisaje** submarino sin igual.

el árbol *tree*
el arrecife *reef*
el bosque (lluvioso) *(rain) forest*
el campo *countryside; field*
la cordillera *mountain range*

la costa *coast*
el desierto *desert*
el mar *sea*
la montaña *mountain*
el paisaje *landscape*
la tierra *land*

húmedo/a *damp*
seco/a *dry*

a orillas de *on the shore of*
al aire libre *outdoors*

Los animales

el ave *(f.)* / **el pájaro** *bird*
el cerdo *pig*
el conejo *rabbit*
el león *lion*
el mono *monkey*
la oveja *sheep*
el pez *fish*
la rana *frog*

la serpiente *snake*
el tigre *tiger*
la vaca *cow*

atrapar *to trap; to catch*
cazar *to hunt*
dar de comer *to feed*

extinguirse *to become extinct*
morder (o:ue) *to bite*

en peligro de extinción *endangered*
salvaje *wild*
venenoso/a *poisonous*

Los fenómenos naturales

el huracán *hurricane*
el incendio *fire*
la inundación *flood*
el relámpago *lightning*
la sequía *drought*
el terremoto *earthquake*
la tormenta (tropical) *(tropical) storm*
el trueno *thunder*

Variación léxica
el bosque lluvioso ⟷ el bosque húmedo (tropical)
conservar ⟷ preservar
la serpiente ⟷ la culebra
Remind students that the masculine articles **el** and **un** are used with feminine singular nouns that begin with a stressed **a** to facilitate pronunciation. Ex: **el ave → las aves**

El **reciclaje** de botellas es muy importante para **proteger** el **medio ambiente** y no **malgastar** plástico.

el calentamiento global *global warming*
la capa de ozono *ozone layer*
el combustible *fuel*
la contaminación *pollution*

la deforestación *deforestation*
el desarrollo *development*
la erosión *erosion*
la fuente de energía *energy source*
el medio ambiente *environment*
los recursos naturales *natural resources*

agotar *to use up*
conservar *to preserve*
contaminar *to pollute*
contribuir (a) *to contribute*
desaparecer *to disappear*
destruir *to destroy*
malgastar *to waste*
proteger *to protect*
reciclar *to recycle*

resolver (o:ue) *to solve*

dañino/a *harmful*
desechable *disposable*
renovable *renewable*
tóxico/a *toxic*

La naturaleza

Práctica

① For Part C, have pairs create two columns labeled **Antes** and **Después** to organize their ideas.

1 Escuchar

A. Escucha el informativo de la noche y después completa las oraciones con la opción correcta.

1. Hay __b__.
   a. una inundación   b. un incendio

2. Las causas de lo que ha ocurrido __b__.
   a. se conocen   b. se desconocen

3. En los últimos meses, ha habido __a__.
   a. mucha sequía   b. muchas tormentas

4. Las autoridades temen que __b__.
   a. los animales salvajes vayan a los pueblos
   b. el incendio se extienda

5. Los pueblos de los alrededores __a__.
   a. están en peligro   b. están contaminados

B. Escucha la conversación entre Pilar y Juan, y después contesta las preguntas con oraciones completas.

1. ¿Dónde hay un incendio?
   Hay un incendio en la Cordillera del Este.
2. Según lo que escuchó Pilar, ¿qué puede suceder?
   El incendio se puede extender a otras zonas.
3. ¿Qué animales tenían los abuelos de Juan?
   Los abuelos de Juan tenían ovejas.
4. ¿Dónde pasaba los veranos Pilar?
   Pilar pasaba los veranos en la costa.
5. ¿Qué hacía Pilar con los peces que veía?
   Pilar a veces les daba de comer a los peces.
6. ¿Qué ha pasado con los peces que había antes en la costa?
   Los peces que había antes en la costa han desaparecido.

C. En parejas, hablen de los cambios que han visto ustedes en la naturaleza a lo largo de los años. Hagan una lista y compártanla con la clase.

2 Emparejar Conecta las palabras de forma lógica.

| MODELO | **fenómeno natural: terremoto** |

__d__ 1. proteger   a. león
__e__ 2. tormenta   b. serpiente
__c__ 3. destrucción   c. incendio
__f__ 4. campo   d. conservar
__a/b__ 5. salvaje   e. trueno
__b__ 6. venenosa   f. aire libre

② As an expansion activity, have students make sentences with the associated words. Ex: **Al conservar el agua, protegemos el medio ambiente**.

Práctica

③ Ask students to write two more definitions using the lesson vocabulary. Have classmates give the correct word for every definition.

③ Definiciones

A. Escribe la palabra adecuada para cada definición.

1. fenómeno natural en el que se ilumina el cielo cuando hay tormenta: ___relámpago___
2. reptil de cuerpo largo y estrecho (*narrow*) que muchas veces es venenoso: ___serpiente___
3. largo período de tiempo sin lluvias: ___sequía___
4. extensión de tierra donde no suele llover: ___desierto___
5. fenómeno natural que se produce cuando se mueve la tierra bruscamente (*abruptly*): ___terremoto___
6. animal feroz considerado el rey de la selva: ___león___
7. contrario de "húmedo": ___seco___
8. ruido producido en las nubes por una descarga eléctrica: ___trueno___
9. serie de montañas: ___cordillera___
10. fuego grande que puede destruir casas y campos: ___incendio___

B. Ahora, escribe tres definiciones de otras palabras del vocabulario. Tu compañero/a tendrá que adivinar a qué palabra corresponde cada definición.

④ Remind students that not all words will be used.

④ ¿Qué es la biodiversidad? Completa el artículo de la revista *Naturaleza* con la palabra o expresión correspondiente.

animal	costas	paisaje
arrecifes de coral	mar	proteger
bosques	medio ambiente	recursos naturales
conservar	montañas	tierra

La biodiversidad se refiere a la gran variedad de formas de vida —(1) ___animal___, vegetal y humana— que conviven en el (2) ___medio ambiente___, no sólo en la tierra, sino también en el (3) ___mar___. Esta interdependencia significa que ninguna especie está aislada o puede vivir por sí sola. A pesar de que el Caribe comprende menos del once por ciento de la superficie total del planeta, su territorio contiene una vasta riqueza de vida silvestre (*wild*) que se encuentra a lo largo de sus (4) ___bosques___ tropicales húmedos, (5) ___montañas___ altas, extensas costas, y del increíble (6) ___paisaje___ submarino de los (7) ___arrecifes de coral___. Se estima que en la actualidad hay más de sesenta y cinco organizaciones ecologistas que trabajan para (8) ___conservar / proteger___ y (9) ___conservar / proteger___ los valiosos (10) ___recursos naturales / arrecifes de coral___ de las islas caribeñas.

Teaching option Discuss biodiversity in other regions. If time permits, use photographs of animals that are indigenous to the Spanish-speaking world to teach additional vocabulary. Ex: **el jaguar, el loro, el pingüino, el puma**. For an optional project, assign geographical regions to small groups and have them prepare presentations on the flora and fauna of each region.

Practice more at **vhlcentral.com**.

Comunicación

5 Preguntas En parejas, túrnense para contestar las preguntas.

1. ¿A dónde prefieres ir de vacaciones, al campo, a la costa o a la montaña? ¿Por qué?

2. ¿Tienes un animal preferido? ¿Cuál es? ¿Por qué te gusta? ¿Qué animales no te gustan? ¿Por qué?

3. ¿Qué opinas de la práctica de cazar animales? ¿Es cruel? ¿Es necesario controlar la población para el bien de la especie?

4. ¿Hay alguna diferencia entre cazar un animal para comerlo y comprar carne?

5. ¿Hay huracanes, sequías o algún otro fenómeno natural donde tú vives? ¿Qué efectos o consecuencias tienen para el medio ambiente?

6. En tu opinión, ¿cuál es el problema más grave que afecta al medio ambiente? ¿Qué podemos hacer para mejorar la situación?

6 ¿Qué es mejor? En parejas, hablen sobre las ventajas y las desventajas de las alternativas de la lista. Consideren el punto de vista práctico y el punto de vista ambiental. Utilicen el vocabulario de **Contextos**.

- usar servilletas de papel o de tela (*cloth*)
- tirar restos de comida a la basura o en el triturador del fregadero (*garbage disposal*)
- acampar en un parque nacional o alojarse en un hotel
- imprimir el papel por los dos lados o simplemente imprimir menos

7 Asociaciones En parejas, comparen sus personalidades con las cualidades de estos animales, elementos y fuerzas de la naturaleza. ¿Con cuáles te identificas? ¿Con cuáles crees que se identifica tu compañero/a? ¿Por qué? Comparen sus respuestas.

MODELO pájaro
Yo me identifico con los pájaros, porque soy libre y soñador(a).

árbol	fuente de energía	mar	relámpago
bosque	huracán	montaña	serpiente
conejo	incendio	pájaro	terremoto
desierto	león	pez	trueno

5 As an expansion activity, have students bring in news articles about an environmental problem or natural disaster to discuss with their partners.

5 Review the subjunctive with **conocer** by asking questions about the environment. Ex: **¿Conocen a alguien que tenga un vehículo eléctrico o híbrido? ¿Conocen alguna organización cuya meta sea proteger el medio ambiente?**

6 Ask students about environmental practices on campus. Ex: **¿Qué medidas toma tu escuela o universidad para reducir la cantidad de papel o de basura?**

7 Review similes taught in **Literatura, Lección 4.** Remind students to use **como** when making comparisons.

Teaching option
Have small groups of students write riddles about animals. Give them an example: **¿Cuál es el último animal? (El delfín.)**

Video

Aguayo se va de vacaciones, dejando su pez al cuidado de los empleados de *Facetas*.

Synopsis
- Aguayo is trying to kill a spider, and Mariela and Fabiola are terrified.
- Mariela, Fabiola, and Aguayo talk about his upcoming camping vacation.
- Diana has agreed to look after Aguayo's pet fish.
- Mariela, Fabiola, and Diana spend their lunch hour trying to cheer up Bambi.

MARIELA ¡Es una araña gigante!

FABIOLA No seas miedosa.

MARIELA ¿Qué haces allá arriba?

FABIOLA Estoy dejando espacio para que la atrapen.

DIANA Si la rocías con esto (*muestra el matamoscas en spray*), la matas bien muerta.

AGUAYO Pero esto es para matar moscas.

FABIOLA ¡Las arañas jamás se van a extinguir!

MARIELA Las que no se van a extinguir son las cucarachas. Sobreviven la nieve, los terremotos y hasta los huracanes, y ni la radiación les hace daño.

FABIOLA ¡Vaya! Y… ¿tú crees que sobrevivirían al café de Aguayo?

AGUAYO Mariela, ¿podrías hacer el favor de tomar mis mensajes? Voy a casa por mi pez. Diana se ofreció a cuidarlo durante mis vacaciones.

MARIELA ¡Cómo no, jefe!

AGUAYO Mañana por la tarde estaremos en el campamento.

FABIOLA ¿Cómo pueden llamarle "vacaciones" a eso de dormir en el suelo y comer comida enlatada?

AGUAYO Ésta es su comida. Sólo una vez al día. No le des más aunque ponga cara de perrito… Bueno, debo irme.

MARIELA ¿Cómo sabremos si pone cara de perrito?

AGUAYO En vez de hacer así (*hace gestos con la cara*)…, hace así.

JOHNNY Última llamada.

FABIOLA Nos quedaremos cuidando a Bambi.

ÉRIC Me encanta el pececito, pero me voy a almorzar. Buen provecho.

Los chicos se marchan.

DIANA ¡Ay! No sé ustedes, pero yo lo veo muy triste.

FABIOLA Claro. Su padre lo abandonó para irse a dormir con las hormigas.

MARIELA ¿Por qué no le damos de comer?

FABIOLA ¡Ya le he dado tres veces!

MARIELA ¡Ya sé! Podríamos darle el postre.

INSTRUCTIONAL RESOURCES Fotonovela video, SAM/WebSAM (VM), Script & Translation, SAM AK

Preview Introduce the future tense by asking: **¿Qué creen que pasará en este episodio?** Note volunteers' answers on the board. After viewing the episode, discuss which predictions were correct.

Personajes

AGUAYO

DIANA

ÉRIC

FABIOLA

JOHNNY

MARIELA

AGUAYO La idea es tener contacto con la naturaleza, Fabiola. Explorar y disfrutar de la mayor reserva natural del país.

MARIELA Debe ser emocionante.

AGUAYO Lo es. Sólo tengo una duda. ¿Qué debo hacer si veo un animal en peligro de extinción comerse una planta en peligro de extinción?

FABIOLA Tómale una foto.

AGUAYO Chicos, les presento a Bambi.

MARIELA ¿Qué? ¿No es Bambi un venadito?

AGUAYO ¿Lo es?

JOHNNY ¿No podrías ponerle un nombre más original?

FABIOLA Sí, como *Flipper*.

FABIOLA Miren lo que encontré en el escritorio de Johnny.

MARIELA ¡Galletitas de animales!

DIANA ¿Qué haces?

MARIELA Hay que encontrar la ballenita. Es un pez y está solo. Supongo que querrá compañía.

DIANA Pero no podemos darle galletas.

FABIOLA ¿Y qué vamos a hacer? Todavía se ve tan triste.

MARIELA ¡Ya sé! Tenemos que hacerlo sentir como si estuviera en su casa. (*Pegan una foto de la playa en la pecera.*) ¿Qué tal ésta con el mar?

DIANA ¡Perfecta! ¡Se ve tan feliz!

FABIOLA Míralo.

Llegan los chicos.

ÉRIC ¡Bambi! ¡Maldito pez! ¡En una playa tropical con tres mujeres!

Teaching option Review affirmative and negative commands (**Estructura 4.2**, p. 140) by having students find examples in the dialogue.

Comprensión

1 **¿Quién lo dijo?** Identifica lo que dijo cada personaje.

AGUAYO   DIANA   ÉRIC   FABIOLA   MARIELA

1. No podemos darle galletas. Diana
2. Mañana por la tarde, estaremos en el campamento. Aguayo
3. Tómale una foto. Fabiola
4. Me encanta el pececito, pero me voy a almorzar. Éric
5. Podríamos darle el postre. Mariela

2 **¿Qué falta?** Completa las oraciones con las frases de la lista.

las cucarachas	un nombre original
el pez	denle de comer
de comer	tener contacto con la naturaleza

1. **FABIOLA** ¿Tú crees que ___las cucarachas___ pueden sobrevivir al café de Aguayo?
2. **MARIELA** Debe ser emocionante ___tener contacto con la naturaleza___.
3. **FABIOLA** Sí, ___un nombre original___ como "Flipper".
4. **AGUAYO** ___Denle de comer___ sólo una vez al día.
5. **MARIELA** ¿Cómo sabremos si ___el pez___ pone cara de perrito?
6. **FABIOLA** Ya le he dado tres veces ___de comer___.

3 **¿Qué dijo?** Di qué hace cada personaje. Utiliza los verbos entre paréntesis.

MODELO **JOHNNY** **¿No podrías ponerle un nombre más original?** (sugerir a Aguayo)
Johnny le sugiere a Aguayo que le ponga un nombre más original.

1. **AGUAYO** Mariela, ¿podrías hacer el favor de tomar mis mensajes? (pedir a Mariela)
   Aguayo le pide a Mariela que tome sus mensajes.
2. **FABIOLA** Toma una foto. (aconsejar a Aguayo)
   Fabiola le aconseja a Aguayo que tome una foto.
3. **AGUAYO** No le des más aunque ponga cara de perrito… (ordenar a Mariela)
   Aguayo le ordena a Mariela que no le dé más aunque ponga cara de perrito.
4. **MARIELA** ¿Por qué no le damos de comer? (sugerir a Diana)
   Mariela le sugiere a Diana que le den de comer.

4 **Preguntas y respuestas** En parejas, háganse preguntas sobre estos temas.

MODELO **irse de campamento**
—¿Quién se va de campamento?
—Aguayo se va de campamento.

- tenerles miedo a las arañas
- Aguayo y su esposa / comer
- cuidar a la mascota
- irse a almorzar
- dar de comer
- sentirse feliz

✏️ Practice more at **vhlcentral.com.**

Ampliación

5 · Carta a Aguayo A los empleados de Facetas se les murió Bambi. Ahora, ellos deben contarle a Aguayo lo sucedido. En parejas, escriban la carta que los empleados le enviaron a Aguayo.

> *Querido jefe:*
>
> *Esperamos que esté disfrutando de sus vacaciones y de la comida enlatada. Nosotros estamos bien, pero tenemos que darle una mala noticia. El otro día…*

6 · Apuntes culturales En parejas, lean los párrafos y contesten las preguntas.

Las mascotas

Aguayo dejará su mascota Bambi al cuidado de Diana. Otro animal que también vive en el agua es el carpincho (*capybara*), común a orillas de ríos en Suramérica. Este simpático "animalito" fácil de domesticar es el roedor (*rodent*) más grande del planeta, ¡con un peso de hasta 65 kilos (143 libras)! Un poquito grande para la oficina de *Facetas*, ¿no?

De campamento

Según Aguayo, la idea de acampar es estar en contacto con la naturaleza. Un sitio emocionante para acampar es la comunidad boliviana de **Rurrenabaque**, puerta de entrada al **Parque Nacional Madidi**. Este parque, una de las reservas más importantes del planeta, comprende cinco pisos ecológicos, desde llanuras (*plains*) amazónicas hasta cordilleras nevadas.

El alacrán

Fabiola y Mariela les tienen miedo a las arañas. ¡Y no es para menos! Algunos arácnidos son muy peligrosos. En la República Dominicana, los alacranes (*scorpions*) son temidos (*feared*) por su veneno mortal. Se los puede encontrar debajo de los muebles, en los zapatos… ¿Sobrevivirían los alacranes al matamoscas de Diana?

1. ¿Qué mascotas exóticas conoces? Menciona como mínimo tres o cuatro. ¿Cuáles son sus hábitos? ¿Son fáciles o difíciles de domesticar? ¿Son peligrosas?

2. ¿Has acampado alguna vez? ¿Dónde? ¿Por cuántos días? ¿Qué hiciste?

3. ¿Qué significa la expresión "piso ecológico"? ¿Has estado alguna vez en una región con distintos "pisos ecológicos"? ¿Cómo es la geografía de la región donde vives?

4. ¿Has visto un alacrán alguna vez? ¿Qué otros insectos peligrosos conoces? ¿Te han picado (*bitten*)? ¿Les tienes miedo?

---

5 Ask students to predict Aguayo's response to the letter.

5 As a variant, have students write a letter from Bambi's point of view. Explain what he heard, saw, and felt under Diana's care. Encourage students to be creative.

6 For an expansion activity, have students research an exotic animal on the Internet and present their findings to the class. Then have students vote according to different categories: **el animal más peligroso, el animal más fácil de domesticar**, etc.

6 **Piso ecológico**, which can be translated as ecological "floor" or "belt," refers to areas that share the same characteristics within an altitude range. This term is typically used to describe the geography of Peru, Bolivia, and other Andean countries.

Teaching option Ask heritage speakers to talk about common pets in their families' countries of origin.

En detalle

EL CARIBE

Los bosques DEL MAR

communities cultures connections
NATIONAL STANDARDS

¿Te sumergiste alguna vez en el más absoluto de los silencios para contemplar los majestuosos arrecifes de coral? En el Caribe hay más de 26 mil kilómetros cuadrados (16 mil millas cuadradas) de arrecifes, también llamados *bosques tropicales del mar* por la inmensa biodiversidad que se encuentra en ellos. Sus extravagantes formas de intensos colores proporcionan° el ecosistema ideal para las más de 4.000 especies de peces y miles de especies de plantas que en ellos habitan.

Nuestras vidas también dependen de estas formaciones: los arrecifes del Caribe protegen de los huracanes las costas de Florida y de los países caribeños. Sus inmensas estructuras aplacan° la fuerza de las tormentas antes de que lleguen a las costas, cumpliendo la función de barreras° naturales. También protegen las playas de la erosión y son un refugio para muchas especies animales en peligro de extinción.

3200 km de arrecifes
Cuba
María la Gorda
166 km de arrecifes
República Dominicana
237 especies de coral
Puerto Rico
Parque Nacional Submarino La Caleta

En Cuba se destacan° los arrecifes de María la Gorda, en el extremo occidental de la isla. En esta área altamente protegida, más de veinte especies de corales forman verdaderas cordilleras, grutas° y túneles subterráneos.

Lamentablemente, los arrecifes están en peligro por culpa de la mano del hombre. La construcción desmedida° en las costas y la contaminación de las aguas por los desechos° de las alcantarillas° provocan la sedimentación. Esto enturbia° el agua y mata el coral, porque le quita la luz que necesita. La pesca descontrolada, el exceso de turismo y la recolección de coral por parte de los buceadores son otros de sus grandes enemigos. De hecho, algunos expertos dicen que el 70% del coral desaparecerá en unos 40 años. Así que, si eres uno de los afortunados que pueden visitarlos, cuídalos. Su futuro depende de todos nosotros. ■

Los **arrecifes de coral** son uno de los hábitats más antiguos de la Tierra; algunos de ellos tienen más de 10.000 años. Muchos los confunden con plantas o con rocas, pero los arrecifes de coral son, en realidad, estructuras formadas por pólipos de coral, unos animales diminutos° que al morir dejan unos residuos de piedra caliza°. Los arrecifes son el refugio ideal para muchos tipos de animales, tales como esponjas, peces y tortugas.

proporcionan *provide* aplacan *diminish* barreras *barriers* se destacan *stand out* grutas *caves* desmedida *excessive* desechos *waste* alcantarillas *sewers* enturbia *clouds* diminutos *tiny* piedra caliza *limestone*

En detalle Preview the reading with introductory questions. Ex: ¿Hicieron buceo alguna vez? ¿Dónde? ¿Vieron arrecifes de coral? ¿Cómo eran?

Así lo decimos Have heritage speakers give other common expressions that use animal names. Ex: **tener pájaros en la cabeza (Esp.)** *to be a scatterbrain*

Perfil Ask students if they can think of other environmental preservation projects that serve as tourist attractions.

ASÍ LO DECIMOS

Frases de animales

andar como perro sin pulga° (Méx.)   *to be carefree*

comer como un chancho   *to eat like a pig; to pig out*

¡El mono está chiflando!° (Cu.)   *How windy!*

estar como una cabra° (Esp.)   *to be as mad as a hatter*

marca perro (Arg., Chi. y Uru.)   *(of an object) by an unknown brand*

¡Me pica el bagre!° (Arg.)   *I'm getting hungry!*

¡Qué búfalo/a! (Nic.)   *Fantastic!*

¡Qué tortuga! (Col.)   *(of a person) How slow!*

ser (una) rata
ser un(a) rata (Esp.)   *to be stingy*

EL MUNDO HISPANOHABLANTE

Organizaciones ambientales

Protección de la biosfera El Parque Nacional Yasuní, declarado Reserva Mundial de la Biosfera por la UNESCO en 1989, está ubicado en la Amazonia ecuatoriana. En la actualidad, varias organizaciones ambientales intentan frenar° el avance de compañías petroleras que operan en el 60% del territorio del parque.

Patagonia sin represas En 2011, este movimiento formado por varias asociaciones ecologistas chilenas frenó el plan para la construcción de cinco represas hidroeléctricas° en el sur de Chile. Este plan habría inundado 5.900 hectáreas de reservas naturales.

Protección de aves amenazadas Gracias al Fondo Peregrino de Panamá y a instituciones como el Smithsonian Institute, las águilas arpías° están siendo rescatadas y protegidas. Al parecer, Panamá es el único país de Latinoamérica que protege esta ave. El águila arpía es la segunda águila más grande del mundo, después del águila de Filipinas, y es el ave nacional de Panamá.

PERFIL

PARQUE NACIONAL SUBMARINO LA CALETA

En 1984, por obra y gracia del Grupo de Investigadores Submarinos, el buque° de rescate *Hickory* se hundió en el Parque Nacional Submarino La Caleta, a unos 17 kilómetros de Santo Domingo. No fue un accidente: el objetivo de los especialistas fue sumergir el buque intacto para que sirviera de arrecife artificial a las especies en peligro de extinción. Con el paso de los años, el barco se cubrió de esponjas y corales, y por él pasan miles de peces. El *Hickory*, que está a unos 20 metros de profundidad, es hoy día una de las mayores atracciones del parque. Pero el *Hickory* no es el único atractivo del parque nacional, también cuenta con otro barco-museo hundido para el buceo. En las aguas del parque, que alcanzan una profundidad de 180 metros (590 pies), se pueden contemplar tres terrazas de arrecifes. Los corales forman verdaderas alfombras de tonos rojos, amarillos y anaranjados que impresionan al buceador más exigente.

❝ El hombre no sólo es un problema para sí, sino también para la biosfera en que le ha tocado vivir. ❞
(Ramón Margalef, ecólogo español)

🌐 Conexión Internet

¿Qué peces habitan los arrecifes de coral del Caribe?

Investiga sobre este tema en **vhlcentral.com.**

andar como… *(lit.) to be like a dog without a flea* **El mono…** *(lit.) The monkey is whistling* **estar como…** *(lit.) to be like a goat* **Me pica…** *(lit.) My catfish is itching me* **buque** *ship* **frenar** *to slow down* **represas…** *hydroelectric dams* **águilas arpías** *harpy eagles*

¿Qué aprendiste?

1 ¿Cierto o falso? Indica si estas afirmaciones son **ciertas** o **falsas**. Corrige las falsas.

1. Los arrecifes de coral son unas plantas de intensos colores. Falso. Los arrecifes no son plantas, son estructuras formadas por animales diminutos.
2. Los arrecifes de coral también son conocidos como los *bosques tropicales del mar.* Cierto.
3. Los huracanes se hacen más fuertes cuando pasan por los arrecifes. Falso. Los huracanes pierden fuerza porque los arrecifes cumplen la función de barreras naturales.
4. Estas estructuras son un ecosistema ideal para las especies en peligro de extinción. Cierto.
5. Las formaciones de coral necesitan luz. Cierto.
6. Está permitido que los turistas tomen un poco de coral para llevárselo. Falso. Uno de los grandes enemigos de los arrecifes es la recolección de coral por parte de los turistas
7. María la Gorda se encuentra en el extremo occidental de Puerto Rico. Falso. Se encuentra en el extremo occidental de Cuba.
8. En María la Gorda, los arrecifes forman túneles y cordilleras. Cierto.
9. La construcción de casas cerca de las playas no afecta al desarrollo de los arrecifes. Falso. La construcción de casas y la contaminación por los desechos de las alcantarillas afectan a su desarrollo.
10. Los arrecifes de coral son uno de los hábitats más antiguos del planeta. Cierto.
11. En los arrecifes no viven tortugas porque no encuentran su alimento. Falso. En los arrecifes viven tortugas.
12. Los expertos están preocupados por el futuro de los arrecifes. Cierto.

2 Oraciones Elige la opción correcta.

1. El Grupo de Investigadores Submarinos hundieron el *Hickory* para crear (un parque nacional/un arrecife artificial).
2. El Parque Nacional Submarino La Caleta está en (Puerto Rico/la República Dominicana).
3. ¿No quieres contribuir para el regalo de Juan? ¡Eres (una rata/un chancho)!
4. Si estás en Argentina y tienes hambre, dices que (te pica el bagre/estás como una cabra).

3 Preguntas Contesta las preguntas. Some answers will vary.

1. ¿Qué quieren frenar las organizaciones ambientales en el Parque Nacional Yasuní? Quieren frenar el avance de las compañías petroleras.
2. ¿Qué animales protege el Fondo Peregrino de Panamá? El Fondo Peregrino de Panamá protege las águilas arpías.
3. ¿Qué busca la organización Patagonia sin represas? Busca que se frene la construcción de represas hidroeléctricas en el sur de Chile.
4. En tu opinión, ¿a qué se refiere Ramón Margalef cuando dice que el hombre es un problema para la biosfera?

4 Opiniones En parejas, respondan las preguntas y compartan su opinión con la clase.

- ¿Les preocupa la contaminación de las aguas?
- ¿Tienen hábitos que perjudican los mares? ¿Cuáles?
- ¿Qué aspectos de su vida diaria cambiarían para evitar el aumento de contaminación?

PROYECTO

Arrecifes del Caribe

Busquen información sobre los arrecifes de coral de Cuba, Puerto Rico y la República Dominicana. Elijan una zona de arrecifes y preparen una presentación para la clase. La presentación debe incluir:

- datos sobre la ubicación y la extensión
- datos sobre turismo
- datos sobre las especies de coral y otras especies de los arrecifes
- información sobre el estado de los arrecifes: ¿Están en peligro? ¿Alguna organización los protege?

¡No olviden incluir un mapa con la ubicación exacta para presentarlo en la clase!

Practice more at **vhlcentral.com.**

Teaching option As an optional writing activity, have students write a letter to a friend about an endangered coral reef they visited. They should explain where they went, the environmental problems they witnessed, and how they could be solved. Encourage them to use the subjunctive.

Proyecto Encourage students to avoid reading their presentations word-for-word. Suggest that they write key facts and phrases on index cards in order to guide them as they speak.

Un bosque tropical

NATIONAL communication cultures STANDARDS

S Video

Ahora que ya has leído sobre la riqueza del mar del Caribe, mira este episodio de **Flash Cultura** para conocer las maravillas del bosque tropical lluvioso de Puerto Rico, con su sorprendente variedad de árboles milenarios.

VOCABULARIO ÚTIL

la brújula *compass*	**estar en forma** *to be fit*
la caminata *hike*	**el/la nene/a** *kid*
la cascada *waterfall*	**la lupa** *magnifying glass*
el chapuzón *dip*	**subir** *to climb*
la cima *peak*	**la torre** *tower*

Preparación ¿Te gusta estar en contacto con la naturaleza? ¿De qué manera? ¿Has visitado alguno de los bosques nacionales de tu país? ¿Cuál(es)?

Comprensión Indica si estas afirmaciones son **ciertas** o **falsas**. Después, en parejas, corrijan las falsas.

1. El nombre *Yunque* proviene del español y significa "dios de la montaña". Falso. El nombre proviene de la palabra indígena *Yuque*, que significa "tierras blancas".
2. El Yunque es la reserva forestal más antigua del hemisferio occidental. Cierto.
3. El símbolo de Puerto Rico es la iguana. Falso. El símbolo de Puerto Rico es el coquí.
4. Para llegar a la cima del Yunque es necesario estar en forma y llevar brújula, agua, mapa, etc. Cierto.
5. Una caminata hasta la cima puede llevar hasta dos días. Falso. Las caminatas hasta la cima pueden llevar hasta medio día.
6. Como la cima está rodeada de nubes, allí arriba los árboles no pueden crecer mucho. Cierto.

Expansión En parejas, contesten estas preguntas.

- Imagina que sólo puedes llevar tres de los objetos del equipo para llegar a la cima del Yunque. ¿Cuáles llevarías? ¿Por qué?

- ¿Alguno de los atractivos del Yunque te anima (*encourages you*) a visitar este bosque en tus próximas vacaciones? ¿Cuál? ¿Por qué?

- ¿Qué tipo de comida llevas cuando vas de excursión? ¿Qué otras cosas llevas en la mochila?

Corresponsal: Diego Palacios
País: Puerto Rico

En el Yunque hay más especies de árboles que en ningún otro de los bosques nacionales, muchos de los cuales son cientos de veces más grandes, como el Parque Yellowstone o el Yosemite.

Nadar en los ríos del Yunque es uno de los pasatiempos favoritos de los puertorriqueños, como lo es meterse debajo de las cascadas.

El Yunque es el único bosque tropical lluvioso del Sistema Nacional de Bosques de los Estados Unidos.

S Practice more at **vhlcentral.com**.

Point out that a **cuerda**, the unit of measurement used in the episode, is very close to an *acre*. Currently it is used only in Puerto Rico. Other Spanish-speaking countries use square kilometers (**kilómetros cuadrados**) or hectares (**hectáreas**) to refer to the area of a national park.

INSTRUCTIONAL RESOURCES
Grammar Presentation Slides,
SAM/WebSAM (WB, LM),
Lab Audio, Audioscripts,
Textbook/SAM AK

TALLER DE CONSULTA

MANUAL DE GRAMÁTICA
Más práctica

6.1 The future and the conditional, p. A34

6.2 The subjunctive in adverbial clauses, p. A35

6.3 The past subjunctive, p. A36

6.4 **Si** clauses with simple tenses, p. A37

Más gramática

6.5 Adverbs, p. A38

¡ATENCIÓN!

Note that all of the future tense endings carry a written accent mark, except the **nosotros/as** form.

Point out that some irregular verbs drop the **-e-** of the infinitive ending (**caber →
cabr-**), while others replace the **-e-** or **-i-** of the infinitive ending with **-d-** (**poner →
pondr-**).

Decir and **hacer** have individual irregularities. Emphasize that in the future, while some verb stems are irregular, the verb endings never change.

Remind students that the impersonal form of **haber** is the same for singular and plural. Ex: **Habrá un examen al final del semestre. Habrá cinco exámenes en total.**

6.1 The future and the conditional

The future

- The future tense (**el futuro**) uses the same endings for all **-ar**, **-er**, and **-ir** verbs. For regular verbs, the endings are added to the infinitive.

Infinitive	future forms
hablar	hablaré, hablarás, hablará, hablaremos, hablaréis, hablarán
deber	deberé, deberás, deberá, deberemos, deberéis, deberán
abrir	abriré, abrirás, abrirá, abriremos, abriréis, abrirán

- For irregular verbs, the same future endings are added to the irregular stem.

Infinitive	stem	future forms
caber	cabr-	cabré, cabrás, cabrá, cabremos, cabréis, cabrán
haber	habr-	habré, habrás, habrá, habremos, habréis, habrán
poder	podr-	podré, podrás, podrá, podremos, podréis, podrán
querer	querr-	querré, querrás, querrá, querremos, querréis, querrán
saber	sabr-	sabré, sabrás, sabrá, sabremos, sabréis, sabrán
poner	pondr-	pondré, pondrás, pondrá, pondremos, pondréis, pondrán
salir	saldr-	saldré, saldrás, saldrá, saldremos, saldréis, saldrán
tener	tendr-	tendré, tendrás, tendrá, tendremos, tendréis, tendrán
valer	valdr-	valdré, valdrás, valdrá, valdremos, valdréis, valdrán
venir	vendr-	vendré, vendrás, vendrá, vendremos, vendréis, vendrán
decir	dir-	diré, dirás, dirá, diremos, diréis, dirán
hacer	har-	haré, harás, hará, haremos, haréis, harán
satisfacer	satisfar-	satisfaré, satisfarás, satisfará, satisfaremos, satisfaréis, satisfarán

- The future tense is just one way to express actions or conditions that will happen in the future.

PRESENT INDICATIVE

conveys a sense of certainty that the action will occur

Llegan mañana.
They arrive tomorrow.

ir a + [*infinitive*]

expresses the near future; is commonly used in everyday speech

Van a llegar mañana.
They are going to arrive tomorrow.

PRESENT SUBJUNCTIVE

refers to an action that has yet to occur: used after verbs of will and influence

Prefiero que **lleguen** mañana.
I prefer that they arrive tomorrow.

FUTURE TENSE

expresses an action that will occur; often implies more certainty than
ir a + [*infinitive*]

Llegarán mañana.
They will arrive tomorrow.

- The English word *will* can refer either to future time or to someone's willingness to do something. To express willingness, Spanish uses the verb **querer** + [*infinitive*].

¿Quieres contribuir a la protección del medio ambiente?
Will you contribute to the protection of the environment?

Quiero ayudar, pero no sé por dónde empezar.
I'll help, but I don't know where to begin.

- In Spanish, the future tense may be used to express conjecture or probability.

¿Qué hora **será**?
I wonder what time it is.

Ya **serán** las dos de la mañana.
It must be two a.m. by now.

¿Estará lloviendo en San Juan?
Do you think it's raining in San Juan?

Hará un poco de sol y un poco de viento.
It's probably a bit sunny and windy.

- When the present subjunctive follows a conjunction of time like **cuando**, **después (de) que**, **en cuanto**, **hasta que**, and **tan pronto como**, the future tense is often used in the main clause of the sentence.

En cuanto salga el sol, **iré** a la playa a tomar fotos.
When the sun comes up, I'll go to the beach to take photos.

The conditional

- To express the idea of what *would* happen, use the conditional tense. The conditional tense (**el condicional**) uses the same endings for all **-ar**, **-er**, and **-ir** verbs. For regular verbs, the endings are added to the infinitive.

dar	daría, darías, daría, daríamos, daríais, darían
ser	sería, serías, sería, seríamos, seríais, serían
vivir	viviría, vivirías, viviría, viviríamos, viviríais, vivirían

Yo **viviría** en Puerto Rico toda la vida.
I would live in Puerto Rico all my life.

- Verbs with irregular future stems have the same irregular stem in the conditional.

caber	cabría	poner	pondría	decir	diría
haber	habría	salir	saldría	hacer	haría
poder	podría	tener	tendría	satisfacer	satisfaría
querer	querría	valer	valdría		
saber	sabría	venir	vendría		

- The conditional is used to express what *would* occur under certain circumstances.

En tu lugar, yo **haría** ecoturismo.
If I were you, I'd do ecotourism.

- The conditional is also used to make polite requests.

¿Te **importaría** cuidar de mis plantas?
Would you mind taking care of my plants?

Let students know that, to express willingness, other verbs like **querer** can also be used: **desear, anhelar**, etc.

Remind students that in English the future tense in not used to express conjecture and probability the way it is in Spanish. English expressions like *I wonder* and *must be* are in the present tense.

TALLER DE CONSULTA

For a detailed explanation of the subjunctive with conjunctions of time, see **6.2**.

¡ATENCIÓN!

In Spanish, the conditional may be used to express conjecture or probability about a past condition or event. English expresses this sense with expressions such as *wondered, must have been*, and *was probably*.

— ¿Cuánta gente había en el congreso sobre el medio ambiente?
— No sé. *Habría* unas 500 personas.

¡ATENCIÓN!

The conditional is also used to report statements made in the future tense.

Compraré sólo productos orgánicos. → Dijo que *compraría* sólo productos orgánicos.

Práctica

TALLER DE CONSULTA

MANUAL DE GRAMÁTICA
Más práctica

6.1 The future and the conditional, p. A34

(1) Remind students to watch for irregular verbs as they complete the activity.

1 Horóscopo chino En el horóscopo chino, cada signo es un animal. Lee las predicciones del horóscopo chino para la serpiente. Conjuga los verbos entre paréntesis usando el futuro.

Trabajo: Esta semana (tú) (1) ___tendrás___ (tener) que trabajar duro. (2) ___Saldrás___ (salir) poco y no (3) ___podrás___ (poder) divertirte, pero (4) ___valdrá___ (valer) la pena. Muy pronto (5) ___conseguirás___ (conseguir) el puesto que esperas.

Dinero: (6) ___Vendrán___ (venir) tormentas económicas. No malgastes tus ahorros.

Salud: (7) ___Resolverás___ (resolver) tus problemas respiratorios, pero (8) ___deberás___ (deber) cuidarte la garganta.

Amor: (9) ___Recibirás___ (recibir) una noticia muy buena. Una persona especial te (10) ___dirá___ (decir) que te ama. (11) ___Vendrán___ (venir) días felices.

2 Trabajo de verano Alberto sueña con trabajar para una agencia de ecoturismo. Utiliza el condicional de los verbos entre paréntesis para completar la entrevista.

ALBERTO Si yo pudiera formar parte de esta organización, (1) ___estaría___ (estar) dispuesto (*ready*) a ayudar en todo lo posible.

ELENA Sí, lo sé, pero tú no (2) ___podrías___ (poder) hacer mucho. No tienes la preparación necesaria. Tú (3) ___necesitarías___ (necesitar) aprender a usar el software para reservar vuelos.

ALBERTO Bueno, yo (4) ___ayudaría___ (ayudar) con las cosas menos difíciles. Por ejemplo, (5) ___contestaría___ (contestar) el teléfono y (6) ___haría___ (hacer) tareas administrativas e (7) ___investigaría___ (investigar) nuevos destinos.

ELENA Estoy segura de que todos (8) ___agradecerían___ (agradecer) tu colaboración. Les preguntaré para ver si necesitan ayuda.

3 El primer día La agencia contrató a Alberto y hoy fue su primer día como asistente administrativo. Utiliza el condicional para cambiar estos mandatos informales por los mandatos formales que la directora le dio a Alberto. Sigue el modelo.

MODELO **Hazme un café.** ¿Me harías un café, por favor?

1. Saca estas fotocopias.
   ¿Sacarías estas fotocopias, por favor?
2. Pon los mensajes en mi escritorio.
   ¿Pondrías los mensajes en mi escritorio, por favor?
3. Manda este fax.
   ¿Mandarías este fax, por favor?

4. Diles a los voluntarios que vengan.
   ¿Les dirías a los voluntarios que vengan, por favor?
5. Sal a almorzar con nosotros.
   ¿Saldrías a almorzar con nosotros, por favor?
6. Llama al encargado
   ¿Llamarías al encargado, por favor?

4 El futuro En parejas, imaginen que uno/a de ustedes es un(a) investigador(a). La otra persona es un(a) estudiante que quiere saber qué sucederá en el futuro. El/La investigador(a) deberá contestar preguntas relacionadas con estos temas.

Teaching option Divide the class into two teams. Indicate one team member at a time, alternating between teams. Call out an infinitive and a subject pronoun and have the team member give the correct future or conditional form. Award one point for each correct answer. The team with the most points wins.

MODELO **ESTUDIANTE** ¿Existirán las bibliotecas en el futuro?
INVESTIGADOR(A) Sí, pero habrá menos debido al desarrollo de la tecnología.

trabajo   estudios   naturaleza   política

Practice more at **vhlcentral.com.**

Comunicación

5 **Viaje ecológico** Tú y tu compañero/a tienen que planear un viaje ecológico. Decidan a qué país irán, en qué fechas y qué harán allí. Usen ocho verbos en futuro.

5 If time and resources permit, bring in tourist materials about different Spanish-speaking countries.

ECOTURISMO

Puerto Rico	República Dominicana
• acampar en la costa y disfrutar de las playas	• ir en kayak por los ríos tropicales
• visitar el Viejo San Juan	• bucear por los arrecifes
• montar a caballo por la Cordillera Central	• ir de safari por La Descubierta y ver los cocodrilos del lago Enriquillo
• ir en bicicleta por la costa	• disfrutar del paisaje de Barahona
• viajar en barco por la isla Culebra	• observar las aves en el Parque Nacional del Este

6 **¿Qué será de...?** En parejas, conversen sobre lo que sucederá en el futuro en relación con estos temas y lugares.

- las ballenas (*whales*) en 2200
- Venecia en 2065
- los libros tradicionales en 2105
- la televisión en 2056
- Internet en 2050
- las hamburguesas en 2080
- los Polos Norte y Sur en 2300
- el Amazonas en 2100
- Los Ángeles en 2245
- el petróleo en 2090

6 Ask pairs to come up with their own predictions about things that will happen 25, 50, and 100 years from now.

6 Model the activity with this example: **¿Qué será de los periódicos en papel en 2020? En 2020 todos los periódicos serán digitales.**

7 **¿Dónde estarán en 20 años?** La fama es, en muchas ocasiones, pasajera (*fleeting*). En grupos de tres, hagan una lista de cinco personas famosas y anticipen lo que será de ellas dentro de veinte años. Utilicen el futuro y el condicional.

7 Model the activity by first talking about one celebrity as a class.

8 **Situaciones**

A. En parejas, seleccionen uno de estos temas e inventen una conversación usando el tiempo futuro o el condicional.

1. Dos jóvenes han terminado sus estudios universitarios y hablan sobre lo que harán o lo que harían para convertirse en millonarios.

2. Dos ladrones acaban de robar todo el dinero de un banco internacional. Piensen en lo que hará la policía para atraparlos.

3. La familia Rondón ha decidido convertir su granja (*farm*) en un centro de ecoturismo. Debe planear algunas atracciones para los turistas.

4. Dos jóvenes que están por viajar a Europa hablan de lo que les gustaría hacer y ver durante el viaje.

8 Have volunteers perform their conversation for the class. For listening comprehension, ask students to jot down the verbs used in the future or in the conditional.

B. Ahora, interpreten su conversación ante la clase. La clase votará por la conversación más creativa.

INSTRUCTIONAL RESOURCES
Grammar Presentation Slides,
SAM/WebSAM (WB, LM),
Lab Audio, Audioscripts,
Textbook/SAM AK

6.2 The subjunctive in adverbial clauses

- In Spanish, adverbial clauses are commonly introduced by conjunctions. Certain conjunctions require the subjunctive, while others can be followed by the subjunctive or the indicative, depending on the context in which they are used.

¡Estoy dejando espacio para que la atrapen!

No le des más comida aunque ponga cara de perrito.

Conjunctions that require the subjunctive

- Certain conjunctions are always followed by the subjunctive because they introduce actions or states that are uncertain or have not yet happened. These conjunctions commonly express purpose, condition, or intent.

MAIN CLAUSE	CONNECTOR	SUBORDINATE CLAUSE
Se acabará el petróleo en pocos años	a menos que	encontremos energías alternativas.

> **Conjunctions that require the subjunctive**
>
> | | |
> |---|---|
> | **a menos que** *unless* | **en caso (de) que** *in case* |
> | **antes (de) que** *before* | **para que** *so that* |
> | **con tal (de) que** *provided that* | **sin que** *without; unless* |

El gobierno se prepara **en caso de que haya** una gran sequía el verano que viene.
The government is getting ready in case there is a big drought next summer.

A menos que haga mal tiempo, iremos a la montaña el próximo miércoles.
We will go to the mountains next Wednesday unless the weather is bad.

Debemos proteger a los animales salvajes **antes de que se extingan**.
We should protect wild animals before they become extinct.

- If there is no change of subject in the sentence, a subordinate clause is not necessary. Instead, the prepositions **antes de, con tal de, en caso de, para**, and **sin** can be used, followed by the infinitive. Note that the connector **que** is not necessary in this case.

Las organizaciones ecologistas trabajan **para proteger** los arrecifes de coral.
Environmental organizations work to protect coral reefs.

Tienes que pedir permiso **antes de darles de comer** a los monos del zoológico.
You need to get permission before feeding the monkeys at the zoo.

¡ATENCIÓN!

An adverbial clause (**cláusula adverbial**) is one that modifies or describes verbs, adjectives, or other adverbs. It describes how, why, when, or where an action takes place.

To review the use of adverbs, see **Manual de gramática 6.5**, p. A38.

¡ATENCIÓN!

Adverbial clauses can also go before the main clause. Note that a comma is used in that case.

No iré a la fiesta a menos que me inviten.

A menos que me inviten, no iré a la fiesta.

Point out that, while English often uses subordinate clauses when there is no change of subject, Spanish uses the infinitive instead. Ex: **Tomé la medicina para curarme.** *I took the medicine so that I would get better.*

Conjunctions followed by the subjunctive or the indicative

- If the action in the main clause has not yet occurred, then the subjunctive is used after conjunctions of time or concession.

Conjunctions of time or concession

a pesar de que *despite*	**hasta que** *until*
apenas *as soon as*	**luego que** *as soon as*
aunque *although; even if*	**mientras que** *while*
cuando *when*	**ni/no bien** *as soon as*
después (de) que *after*	**siempre que** *as long as*
en cuanto *as soon as*	**tan pronto como** *as soon as*

La excursión no saldrá **hasta que estemos** todos.
The tour will not leave until we all are here.

Dejaremos libre al pájaro **en cuanto** el veterinario nos **diga** que puede volar.
We will set the bird free as soon as the vet tells us it can fly.

Aunque me **digan** que es inofensivo, no me acercaré al perro.
Even if they tell me he's harmless, I'm not going near the dog.

Cuando Pedro vaya a cazar, tendrá cuidado con las serpientes venenosas.
When Pedro goes hunting, he will watch out for the poisonous snakes.

Te mando un mensaje de texto **apenas lleguemos** al aeropuerto.
I'll text you as soon as we get to the airport.

- If the action in the main clause has already happened, or happens habitually, then the indicative is used in the adverbial clause.

Tan pronto como empezó a llover, Matías salió a jugar al parque.
As soon as it started to rain, Matías went out to play in the park.

Mi padre y yo siempre nos lo pasamos bien **cuando estamos** juntos.
My father and I always have fun when we are together.

¡ATENCIÓN!

A pesar de, después de, and **hasta** can also be followed by an infinitive, instead of **que** + [*subjunctive*], when there is no change of subject.

Voy a acostarme después de ver las noticias.

Práctica

TALLER DE CONSULTA

MANUAL DE GRAMÁTICA
Más práctica

6.2 The subjunctive
in adverbial clauses,
p. A35

1 **Reunión** Completa las oraciones con el indicativo (presente o pretérito) o el subjuntivo de los verbos entre paréntesis.

1. Los ecologistas no apoyarán al alcalde (*mayor*) a menos que éste __cambie__ (cambiar) su política de medio ambiente.

2. El alcalde va a hablar con su asesor (*advisor*) antes de que __lleguen__ (llegar) los ecologistas.

3. Los ecologistas entraron en la oficina del alcalde tan pronto como __supieron__ (saber) que los esperaban.

4. El alcalde les asegura que siempre piensa en el medio ambiente cuando __da__ (dar) permisos para construir edificios nuevos.

5. Los ecologistas no se van a ir hasta que el alcalde __responda__ (responder) todas sus preguntas.

② Before completing the
activity, have students
underline the conjunctions
and the connector **que**
for each item.

2 **¿Infinitivo o subjuntivo?** Completa las oraciones con el verbo en infinitivo o en subjuntivo.

1. Compraré un carro híbrido con tal de que no __sea__ (ser) muy caro. Compraré un carro híbrido con tal de __conservar__ (conservar) los recursos naturales.

2. Los biólogos investigan para __estudiar__ (estudiar) la biodiversidad. Los biólogos investigan para que la biodiversidad se __conozca__ (conocer).

3. Él se preocupará por el calentamiento global después de que los científicos le __demuestren__ (demostrar) que es una realidad. Él se preocupará por el calentamiento global después de __ver__ (ver) con sus propios ojos lo que ocurre.

4. No podremos continuar sin __mirar__ (mirar) un mapa. No podremos continuar sin que alguien nos __dé__ (dar) un mapa.

3 **Declaraciones** Elige la conjunción adecuada para completar la conversación entre un periodista y la señora Corbo, encargada de relaciones públicas de un zoológico.

PERIODISTA ¿Qué puede decir del artículo que se ha publicado sobre el maltrato (*abuse*) de los animales del zoológico?

SRA. CORBO Lo he leído, y (1) __aunque__ (aunque / cuando) yo no estoy de acuerdo con el artículo, hemos iniciado una investigación. (2) __Tan pronto como__ (Hasta que / Tan pronto como) terminemos la investigación, se lo comunicaremos a la prensa. Queremos hablar con todos los empleados (3) __para que__ (en cuanto / para que) no haya ninguna duda.

PERIODISTA ¿Es verdad que limpian las jaulas (*cages*) sólo cuando va a haber una inspección (4) __para que__ (para que / sin que) el zoológico no tenga problemas con las autoridades?

SRA. CORBO Le aseguro que todo se limpia diariamente. Y si no me cree, lo invito a que nos visite mañana mismo.

PERIODISTA ¿Cuándo cree que sabrán lo que ha ocurrido?

SRA. CORBO (5) __En cuanto__ (En cuanto / Aunque) termine la investigación.

Practice more at **vhlcentral.com**.

Teaching option Divide the class into two teams: **Subjuntivo** and **Indicativo**. Write a conjunction on the board. Ex: **con tal (de) que**, **hasta que**, etc. Have a member of team **Subjuntivo** create an original sentence using the subjunctive; have a team member from team **Indicativo** use the same construction with the indicative in the adverbial clause. Award one point for each correct answer. The team with the most points wins.

Comunicación

4 **Instrucciones** Javier va a salir de viaje, así que le ha dejado una lista de instrucciones a su compañero de casa. En parejas, túrnense para preparar las instrucciones usando oraciones adverbiales con subjuntivo y las conjunciones de la lista.

> **MODELO** No uses mi computadora a menos que sea una emergencia.

a menos que
a pesar de que
con tal de que
cuando
en caso de que
en cuanto
para que
siempre que
tan pronto como

Instrucciones
- Darles de comer a los peces
- Comprar productos ecológicos
- No pasear al perro si hay tormenta
- Usar sólo papel reciclado
- No usar mucha agua excepto para regar (to water) las plantas
- Llamarme por cualquier problema

5 **Situaciones** En parejas, túrnense para completar las oraciones.

1. Terminaré mis estudios a tiempo, a menos que…
2. Me iré a vivir a otro país en caso de que…
3. Ahorraré (*I will save*) mucho dinero para que…
4. Cambiaré de carrera en cuanto…
5. Me jubilaré (*I will retire*) cuando…

6 **Huracán** Imaginen que son compañeros/as de apartamento y que se acerca un huracán. En grupos de cuatro, escriban qué harían en cada situación. Usen el subjuntivo y las conjunciones adverbiales.

> **MODELO** el agua se corta
> Llenaremos muchas botellas en caso de que el agua se corte.

- las bombillas de luz se queman
- las ventanas se rompen
- las líneas de teléfono se cortan
- el sótano se inunda (*floods*)
- los vecinos ya se han ido
- no hay suficiente alimento
- no hay conexión a Internet

4 Have students recycle vocabulary about the household (**Lección 3**) to create additional instructions. Ex: **lavar los platos, apagar el televisor**, etc.

5 Call on students to share their partners' responses.

6 Ask students to create two sentences using superlatives (**Estructura 5.1**). Ex: **Si las ventanas se rompen, lo más importante es quedarse dentro de la casa.**

INSTRUCTIONAL RESOURCES
Grammar Presentation Slides,
SAM/WebSAM (WB, LM),
Lab Audio, Audioscripts,
Textbook/SAM AK

TALLER DE CONSULTA

See **3.1**, pp. 94–95 for the preterite forms of regular, irregular, and stem-changing verbs.

¡ATENCIÓN!

The **nosotros/as** form of the past subjunctive always has a written accent.

Have students identify which verbs have stem changes, spelling changes, and irregular conjugations using the verbs listed to the right. Ask volunteers to add more verbs of each type to the list.

These alternate endings are presented for recognition only; their forms are not included in the Testing Program.

6.3 The past subjunctive

Forms of the past subjunctive

- The past subjunctive (**el imperfecto del subjuntivo**) of all verbs is formed by dropping the **-ron** ending from the **ustedes/ellos/ellas** form of the preterite and adding the past subjunctive endings.

The past subjunctive		
caminar (caminaron)	**perder (perdieron)**	**vivir (vivieron)**
caminara	perdiera	viviera
caminaras	perdieras	vivieras
caminara	perdiera	viviera
camináramos	perdiéramos	viviéramos
caminarais	perdierais	vivierais
caminaran	perdieran	vivieran

Estela dudaba de que su madre la **ayudara** a reciclar papel y botellas.
Estela doubted that her mother would help her recycle paper and bottles.

A los dueños les sorprendió que **vendieran** tantos productos orgánicos.
The owners were surprised that they sold so many organic products.

Ya hablé con el recepcionista y me recomendó que le **escribiera** al gerente.
I already spoke to the receptionist and he recommended that I write to the manager.

- Verbs that have stem changes, spelling changes, or irregularities in the **ustedes/ellos/ellas** form of the preterite maintain them in all forms of the past subjunctive.

infinitive	preterite form	past subjunctive forms
pedir	**pidieron**	pidiera, pidieras, pidiera, pidiéramos, pidierais, pidieran
sentir	**sintieron**	sintiera, sintieras, sintiera, sintiéramos, sintierais, sintieran
dormir	**durmieron**	durmiera, durmieras, durmiera, durmiéramos, durmierais, durmieran
influir	**influyeron**	influyera, influyeras, influyera, influyéramos, influyerais, influyeran
saber	**supieron**	supiera, supieras, supiera, supiéramos, supierais, supieran
ir/ser	**fueron**	fuera, fueras, fuera, fuéramos, fuerais, fueran

- In Spain and some other parts of the Spanish-speaking world, the past subjunctive is commonly used with another set of endings (**-se, -ses, -se, -semos, -seis, -sen**). You will also see these forms in literary selections.

La señora Medina exigió que le **mandásemos** el informe sobre la contaminación para el viernes.
Ms. Medina demanded that we send her the report on pollution by Friday.

La señora Medina exigió que le **mandáramos** el informe sobre la contaminación para el viernes.
Ms. Medina demanded that we send her the report on pollution by Friday.

Uses of the past subjunctive

- The past subjunctive is required in the same situations as the present subjunctive, except that the point of reference is always in the past. When the verb in the main clause is in the past, the verb in the subordinate clause is in the past subjunctive.

Te pedí que llegaras a las nueve, Johnny.

To review uses of the subjunctive, ask students to identify the noun clauses, adjective clauses, and adverbial clauses in the sample sentences.

Point out that the subjunctive mood does exist in English, both in the past and present tenses. However, since there is only one verb in English with more than one form in the past tense, the only time it creates a noticeable difference is with the verb *to be*.
*I wish my boss **were** nicer.*
*If I **were** you, I would ask for a raise.*

PRESENT SUBJUNCTIVE	PAST SUBJUNCTIVE
El jefe sugiere que **vayas** a la reunión. *The boss suggests that you go to the meeting.*	El jefe sugirió que **fueras** a la reunión. *The boss suggested that you go to the meeting.*
Espero que ustedes no **tengan** problemas con el nuevo sistema. *I hope you won't have any problems with the new system.*	Esperaba que no **tuvieran** problemas con el nuevo sistema. *I was hoping you wouldn't have any problems with the new system.*
Buscamos a alguien que **conozca** bien los hoteles. *We are looking for someone who knows the hotels well.*	Buscábamos a alguien que **conociera** bien los hoteles. *We were looking for someone who knew the hotels well.*
Les mando mi currículum en caso de que **haya** un puesto disponible. *I'm sending them my résumé in case there is a position available.*	Les mandé mi currículum en caso de que **hubiera** un puesto disponible. *I sent them my résumé, in case there was a position available.*

- Use the past subjunctive after the expression **como si** (*as if*).

   Alfredo gasta dinero en sus viajes **como si fuera** millonario.
   Alfredo spends money on his trips as if he were a millionaire.

   El presidente habló de la economía **como si** no **hubiera** una recesión.
   The president talked about the economy as if there were no recession.

   Ella rechazó mi opinión sobre la excursión **como si** no **importara**.
   She rejected my opinion about the tour as if it didn't matter.

- The past subjunctive is also commonly used with **querer** to make polite requests or to soften statements.

   Quisiera visitar la reserva ecológica.
   I would like to visit the ecological reserve.

   Quisiera hablar con usted.
   I would like to speak with you.

TALLER DE CONSULTA

The past subjunctive is also frequently used in **si** clauses. See **6.4**, pp. 232–233.

Si pudiera, reciclaría más.
If I could, I would recycle more.

Práctica

TALLER DE CONSULTA

MANUAL DE GRAMÁTICA
Más práctica

6.3 The past subjunctive,
p. A36

① For additional practice,
have students write
Luis Miguel's response
to Jessica using the
past and present
subjunctive, as well as
the conditional tense.

① El peor día Completa el mensaje que Jessica le mandó a su hermano después de su primer día como pasante (*intern*) de verano. Utiliza el imperfecto del subjuntivo.

De: jessica8@email.com
Para: luismiguel@email.com
Asunto: el peor día de mi vida

Luis Miguel:

Sé que te pedí el otro día que no me (1) __dieras__ (dar) más consejos sobre qué hacer este verano, pero ¡ahora sí los necesito! Hoy fue el peor día de mi vida, ¡te lo juro! Me aconsejaste que no (2) __solicitara__ (solicitar) un puesto en esta empresa, pero a mí no me importaba que ellos me (3) __pagaran__ (pagar) el sueldo mínimo. No creía que (4) __existiera__ (existir) ninguna oportunidad mejor que ésta. ¡Pero hoy el jefe me trató como si yo (5) __fuera__ (ser) su esclava! Primero exigió que yo (6) __preparara__ (preparar) el café para toda la oficina. Después me dijo que (7) __saliera__ (salir) a comprar más papel para la impresora. Luego, como si eso (8) __fuera__ (ser) poco, insistió en que yo (9) __ordenara__ (ordenar) su escritorio. ¡Como si toda mi experiencia del verano pasado no (10) __valiera__ (valer) ni un centavo! Hablando de dinero... cuando le pedí que (11) __depositara__ (depositar) el sueldo en mi cuenta corriente, él me dijo: "¿Qué sueldo? Nuestros pasantes trabajan gratis". ¡Renuncié y punto!

② As a variant, have
students think of some
famous couples and
make up sentences
about what each
spouse asked the
other to do.

Have students repeat
the activity, describing
a difficult roommate
(or family member) they
have lived with and the
things they asked each
other to do. Ex: **Le dije
a mi compañera de
cuarto que no tocara
el saxofón a las tres
de la mañana.**

② ¿Qué le pidieron? María Luisa Rodríguez es presidenta de una universidad. En parejas, usen la tabla y preparen una conversación entre María Laura y un amigo sobre el primer día de clase.

MODELO
— ¿Qué te pidió tu secretaria?
— Mi secretaria me pidió que le diera menos trabajo.

Personajes	Verbo	Actividad
los profesores		construir un estadio nuevo
los estudiantes	me pidió que	hacer menos ruido
el club que protege el medio ambiente	me pidieron que	plantar más árboles
los vecinos de la universidad		dar más días de vacaciones
el entrenador del equipo de fútbol		comprar más computadoras

Teaching option For
additional practice, write
the following drill on the
board and have students
change each verb to the
past subjunctive according
to each subject. **1. estar: él/
nosotros/tú 2. emplear: yo/
ella/Ud. 3. insistir: ellos/
Uds./él 4. poder: ellas/
yo/nosotros 5. obtener:
nosotros/tú/ella**

③ Dueño El dueño del apartamento donde vivías con tu compañero/a era muy estricto. Túrnense para comentar las reglas que tenían que seguir, usando el imperfecto del subjuntivo.

MODELO   El dueño nos pidió que no cocináramos coliflor.

1. no usar la calefacción en marzo
2. limpiar los pisos dos veces al día
3. no tener visitas en el apartamento después de las 7 de la tarde
4. hacer la cama todos los días
5. sacar la basura todos los días
6. no encender las luces antes de las 8 de la noche

⚡ Practice more at **vhlcentral.com.**

Comunicación

4 **De niño** En parejas, háganse estas preguntas y contesten usando el imperfecto del subjuntivo. Luego, háganse cinco preguntas más sobre su niñez.

> **MODELO**
> — ¿Esperabas que tus padres te compraran videojuegos?
> — Sí, y también esperaba que me dieran más independencia./
> No, pero esperaba que me llevaran al cine todos los sábados.

La imaginación ✳	Las relaciones ♡	La escuela ⚑
¿Esperabas que tus padres te compraran videojuegos?	¿Querías que tu primer amor durara toda la vida?	¿Soñabas con que el/la maestro/a cancelara la clase todos los días?
¿Dudabas que los superhéroes existieran?	¿Querías que tus padres te compraran todo lo que pedías?	¿Esperabas que tus amigos de la infancia siguieran siendo tus amigos para toda la vida?
¿Esperabas que Santa Claus te trajera los regalos que le pedías?	¿Querías que tus familiares pasaran menos o más tiempo contigo?	¿Deseabas que las vacaciones de verano se alargaran (*were longer*)?
¿Qué más esperabas?	¿Qué más querías?	¿Qué más deseabas?

5 **¡No soporto a mi compañero de cuarto!** Tu compañero/a de cuarto y tú no se llevaban bien. Por eso, la semana pasada se reunieron con el/la decano/a (*dean*) para pedir un cambio de compañero/a. El/La decano/a escuchó las quejas de ambos/as (*both*), les dio consejos y les pidió que volvieran la semana siguiente con ideas para resolver sus problemas.

A. Primero, escribe cinco oraciones para describir lo que le pediste a tu compañero/a de cuarto durante la reunión con el decano. Utiliza el imperfecto del subjuntivo.

B. Ahora, en grupos de tres, preparen una conversación entre el/la decano/a y los/las dos estudiantes. Cada persona debe utilizar por lo menos tres verbos en imperfecto del subjuntivo. Luego, representen la conversación ante la clase.

> **MODELO**
> DECANO/A Bueno, les pedí que trataran de resolver los problemas. ¿Cómo les fue?
> ESTUDIANTE 1 Le dije a Isabel que reciclara las botellas. ¡Pero llenó la basura de botellas de vidrio!
> ESTUDIANTE 2 Y yo le pedí a Celia que no usara productos químicos para limpiar el baño. ¡Pero sigue usándolos!

Notas al margen

4 For a related activity, divide the class into small groups and have students use the past subjunctive to describe one of the funniest or oddest expectations, desires, or notions they had as children. Ex: **Yo insistía en que mis hermanos me llamaran "Su Majestad".** Then have each group select one story to present to the class. Give the other groups two minutes to ask questions and decide whose story it is. Each group that guesses correctly scores a point. If a group can fool the class, it scores two points.

5 Have students recycle household vocabulary (Lección 3).

5 For Part B, ask: **¿Están de acuerdo con la solución que ofrece el/la decano/a?** Encourage volunteers to give alternate solutions for each conflict using the present subjunctive.

6.4 *Si* clauses with simple tenses

- **Si** (*if*) clauses express a condition or event upon which another condition or event depends. Sentences with **si** clauses are often hypothetical statements. They contain a subordinate clause (**si** clause) and a main clause (result clause).

Si no cuidamos los recursos naturales, se agotarán.	Por favor, llámame **si** tienes algún problema.
If we don't take care of our natural resources, they will run out.	*Please, call me if you have any problems.*

- The **si** clause may be the first or second clause in a sentence. Note that a comma is used only when the **si** clause comes first.

Si tienes tiempo, ven con nosotros.	Iré con ustedes **si** no llueve.
If you have time, come with us.	*I'll go with you if it doesn't rain.*

Hypothetical statements about possible events

- In hypothetical statements about conditions or events that are possible or likely to occur, the **si** clause uses the present indicative. The main clause may use the present indicative, the future indicative, **ir a** + [*infinitive*], or a command.

Si clause: PRESENT INDICATIVE		Main clause
Si salgo temprano del trabajo, *If I finish work early,*	PRESENT TENSE	**voy** al festival ecológico. *I'm going to the ecology festival.*
Si usted no deja de fumar *If you don't stop smoking,*	FUTURE TENSE	**tendrá** problemas de salud graves. *you'll have serious health problems.*
Si el doctor me pregunta, *If the doctor asks me,*	IR A + [INFINITIVE]	no le **voy a mentir.** *I'm not going to lie to him.*
Si puede comprar productos orgánicos, *If you can buy organic products,*	COMMAND	**hágalo.** *do it.*

SUPERMERCADO NATURAL
ESPECIALIZADO EN PRODUCTOS ECOLÓGICOS

Tenemos todo tipo de productos orgánicos; vegetales, frutas, lácteos, etc. Son 100% naturales, sin conservantes ni colorantes.

Si le preocupan su salud y la del planeta, visítenos hoy mismo.

Hypothetical statements about improbable situations

- In hypothetical statements about current conditions or events that are improbable or contrary-to-fact, the **si** clause uses the past subjunctive. The main clause uses the conditional. A contrary-to-fact situation is one that is possible, but will probably not happen and/or has not occurred.

Si clause: PAST SUBJUNCTIVE	Main clause: CONDITIONAL
¡**Si** ustedes no **malgastaran** tanta electricidad, *If you all didn't waste so much electricity,*	**pagaríamos** menos! *we would pay less!*
Si compraras un carro híbrido, *If you bought a hybrid car,*	**consumirías** menos combustible. *you'd consume less fuel.*
Si no **estuviera** tan cansada, *If I weren't so tired,*	**iría** a la manifestación ecologista. *I'd go to the environmental protest.*

¡Si todos **reciclaran** la basura, **ahorraríamos** muchos recursos naturales!
If everyone recycled their garbage, we'd save a lot of natural resources!

Habitual conditions and actions in the past

- In statements that express habitual past actions that are not contrary-to-fact, both the **si** clause and the main clause use the imperfect.

Si clause: IMPERFECT	Main clause: IMPERFECT
Si Milena **tenía** tiempo libre, *If Milena had free time,*	siempre **iba** a la playa. *she would always go to the beach.*
Si mi papá **salía** de viaje de negocios, *If my dad went on a business trip,*	siempre me **traía** un regalito. *he always brought me back a little present.*

Begin several sentences with **si** clauses and call on volunteers to finish each sentence. Ex: **Si tengo tiempo hoy...** / **Si tuviera un par de horas libres...** / **De niño/a, si tenía ratos libres...**

Práctica

TALLER DE CONSULTA

MANUAL DE GRAMÁTICA
Más práctica

6.4 **Si** clauses with simple tenses, p. A37

① For additional practice, have volunteers reread the complete sentences, inverting the two clauses. Ex: **Tendremos que ir sin Teresa si ella no viene pronto.**

② In pairs, have students write a similar dialogue about what they would do if they had only one class per semester.

③ If necessary, have students identify the appropriate verb tense for each item before completing the activity.

① **Situaciones** Completa las oraciones con el tiempo verbal adecuado.

A. Situaciones probables o posibles

1. Si Teresa no viene pronto, nosotros ___tendremos/vamos a tener___ (tener) que ir sin ella.

2. Si tú no ___trabajas___ (trabajar) hoy, vamos a la montaña.

B. Situaciones hipotéticas sobre eventos improbables

3. Si Carla tuviera más experiencia, yo la ___contrataría___ (contratar).

4. Si Gabriel ___ganara___ (ganar) más, podría comprar un carro híbrido.

C. Situaciones habituales sobre el pasado

5. Si no reciclaba, mi compañero de cuarto ___se enojaba___ (enojarse).

6. Si nosotros no ___hacíamos___ (hacer) la tarea, el profesor Cortijo nos daba una prueba sorpresa.

② **Si trabajara menos horas** Completa la conversación con el condicional o el imperfecto del subjuntivo.

CAROLINA Estoy todo el día en la oficina, pero si (1) ___trabajara___ (trabajar) menos, tendría más tiempo para hacer actividades al aire libre. Si sólo viniera a la oficina algunas horas por semana, (2) ___pasaría___ (pasar) más tiempo en nuestra casa de campo.

LETICIA ¿Casa de campo? ¡Qué aburrido! Si yo tuviera más tiempo libre, (3) ___haría___ (hacer) todas las noches lo mismo: (4) ___iría___ (ir) al cine, luego (5) ___saldría___ (salir) a cenar y, para terminar la noche, (6) ___haría___ (hacer) una fiesta para celebrar que ya no tengo que ir a trabajar por la mañana. Si nosotras (7) ___tuviéramos___ (tener) la suerte de no tener que trabajar nunca más, nos pasaríamos todo el día sin hacer absolutamente nada.

CAROLINA ¿En serio (8) ___gastarías___ (gastar) todo tu tiempo libre en la ciudad? ¡Si yo (9) ___trabajara___ menos pero (10) ___estuviera___ (estar) todo el tiempo en la ciudad, (11) ___terminaría___ (terminar) todavía más estresada!

③ **Situaciones** Completa las oraciones.

1. Si salimos esta noche, …

2. Si quieres reciclar, …

3. Iré contigo al parque nacional si…

4. Si mis padres no me prestan dinero, …

5. Si tuviera un carro híbrido, …

6. Tendría más dinero si…

7. Si íbamos de vacaciones, …

8. Si peleaba con mis hermanos, …

9. Te prestaría el libro si…

10. Si mis amigos no tienen otros planes, …

 Practice more at **vhlcentral.com.**

Comunicación

④ As a variant, bring in magazines and have pairs ask each other questions based on pictures of various celebrities.

④ **Si yo fuera...** En parejas, háganse preguntas sobre quiénes serían ustedes y cómo serían sus vidas si fueran estas personas.

MODELO **un(a) cantante famoso/a**
— Si fueras una cantante famosa, ¿quién serías?
— Si fuera una cantante famosa, sería Christina Aguilera. Pasaría el tiempo haciendo videos, dando conciertos...

1. un(a) cantante famoso/a
2. un(a) activista ambiental
3. un personaje de un libro
4. un(a) actor/actriz famoso/a
5. un animal en vías de extinción
6. un(a) deportista exitoso/a

⑤ For an optional writing activity, have students write a short story in pairs based on one of these drawings. Then have pairs exchange their short stories for peer editing.

⑤ **¿Qué harías?** En parejas, miren los dibujos y túrnense para preguntarse qué harían si les ocurriera lo que muestra cada dibujo. Sigan el modelo y sean creativos/as.

MODELO
— ¿Qué harías si alguien te invitara a bailar tango?
— Si alguien me invitara a bailar tango, seguramente yo me pondría muy nervioso/a y saldría corriendo.

1. Tu suegro viene de visita sin avisar.

2. Ves un tiburón mientras nadas en el mar.

3. Tu carro se rompe en el desierto.

4. Te quedas atrapado/a en un ascensor.

⑥ **Síntesis** En grupos de cuatro, conversen sobre lo que harían en estas situaciones. Luego, cada persona debe inventar una situación más y preguntarle al grupo qué haría. Utilicen la gramática que han aprendido en esta lección.

1. ver a alguien intentando robar un carro
2. quedar atrapado/a en una tormenta de nieve
3. tener ocho hijos
4. despertarse tarde la mañana del examen final
5. descubrir que tienes el poder de ser invisible
6. enamorarse de alguien a primera vista

⑥ Give students these additional items: **7. romper la computadora portátil de tu mejor amigo/a 8. enterarte de que sólo te queda una semana de vida 9. inventar una máquina del tiempo 10. perder tu pasaporte en un país extranjero**

INSTRUCTIONAL RESOURCES
Short Film, Script & Translation

Antes de ver el corto

EL DÍA MENOS PENSADO

país México

duración 13 minutos

director Rodrigo Ordóñez

protagonistas Julián, Inés, Ricardo (vecino), Esther (esposa de Ricardo)

Vocabulario

acabarse *to run out*	**resentido/a** *resentful*
la cisterna *underground tank*	**la salida** *exit*
descuidar(se) *to get distracted; to neglect*	**sobre todo** *above all*
disculparse *to apologize*	**el tanque** *tank*
envenenado/a *poisoned*	**la tubería** *piping*
quedarse sin *to run out of*	**el/la vándalo/a** *vandal*

---

① Ask students to create sentences with the vocabulary words not used in the exercise.

1 **El carpincho Pedro** Completa el párrafo con las palabras o las frases apropiadas.

Noticia de última hora: un grupo de (1) ____vándalos____ causó graves daños (*harm*) en la Reserva Ecológica. Aparentemente, los guardias nocturnos (2) ____se descuidaron____ y no los vieron entrar por una de las (3) ____salidas____. Los delincuentes hicieron un agujero (*hole*) en la (4) ____tubería____ que lleva agua para llenar los (5) ____tanques____ en la zona de los baños. Pero eso no fue todo. Por la mañana, los guardaparques se encontraron con una triste escena. Además de encontrar el parque inundado (*flooded*) y de (6) ____quedarse sin____ agua en la (7) ____cisterna____, encontraron muy enfermo al carpincho Pedro, el animalito más querido de la reserva. Le habían dado comida (8) ____envenenada____. Afortunadamente, los veterinarios aseguran que el carpincho se va a recuperar.

② Continue discussion by asking students additional questions. **¿Se preocupan mucho por el futuro del planeta? ¿Creen que es fácil vivir sin pensar tanto en los problemas del medio ambiente?** Ask heritage speakers which environmental issues are important in their families' native countries.

2 **Preguntas** En parejas, contesten las preguntas.

1. ¿Qué tipos de contaminación hay en su comunidad? Mencionen dos o tres.
2. ¿Creen que algún día se puede acabar el agua? ¿Qué pasará si eso sucede?
3. Observen el afiche del cortometraje. ¿Qué está mirando el hombre?
4. Observen los fotogramas. ¿Qué está sucediendo en cada uno?
5. El corto se titula *El día menos pensado* (*When you least expect it*). ¿Qué catástrofes ecológicas pueden ocurrir el día menos pensado?

Practice more at **vhlcentral.com**.

Teaching option In small groups, have students discuss films they have seen that involve an environmental crisis or natural disaster.

El día menos pensado

Una producción de FONDO NACIONAL PARA LA CULTURA Y LAS ARTES/INSTITUTO MEXICANO DE CINEMATOGRAFÍA/ GUERRILLA FILMS con apoyo de MEXATIL INDUSTRIAL, S.A. DE C.V./EQUIPMENT & FILM DESIGN (EFD)/CALABAZITAZ TIERNAZ/KODAK DE MÉXICO/CINECOLOR MÉXICO Guión y Dirección RODRIGO ORDÓÑEZ Basada en un cuento de SERGIO FERNÁNDEZ BRAVO Fotografía EVERARDO GONZÁLEZ Productor Ejecutivo GABRIEL SORIANO Dirección de Arte AMARANTA SÁNCHEZ Música Original CARLOS RUIZ Diseño Sonoro LENA ESQUENAZI Edición JUAN MANUEL FIGUEROA Actores FERNANDO BECERRIL/MARTA AURA/BRUNO BICHIR/CLAUDIA RÍOS

Escenas

ARGUMENTO Una ciudad se ha quedado sin agua. Mucha gente se ha ido. Algunos se quedan vigilando la poca agua que les queda.

JULIÁN Inés, nos tenemos que ir.
INÉS Dicen que todo se va a arreglar. Que si no, es cuestión de esperar hasta que lleguen las lluvias.
JULIÁN Sí, pero no podemos confiar en eso. No a estas alturas°.

INÉS ¿Cómo vamos a salir de la ciudad? Dicen que en todas las salidas hay vándalos. Y que están muy resentidos porque ellos fueron los primeros que se quedaron sin agua.
JULIÁN Si no digo que no sea peligroso. Pero cuando se nos acabe el agua nos tenemos que ir de todos modos.

INÉS ¿Pasa algo?
JULIÁN Ya no tenemos agua.
INÉS En la tele dijeron que...
JULIÁN ¡Qué importa lo que hayan dicho! ¡Se acabó!

JULIÁN Aunque lograran° traer agua a la ciudad, no pueden distribuirla. Las tuberías están contaminadas desde el accidente. Ninguna ayuda llegará a tiempo, y menos aquí.
INÉS Pero no quiero dejar mi casa.

JULIÁN Y a ustedes, ¿cuándo se les acabó el agua?
RICARDO Antier° en la noche nos dimos cuenta.
JULIÁN Ricardo, ¿quieren venir con nosotros?

JULIÁN No nos va a pasar nada, Inés. ¿Qué nos pueden hacer? Todos estamos igual.

a estas alturas *at this stage* **lograran** *managed to*
antier *the day before yesterday*

Después de ver el corto

1 **Comprensión** Contesta las preguntas con oraciones completas.

1. ¿Qué hace el hombre en el techo de su casa? ¿Por qué?
   Está vigilando el tanque de agua porque no hay agua en la ciudad.
2. ¿Qué le dice el hombre a su esposa cuando está desayunando?
   Le dice que se tienen que ir de la ciudad.
3. ¿Qué hay en las salidas de la ciudad?
   En las salidas de la ciudad hay vándalos.
4. ¿Qué pasa con las tuberías?
   Las tuberías están contaminadas.
5. ¿Por qué deciden irse de la ciudad? ¿Quiénes van con ellos en el coche?
   Deciden irse de la ciudad porque se han quedado sin agua. Los vecinos, Ricardo, Esther y su bebé, van con ellos en el coche.
6. ¿Por qué quieren los vándalos atacar a las personas que van en el carro?
   Suggested answer: Los quieren atacar para robarles el carro y escaparse.

2 **Ampliación** En parejas, contesten las preguntas.

1. ¿Qué creen que ocurre al final?
2. El agua está envenenada por un accidente. ¿Qué tipo de accidente creen que hubo?
3. ¿Creen que Ricardo es una mala persona porque intentó robar agua? ¿Por qué?
4. ¿Quiénes son las personas que aparecen al final del corto? ¿Qué quieren?
5. Imaginen que son los protagonistas de este corto. ¿Qué opciones tienen?

3 **¿El agua en peligro?** En grupos de tres, lean el texto y respondan las preguntas.

Construimos nuestras ciudades cerca del agua; nos bañamos en el agua; jugamos en el agua; trabajamos con el agua. Nuestras economías están en gran parte basadas sobre la fuerza de su corriente, el transporte a través de ella, y todos los productos que compramos y vendemos están vinculados, de una u otra manera, al agua. Nuestra vida diaria se desarrolla y se configura en torno al agua. Sin el agua que nos rodea nuestra existencia sería inconcebible. En las últimas décadas, nuestra estima por el agua ha decaído. Ya no es un elemento digno de veneración y protección, sino un producto de consumo que hemos descuidado enormemente. El 80% de nuestro cuerpo está compuesto de agua y dos tercios de la superficie del planeta están cubiertos por agua: el agua es nuestra cultura, nuestra vida.

Declaración de la UNESCO con motivo del Día Mundial del Agua 2006.

1. ¿Creen que realmente estamos descuidando el agua, o que el aumento del consumo es una consecuencia normal del aumento de la población?
2. Algunos expertos opinan que en el futuro se puede desencadenar una guerra mundial por el agua. ¿Creen que esto es una exageración? ¿Por qué?
3. ¿Creen que es posible conservar el agua y otros recursos naturales sin tener que hacer grandes cambios en nuestro estilo de vida?
4. ¿Creen que hay naciones que son más responsables que otras por el consumo excesivo de recursos naturales? Expliquen su respuesta.

1 If necessary, replay scenes from the film to help students answer the questions.

2 For item 5, ask these additional questions: ¿Con cuál de los personajes te identificas más? ¿Cómo sueles reaccionar tú ante una emergencia? ¿Recuerdas alguna situación peligrosa a la que te hayas enfrentado alguna vez?

Teaching option After viewing the film, ask if any student had predicted the open ending. ¿Cuál es el efecto del final abierto? ¿Es la incertidumbre un aspecto importante del tema?

Practice more at **vhlcentral.com**.

Teaching option If time allows, have students reflect on Frida Kahlo's self portrait. In groups, encourage them to point out any details that may call their attention. Ask them to make connections with the natural theme presented in the painting and the quote below. Ask: **¿Qué mensaje intenta comunicar Frida Kahlo en este cuadro? ¿Creen que la pintora estaría de acuerdo con la cita sobre la tela de araña? ¿Por qué?**

Autorretrato con mono, 1938
Frida Kahlo, México

"Quien rompe una tela de araña,
a ella y a sí mismo daña."

— Anónimo

Antes de leer

El eclipse

Sobre el autor

Augusto Monterroso (1921–2003) nació en Honduras, pero pasó su infancia y juventud en Guatemala. En 1944 se radicó (*settled*) en México tras dejar Guatemala por motivos políticos. A pesar de su origen y de haber vivido su vida adulta en México, siempre se consideró guatemalteco. Monterroso tuvo acceso desde pequeño al mundo intelectual de los adultos. Fue prácticamente autodidacta: abandonó la escuela a los once años y con sólo quince fundó una asociación de artistas y escritores. Considerado padre y maestro del microcuento latinoamericano, Monterroso recurre (*resorts to*) en su prosa al humor inteligente con el que presenta su visión de la realidad. Entre sus obras, destacan *La oveja negra y demás fábulas* (1969) y la novela *Lo demás es silencio* (1978). Recibió numerosos premios, entre los que destaca el Príncipe de Asturias en 2000.

Vocabulario

aislado/a *isolated*	**florecer** *to blossom*	**sacrificar** *to sacrifice*
digno/a *worthy*	**oscurecer** *to darken*	
disponerse a *to be about to*	**prever** *to foresee*	**salvar** *to save*
la esperanza *hope*	**la prisa** *hurry*	**valioso/a** *valuable*

Exploradores Completa esta introducción de un cuento con las palabras apropiadas.

Los exploradores salieron rumbo a la ciudad perdida sin (1) __prever__ ninguno de los peligros de la selva. El viejo mapa indicaba que la ciudad escondía un (2) __valioso__ tesoro. Cuando (3) __se disponían__ a iniciar la marcha, se dieron cuenta de que iba a (4) __oscurecer__ antes de que llegaran, por lo que decidieron avanzar con (5) __prisa__. Tenían la (6) __esperanza__ de llegar antes de la medianoche.

Conexión personal ¿Alguna vez viste un eclipse? ¿Cómo fue la experiencia? ¿Hay algún fenómeno natural al que le tengas miedo? ¿Cuál? ¿Por qué?

Análisis literario: el microcuento

El microcuento es un relato breve, pero no por eso se trata de un relato simple. En estos cuentos, el lector participa activamente porque debe compensar los recursos utilizados (economía lingüística, insinuación, elipsis) a través de la especulación o haciendo uso de sus conocimientos previos. Este género nació en Argentina en los años cincuenta con el escritor Jorge Luis Borges. A medida que lees *El eclipse*, haz una lista de los conocimientos previos y de las especulaciones que sean necesarios para comprender el relato. Después, compara tu lista con la de tus compañeros/as. ¿Qué elementos de sus listas coinciden?

Practice more at **vhlcentral.com**.

Conexión personal Have a volunteer talk about a natural disaster he or she has experienced. **¿Dónde ocurrió? ¿Cómo te sentiste?**

Análisis literario Point out that **microcuentos** are sometimes called **microrrelatos** or **minicuentos**.

Análisis literario Survey the class to see if any students write creatively in their free time. Then ask: **¿Creen que el autor siempre tiene que pensar en las experiencias previas del lector? ¿El lector puede ser pasivo? Expliquen su respuesta.**

Teaching option Write on the board Monterroso's famous seven-word **microcuento: "Cuando despertó, el dinosaurio todavía estaba allí."** Ask students to speculate about what happened before the beginning of the story. What prior knowledge do they need to resort to in order to make sense of the story?

Preview Ask students to think about the title and predict what an eclipse might symbolize in the story.

EL ECLIPSE

Augusto Monterroso

Teaching option As students read the story, have them take notes on how the author depicts the passing of time. Then ask students what effect the author's treatment of time has on the pace and flow of the story.

friar

powerful/captured

Cuando fray° Bartolomé Arrazola se sintió perdido, aceptó que ya nada podría salvarlo. La selva poderosa° de Guatemala lo había apresado°, implacable y definitiva. Ante su ignorancia topográfica se
5 sentó con tranquilidad a esperar la muerte. Quiso morir allí, sin ninguna esperanza, aislado, con el pensamiento fijo en la España distante, particularmente en el convento de Los Abrojos, donde Carlos Quinto condescendiera una vez a

zeal

bajar de su eminencia para decirle que confiaba en el celo°

redemptive 10

religioso de su labor redentora°.

surrounded

Al despertar se encontró rodeado° por un grupo de indígenas

face

de rostro° impasible que se disponían a sacrificarlo ante un

bed

altar, un altar que a Bartolomé le pareció como el lecho° en que

fears

descansaría, al fin, de sus temores°, de su destino, de sí mismo.

15 Tres años en el país le habían conferido un mediano

command (of a language)

dominio° de las lenguas nativas. Intentó algo. Dijo algunas palabras que fueron comprendidas.

Entonces floreció en él una idea que tuvo por digna de su talento y de su cultura universal y de su arduo conocimiento
20 de Aristóteles. Recordó que para ese día se esperaba un eclipse

deepest recesses/ to make use of to trick

total de sol. Y dispuso, en lo más íntimo°, valerse de° aquel conocimiento para engañar° a sus opresores y salvar la vida.

—Si me matáis —les dijo— puedo hacer que el sol se oscurezca en su altura.

25 Los indígenas lo miraron fijamente y Bartolomé sorprendió la incredulidad en sus ojos. Vio que se produjo un pequeño

counsel/disdain

consejo°, y esperó confiado, no sin cierto desdén°.

Dos horas después el corazón de fray Bartolomé Arrazola

was gushing

chorreaba° su sangre vehemente sobre la piedra de los
30 sacrificios (brillante bajo la opaca luz de un sol eclipsado), mientras uno de los indígenas recitaba sin ninguna inflexión de voz, sin prisa, una por una, las infinitas fechas en que se producirían eclipses solares y lunares, que los astrónomos de la comunidad maya habían previsto y anotado en sus códices
35 sin la valiosa ayuda de Aristóteles. ■

Después de leer

El eclipse
Augusto Monterroso

① Ask students to write a one-paragraph summary of the story, based on their answers.

① Comprensión Contesta las preguntas con oraciones completas.

1. ¿Dónde se encontraba fray Bartolomé?
   Él se encontraba en la selva de Guatemala.
2. ¿Conocía el protagonista la lengua de los indígenas?
   Sí, conocía varias lenguas nativas.
3. ¿Qué querían hacer los indígenas con fray Bartolomé?
   Ellos querían sacrificarlo.
4. ¿Qué les advirtió fray Bartolomé a los indígenas?
   Él les advirtió que si lo mataban iba a hacer que el sol se oscureciera.
5. ¿Qué quería fray Bartolomé que los indígenas creyeran?
   Él quería que los indígenas creyeran que tenía poderes sobrenaturales.
6. ¿Qué recitaba un indígena mientras el corazón del fraile sangraba?
   Un indígena recitaba las fechas en que se producirían eclipses solares y lunares.

② Ask questions for students to reflect on their reaction to the story: **¿Creían que fray Bartolomé iba a sobrevivir? ¿En qué momento de la historia se dieron cuenta de que iba a morir? ¿Se identifican con el protagonista?**

② Interpretación Contesta las siguientes preguntas.

1. ¿Por qué crees que fray Bartolomé pensaba en el convento de Los Abrojos antes de morir?
2. ¿Cuál había sido la misión de fray Bartolomé en Guatemala?
3. ¿Quién le había encomendado esa misión?
4. ¿Por qué no le sirvieron a fray Bartolomé sus conocimientos sobre Aristóteles?

③ Suggest that students divide the research tasks among their group. Appoint one person to research the history of the phenomenon or disaster, another to find visual aids, and a third to find news stories or anecdotes.

③ Fenómenos naturales En grupos de tres, investiguen acerca de un fenómeno o desastre natural, o un acontecimiento que haya despertado grandes temores o supersticiones.

A. Investiguen qué predicciones se hicieron de estos eventos y cuáles fueron sus consecuencias reales. Si lo desean, pueden elegir un evento que no esté en la lista. Presenten la investigación ante la clase.

- el cometa Halley
- la llegada del año 2000
- la amenaza nuclear durante la guerra fría
- la erupción del volcán Vesubio en Pompeya

③ For Part B, as students read their **microcuento** aloud, have the rest of the class jot down any questions they have.

B. Escriban un microcuento sobre uno de los fenómenos o acontecimientos presentados. Lean el microcuento al resto de la clase. Sus compañeros/as deben adivinar de qué fenómeno o acontecimiento se trata.

④ Encourage students to use comparatives and superlatives in their letters.

④ As an expansion activity, have students write a response letter from the point of view of King Charles V.

④ Escribir Investiga acerca de la flora y la fauna de la selva guatemalteca. Luego, imagina que eres fray Bartolomé y tienes que escribirle una carta al rey Carlos V contándole lo que observaste en la selva. Usa el vocabulario de la lección.

MODELO | Estimado rey Carlos V: Como Su Majestad sabe, le escribo desde la selva de Guatemala, adonde llegué hace ya tres años. En esta carta, quiero contarle...

Practice more at **vhlcentral.com**.

Teaching option Have students invent an alternate ending to the story and share it with the rest of the class. Then have students vote on the best ending.

Antes de leer

Vocabulario

ambiental	*environmental*	el monte	*mountain*
el bombardeo	*bombing*	la pureza	*purity*
el ecosistema	*ecosystem*	el refugio	*refuge*
la especie	*species*	el terreno	*land*
el/la manifestante	*protester*	el veneno	*poison*

El Yunque Completa las oraciones con el vocabulario de la tabla.

1. Puerto Rico es una isla de _____terreno_____ muy variado: hay montañas, playas y hasta un bosque tropical, el Bosque Nacional del Caribe, también llamado El Yunque.

2. El Yunque tiene una diversidad de vegetación impresionante, que incluye casi 250 _____especies_____ de árboles.

3. También es un _____refugio_____ natural para los animales, ya que en el bosque están protegidos de la caza.

4. El _____monte_____ más alto de El Yunque es El Toro, con una altura de 1.077 metros (3.533 pies).

5. Hay grupos dedicados a la protección _____ambiental_____ de El Yunque. Buscan preservar la _____pureza_____ de este paraíso tropical.

Conexión personal ¿Qué significado tiene la naturaleza para ti? ¿Es una fuente de trabajo o de alimento (*food*)? ¿O es un lugar de diversión y belleza? ¿Qué haces para proteger la naturaleza? ¿Cómo crees que será el mundo natural dentro de cien años? ¿Y dentro de quinientos?

Contexto cultural

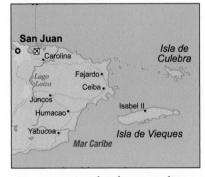

Situada en el agua transparente del mar Caribe, la pequeña **isla de Vieques** es un refugio de lagunas, bahías y playas que forman un hábitat ideal para varias clases de tortugas marinas (*sea turtles*), el manatí y arrecifes de coral. La gente de Vieques comparte los pequeños montes y las aguas cristalinas (*crystal clear*) de la isla con una rica variedad de flora y fauna, entre ellas cinco especies de plantas y diez especies de animales en peligro de extinción. La isla de Vieques, de 33 kilómetros de largo por 7,2 de ancho (20,5 por 4,3 millas), es un municipio de Puerto Rico que tiene nueve mil habitantes. Puerto Rico es un Estado Libre Asociado de los Estados Unidos. Los habitantes de Puerto Rico, también llamados *boricuas*, son ciudadanos estadounidenses.

Practice more at **vhlcentral.com**.

Conexión personal
Ask students about the first time they experienced a particular aspect of nature. Ex: ¿Recuerdan la primera vez que vieron el mar o el océano? ¿Cómo se sintieron?

Contexto cultural
Have pairs research tourism in Vieques today on the Internet. ¿Cuáles son las playas, los hoteles y las actividades más populares en la isla? ¿Cómo ha cambiado el turismo en los últimos diez años?

Preview
Ask students to discuss the link between tourism and nature conservation. ¿Creen que se puede aumentar el turismo de una zona y a la vez proteger las riquezas naturales del lugar? ¿El turismo puede dañar la naturaleza? ¿Cómo?

La conservación de Vieques

Vista aérea de la zona de maniobras militares de Vieques

"¡Vieques renace!"° anuncia el gobierno de este municipio
puertorriqueño, que busca estimular la economía de una isla rica
en naturaleza, pero pobre en economía. Vieques dispone de°
sitios arqueológicos importantes, playas espectaculares, un fuerte°
5 histórico y una bahía bioluminiscente, la Bahía Mosquito, que es
una maravilla de la naturaleza. Sus arrecifes de coral contienen
un ecosistema de enorme productividad y diversidad biológica.
Forman un pequeño paraíso que alberga y protege una inmensa
variedad de especies de plantas y animales acuáticos.

Vieques is reborn!

boasts

fort

suffered

evicted

Navy 15

live-fire range 25

angered
inhabitants of Vieques
gave rise to

training

10   Sin embargo, en vez de tener una tradición de alto turismo, la isla ha padecido° graves problemas. Vieques fue utilizada para prácticas de bombardeo desde 1941. En esa época muchas personas fueron desalojadas° cuando la Armada° de los Estados Unidos ocupó dos áreas en los extremos de la isla. Las prácticas continuaron por 20 varias décadas, pero en abril de 1999 un guardia de seguridad murió cuando una bomba cayó fuera de la zona de tiro°. La muerte de David Sanes encolerizó° a los viequenses° y dio origen a° una campaña 30 de desobediencia civil. El presidente Clinton prometió cesar el entrenamiento° de bombardeo en Vieques, pero éste continuó con bombas inertes a pesar de que los viequenses habían exigido "¡Ni una bomba 35 más!". Los manifestantes entraban en la

> **" La protesta se centró en gran parte en los problemas que las bombas habían causado al medio ambiente, a la economía de Vieques y a la salud de los viequenses. "**

demonstrated
captured

40

jail

45

zona de tiro y establecían campamentos; otros se manifestaban° en Puerto Rico y en los Estados Unidos, y pronto captaron° la atención internacional. Robert Kennedy, Jr., Jesse Jackson, Rigoberta Menchú y el Dalai 40 Lama, entre otros, hicieron declaraciones a favor de Vieques y muchas personas fueron a la cárcel° después de ser arrestadas en la zona de tiro. 45

    La protesta se centró en gran parte en los problemas que las bombas habían causado al medio ambiente, a la economía de Vieques y 50 a la salud de los viequenses. Las décadas de prácticas de bombardeo dejaron un nivel muy alto de contaminación, que incluye la presencia de 55 uranio reducido (un veneno muy peligroso). Algunos piensan que la incidencia de cáncer en Vieques —25% más alta que la de todo Puerto Rico— se debe a la exposición de los habitantes a elementos tóxicos. Estas 60 acusaciones han provocado controversia, ya que la Armada negó los efectos sobre la salud de los viequenses. Finalmente, después de una dura campaña de protesta y lucha°, las prácticas de bombardeo terminaron para 65 siempre en 2003. Los terrenos de la Armada pasaron al Departamento de Caza y Pesca, y la Agencia de Protección Ambiental (EPA) declaró en 2005 que la limpieza ambiental de Vieques sería una de las prioridades 70 nacionales.

    Los extremos este y oeste de la isla ahora constituyen una reserva ambiental, la más grande del Caribe. Los viequenses esperan que la isla pueda, en su renacimiento, volver 75 a un estado de mayor pureza natural y, al mismo tiempo, desarrollar su economía. Vieques sigue siendo un símbolo de resistencia y es un lugar cada día más popular para el turismo local y extranjero. ■ 80

struggle

¿Qué es la bioluminiscencia?

Es un efecto de fosforescencia verdeazul, causado por unos microorganismos que, al agitarse, dan un brillo extraordinario a las aguas durante la noche. El pez o bañista que se mueve bajo el agua emite una luz radiante. Para que se produzca este fenómeno extraordinario, se requiere una serie de condiciones muy especiales de temperatura, ambiente y poca contaminación.

Después de leer

La conservación de Vieques

(1) Comprensión Elige la respuesta correcta para completar cada oración.

1. Vieques es un municipio de (la República Dominicana/<u>Puerto Rico</u>).
2. Entre los atractivos de la isla se encuentra (un pico altísimo/<u>una bahía bioluminiscente</u>).
3. Los arrecifes de coral son importantes para la biodiversidad porque (<u>albergan una inmensa variedad de especies</u>/protegen la capa de ozono).
4. La protesta en contra de la presencia de la Armada se produjo después (<u>de la muerte de un guardia de seguridad</u>/de que hablara el Dalai Lama).
5. Las prácticas de bombardeo dejaron (problemas de erosión/<u>un nivel alto de contaminación</u>).
6. Muchas personas fueron arrestadas (por robar uranio reducido/<u>por ingresar en la zona de prácticas de bombardeo</u>).
7. Los extremos de la isla ahora contienen (una zona de tiro/<u>una reserva ambiental</u>).
8. La bioluminiscencia es un efecto causado por (<u>microorganismos</u>/la contaminación).

(2) Interpretación Responde a las preguntas.

1. ¿Qué potencial turístico tiene Vieques? Da ejemplos. Vieques tiene mucho potencial turístico. Tiene sitios arqueológicos importantes, playas espectaculares, un fuerte histórico y una bahía bioluminiscente.
2. ¿Qué hacía la Armada en Vieques? La Armada realizaba prácticas de bombardeo.
3. ¿Cuál era el deseo de los manifestantes de Vieques? El deseo de los manifestantes era terminar con las prácticas de bombardeo.
4. ¿Por qué creen que la Armada de los Estados Unidos estaba autorizada a hacer prácticas de bombardeo en Vieques? Suggested answer: La Armada de los EE.UU. estaba autorizada porque Puerto Rico es parte de los Estados Unidos.
5. ¿Qué ocurre cuando una persona o un pez nada en la bahía bioluminiscente? La persona o el pez emite una luz radiante.

(3) Ampliación En parejas, contesten las preguntas.

1. ¿Por qué es importante conservar una isla como Vieques?
2. ¿Qué efectos puede tener la declaración de la EPA? ¿Cómo puede mejorar la vida de los viequenses si se limpia la contaminación?

(4) Reunión con el presidente En grupos de cuatro, inventen una conversación sobre las prácticas de la Armada de Estados Unidos. Por una parte, hablan dos manifestantes, y por otra, el presidente y un(a) representante de la Armada. Utilicen los tiempos verbales que conocen, incluyendo el futuro. Después, representen la conversación delante de la clase.

(5) El futuro de Vieques Imagina que vives en Vieques. Escribe una carta a un(a) amigo/a contándole cómo crees que cambiarán las cosas en tu isla. Explica cómo se resolverán los problemas de contaminación y cómo se va a promover el turismo.

Practice more at **vhlcentral.com**.

Atando cabos

¡A conversar!

Mascotas exóticas

A. En parejas, preparen una conversación. Imaginen que uno/a de ustedes se va de vacaciones y le pide a un(a) amigo/a que le cuide la mascota (*pet*) exótica. Utilicen las formas del futuro y las preposiciones aprendidas en esta lección.

B. Hablen sobre las preguntas y luego compartan sus opiniones con el resto de la clase. Usen las frases y expresiones del recuadro para expresar sus opiniones.

- ¿Creen que está bien tener mascotas exóticas? ¿Por qué?
- ¿Creen que está bien exhibir animales en los zoológicos? ¿Por qué?

No estoy (muy) de acuerdo.	Para mí, ...
No es así.	En mi opinión, ...
No comparto esa opinión.	(Yo) creo que...
No coincido.	Estoy convencido/a de que...

¡A escribir!

Patrimonio de la humanidad Investiga sobre uno de estos lugares de Cuba declarados Patrimonio de la Humanidad por la UNESCO. Luego, escribe un artículo de viajes.

> Valle de Viñales
> Parque Nacional Alejandro de Humboldt
> Parque Nacional Desembarco del Granma

A. Usa estas preguntas como guía: ¿Dónde está el lugar que eligieron? ¿Por qué se caracteriza? ¿Por qué fue declarado Patrimonio de la humanidad? ¿Tiene sólo valor natural o es importante por su cultura e historia?

B. Empieza con una oración expresiva sobre el aspecto principal del lugar. Luego añade detalles en orden de importancia.

C. Cuando hayas terminado, intercambia tu artículo con el de tu compañero/a para corregirlo.

INSTRUCTIONAL RESOURCES
SAM/WebSAM: WB

¡A conversar!
- For Part A, have students write a list of recommendations for how to care for their pet. Ex: **Es importante que pasees a mi cocodrilo todos los días. Dale de comer a las 5 de la tarde**.
- Ask students to list the qualities their friend should have in order to properly care for their pet. Ex: **Tiene que ser paciente y responsable**.
- For Part B, ask the expansion question: **¿Existen animales domésticos que requieran más atención que otros? Den ejemplos**.

¡A escribir!
- Before students begin writing, have them visit the UNESCO website and read the criteria for choosing World Heritage sites.
- In preparation for creating the poster, encourage students to map their ideas.

S Vocabulary Tools

La naturaleza

el árbol	tree
el arrecife	reef
el bosque (lluvioso)	(rain) forest
el campo	countryside; field
la cordillera	mountain range
la costa	coast
el desierto	desert
el mar	sea
la montaña	mountain
el paisaje	landscape
la tierra	land
húmedo/a	damp
seco/a	dry
a orillas de	on the shore of
al aire libre	outdoors

Los animales

el ave (f.)/ el pájaro	bird
el cerdo	pig
el conejo	rabbit
el león	lion
el mono	monkey
la oveja	sheep
el pez	fish
la rana	frog
la serpiente	snake
el tigre	tiger
la vaca	cow
atrapar	to trap; to catch
cazar	to hunt
dar de comer	to feed
extinguirse	to become extinct
morder (o:ue)	to bite
en peligro de extinción	endangered
salvaje	wild
venenoso/a	poisonous

Los fenómenos naturales

el huracán	hurricane
el incendio	fire
la inundación	flood
el relámpago	lightning
la sequía	drought
el terremoto	earthquake
la tormenta (tropical)	(tropical) storm
el trueno	thunder

El medio ambiente

el calentamiento global	global warming
la capa de ozono	ozone layer
el combustible	fuel
la contaminación	pollution
la deforestación	deforestation
el desarrollo	development
la erosión	erosion
la fuente de energía	energy source
el medio ambiente	environment
los recursos naturales	natural resources
agotar	to use up
conservar	to preserve
contaminar	to pollute
contribuir (a)	to contribute
desaparecer	to disappear
destruir	to destroy
malgastar	to waste
proteger	to protect
reciclar	to recycle
resolver (o:ue)	to solve
dañino/a	harmful
desechable	disposable
renovable	renewable
tóxico/a	toxic

Más vocabulario

Expresiones útiles	Ver p. 213
Estructura	Ver pp. 220–221, 224–225, 228–229 y 232–233

Cinemateca

la cisterna	underground tank
la salida	exit
el tanque	tank
la tubería	piping
el/la vándalo/a	vandal
acabarse	to run out
descuidar(se)	to get distracted; to neglect
disculparse	to apologize
quedarse sin	to run out of
envenenado/a	poisoned
resentido/a	resentful
sobre todo	above all

Literatura

la esperanza	hope
la prisa	hurry
disponerse a	to be about to
florecer	to blossom
oscurecer	to darken
prever	to foresee
sacrificar	to sacrifice
salvar	to save
aislado/a	isolated
digno/a	worthy
valioso/a	valuable

Cultura

el bombardeo	bombing
el ecosistema	ecosystem
la especie	species
el/la manifestante	protester
el monte	mountain
la pureza	purity
el refugio	refuge
el terreno	land
el veneno	poison
ambiental	environmental

Reference

Manual de gramática

Supplementary Grammar Coverage

The Manual de gramática is an invaluable tool for both students and instructors of Intermediate Spanish. For each lesson of **FACETAS**, the **Manual** provides additional practice of the three core grammar concepts, as well as supplementary grammar instruction and practice.

The **Más práctica** pages of the **Manual** contain additional practice activities for every grammar point in **Facetas**. The **Más gramática** pages present supplementary grammar concepts and practice. Both sections of the **Manual** are correlated to the core grammar points in **Estructura** by means of **Taller de consulta** sidebars, which provide the exact page numbers for additional practice and supplementary coverage.

This special supplement allows for great flexibility in planning and tailoring courses to suit the needs of whole classes and/or individual students. It also serves as a useful and convenient reference tool for students who wish to review previously learned material.

Contenido

Más práctica

TALLER DE CONSULTA

MÁS PRÁCTICA
To see the explanation corresponding to this additional practice, see p. 14.

1.1 The present tense

1. **Mi nuevo compañero de cuarto** Completa el párrafo con la forma apropiada de los verbos entre paréntesis.

¿Cómo es mi nuevo compañero de cuarto? (1) __Es__ (Ser) muy simpático. Siempre que (2) __sale__ (salir), me invita a salir con él, por lo que yo ya (3) __conozco__ (conocer) a mucha gente en la universidad. Él siempre (4) __parece__ (parecer) pasarlo bien, hasta cuando nosotros (5) __estamos__ (estar) en la clase de matemáticas. Por la tarde, después de clase, él (6) __propone__ (proponer) actividades —por ejemplo, a veces (7) __vamos__ (ir) al parque a jugar al fútbol— así que nunca nos aburrimos. Yo ya (8) __sé__ (saber) que nos vamos a llevar bien durante todo el año. (9) __Pienso__ (Pensar) invitarlo a mi casa para las fiestas, así mis padres lo (10) __pueden__ (poder) conocer también.

2. **Tus actividades** Escribe cuatro actividades que realizas normalmente en cada uno de estos momentos del día: la mañana, la tarde y la noche.

Mañana:

Tarde:

Noche:

3. **Diez preguntas** Trabaja con un(a) compañero/a a quien no conozcas muy bien. Primero, cada persona debe escribir diez preguntas para conocer a su compañero/a. Luego, háganse las preguntas. Por último, intercambien sus listas y háganse las preguntas de la otra persona. Compartan sus respuestas con la clase.

Más práctica

1.2 Ser and estar

TALLER DE CONSULTA

MÁS PRÁCTICA
To see the explanation corresponding to this additional practice, see p. 18.

1 **Correo** Completa el mensaje de correo electrónico con la forma adecuada de **ser** o **estar**.

De:	Susana <susana_cruz@estudiantil.es>
Para:	Carlos <carlos_cano@estudiantil.es>
Asunto:	Novedades

¡Hola, Carlos!

Yo (1) ___estoy___ muy preocupada porque mañana tenemos un examen en la clase de español y el profesor (2) ___es___ muy exigente. Ahora mismo mi amiga Ana (3) ___está___ estudiando en la biblioteca y voy a encontrarme con ella para que me ayude. Ella (4) ___es___ una estudiante muy buena y sus notas siempre (5) ___son___ excelentes.

Este fin de semana hay un concierto en la universidad. Mis amigos y yo (6) ___estamos___ muy contentos porque el grupo que toca (7) ___es___ muy famoso. Elena también quería ir al concierto, pero no puede porque (8) ___está___ enferma y debe quedarse en cama.

Bueno, antes de ir a la biblioteca voy a almorzar en la cafetería porque (9) ___estoy___ muerta de hambre.

¡Hasta pronto!

Susana

2 **En el parque** Mira la ilustración y contesta las preguntas usando **ser** y **estar**. Puedes inventar las respuestas para algunas de las preguntas.

1. ¿Quién es cada una de estas personas?
2. ¿Qué están haciendo?
3. ¿Cómo están?
4. ¿Cómo son?

3 **Una cita** Mañana vas a tener una cita con una persona maravillosa. Quieres contárselo a tu mejor amigo/a y pedirle consejos. Tu amigo/a es muy curioso/a y te va a hacer muchas preguntas. En parejas, representen la conversación. Éstos son algunos de los aspectos que pueden incluir.

Tu amigo/a quiere saber:
- cómo te sientes antes de la cita
- qué crees que va a pasar
- cómo es el lugar adonde van a ir
- cómo es la persona con quien vas a tener la cita

Tú quieres consejos sobre:
- qué ropa ponerte
- los temas de los que hablar
- adónde ir
- quién debe pagar la cuenta

Más práctica

TALLER DE CONSULTA

MÁS PRÁCTICA
To see the explanation corresponding to this additional practice, see p. 22.

1.3 Progressive forms

(1) ¿Qué están haciendo? Escribe cinco oraciones explicando qué está haciendo cada persona. Usa elementos de las tres columnas.

MODELO David Ortiz está jugando al béisbol.

tú		divertirse
el presidente de los EE.UU.		viajar en avión
tus padres		comer en un restaurante
tu mejor amigo/a	(no) estar	asistir a un estreno (*premiere*)
Penélope Cruz		bailar en una discoteca
nosotros		hablar por teléfono
yo		estudiar física

(2) Seguimos escribiendo Vuelve a escribir las oraciones usando los verbos **andar, continuar, ir, llevar, seguir** o **venir**. La oración resultante debe expresar la misma idea. Some answers will vary.

1. José siempre dice que es tímido, pero no deja de coquetear con las chicas del trabajo.
   José siempre anda diciendo que es tímido, pero sigue coqueteando con las chicas del trabajo.

2. Mi esposa y yo llevamos diez años de casados, pero nuestro amor es tan intenso como siempre.
   Mi esposa y yo llevamos diez años de casados, pero nuestro amor continúa siendo tan intenso como siempre.

3. Hace cinco meses que Carlos se pelea con su novia todos los días y todavía habla de ella como si fuera la única mujer del planeta.
   Carlos lleva cinco meses peleándose con su novia todos los días y todavía anda hablando de ella como si fuera la única mujer del planeta.

4. Daniel siempre se queja de que los estudios lo agobian y hace meses que su mamá le dice que tiene que relajarse.
   Daniel anda quejándose de que los estudios lo agobian y su mamá lleva meses diciéndole que tiene que relajarse.

5. Mis padres repiten todos los días que pronto van a mudarse a una casa más pequeña que han visto en otro pueblo.
   Mis padres vienen repitiendo que pronto se van a mudar a una casa más pequeña que han visto en otro pueblo.

6. Conversamos todo el tiempo mientras ellos se marchaban.
   Continuamos conversando mientras ellos se iban marchando.

(3) Adivina qué estoy haciendo En grupos de cuatro, jueguen a las adivinanzas con mímica (*charades*). Túrnense para hacer gestos que representen una acción sencilla. Adivinen cada acción usando el presente progresivo. Sigan el modelo.

MODELO
ESTUDIANTE 1 *(Sin decir nada, hace gestos para mostrar que está manejando un carro.)*
ESTUDIANTE 2 ¿Estás peleando con alguien?
ESTUDIANTE 3 ¿Estás manejando un carro?
ESTUDIANTE 1 ¡Sí! Estoy manejando un carro.

(1.4) Nouns and articles

Nouns

- In Spanish, nouns (**sustantivos**) ending in **-o, -or, -l,** and **-s** are usually masculine, and nouns ending in **-a, -ora, -ión, -d,** and **-z** are usually feminine. Some nouns ending in **-ma** are masculine.

Masculine nouns	Feminine nouns
el amigo, el cuaderno	la amiga, la palabra
el escritor, el color	la escritora, la computadora
el control, el papel	la relación, la ilusión
el autobús, el paraguas	la amistad, la fidelidad
el problema, el tema	la luz, la paz

- Most nouns form the plural by adding **-s** to nouns ending in a vowel, and **-es** to nouns ending in a consonant. Nouns that end in **-z** change to **-c** before adding **-es**.

  el hombre → los hombres
  la novia → las novias

  la mujer → las mujeres
  el lápiz → los lápices

- If a singular noun ends in a stressed vowel, the plural form ends in **-es.** If the last syllable of a singular noun ending in **-s** is unstressed, the plural form does not change.

  el tabú → los tabúes
  el israelí → los israelíes

  el lunes → los lunes
  la crisis → las crisis

Articles

- Spanish definite and indefinite articles (**artículos definidos** e **indefinidos**) agree in gender and number with the nouns they modify.

	Definite articles		Indefinite articles	
	singular	**plural**	**singular**	**plural**
MASCULINE	el compañero	los compañeros	un compañero	unos compañeros
FEMININE	la compañera	las compañeras	una compañera	unas compañeras

- In Spanish, when an abstract noun is the subject of a sentence, a definite article is always used.

  El amor es eterno.
  Love is eternal.

  but

  Para ser modelo, necesitas belleza y altura.
  In order to be a model, you need beauty and height.

- An indefinite article is not used before nouns that indicate profession or place of origin, unless they are followed by an adjective.

  Juan García es profesor.
  Juan García is a professor.

  Juan García es **un** profesor excelente.
  Juan García is an excellent professor.

  Ana María es neoyorquina.
  Ana María is a New Yorker.

  Ana María es **una** neoyorquina orgullosa.
  Ana María is a proud New Yorker.

MÁS GRAMÁTICA

This is an additional grammar point for **Lección 1 Estructura.** You may use it for review or as required by your instructor.

¡ATENCIÓN!

Some nouns may be either masculine or feminine, depending on whether they refer to a male or a female.

el/la artista *artist*
el/la estudiante *student*

Occasionally, the masculine and feminine forms have different meanings.

el capital *capital (money)*
la capital *capital (city)*

¡ATENCIÓN!

Accent marks are sometimes dropped or added to maintain the stress in the singular and plural forms.

canción → **canciones**
margen → **márgenes**

¡ATENCIÓN!

The prepositions **de** and **a** contract with the article **el.**

de + el = del
a + el = al

¡ATENCIÓN!

Singular feminine nouns that begin with a stressed **a** take **el.**

el alma → **las almas**
el área → **las áreas**

Práctica

TALLER DE CONSULTA

These activities correspond to the additional grammar point on the preceding page.

(1.4) Nouns and articles

1 Cambiar Escribe en plural las palabras que están en singular y viceversa.

1. la compañera __las compañeras__
2. unos amigos __un amigo__
3. el novio __los novios__
4. una crisis __unas crisis__
5. unas parejas __una pareja__
6. un corazón __unos corazones__
7. las amistades __la amistad__
8. el tabú __los tabúes__

2 Un chiste Completa el chiste con los artículos apropiados. Recuerda que en algunos casos no debes poner ningún artículo.

(1) __Una__ pareja se va a casar. Él tiene 90 años. Ella tiene 85. Entran en (2) __una/la__ farmacia y (3) __el__ novio le pregunta al farmacéutico (*pharmacist*):

—¿Tiene (4) __x__ remedios para (5) __el__ corazón?

—Sí —contesta (6) __el__ farmacéutico.

—¿Tiene (7) __x__ remedios para (8) __la__ presión y (9) __el__ colesterol?

—Sí —contesta nuevamente (10) __el__ farmacéutico.

—¿Y (11) __x__ remedios para (12) __la__ artritis? y (13) __el__ reumatismo?

—Sí. Ésta es (14) __una__ farmacia completa. Tenemos de todo.

Entonces (15) __el__ novio mira a (16) __la__ novia y le dice:

—Querida, ¿qué te parece si hacemos aquí (17) __la__ lista de regalos para (18) __la__ boda?

3 La cita Completa el párrafo con la forma correcta de los artículos definidos e indefinidos.

Ayer tuve (1) __una__ cita con Leonardo. Fuimos a (2) __un__ restaurante muy romántico que está junto a (3) __un__ bonito lago. Desde nuestra mesa, podíamos ver (4) __el__ lago y (5) __los/unos__ barcos que navegaban por allí. Comimos (6) __unos__ platos muy originales. (7) __El__ pescado que yo pedí estaba delicioso. Nos divertimos mucho, pero al salir tuvimos (8) __un__ problema. Una de (9) __las__ ruedas (*tires*) del carro estaba pinchada (*punctured*). ¿Puedes creer que tuve que cambiar (10) __la__ rueda yo porque Leonardo no sabía hacerlo?

4 Escribir Escribe oraciones completas con las siguientes palabras; utiliza los artículos definidos e indefinidos que correspondan y haz los cambios necesarios. Some answers will vary.

 MODELO   Elisa - ser - buena periodista
Elisa es una buena periodista.

1. revistas del corazón - afirmar - amor -ser - eterno
   Las revistas del corazón afirman que el amor es eterno.
2. ayer - astrólogo - predecir - desgracia
   Ayer el astrólogo predijo una desgracia.
3. lunes pasado - comprar - flores - tía juanita
   El lunes pasado compré unas flores para la tía Juanita.
4. capital - venezuela - ser - caracas
   La capital de Venezuela es Caracas.
5. personas optimistas - soñar - mundo mejor
   Las personas optimistas sueñan con un mundo mejor.
6. Rodrigo - ser - alma - fiesta
   Rodrigo es el alma de la fiesta.

1.5 Adjectives

- Spanish adjectives (**adjetivos**) agree in gender and number with the nouns they modify. Most adjectives ending in **-e** or a consonant have the same masculine and feminine forms.

	singular	plural	singular	plural	singular	plural
Adjectives						
MASCULINE	rojo	rojos	inteligente	inteligentes	difícil	difíciles
FEMININE	roja	rojas	inteligente	inteligentes	difícil	difíciles

- Descriptive adjectives generally follow the noun they modify. If a single adjective modifies more than one noun, the plural form is used. If at least one of the nouns is masculine, then the adjective is masculine.

  un libro **apasionante**
  a great book

  un carro y una casa **nuevos**
  a new car and house

  las parejas **contentas**
  the happy couples

  la literatura y la cultura **ecuatorianas**
  Ecuadorean literature and culture

- A few adjectives have shortened forms when they precede a masculine singular noun.

  bueno → **buen**   alguno → **algún**   primero → **primer**

  malo → **mal**   ninguno → **ningún**   tercero → **tercer**

- Some adjectives change their meaning depending on their position. When the adjective follows the noun, the meaning is more literal. When it precedes the noun, the meaning is more figurative.

	after the noun	before the noun
antiguo/a	el edificio **antiguo** *the ancient building*	mi **antiguo** novio *my old/former boyfriend*
cierto/a	una respuesta **cierta** *a right answer*	una **cierta** actitud *a certain attitude*
grande	una ciudad **grande** *a big city*	un **gran** país *a great country*
mismo/a	el artículo **mismo** *the article itself*	el **mismo** problema *the same problem*
nuevo/a	un carro **nuevo** *a (brand) new car*	un **nuevo** profesor *a new/different professor*
pobre	los estudiantes **pobres** *the students who are poor*	los **pobres** estudiantes *the unfortunate students*
viejo/a	un libro **viejo** *an old book*	una **vieja** amiga *a long-time friend*

MÁS GRAMÁTICA

This is an additional grammar point for **Lección 1 Estructura**. You may use it for review or as required by your instructor.

¡ATENCIÓN!

Adjectives ending in **-án, -ín, -ón**, and **-or**, like most others, vary in both gender and number.

dormilón → **dormilona**

dormilones → **dormilonas**

Adjectives ending in **-ior** and the comparatives **mayor, menor, mejor,** and **peor** do not vary in gender.

el **niño** mayor
la **niña** mayor

Adjectives indicating nationality vary in both gender and number (except those ending in **-a, -í,** and **-e**, which vary only in number).

español → **española**
españoles → **españolas**
marroquí → **marroquí**
marroquíes → **marroquíes**

¡ATENCIÓN!

Before any singular noun (masculine or feminine), **grande** changes to **gran**.

un gran esfuerzo
a great effort

una gran autora
a great author

Práctica

TALLER DE CONSULTA

These activities correspond to the additional grammar point on the preceding page.

1.5 Adjectives

1. **Descripciones** Completa cada oración con la forma correcta de los adjetivos.

1. Mi mejor amiga es _____guapa_____ (guapo) y muy _____graciosa_____ (gracioso).

2. Los novios de mis hermanas son _____altos_____ (alto) y _____morenos_____ (moreno).

3. Javier es _____buen_____ (bueno) compañero, pero es bastante _____antipático_____ (antipático).

4. Mi prima Susana es _____sincera_____ (sincero), pero mi primo Luis es _____falso_____ (falso).

5. Sandra es una _____gran_____ (grande) amiga, pero ayer tuvimos una pelea muy _____fuerte_____ (fuerte).

6. No sé por qué Marcos y María son tan _____inseguros_____ (inseguro) y _____tímidos_____ (tímido).

2. **La vida de Marina** Completa cada oración con los cuatro adjetivos.

1. Marina busca una compañera de cuarto _____tranquila, ordenada, honesta y puntual_____. (tranquilo, ordenado, honesto, puntual)

2. Se lleva bien con las personas _____sinceras, serias, alegres y trabajadoras_____. (sincero, serio, alegre, trabajador)

3. Los padres de Marina son _____maduros, simpáticos, inteligentes y conservadores_____ (maduro, simpático, inteligente, conservador)

4. Marina quiere ver programas de televisión más _____emocionantes, divertidos, dramáticos y didácticos_____ (emocionante, divertido, dramático, didáctico)

5. Marina tiene un novio _____talentoso, simpático, creativo y sensible_____. (talentoso, simpático, creativo, sensible)

Marina

3. **Correo sentimental** La revista *Ellas y ellos* tiene una sección de anuncios personales. Completa este anuncio con la forma corta o larga de los adjetivos de la lista. Puedes usar los adjetivos más de una vez.

buen	gran	mal	ningún	tercer
bueno/a	grande	malo/a	ninguno/a	tercero/a

Mi perrito y yo buscamos amor

Tengo 43 años y estoy viudo desde hace tres años. Soy un (1) _____buen_____ hombre: tranquilo y trabajador. Me gustan las plantas y no tengo (2) _____ningún_____ problema con mis vecinos. Cocino y plancho. Me gusta ir al cine y no me gusta el fútbol. Tengo (3) _____buen_____ humor por las mañanas y mejor humor por las noches. Vivo en un apartamento (4) _____grande_____ en el (5) _____tercer_____ piso de un edificio de Montevideo. Sólo tengo un pequeño problema: mi perro. Algunos dicen que tiene (6) _____mal_____ carácter. Otros dicen que es un (7) _____buen_____ animal. Yo creo que es (8) _____bueno_____, pero se siente solo, como su dueño, y nos hacemos compañía. Busco una señora viuda o soltera que también se sienta sola. ¡Si tiene un perrito, mejor!

Más práctica

2.1 Object pronouns

(1) **La televisión** Completa la conversación con el pronombre adecuado.

JUANITO Mamá, ¿puedo ver televisión?

MAMÁ ¿Y la tarea? ¿Ya (1) __la__ hiciste?

JUANITO Ya casi (2) __la__ termino. ¿Puedo ver el programa de dibujos animados (*cartoons*)?

MAMÁ (3) __Lo__ puedes ver hasta las siete.

JUANITO De acuerdo.

MAMÁ Pero antes de que te pongas a ver televisión, tengo algunas preguntas. ¿(4) __Le__ vas a entregar mi carta a tu profesora?

JUANITO Sí mamá, (5) __se__ (6) __la__ voy a entregar mañana.

MAMÁ ¿Quién va a trabajar contigo en el proyecto de historia?

JUANITO No sé; nadie (7) __lo__ quiere hacer conmigo.

MAMÁ Bueno, y antes de ver la tele, ¿me puedes ayudar a poner la mesa?

JUANITO ¡Cómo no, mamá! (8) __Te__ ayudo ahora mismo.

(2) **Confundido** Tu compañero/a de cuarto va a dar una fiesta este fin de semana, pero no recuerda bien algunos detalles. Contesta sus preguntas con la información que está entre paréntesis. Utiliza pronombres en tus respuestas.

> **MODELO** ¿Quién va a traer las sillas? (Carlos y Pedro)
> Carlos y Pedro las van a traer.

1. ¿Cuándo vamos a comprar la comida? (mañana)
   Mañana vamos a comprarla./ La vamos a comprar mañana. / Vamos a comprarla mañana.

2. ¿Quién nos prepara el pastel (*cake*)? (la pastelería de la Plaza Mayor)
   La pastelería de la Plaza Mayor nos lo prepara. / Nos lo prepara la pastelería de la Plaza Mayor.

3. ¿Ya enviamos todas las invitaciones? (sí)
   Sí, ya las enviamos.

4. ¿Quién trae los discos compactos de música latina? (Lourdes y Sara)
   Lourdes y Sara los traen. / Los traen Lourdes y Sara.

5. ¿Vamos a decorar el salón? (sí)
   Sí, lo vamos a decorar./ Sí, vamos a decorarlo.

(3) **Tres deseos** En parejas, imaginen que encuentran a un genio (*genie*) en una botella. Él les va a hacer realidad tres deseos a cada uno. Haz una lista de los deseos que le vas a pedir. Después, díselos a tu compañero/a. Háganse preguntas sobre por qué quieren estos deseos. Utilicen por lo menos seis pronombres de complemento directo e indirecto.

> **MODELO** —Yo quiero un jeep cuatro por cuatro.
> —¿Para qué lo quieres?
> —Lo quiero para manejar en cualquier tipo de terreno.

TALLER DE CONSULTA

MÁS PRÁCTICA
To see the explanation corresponding to this additional practice, see p. 54.

TALLER DE CONSULTA

MÁS PRÁCTICA
To see the explanation corresponding to this additional practice, see p. 58.

2.2 *Gustar* and similar verbs

1 **En otras palabras** Vuelve a escribir las frases subrayadas usando los verbos de la lista.

Some answers will vary.

> **MODELO**
> <u>Mis padres adoran las novelas de García Márquez,</u> especialmente *Cien años de soledad.*
>
> A mis padres les encantan las novelas de García Márquez, especialmente *Cien años de soledad.*

aburrir	(no) gustar
caer bien/mal	(no) interesar
(no) doler	molestar
encantar	quedar
faltar	

1. <u>Estoy muy interesado en el cine</u> y por eso veo el programa de espectáculos todas las noches. Me interesa el cine...

2. Necesito ir al médico porque <u>tengo dolor de cabeza desde hace dos días.</u>
... me duele la cabeza desde...

3. <u>Pablo y Roberto son muy antipáticos.</u> No soporto hablar con ellos. Pablo y Roberto me caen mal.

4. <u>Nos aburrimos cuando vemos películas románticas.</u> Nos aburren las películas románticas.

5. <u>Detesto el boliche.</u> No me gusta el boliche.

6. Has gastado casi todo tu dinero. <u>Sólo tienes diez dólares.</u> Te quedan sólo diez dólares.

7. Carlos está a punto de completar su colección de monedas españolas anteriores al euro. <u>Necesita conseguir tres más.</u> Le faltan tres.

8. <u>No soporto escuchar música cuando estudio.</u> No puedo concentrarme.
Me molesta escuchar música...

2 **El fin de semana** Escribe ocho oraciones sobre qué te gusta y qué te molesta hacer el fin de semana. Utiliza **gustar** y otros verbos parecidos, como **interesar, importar** y **molestar.**

estar en casa	hacer ejercicio	ir al circo
festejar	hacer un picnic	jugar al billar
hacer cola	ir al cine	salir a comer

3 **Gustos** Utiliza la información suministrada y los verbos parecidos a **gustar** para investigar los gustos de tus compañeros/as de clase. Toma nota de las respuestas de cada compañero/a que entrevistes y comparte la información con la clase.

> **MODELO**
> molestar / tener clase a las ocho de la mañana
> —A Juan y a Marcela no les molesta tener clase a las ocho de la mañana. En cambio, a Carlos le molesta porque...

1. encantar / fiestas de cumpleaños

2. fascinar / el mundo de Hollywood

3. disgustar / leer las noticias

4. molestar / conocer a personas nuevas

5. interesar / saber lo que mis amigos piensan de mí

6. aburrir / escuchar música todo el día

Más práctica

2.3 Reflexive verbs

TALLER DE CONSULTA

MÁS PRÁCTICA
To see the explanation corresponding to this additional practice, see p. 62

1 **¿Qué hacen estas personas?** Escribe cinco oraciones combinando elementos de las tres columnas.

> **MODELO** Yo me acuesto a las once de la noche.

mis padres	aburrirse	a las 6 de la mañana
yo	acostarse	a las 9 de la mañana
mis amigos y yo	afeitarse	a las 3 de la tarde
tú	divertirse	por la tarde
mi compañero/a de cuarto	dormirse	el viernes por la noche
ustedes	levantarse	a las once de la noche
mi hermano/a	maquillarse	todos los días

2 **Reflexivos** Algunos verbos cambian de significado cuando se usan en forma reflexiva. Completa las oraciones con la forma adecuada del verbo indicado.

> **MODELO** Yo me acuesto a las once de la noche.

1. Yo siempre ___duermo___ (dormir/dormirse) bien cuando estoy en mi casa de verano.
2. Carlos, ¿___te acuerdas___ (acordar/acordarse) de cuando fuimos de vacaciones a Cancún hace dos años?
3. Si estamos tan cansados de la ciudad, ¿por qué no ___nos mudamos___ (mudar/mudarse) a una casa junto al lago?
4. No me gusta esta fiesta. Quiero ___irme___ (ir/irse) cuanto antes.
5. Cristina y Miguel ___llevan___ (llevar/llevarse) tortillas a la fiesta.
6. Mi abuela va a ___poner___ (poner/ponerse) una foto de todos sus nietos en el salón.

3 **Los sábados** Sigue los pasos para determinar si tú y tus compañeros/as participan en actividades parecidas (*similar*) los sábados. Comparte tus conclusiones con el resto de la clase. Usa verbos reflexivos en las preguntas y respuestas.

> - **Paso 1** Haz una lista detallada de las cosas que normalmente haces los sábados.
> - **Paso 2** Entrevista a un(a) compañero/a para ver si comparten alguna actividad.
> - **Paso 3** Compara la información con el resto de la clase. ¿Siguen los estudiantes la misma rutina durante los fines de semana?

MÁS GRAMÁTICA

This is an additional grammar point for **Lección 2 Estructura.** You may use it for review or as required by your instructor.

(2.4) Demonstrative adjectives and pronouns

- Demonstrative adjectives (**adjetivos demostrativos**) specify to which noun a speaker is referring. They precede the nouns they modify and agree in gender and number.

este torneo	**esa** entrenadora	**aquellos** deportistas
this tournament	*that coach*	*those athletes (over there)*

Demonstrative adjectives				
singular		**plural**		
masculine	**feminine**	**masculine**	**feminine**	
este	esta	estos	estas	*this; these*
ese	esa	esos	esas	*that; those*
aquel	aquella	aquellos	aquellas	*that; those (over there)*

- Spanish has three sets of demonstrative adjectives. Forms of **este** are used to point out nouns that are close to the speaker and the listener. Forms of **ese** modify nouns that are not close to the speaker, though they may be close to the listener. Forms of **aquel** refer to nouns that are far away from both the speaker and the listener.

No me gustan **estos** zapatos.

Prefiero **esos** zapatos.

Aquel carro es de Ana.

- Demonstrative pronouns (**pronombres demostrativos**) are identical to demonstrative adjectives, except that they traditionally carry an accent mark on the stressed vowel. They agree in gender and number with the nouns they replace.

¿Quieres comprar esta **radio**?	No, no quiero **ésta**. Quiero **ésa**.
Do you want to buy this radio?	*No, I don't want this one. I want that one.*
¿Leíste estos **libros**?	No leí **éstos**, pero sí leí **aquéllos**.
Did you read these books?	*I didn't read these, but I did read those (over there).*

- There are three neuter demonstrative pronouns: **esto, eso,** and **aquello**. These forms refer to unidentified or unspecified things, situations, or ideas. They do not vary in gender or number and they never carry an accent mark.

¿Qué es **esto**?	**Eso** es interesante.	**Aquello** es bonito.
What is this?	*That's interesting.*	*That's pretty.*

Práctica

2.4 Demonstrative adjectives and pronouns

 TALLER DE CONSULTA

These activities correspond to the additional grammar point on the preceding page.

1 **En el centro comercial** Completa las oraciones con la forma correcta de los adjetivos entre paréntesis.

1. Quiero comprar ___ese___ (*that*) videojuego.
2. Nosotros queremos comprar ___aquella___ (*that over there*) computadora.
3. ___Estos___ (*These*) pantalones son muy baratos.
4. Yo voy a escoger ___esta___ (*this*) falda que está a mitad de precio.
5. También quiero comprar alguna de ___esas___ (*those*) películas en DVD.
6. Antes de irnos, vamos a comer algo en ___aquel___ (*that over there*) restaurante.

2 **Pronombres** Completa cada oración con la forma correcta de los pronombres demostrativos de acuerdo con la traducción que aparece entre paréntesis.

1. Esta campeona es muy humilde, pero ___ésa___ (*that one*) es muy arrogante.
2. Este deportista juega bien, no como ___ésos___ (*those*) del otro equipo.
3. Esos dardos no tienen punta; usa ___aquéllos___ (*the ones over there*).
4. No conozco a esta entrenadora, pero sí conozco a ___aquélla___ (*that one over there*).
5. Aquellos asientos son muy buenos, pero de todas formas, yo prefiero sentarme en ___éste___ (*this one*).
6. Esta cancha de fútbol está muy mojada. ¿Podemos jugar en ___ésa___ (*that one*)?

3 **¿Adjetivos o pronombres?**

A. Elige los adjetivos o los pronombres apropiados.

A mi hermano Esteban no le gustan las películas de acción y a mí, sí. (1) ___Ése___ (Ese / Ése) es el problema que siempre tenemos cuando queremos ir al cine. (2) ___Este___ (Este / Éste) fin de semana, por ejemplo, estrenan la película *Persecución sin fin* en (3) ___ese___ (ese / ése) cine nuevo que abrió enfrente de (4) ___ese___ (ese / ése) restaurante que tanto me gusta. Cuando le mandé un mensaje por correo electrónico a mi hermano, enseguida respondió: "(5) ___Ésa___ (Esa / Ésa) no la veo ni loco. (6) ___Esas___ (Esas / Ésas) películas de acción son siempre iguales. El bueno y el malo pelean y el bueno siempre gana. Por (7) ___eso___ (ese / ése / eso), yo prefiero las películas históricas o los dramas. Por lo menos en (8) ___ésas___ (esas / ésas) suele haber diálogos inteligentes y no persecuciones tontas y peleas exageradas". ¡Cómo cambiaron los gustos de mi hermano desde (9) ___aquella___ (aquella / aquélla) época en la que íbamos a ver todas las películas de superhéroes!

B. En parejas, imaginen que los dos hermanos hablan por teléfono. El hermano de Esteban todavía tiene esperanzas de convencerlo para ir a ver *Persecución sin fin*. Improvisen la conversación entre los dos hermanos. Usen por lo menos cinco adjetivos o pronombres demostrativos.

MÁS GRAMÁTICA

This is an additional grammar point for **Lección 2 Estructura.** You may use it for review or as required by your instructor.

(2.5) Possessive adjectives and pronouns

- Possessive adjectives (**adjetivos posesivos**) are used to express ownership or possession. Spanish has two types: the short, or unstressed, forms and the long, or stressed, forms. Both forms agree in gender, when applicable, and number with the object owned, and not with the owner.

Possessive adjectives			
short forms (unstressed)		**long forms (stressed)**	
mi(s)	*my*	**mío/a(s)**	*my; (of) mine*
tu(s)	*your*	**tuyo/a(s)**	*your; (of) yours*
su(s)	*your; his; her; its*	**suyo/a(s)**	*your; (of) yours; his; (of) his; hers; (of) hers; its; (of) its*
nuestro/a(s)	*our*	**nuestro/a(s)**	*our; (of) ours*
vuestro/a(s)	*your*	**vuestro/a(s)**	*your; (of) yours*
su(s)	*your; their*	**suyo/a(s)**	*your; (of) yours; their; (of) theirs*

- Short possessive adjectives precede the nouns they modify.

En **mi** opinión, esa película
    es pésima.
In my opinion, that movie
    is awful.

Nuestras revistas favoritas son
    Vanidades y *Latina*.
Our favorite magazines are
    Vanidades *and* Latina.

- Stressed possessive adjectives follow the nouns they modify. They are used for emphasis or to express the phrases *of mine, of yours*, etc. The nouns are usually preceded by a definite or indefinite article.

mi amigo → **el** amigo **mío**
my friend   friend of mine

tus amigas → **las** amigas **tuyas**
your friends   friends of yours

¡ATENCIÓN!

After the verb **ser**, stressed possessives are used without articles.

¿Es tuya la calculadora?
Is the calculator yours?

No, no es mía.
No, it is not mine.

- Because **su(s)** and **suyo/a(s)** have multiple meanings (*your, his, her, its, their*), the construction [article] + [noun] + **de** + [subject pronoun] is commonly used to clarify meaning.

su casa		la casa de él/ella	*his/her house*
la casa suya	▶	la casa de usted/ustedes	*your house*
		la casa de ellos/ellas	*their house*

- Possessive pronouns (**pronombres posesivos**) have the same forms as stressed possessive adjectives and are preceded by a definite article. Possessive pronouns agree in gender and number with the nouns they replace.

No encuentro mi **libro**.
    ¿Me prestas **el tuyo**?
I can't find my book.
    Can I borrow yours?

Si la **fotógrafa** suya no llega,
    la nuestra está disponible.
If your photographer doesn't arrive,
    ours is available.

¡ATENCIÓN!

The neuter form **lo** + [*singular stressed possessive*] is used to refer to abstract ideas or concepts such as *what is mine* and *what belongs to you*.

Quiero lo mío.
I want what is mine.

Práctica

2.5 Possessive adjectives and pronouns

TALLER DE CONSULTA

These activities correspond to the additional grammar point on the preceding page.

1 **¿De quién hablan?** En un programa de entrevistas, varias personas famosas hacen comentarios. Completa sus oraciones con los adjetivos posesivos que faltan.

1. La actriz Fernanda Lora habla sobre su esposo: "___Mi___ esposo siempre me acompaña a los estrenos, aunque ___su___ trabajo le exija estar en otro sitio".

2. Los integrantes del famoso dúo Maite y Antonio hablan sobre su hijo: "___Nuestro___ hijo empezó a cantar a los dos años".

3. El actor Saúl Mar habla de su ex esposa, la modelo Serafina: "___Mi___ ex ya no es tan guapa como antes, aunque ___sus___ *fans* piensen lo contrario".

2 **¿Es tuyo...?** Escribe preguntas con **ser** y contéstalas usando el pronombre posesivo que corresponde a la(s) persona(s) indicada(s). Sigue el modelo. Some answers will vary.

MODELO tú / libro / yo
—¿Es tuyo este libro?
—Sí, es mío.

1. ustedes / cartas / nosotros
¿Son suyas estas cartas?
Sí, son nuestras.

2. ella / bicicleta / ella
¿Es suya esta bicicleta?
Sí, es suya.

3. yo / café / tú
¿Es mío este café?
Sí, es tuyo.

4. nosotros / periódicos / yo
¿Son nuestros estos periódicos?
No, son míos.

5. tú / disco compacto / ellos
¿Es tuyo este disco compacto?
No, es suyo.

6. él / ideas / nosotros
¿Son suyas estas ideas?
No, son nuestras.

3 **Durante el almuerzo** Durante la hora del almuerzo, tres compañeros de trabajo tratan de conocerse mejor. Completa la conversación con los posesivos adecuados. Cuando sea necesario, añade también el artículo definido correspondiente. Some answers will vary.

MANUEL (1) ___Mis___ películas favoritas son las de acción. ¿Y (2) _las suyas/las tuyas_?

JUAN A mí no me gusta el cine.

AGUSTÍN A mí tampoco, pero a (3) ___mi___ esposa le gustan las películas clásicas. Lo mío es el deporte.

JUAN Yo detesto el deporte. (4) ___Mi___ pasatiempo favorito es la música.

MANUEL ¡Ahh! ¿Es (5) ___tuya___ la guitarra que vi en la oficina?

JUAN Sí, es (6) ___mía___. Después del trabajo, nos reunimos en la casa de un amigo (7) ___mío___ y tocamos un poco. A (8) ___mis___ amigos y a mí nos gusta el rock. (9) ___Nuestros___ músicos preferidos son...

AGUSTÍN ¡No te molestes en nombrarlos! No sé nada de música.

MANUEL Parece que (10) ___nuestros___ gustos son muy distintos.

Más práctica

TALLER DE CONSULTA

MÁS PRÁCTICA
To see the explanation corresponding to this additional practice, see p. 94.

3.1 The preterite

1 **Conversación telefónica** La mamá de Andrés lo llama para saber cómo fue su semana. Completa la conversación con el pretérito de los verbos de la lista. Algunos verbos se repiten.

andar	dar	ir	ser
barrer	hacer	quitar	tener

MAMÁ Hola, Andrés, ¿cómo te va?

ANDRÉS Bien, mamá. ¿Y a ti?

MAMÁ También estoy bien. ¿Qué tal las clases?

ANDRÉS En la clase de historia (1) __tuve/hice__ un examen el lunes. En la clase de química, el profesor nos (2) __hizo__ una demostración en el laboratorio.

MAMÁ ¿Y el resto de las clases?

ANDRÉS (3) __Fueron__ muy fáciles, pero los profesores nos (4) __dieron__ mucha tarea.

MAMÁ ¿Cómo está tu apartamento? ¿Está muy sucio (*dirty*)?

ANDRÉS ¡Está perfecto! Ayer (5) __hice__ la limpieza: (6) __barrí__ el piso y (7) __quité__ el polvo de los muebles.

MAMÁ ¿Qué hiciste con tus amigos el sábado por la noche?

ANDRÉS Nosotros (8) __anduvimos__ por el centro de la ciudad y (9) __fuimos__ a un restaurante. (10) __Fue/Tuvimos__ una noche muy divertida.

2 **Vienen los abuelitos** Tus abuelos vienen a tu casa para pasar el fin de semana. Tu mamá quiere saber si ya hiciste todo lo que te pidió, pero tú ya sabes lo que te va a preguntar. Completa sus preguntas y después contéstalas. _Some answers will vary._

> **MODELO** ¿Ya... (conseguir las entradas para el concierto)?
> —¿Ya conseguiste las entradas para el concierto?
> —Sí, mamá, ya conseguí las entradas para el concierto.

1. ¿Ya... (lavar los platos)? ¿Ya lavaste los platos? Sí, mamá, ya lavé los platos.

2. ¿Ya... (ir al supermercado)? ¿Ya fuiste al supermercado? Sí, mamá, ya fui al supermercado.

3. ¿Ya... (pasar la aspiradora)? ¿Ya pasaste la aspiradora? Sí, mamá, ya pasé la aspiradora.

4. ¿Ya... (quitar tus cosas de la mesa)? ¿Ya quitaste tus cosas de la mesa? Sí, mamá, ya quité mis cosas de la mesa.

5. ¿Ya... (hacer las reservaciones en el restaurante)? ¿Ya hiciste las reservaciones en el restaurante? Sí, mamá, ya hice las reservaciones.

6. ¿Ya... (limpiar el baño)? ¿Ya limpiaste el baño? Sí, mamá, ya limpié el baño.

3 **Un problema** Quieres devolver unos zapatos que te compraste hace dos semanas y pedir un reembolso, pero la zapatería no acepta cambios después de una semana. En parejas, improvisen una conversación en la que el/la cliente trata de convencer al/a la gerente (*manager*) de que le devuelva el dinero.

Más práctica

3.2 The imperfect

TALLER DE CONSULTA

MÁS PRÁCTICA
To see the explanation corresponding to this additional practice, see p. 98.

1 Antes Forma oraciones con estos elementos para explicar qué hacían antes estas personas.

Some answers will vary.

> **MODELO**   mi tía / siempre / cocinar / una sopa deliciosa
> Antes, mi tía siempre cocinaba una sopa deliciosa.

1. yo / barrer / la escalera de mi casa / a menudo

   Antes, yo barría la escalera de mi casa a menudo.

2. mi hermano pequeño / casi nunca / apagar / la luz de su habitación

   Antes, mi hermano pequeño casi nunca apagaba la luz de su habitación.

3. la ropa / ser / más barata

   Antes, la ropa era más barata.

4. mis amigas / apenas / ir / al centro comercial.

   Antes, mis amigas apenas iban al centro comercial.

5. tú / quitar / el polvo de los muebles / a veces

   Antes, tú quitabas el polvo de los muebles a veces.

2 Oraciones incompletas Termina las oraciones con el imperfecto.

1. Cuando yo era niño/a, _____.
2. Todos los veranos mi familia y yo _____.
3. En la escuela primaria mis maestros nunca _____.
4. Mis hermanos y yo siempre _____.
5. Mi abuela siempre _____.

3 Un robo El sábado unos jóvenes le robaron el bolso a una anciana en el parque. Tú eres uno de los testigos. Contesta las preguntas de la policía usando el imperfecto.

1. ¿Dónde estabas alrededor de las dos de la tarde?

   _____

2. ¿Qué llevabas puesto (*were you wearing*)?

   _____

3. ¿Qué hacías en el parque?

   _____

4. ¿Quiénes estaban contigo?

   _____

5. ¿Qué otras personas había en el parque? ¿Qué hacían estas personas?

   _____

4 ¿Cómo ha cambiado tu vida? En parejas, comparen la escuela secundaria con la universidad. Escriban una lista de las responsabilidades que tienen ahora y las que tenían antes.

> **MODELO**   Cuando estaba en la escuela secundaria no tenía mucha tarea, pero ahora tengo muchísima. Me paso el día entero en la biblioteca.

A19

Más práctica

TALLER DE CONSULTA

MÁS PRÁCTICA
To see the explanation corresponding to this additional practice, see p. 102.

3.3 The preterite vs. the imperfect

1 **¿Pretérito o imperfecto?** Indica si normalmente debes usar el pretérito (P) o el imperfecto (I) con estas expresiones de tiempo. Después, escribe cinco oraciones completas que contengan estas expresiones. Some answers will vary.

_P/I_ el año pasado   _P_ ayer por la noche

_I_ todos los días   _P_ el domingo pasado

_I_ siempre   _I_ todas las tardes

_I_ mientras   _P_ una vez

2 **Distintos significados** Completa las oraciones con el pretérito o el imperfecto de los verbos entre paréntesis. Recuerda que cuando se usan estos verbos en el pretérito tienen un significado distinto al del imperfecto.

1. Cuando yo era niño, nunca ___quería___ (querer) limpiar mi habitación, pero mis padres me obligaban a hacerlo.

2. Mi amigo ya ___podía___ (poder) hablar chino y japonés cuando tenía siete años.

3. Finalmente, después de preguntar por todos lados, Ana ___supo___ (saber) cómo solicitar una tarjeta de crédito.

4. Mis padres ___querían___ (querer) comprarse una aspiradora. Estaban cansados de barrer.

5. Se rompió el timbre. Por suerte, mi amigo Juan Carlos ___pudo___ (poder) venir enseguida a arreglarlo.

6. Mi hermano ___conoció___ (conocer) a su novia en el centro comercial.

7. Mi abuela ___sabía___ (saber) cocinar muy bien.

8. Miguel y Roberto completaron el formulario, pero no ___quisieron___ (querer) contestar la última pregunta.

3 **Mi mejor año** ¿Cuál fue tu mejor año en la escuela? Escribe una historia breve sobre ese año especial. Recuerda que para narrar series de acciones completas debes usar el pretérito y para describir el contexto o acciones habituales en el pasado debes usar el imperfecto. Comparte tu historia con la clase.

> **MODELO** Creo que mi mejor año fue el segundo grado. Yo vivía con mi familia en Toronto, pero ese año nos mudamos a Vancouver.

4 **Cuentos populares** En grupos de tres, escojan un cuento popular que conozcan. Escríbanlo cambiando completamente el papel (*role*) de los personajes y los hechos. Utilicen el pretérito y el imperfecto. Después, representen una escena de su cuento para la clase.

> **MODELO** Había una vez tres cerditos muy malos que querían atacar a un lobito muy bueno...

(3.4) Telling time

MÁS GRAMÁTICA

This is an additional grammar point for **Lección 3 Estructura**. You may use it for review or as required by your instructor.

- The verb **ser** is used to tell time in Spanish. The construction **es + la** is used with **una**, and **son + las** is used with all other hours.

> ¿Qué hora es?
>
> *What time is it?*
>
> Es la **una**.
> *It is one o'clock.*
>
> Son las **tres**.
> *It is three o'clock.*

- The phrase **y +** [*minutes*] is used to tell time from the hour to the half-hour. The phrase **menos +** [*minutes*] is used to tell time from the half-hour to the hour, and is expressed by subtracting minutes from the next hour.

¡ATENCIÓN!

The phrases **y media** (*half past*) and **y/menos cuarto** (*quarter past/of*) are usually used instead of **treinta** and **quince**.

Son las doce y media.
It's 12:30/half past twelve.

Son las nueve menos cuarto.
It's 8:45/quarter to nine.

Son las once **y veinte**.

Es la una **menos cuarto.**

Son las doce **menos diez**.

- To ask at what time an event takes place, the phrase **¿A qué hora (...)?** is used. To state at what time something takes place, use the construction **a la(s) +** [*time*].

¿A qué hora es la fiesta?
(At) what time is the party?

La fiesta es **a las ocho.**
The party is at eight.

¡ATENCIÓN!

Note that **es** is used to state the time at which a single event takes place.

Son las dos.
It is two o'clock.

Mi clase es a las dos.
My class is at two o'clock.

- The following expressions are used frequently for telling time.

Son las siete **en punto.**
It's seven o'clock on the dot/sharp.

Son **las doce del mediodía.**/Es **(el) mediodía.**
It's 12 p.m./It's noon.

Son **las doce de la noche.** /Es **(la) medianoche.**
It's 12 a.m./It's midnight.

Son las nueve **de la mañana.**
It's 9 a.m./in the morning.

Son las cuatro y cuarto **de la tarde.**
It's 4:15 p.m./in the afternoon.

Son las once y media **de la noche.**
It's 11:30 p.m./at night.

- The imperfect is generally used to tell time in the past. However, the preterite may be used to describe an action that occurred at a particular time.

¿Qué hora **era** cuando llegaste?
What time was it when you arrived?

¿A qué hora **fueron** al cine?
At what time did you go to the movies?

Eran las cuatro de la mañana.
It was four o'clock in the morning.

Fuimos a las nueve.
We went at nine o'clock.

Práctica

TALLER DE CONSULTA

These activities correspond to the additional grammar point on the preceding page.

(3.4) Telling time

(1) La hora Escribe la hora que aparece en cada reloj usando oraciones completas. Some answers will vary.

1. Son las siete y cuarto/quince.

2. Es la una y media/treinta.

3. Son las doce del mediodía./ Es (el) mediodía.

4. Son las dos menos cinco.

5. Son las tres y veintidós (de la tarde).

6. Son las cuatro y veinte.

(2) ¿Qué hora es? Da la hora usando oraciones completas. Some answers will vary.

1. 1:10 p.m. ___ Es la una y diez de la tarde. ___

2. 6:30 a.m. ___ Son las seis y media/treinta de la mañana. ___

3. 8:45 p.m. ___ Son las nueve menos cuarto/quince de la noche. ___

4. 11:00 a.m. ___ Son las once (en punto) de la mañana. ___

5. 2:55 p.m. ___ Son las tres menos cinco de la tarde. ___

6. 12:00 a.m. ___ Son las doce de la noche./Es (la) medianoche. ___

(3) Retraso Hoy tienes un mal día y estás atrasado/a en todo. Usa la información para explicar a qué hora hiciste cada cosa y por qué te retrasaste. Sigue el modelo.

MODELO ir al centro comercial – 9 a.m. (15 minutos)

Tenía que ir al centro comercial a las nueve de la mañana, pero llegué a las nueve y cuarto porque el autobús se retrasó.

1. levantarme – 7 a.m. (30 minutos)

2. desayunar – 8 a.m. (2 horas y media)

3. reunirme con la profesora de química – 11 a.m. (1 hora)

4. escribir el ensayo para la clase de literatura – 3 p.m. (2 horas y cuarto)

5. llamar a mis padres – 5 p.m. (3 horas y media)

6. limpiar mi casa – 3 p.m. (¡Todavía no has empezado!)

Más práctica

4.1 The subjunctive in noun clauses

TALLER DE CONSULTA

MÁS PRÁCTICA
To see the explanation corresponding to this additional practice, see p. 134.

1 **El doctor** El doctor González escribe informes con el diagnóstico y las recomendaciones para cada paciente. Completa los informes con el indicativo o el subjuntivo de los verbos entre paréntesis.

Informe 1

Don José, creo que usted (1) __sufre__ (sufrir) de mucho estrés. Usted (2) __trabaja__ (trabajar) demasiado y no (3) __se cuida__ (cuidarse) lo suficiente. Es necesario que usted (4) __duerma__ (dormir) más horas. No creo que usted (5) __necesite__ (necesitar) tomar medicinas, pero es importante que (6) __controle__ (controlar) su alimentación y (7) __mantenga__ (mantener) una dieta más equilibrada.

Informe 2

Carlitos, no hay duda de que tú (8) __tienes__ (tener) varicela (*chicken pox*). Es una enfermedad muy contagiosa y por eso es necesario que (9) __te quedes__ (quedarse) en casa una semana. Como no podrás asistir a la escuela, te recomiendo que (10) __hables__ (hablar) con uno de tus compañeros y que (11) __hagas__ (hacer) la tarea regularmente. Quiero que (12) __te apliques__ (aplicarse) (*to apply*) esta crema si te pica (*itches*) mucho la piel.

Informe 3

Susana y Pedro, es obvio que ustedes (13) __tienen__ (tener) gripe. Para aliviar la tos, les recomiendo que (14) __tomen__ (tomar) este jarabe por la mañana y estas pastillas por la noche. No creo que (15) __necesiten__ (necesitar) quedarse en cama. Les recomiendo que (16) __beban__ (beber) mucho líquido y que (17) __coman__ (comer) muchas frutas y verduras. Estoy seguro de que en unos días (18) __van__ (ir) a sentirse mejor.

2 **¿Cómo terminan?** Escribe un final original para cada oración. Recuerda usar el subjuntivo cuando sea necesario.

1. Es imposible que hoy...
2. Dudo mucho que el profesor...
3. No es cierto que mis amigos y yo...
4. Es muy probable que yo...
5. Es evidente que en el hospital...
6. Los médicos recomiendan que...

3 **Reacciones** En grupos de cinco, digan cómo reaccionarían ante estas situaciones. Deben usar el subjuntivo en sus respuestas para mostrar emoción, incredulidad, alegría, rechazo, insatisfacción, etc.

MODELO Acabas de ganar un millón de dólares.
¡Es imposible que sea verdad! No puedo creer que...

1. Un día vas al banco y te dicen que ya no te queda ni un centavo. No vas a poder comer esta semana.
2. Oyes que el agua que tomas del grifo (*tap*) está contaminada y que todos los habitantes de la ciudad se van a enfermar.
3. Llegas a la universidad el primer día y te dicen que no hay espacio para ti en la residencia estudiantil. Vas a tener que dormir en un hotel.
4. Tu novio/a te declara su amor e insiste en que se casen este mismo mes.
5. Tu nuevo/a compañero/a de cuarto te dice que tiene la gripe aviar (*bird flu*). Es muy contagiosa.
6. Acabas de ver a tu ex hablando mal de ti enfrente de millones de televidentes.

Más práctica

TALLER DE CONSULTA

MÁS PRÁCTICA
To see the explanation corresponding to this additional practice, see p. 140.

4.2 Commands

(1) **Las indicaciones del médico** Lee los problemas de estos pacientes. Luego, completa las órdenes y recomendaciones que su médico les da.

Don Mariano y doña Teresa no duermen bien y sufren de mucha presión en el trabajo.	1. _Tomen_ (tomar) té de manzanilla y _acuéstense_ (acostarse) siempre a la misma hora. 2. No _trabajen_ (trabajar) los domingos.
Juan come muchos dulces y tiene caries (*cavities*).	3. (Tú) _Cepíllate_ (cepillarse) los dientes dos veces por día. 4. No _comas_ (comer) más dulces.
La señora Ortenzo se lastimó jugando al tenis. Le duele el pie derecho.	5. (Usted) _Quédese_ (quedarse) en cama dos días. 6. No _mueva_ (mover) el pie y no _camine_ (caminar) sin muletas (*crutches*).
Carlos y Antonio trasnochan con frecuencia y no llevan una dieta sana.	7. _Duerman_ (dormir) por lo menos ocho horas cada noche. 8. No _vayan_ (ir) a clase sin antes comer un desayuno saludable.

(2) **Antes y ahora** ¿Te daban órdenes tus padres cuando eras niño/a? ¿Te siguen dando órdenes? Escribe cinco mandatos que te daban cuando eras niño/a y cinco que te dan ahora. Utiliza mandatos informales afirmativos y negativos.

Los mandatos de antes

_____

_____

_____

_____

Los mandatos de ahora

_____

_____

_____

_____

(3) **El viernes por la noche** Tú y tus amigos están pensando en qué hacer este viernes. Tú sugieres actividades (usa mandatos con **nosotros/as**), pero tus compañeros/as rechazan (*reject*) tus ideas y sugieren otras. En grupos de tres, representen la conversación.

> **MODELO**
>
> **ESTUDIANTE 1** Vayamos al cine esta noche.
> **ESTUDIANTE 2** No quiero porque no tengo dinero. Quedémonos en casa y veamos la tele.
> **ESTUDIANTE 3** Pues, alquilemos una película entonces...

Más práctica

4.3 *Por* and *para*

TALLER DE CONSULTA

MÁS PRÁCTICA
To see the explanation corresponding to this additional practice, see p. 144.

1 El viaje de Carla Carla está planeando pasar el verano en Bogotá para tomar cursos en la Universidad Nacional de Colombia. Une las frases para completar sus comentarios sobre el viaje.

_b/h_ 1. Este verano viajaré a Bogotá

_e/b_ 2. Es un programa de intercambio organizado

_a_ 3. Estudiantes de varias universidades nos reuniremos en Miami y de allí saldremos

_f_ 4. Extrañaré a mi familia, pero prometen llamarme

_h_ 5. Quisiera pasar un año allá, pero sólo puedo ir

_g_ 6. Antes de volver a Nueva York, espero viajar

_d_ 7. Quiero perfeccionar el español

_c_ 8. En el futuro, espero trabajar

a. para Bogotá.

b. para estudiar español.

c. para la embajada (*embassy*).

d. para trabajar en Latinoamérica después de graduarme.

e. por mi universidad en Nueva York.

f. por teléfono una vez por semana.

g. por todo el país.

h. por tres meses.

2 Instrucciones para cuidar al perro Este fin de semana te toca cuidar al perro de tus vecinos y ellos están muy preocupados. Completa su lista de instrucciones con **por** o **para**.

> 1. Si el perro está muy deprimido, llama al veterinario ___por___ teléfono.
>
> 2. Si está un poco triste, haz todo lo que puedas ___para___ darle ánimo.
>
> 3. Últimamente tiene problemas de digestión y debe tomar una medicina ___para___ el estómago.
>
> 4. ___Para___ ver si el perro tiene fiebre, usa este termómetro.
>
> 5. No es ___para___ tanto si no te saluda cuando entras en la casa; cuando te conozca mejor y te tenga más confianza comenzará a saludarte.
>
> 6. Sácalo a pasear todos los días de la semana: el ejercicio es bueno ___para___ los perros.
>
> 7. Nuestra rutina es caminar media hora ___por___ el parque.
>
> 8. Dale su medicina tres veces ___por___ día.

3 Un acontecimiento increíble ¿Alguna vez te ha ocurrido algo inusual o difícil de creer? Cuéntale a tu compañero/a un acontecimiento increíble que te haya ocurrido, o inventa uno. Incluye al menos cuatro expresiones de la lista.

para colmo	no estar para bromas	por casualidad	por más/mucho que
para que sepas	no ser para tanto	por fin	por supuesto

MÁS GRAMÁTICA

This is an additional grammar point for **Lección 4 Estructura.** You may use it for review or as required by your instructor.

4.4 The subjunctive with impersonal expressions

- The subjunctive is frequently used in subordinate clauses following impersonal expressions.

IMPERSONAL EXPRESSION	CONNECTOR	SUBORDINATE CLAUSE
Es urgente	**que**	**vayas** al hospital.

- Impersonal expressions that indicate will, desire, or emotion are usually followed by the subjunctive.

es bueno *it's good*	**es necesario** *it's necessary*
es extraño *it's strange*	**es ridículo** *it's ridiculous*
es importante *it's important*	**es terrible** *it's terrible*
es imposible *it's impossible*	**es una lástima** *it's a shame*
es malo *it's bad*	**es una pena** *it's a pity*
es mejor *it's better*	**es urgente** *it's urgent*

Es una lástima que **estés** con gripe.
It's a shame you have the flu.

Es mejor que te **acompañen.**
It's better that they go with you.

- Impersonal expressions that indicate certainty trigger the indicative in the subordinate clause. When they express doubt about the action or condition in the subordinate clause, the subjunctive is used.

indicative	subjunctive
es cierto *it's true*	**no es cierto** *it's untrue*
es obvio *it's obvious*	**no es obvio** *it's not obvious*
es seguro *it's certain*	**no es seguro** *it's not certain*
es verdad *it's true*	**no es verdad** *it's not true*

Es verdad que Juan está triste, pero **no es cierto** que **esté** deprimido.
It's true that Juan is sad, but it's not true that he is depressed.

Es obvio que usted tiene una infección, pero **es improbable** que **sea** contagiosa.
It's obvious that you have an infection, but it's unlikely that it's contagious.

- When an impersonal expression is used to make a general statement or suggestion, the infinitive is used in the subordinate clause. When a new subject is introduced, the subjunctive is used instead.

Es importante hacer ejercicio.
It's important to exercise.

Es importante que los niños **hagan** ejercicio.
It's important for children to exercise.

No es seguro caminar solo por la noche.
It's not safe to walk around alone at night.

No es seguro que **camines** solo por la noche.
It's not safe for you to walk around alone at night.

Práctica

(4.4) The subjunctive with impersonal expressions

TALLER DE CONSULTA

These activities correspond to the additional grammar point on the preceding page.

1 Pórtate bien Los padres de Álvaro se van de viaje y le dejan una nota a su hijo con algunas cosas que tiene que hacer. Completa la nota con el presente del subjuntivo de los verbos entre paréntesis.

> ¡No te olvides!
>
> Sabemos que es imposible que (1) _te acuestes_ (acostarse) temprano, pero es importante que (2) _te levantes_ (levantarse) antes de las 8:00 y que (3) _lleves_ (llevar) el carro al mecánico. El martes es necesario que (4) _vayas_ (ir) a casa de tu tía Julia y le (5) _lleves_ (llevar) nuestro regalo. Como la pastelería queda cerca del mecánico, es mejor que (6) _pases_ (pasar) a recoger el pastel de cumpleaños cuando vayas a recoger el carro el lunes por la tarde. Y, bueno, hijo, es una lástima que no (7) _puedas_ (poder) venir con nosotros.
>
> ¡Cuídate mucho!
> Mamá y papá

2 Obligaciones Piensa en las obligaciones de los padres para con los hijos y viceversa. Completa el cuadro con frases impersonales que requieran el subjuntivo.

Las obligaciones de los padres y de los hijos

padres	hijos
Es importante que los padres escuchen a sus hijos.	

3 Pareja ideal En grupos de cuatro, piensen en su pareja ideal y comenten cómo debe ser. Cada uno/a de ustedes debe escribir por lo menos cinco oraciones con frases impersonales.

es bueno	es mejor
es importante	es necesario
es malo	es ridículo

Más práctica

TALLER DE CONSULTA

MÁS PRÁCTICA
To see the explanation corresponding to this additional practice, see p. 176.

5.1 Comparatives and superlatives

1. **Los medios de transporte** Escribe seis oraciones completas para comparar los medios de transporte de la lista. Utiliza por lo menos tres comparativos y tres superlativos. Debes hacer comparaciones con respecto a estos aspectos:

- la rapidez
- la comodidad
- la diversión
- el precio

> **medios de transporte**
> autobús, avión, bicicleta, carro, metro, taxi, tren

MODELO Para viajar por la ciudad, el taxi es más caro que el autobús. /
El avión es el medio más rápido de todos.

2. **El absoluto** Utiliza el superlativo absoluto (-ísimo/a) para escribir oraciones completas. Sigue el modelo.

MODELO elefantes / animales / grande
Los elefantes son unos animales grandísimos.

1. diamantes / joyas / caro   Los diamantes son unas joyas carísimas.
2. avión / medio de transporte / rápido   El avión es un medio de transporte rapidísimo.
3. Bill Gates / persona / rico   Bill Gates es una persona riquísima.
4. el puente de Brooklyn / largo   El puente de Brooklyn es larguísimo.
5. la clase de inglés / fácil   La clase de inglés es facilísima.
6. Elle Fanning / actriz / joven   Dakota Fanning es una actriz jovencísima.
7. El F.C. Barcelona / equipo de fútbol español / famoso   El F.C. Barcelona es un equipo de fútbol español famosísimo.
8. el Río de la Plata / ancho   El Río de la Plata es anchísimo.

3. **Un pariente especial** ¿Hay alguien en tu familia que consideras especial? ¿Te pareces a esa persona? ¿Es mayor o menor que tú? ¿Qué similitudes y diferencias tienen? Trabaja con un(a) compañero/a: dile quién es tu pariente favorito y cuéntale en qué se parecen y en qué se diferencian. Usa comparativos en tu descripción. Incluye algunos de estos aspectos:

> altura   gustos
> apariencia física   personalidad
> edad   vida académica

MODELO Mi primo Juan es mi primo favorito. Es mayor que yo, pero yo soy mucho más alto que él...

Más práctica

5.2 Negative, affirmative, and indefinite expressions

TALLER DE CONSULTA

MÁS PRÁCTICA
To see the explanation corresponding to this additional practice, see p. 180.

1 De compras Has desembarcado de un crucero en una isla remota. Quieres comprar algo típico para tus amigos, pero el empleado te hace mil preguntas sobre lo que quieres. Elige las opciones correctas para completar la conversación.

EMPLEADO ¡Hola! ¿Quieres (1) ___algo___ (algo / nada) extraordinario para tus amigos?

TÚ No, no quiero (2) ___nada___ (algo / nada) extraordinario, quiero (3) ___algo___ (algo / nada) típico de la isla.

EMPLEADO Tenemos unos recuerdos muy especiales por aquí. (4) ___Siempre___ (Siempre / Nunca) es mejor regalar (5) ___algo___ (algo / nada) que llegar con las manos vacías (empty)…

TÚ Sí, pero (6) ___tampoco___ (también / tampoco) es bueno comprar cosas que no quepan en la maleta. Necesito un recuerdo que no sea muy grande, pero (7) ___tampoco___ (también / tampoco) muy pequeño, por favor.

EMPLEADO Es que no tenemos (8) ___nada___ (algo / nada) así. Todo lo que tenemos (9) ___o___ (o / ni) es muy chiquito (10) ___o___ (o / ni) es muy grande. No tenemos (11) ___nada___ (algo / nada) de tamaño mediano.

TÚ Bueno, señor, el barco ya se va… Si usted no tiene (12) ___nada___ (algo / nada) que yo pueda comprar ahora mismo, me tendré que ir.

EMPLEADO Lo siento. (13) ___Nadie___ (Alguien / Nadie) compra recuerdos aquí (14) ___jamás___ (siempre / jamás). No entiendo por qué será.

2 En el avión Marcos, un viajero, es un poco caprichoso; nada le viene bien. Escribe o… o, ni… ni, o ni siquiera para completar sus quejas.

1. Le pedí una bebida al asistente de vuelo, pero no me trajo ___ni___ café ___ni___ agua.
2. ¡Qué día fatal! No pude ___ni___ empacar la última maleta ___ni___ despedirme de mis amigos.
3. Por favor, ___o___ sean puntuales ___o___ avisen si van a llegar tarde.
4. Hoy me siento enfermo. No puedo ___ni___ dormir ___ni___ hablar. ___Ni siquiera___ puedo moverme.
5. Me duele la cabeza. No quiero ___ni___ escuchar música ___ni___ ver la tele.

3 Opiniones En grupos de cuatro, hablen sobre estas opiniones y digan si están de acuerdo. Por turnos, expliquen sus razones. Usen expresiones negativas, afirmativas e indefinidas.

1. Es más costoso viajar en primera clase, pero vale la pena.
2. Conocer otros países y culturas es más importante que aprender de un libro.
3. Hacer un intercambio te abre más a otras maneras de pensar.
4. Es mejor ir de vacaciones durante el verano que durante el invierno.
5. Ir de viaje es la mejor manera de gastar los ahorros.
6. Es más peligroso viajar hoy en día. Antes era muchísimo más seguro.

TALLER DE CONSULTA

MÁS PRÁCTICA

To see the explanation corresponding to this additional practice, see p. 184.

5.3 The subjunctive in adjective clauses

1 **Unir los elementos** Escribe cinco oraciones lógicas combinando elementos de las tres columnas.

> **MODELO** Juan busca un libro que esté escrito en español.

Juan (estudiante de español)	buscar un tutor	pagar bien
Pedro (tiene un carro viejo)	buscar un libro	ser divertida
Ana (tiene muy poco dinero)	necesitar un carro	ayudarme
mis amigos (están aburridos)	tener que ir a una fiesta	ser nuevo y rápido
yo (tengo problemas con la clase de cálculo)	querer un trabajo	poder ayudarnos
nosotros (no sabemos qué clases tomar el próximo semestre)	necesitar hablar con un consejero	estar escrito en español

2 **En el aeropuerto** Mientras esperas en el aeropuerto, escuchas todo lo que dicen los empleados de la aerolínea y los agentes de seguridad. Usa el subjuntivo para completar las oraciones de manera lógica.

1. Deben pasar por aquí las personas que _____.
2. ¿Tiene usted algo en su bolsa que _____?
3. Debe sacar del bolsillo todo lo que _____.
4. No cuente chistes que _____.
5. Pueden pasar los viajeros que _____.
6. No se pueden llevar maletas que _____.

3 **Anuncios personales** En grupos de tres, escriban anuncios personales para una persona que busca novio/a. Los anuncios deben ser detallados y creativos, y deben usar el subjuntivo y el indicativo. Después, compartan el anuncio con la clase para ver si encuentran a alguien que se parezca a la persona de su anuncio.

Más práctica

5.4 The present perfect and the past perfect

TALLER DE CONSULTA

MÁS PRÁCTICA
To see the explanation corresponding to this additional practice, see p. 188.

1) Oraciones Cambia las oraciones del pretérito al pretérito perfecto. Some answers will vary.

1. Juan y yo vimos el atardecer en la playa. Juan y yo hemos visto el atardecer en la playa.
2. Yo hice las reservas. Yo he hecho las reservas.
3. El guía turístico les dijo una mentira a los turistas. El guía turístico les ha dicho una mentira a los turistas.
4. Mi hermano volvió de su viaje. Mi hermano ha vuelto de su viaje.
5. Ustedes encontraron tirado un pasaporte. Ustedes han encontrado tirado un pasaporte.
6. Nosotros hicimos las maletas. Nosotros hemos hecho las maletas.

TALLER DE CONSULTA

To review direct object pronouns, see p. 54.

2) Primer día Es el primer día de un viaje de intercambio y la profesora explica las reglas del viaje. Contéstale usando el pretérito perfecto. Some answers will vary.

> **MODELO** Consulten el horario de las clases.
> Ya lo hemos consultado.

1. Compren el libro de texto. Ya los hemos comprado.
2. Denles a sus familias el teléfono del albergue. Ya se lo hemos dado.
3. Guarden los pasaportes en la caja de seguridad. Ya los hemos guardado.
4. Estudien el mapa de la ciudad. Ya los hemos estudiado.
5. Denle su dirección de email al profesor de español. Ya se la hemos dado.

3) Viaje Imaginen que uno/a de ustedes es un(a) explorador(a) que acaba de volver de su primer viaje al Amazonas. El/La otro/a es reportero/a y hace preguntas sobre lo que ha visto y lo que ha hecho el/la explorador(a) en el viaje. Utilicen el pretérito perfecto de los verbos del recuadro.

> **MODELO** **REPORTERO/A** ¿Qué ha aprendido de las culturas indígenas?
> **EXPLORADOR(A)** He aprendido que...

aprender	descubrir	hacer
comer	explorar	ver

4) ¿Qué hiciste ayer? Escribe oraciones completas para contar lo que ya habías hecho ayer antes de las situaciones indicadas. Usa el pluscuamperfecto.

> **MODELO** antes del desayuno
> Antes del desayuno, ya me había afeitado.

1. antes del desayuno
2. antes de ir a clase
3. antes del almuerzo
4. antes de ir al gimnasio
5. antes de la cena
6. antes de acostarte

5) Tus logros Piensa en cuatro cosas que ya habías logrado antes de ir a la universidad y cuéntaselas a tu compañero/a. También debes preguntarle por sus logros (*achievements*).

> **MODELO** Antes de ir a la universidad, ya había conseguido mi licencia de conducir. ¿Y tú?

5.5 *Pero* and *sino*

MÁS GRAMÁTICA

This is an additional grammar point for **Lección 5 Estructura.** You may use it for review or as required by your instructor.

El viaje no es de excursión, sino de trabajo.

Sí, ¡pero en el Amazonas, Fabiola!

¡ATENCIÓN!

To express surprise or admiration, use **pero qué** at the beginning of a sentence.

¡Pero qué turista tan amable!
What a nice tourist!

- In Spanish, both **pero** and **sino** are used to introduce a contrast or a clarification, but the two words are not interchangeable.

- **Pero** means *but* (in the sense of *however*). It may be used after either affirmative or negative clauses.

    Iré contigo a ver las ruinas, **pero** mañana quiero pasar el día entero en la playa.
    I'll go with you to see the ruins, but tomorrow I want to spend the whole day on the beach.

    La habitación del hotel es pequeña, **pero** cómoda.
    The hotel room is small, but comfortable.

- **Sino** also means *but* (in the sense of *but rather* or *on the contrary*). It is used only after negative clauses. **Sino** introduces an idea that clarifies, corrects, or excludes the previous information.

    No me gustan estos zapatos, **sino** los de la otra tienda.
    I don't like these shoes, but rather the ones from the other store.

    La casa **no** está en el centro de la ciudad, **sino** en las afueras.
    The house is not in the center of the city, but rather in the outskirts.

- When **sino** is used before a conjugated verb, the conjunction **que** is added.

    No quiero que vayas a la fiesta, **sino que** hagas tu tarea.
    I want you to do your homework rather than go to the party.

    No iba a casa, **sino que** se quedaba en la capital.
    She was not going home, but instead staying in the capital.

¡ATENCIÓN!

Pero también (*But also*) is used after affirmative clauses.

Pedro es inteligente, pero también es cabezón.
Pedro is smart, but he is also stubborn.

- *Not only… but also* is expressed with the phrase **no sólo… sino (que) también/además.**

    Quiero **no sólo** pastel, **sino también** helado.
    I want not only cake but also icecream.

    No sólo disfruté del viaje, **sino que además** hice nuevos amigos.
    Not only did I enjoy the trip; I also made new friends.

- The phrase **pero tampoco** means *but neither* or *but not either.*

    A Celia no le interesaba la excursión, **pero tampoco** quería quedarse en el crucero.
    Celia wasn't interested in the excursion, but she didn't want to stay on the cruise ship either.

Práctica

(5.5) *Pero* and *sino*

TALLER DE CONSULTA

These activities correspond to the additional grammar point on the preceding page.

(1) Columnas Completa cada oración con la opción correcta.

1. Sofía no quiere viajar mañana y Marta, ___e___.

2. Mi compañero de cuarto no es de Madrid, ___c___ de Barcelona.

3. Mis padres quieren que yo trabaje este verano, ___a___ yo prefiero irme de viaje a Europa.

4. No fui al partido de fútbol, ___b___ fui al concierto de rock. Tuve que estudiar para un examen.

5. No queremos que usted nos cancele la reservación, ___d___ nos cambie la fecha de salida.

a. pero

b. pero tampoco

c. sino

d. sino que

e. tampoco

(2) Completar Completa cada oración con **no sólo, pero, sino (que)** o **tampoco**.

1. Las cartas no llegaron el miércoles, ___sino___ el jueves.

2. Mis amigos no quieren alojarse en el albergue y yo ___tampoco___.

3. No me gusta manejar por la noche, ___pero___ iré a la fiesta si tú manejas.

4. Carlos no me llamaba por teléfono, ___sino que___ me enviaba mensajes de texto.

5. Yo ___no sólo___ esperaba aprobar el examen, ___sino___ también sacar una A.

6. Quiero aclarar que Juan no llegó temprano, ___sino___ muy tarde.

(3) Oraciones incompletas Cuando tú y tu familia llegan al lugar donde pasarán sus vacaciones, se dan cuenta de que han dejado en casa a Juan José, tu hermano menor. Utiliza frases con **pero** y **sino** para completar las oraciones.

1. Yo no hablé con Juan José esta mañana _____.

2. No vamos a poder regresar para buscarlo _____.

3. No es aconsejable que regresemos _____.

4. Me gusta la idea de llamar a un vecino _____.

5. Creo que no debemos _____.

6. Juan José no tiene cinco años _____.

7. Si tiene algún problema no va a poder avisarnos _____.

8. Está claro que Juan José _____.

(4) Opiniones contrarias En parejas, imaginen que son dos personas totalmente diferentes. Nunca están de acuerdo en nada. Túrnense para hacer afirmaciones. Uno/a de ustedes debe usar **pero, sino, sino que** y **no sólo... sino** para contradecir lo que dice el/la otro/a. Sigan el modelo.

MODELO
— Creo que hoy hace un día estupendo.
— ¡Estás equivocado! No hace un día estupendo, sino que hace mucho frío. Y no sólo hace frío, sino que también...

Más práctica

TALLER DE CONSULTA

MÁS PRÁCTICA
To see the explanation corresponding to this additional practice, see p. 220.

6.1 The future and the conditional

1 **¿Qué pasará?** Usa el futuro para explicar qué puede estar ocurriendo en cada una de las situaciones. Puedes utilizar las ideas de la lista o inventar otras.

MODELO **Hoy tu carro no arranca (*doesn't start*). Hay algo que no funciona.**
El carro no tendrá gasolina. / La batería estará descargada.

(su gato/su conejo) estar perdido	tener otros planes
(él/ella/su perro) estar enfermo/a	no tener ganas
haber un huracán	doler la pierna

1. María siempre llega a la clase de español puntualmente, pero la clase ya empezó y ella no está.
2. Carlos es el presidente del club ecologista, pero hoy no vino a la reunión.
3. Sara y María son dos personas muy alegres y optimistas, pero hoy están tristes y no quieren hablar con nadie.
4. He invitado a Juan a ir al cine con nosotros, pero no quiere ir.
5. Mañana vas a viajar a una zona tropical. Te acaban de avisar que se canceló tu vuelo.
6. Cristina tiene un partido de fútbol hoy, pero todavía no está aquí.

2 **Oraciones incompletas** Completa las oraciones con el condicional del verbo entre paréntesis.

1. Iván _____iría_____ (ir) a la playa si estuviera limpia.
2. ¿No crees que _____valdría_____ (valer) la pena cuidar la selva amazónica?
3. Por nuestra salud y la del planeta, todos _____deberían/deberíamos_____ (deber) consumir productos orgánicos.
4. ¡Claro que me _____encantaría_____ (encantar) ir a acampar!
5. Juan, ¿_____podrías_____ (poder) poner la basura en su lugar?

3 **El futuro en el pasado** Usa el condicional para expresar el pasado de cada oración. Usa el pretérito o el imperfecto en las cláusulas principales. Sigue el modelo. Some answers will vary.

MODELO **Los científicos saben que el aire de la ciudad enfermará a la gente.**
Los científicos sabían que el aire de la ciudad enfermaría a la gente.

1. Los pescadores piensan que los tiburones no se extinguirán nunca.
   Los científicos pensaban que los tiburones no se extinguirían nunca.
2. Los gobernantes creen que los bosques durarán para siempre.
   Los gobernantes creían que los bosques durarían para siempre.
3. Todos pensamos que las botellas de plástico no contaminarán los océanos.
   Todos pensábamos que las botellas de plástico no contaminarían los ríos.
4. Isabel está segura de que ahorrará energía con bombillas de bajo consumo.
   Isabel estaba segura de que ahorraría energía con bombillas de bajo consumo.
5. Miguel dice que no usará su carro para ir al trabajo; irá caminando.
   Miguel dijo que no usaría su carro para ir al trabajo; iría caminando.
6. Daniel y yo queremos ir a la montaña porque respiraremos un aire más limpio.
   Daniel y yo queríamos ir a la montaña porque respiraríamos un aire más limpio.

Más práctica

TALLER DE CONSULTA

MÁS PRÁCTICA
To see the explanation corresponding to this additional practice, see p. 220.

6.2 The subjunctive in adverbial clauses

1 **En el parque** Javier quiere leer los carteles (*signs*) del parque nacional, pero Sol no cree que sean importantes. Completa la conversación con el subjuntivo del verbo indicado.

JAVIER Espera, Sol, quiero leer los carteles.

SOL Es que son muy obvios. No dicen nada que yo no (1) ___sepa___ (saber). "Tan pronto como usted (2) ___escuche___ (escuchar) un trueno, aléjese de las zonas altas." ¡Qué tontería! ¡Eso es obvio!

JAVIER Sí, pero son importantes para que los visitantes (3) ___sean___ (ser) conscientes de la seguridad.

SOL ¿Y qué tiene que ver este otro cartel con la seguridad? "Para que no (4) ___haya___ (haber) erosión, camine sólo por el sendero."

JAVIER Bueno, es que algunos carteles son para que la gente (5) ___ayude___ (ayudar) a cuidar el parque. Por ejemplo, este otro...

SOL Basta, Javier, estoy harta de estos carteles tan obvios. Si realmente quieren cuidar el parque, ¿por qué no ponen cestos (*bins*) para la basura?

JAVIER Bueno, justamente el cartel dice: "No tenemos cestos para la basura para que los visitantes nos (6) ___ayuden___ (ayudar) llevándose su propia basura del parque."

SOL Bueno, yo no he dicho que todos los carteles (7) ___sean___ (ser) inútiles.

2 **En casa** Tu hermana insiste en que tu familia colabore para proteger el medio ambiente. Tiene una lista de órdenes que quiere que ustedes cumplan. Escribe cada orden de otra forma, usando el subjuntivo y las palabras que están entre paréntesis. Haz los cambios necesarios.

Some answers will vary.

MODELO Usen el aire acondicionado lo mínimo posible. (siempre que)
Siempre que sea posible, no usen el aire acondicionado.

1. Cierren bien el grifo (*faucet*) y no dejen escapar ni una gota de agua. (para que)
   Para que no se escape ni una gota de agua, cierren bien el grifo.
2. Apaguen las luces al salir de un cuarto. (tan pronto como)
   Tan pronto como salgan de un cuarto, apaguen las luces.
3. No boten las botellas. Hay que averiguar primero si se pueden reciclar. (antes de que)
   Antes de que boten las botellas, averigüen si se pueden reciclar.
4. Vayan a la escuela en bicicleta. Usen el carro sólo si hace mal tiempo. (a menos que)
   A menos que haga mal tiempo, vayan a la escuela en bicicleta.
5. En lugar de encender la calefacción (*heating*), pónganse otro suéter. (siempre que)
   Siempre que puedan, pónganse otro suéter en lugar de encender la calefacción.

3 **Conversaciones** En parejas, representen estas dos conversaciones. Usen conjunciones de la lista y recuerden que algunas de estas construcciones exigen un verbo en subjuntivo.

a menos que	aunque	cuando	hasta que	sin (que)
antes de (que)	con tal de (que)	en caso de (que)	para (que)	tan pronto como

1. Una pareja de recién casados está planeando su luna de miel (*honeymoon*): Ella quiere ir a una isla remota. Él quiere ir a París.

2. Una madre y su hijo: Él tiene su licencia de conducir y quiere una motocicleta.

Más práctica

TALLER DE CONSULTA

MÁS PRÁCTICA
To see the explanation corresponding to this additional practice, see p. 228.

6.3 The past subjunctive

1 Cambios Manuela y Julián fueron a un curso muy interesante. Completa el párrafo con el imperfecto del subjuntivo de los verbos entre paréntesis.

Este fin de semana estuvimos en un curso para convertir nuestra casa en una más amigable con el medio ambiente. Nos dijeron que (1) ___usáramos___ (usar) bombillas de bajo consumo y que (2) ___apagáramos___ (apagar) el aire acondicionado cuando no (3) ___estuviéramos___ (estar) en casa. Nos enseñaron que, para cuidar el agua, sólo (4) ___encendiéramos___ (encender) el lavavajillas cuando (5) ___fuera___ (ser) necesario, que (6) ___regáramos___ (regar) las plantas en la noche y que (7) ___cambiáramos___ (cambiar) el sanitario común, por uno que gaste menos. También mencionaron que (8) ___compráramos___ (comprar) detergentes biodegradables y que para limpiar la casa, (9) ___utilizáramos___ (utilizar) productos en envases reutilizables o reciclables. Como último consejo, nos pidieron que (10) ___lleváramos___ (llevar) bolsas de tela al supermercado, así usaremos menos bolsas plásticas.

2 Oraciones Completa las oraciones de manera lógica. En algunos casos, tendrás que usar el imperfecto del subjuntivo.

1. Yo quería que en casa _____.
2. Era imposible que yo _____.
3. María y Laura hicieron todo para que la reunión _____.
4. Le pedí a Edgar que no _____.
5. El guardabosques estaba seguro de que los turistas _____.
6. En la conferencia sobre el medio ambiente, conociste a alguien que _____.
7. Sentí mucho que ustedes _____.
8. El zoológico prohibió que los visitantes _____.

3 Los bosques En parejas, imaginen que fueron a un parque natural a acampar. Uno de sus amigos no pudo ir con ustedes. Túrnense para contarle lo que el guardabosques les dijo antes de entrar. Utilicen los verbos de la lista y el imperfecto del subjuntivo.

aconsejar	pedir
estar seguro/a	proponer
exigir	recomendar
insistir en	sugerir

MODELO Nos aconsejó que permaneciéramos en los senderos marcados.

Más práctica

6.4 *Si* clauses with simple tenses

TALLER DE CONSULTA

MÁS PRÁCTICA
To see the explanation corresponding to this additional practice, see p. 232.

1 **Elige** Elige el tiempo verbal correcto para completar estas oraciones.

1. Si tú ____eligieras___ (eligieras / elegirías) ser vegetariano, respetaría tu decisión.

2. Si ustedes apagan las luces de la oficina en la noche, ____ahorrarán___ (ahorrarán / ahorrarían) mucha energía.

3. Si ____cuidamos___ (cuidamos / cuidaramos) el aire que respiramos, no nos enfermaremos de los pulmones.

4. Si ____continúan___ (continúen / continúan) con la pesca indiscriminada (*unregulated*), desaparecerán muchas especies de peces.

5. Si fueras a acampar, ____entrarías___ (entrarás / entrarías) en contacto con la naturaleza.

6. No dejes la computadora encendida si ____sales___ (sales / salgas) de casa, por favor.

2 **Volver a vivir** Imagina que puedes crear o cambiar las leyes de tu país. Piensa cómo podrías ayudar al planeta con las decisiones que tomes. Contesta las preguntas con oraciones completas.

1. Si pudieras crear una ley que ayude al medio ambiente, ¿qué ley crearías?

2. Si pudieras prohibir algo, ¿qué prohibirías?

3. Si tuvieras que explicar el por qué de estas leyes, ¿qué razones darías?

4. Si pudieras hacer cambios en las políticas con otros países, ¿qué cambios harías?

3 **Viejos hábitos** A pesar de todas las campañas para cuidar el medio ambiente, mucha gente todavía conserva malos hábitos que dañan la naturaleza. En grupos de cuatro lean estas situaciones. Cada uno debe elegir una situación y dar razones de por qué hay que cambiar esos hábitos. Utilicen oraciones con **si**.

> **Me encanta tomar duchas largas de 45 minutos sin cerrar la llave nunca. La factura (*utility bill*) llega muy alta cada mes, pero no me importa.**

> **En casa, nunca separamos la basura ni reciclamos. Me da mucha pereza y me parece inútil tener dos recipientes (*containers*) distintos para la basura.**

> **En la oficina dejamos las computadoras y las luces encendidas toda la noche. Nadie se encarga de apagarlas y a nadie parece importarle.**

> **Me encanta comprar abrigos de piel. No me importan ni el origen ni el precio, sólo me importa tener el abrigo.**

MÁS GRAMÁTICA

This is an additional grammar point for **Lección 6 Estructura.** You may use it for review or as required by your instructor.

6.5 Adverbs

- Adverbs (**adverbios**) describe *how, when,* and *where* actions take place. They usually follow the verbs they modify and precede adjectives or other adverbs.

Habla **bien.**

Ana es **muy** interesante.

¡Escribe **tan** bien!

Te lo digo **fácilmente**.

Eso es **absolutamente** cierto.

Lo hizo **completamente** mal.

- Many Spanish adverbs are formed by adding the suffix **-mente** to the feminine singular form of an adjective. The **-mente** ending is equivalent to the English *-ly.*

ADJECTIVE	FEMININE FORM	SUFFIX	ADVERB
básico	básica	-mente	básicamente *basically*
cuidadoso	cuidadosa	-mente	cuidadosamente *carefully*
enorme	enorme	-mente	enormemente *enormously*
hábil	hábil	-mente	hábilmente *cleverly; skillfully*

- If two or more adverbs modify the same verb, only the final adverb uses the suffix **-mente**.

  Se marchó **lenta** y **silenciosamente**.

  He left slowly and silently.

- The construction **con** + [*noun*] is often used instead of long adverbs that end in **-mente**.

  cuidadosamente → con cuidado   frecuentemente → con frecuencia

- Here are some common adverbs and adverbial phrases:

a menudo *frequently; often*	**así** *like this; so*	**mañana** *tomorrow*
a tiempo *on time*	**ayer** *yesterday*	**más** *more*
a veces *sometimes*	**casi** *almost*	**menos** *less*
adentro *inside*	**de costumbre** *usually*	**muy** *very*
afuera *outside*	**de repente** *suddenly*	**por fin** *finally*
apenas *hardly; scarcely*	**de vez en cuando** *now and then*	**pronto** *soon*
aquí *here*		**tan** *so*

A veces salimos a tomar un café.

Sometimes we go out for coffee.

Casi terminé el libro.

I almost finished the book.

- The adverbs **poco** and **bien** frequently modify adjectives. In these cases, **poco** is often the equivalent of the English prefix *un-,* while **bien** means *well, very, rather,* or *quite.*

  La situación está **poco** clara.

  The situation is unclear.

  La cena estuvo **bien** rica.

  Dinner was very tasty.

Práctica

(6.5) Adverbs

TALLER DE CONSULTA

These activities correspond to the additional grammar point on the preceding page.

(1) Adverbios Escribe el adverbio que deriva de cada adjetivo.

1. básico ___básicamente___
2. feliz ___felizmente___
3. fácil ___fácilmente___
4. inteligente ___inteligentemente___
5. alegre ___alegremente___

6. común ___comúnmente___
7. injusto ___injustamente___
8. asombroso ___asombrosamente___
9. insistente ___insistentemente___
10. silencioso ___silenciosamente___

(2) Instrucciones para ser feliz Elige el adjetivo apropiado para cada ocasión y después completa la oración, convirtiendo ese adjetivo en el adverbio correspondiente. Hay tres adjetivos que no se usan. Some answers will vary.

claro	frecuente	malo	triste
cuidadoso	inmediato	tranquilo	último

1. Expresa tus opiniones ___claramente___.
2. Tienes que salir por la noche ___frecuentemente___.
3. Debes gastar el dinero ___cuidadosamente___.
4. Si eres injusto/a con alguien, debes pedir perdón ___inmediatamente___.
5. Después de almorzar, disfruta ___tranquilamente___ de la siesta.

(3) Recomendaciones Los padres de Mario y Paola salieron de viaje por dos semanas. Completa las instrucciones que les dejaron pegadas en el refrigerador.

a menudo	adentro	así	mañana
a tiempo	afuera	de vez en cuando	tan

lunes, 19 de octubre

1. Pasar la aspiradora ___a menudo___. (¡Todos los días!)
2. Llegar a la escuela ___a tiempo___.
3. ___Mañana___, llevar a Botitas al veterinario para su cita.
4. Dejar que el gato juegue ___afuera___ todos los días si no llueve.
5. Si llueve, meter los muebles del jardín ___adentro___.
6. Sólo ir ___de vez en cuando___ al centro comercial.

Glossary of Grammatical Terms

ADJECTIVE A word that modifies, or describes, a noun or pronoun.

muchos libros	un hombre **rico**
many books	a *rich* man

Demonstrative adjective An adjective that specifies which noun a speaker is referring to.

esta fiesta	**ese** chico
this party	*that* boy

aquellas flores
those flowers

Possessive adjective An adjective that indicates ownership or possession.

su mejor vestido	Éste es **mi** hermano.
her best dress	This is *my* brother.

Stressed possessive adjective A possessive adjective that emphasizes the owner or possessor.

un libro **mío**	una amiga **tuya**
a *book of mine*	a friend *of yours*

ADVERB A word that modifies, or describes, a verb, adjective, or other adverb.

Pancho escribe **rápidamente**.
*Pancho writes **quickly**.*

Este cuadro es **muy** bonito.
*This picture is **very** pretty.*

ANTECEDENT The noun to which a pronoun or dependent clause refers.

El **libro** que compré es interesante.
The book that I bought is interesting.

Le presté cinco dólares a **Diego**.
I loaned Diego five dollars.

ARTICLE A word that points out a noun in either a specific or a non-specific way.

Definite article An article that points out a noun in a specific way.

el libro	**la** maleta
the book	*the* suitcase

los diccionarios	**las** palabras
the dictionaries	*the* words

Indefinite article An article that points out a noun in a general, non-specific way.

un lápiz	**una** computadora
a pencil	*a* computer

unos pájaros	**unas** escuelas
some birds	*some* schools

CLAUSE A group of words that contains both a conjugated verb and a subject, either expressed or implied.

Main (or Independent) clause A clause that can stand alone as a complete sentence.

Pienso ir a cenar pronto.
I plan to go to dinner soon.

Subordinate (or Dependent) clause A clause that does not express a complete thought and therefore cannot stand alone as a sentence.

Trabajo en la cafetería **porque necesito dinero para la escuela.**
*I work in the cafeteria **because I need money for school.***

Adjective clause A dependent clause that functions to modify or describe the noun or direct object in the main clause. When the antecedent is uncertain or indefinite, the verb in the adjective clause is in the subjunctive.

Queremos contratar al candidato **que mandó su currículum ayer.**
*We want to hire the candidate **who sent his résumé yesterday.***

¿Conoce un buen restaurante **que esté cerca del teatro?**
*Do you know of a good restaurant **that's near the theater?***

Adverbial clause A dependent clause that functions to modify or describe a verb, an adjective, or another adverb. When the adverbial clause describes an action that has not yet happened or is uncertain, the verb in the adverbial clause is usually in the subjunctive.

Llamé a mi mamá **cuando me dieron la noticia.**
*I called my mom **when they gave me the news.***

El ejército está preparado **en caso de que haya un ataque.**
*The army is prepared **in case there is an attack.***

Noun clause A dependent clause that functions as a noun, often as the object of the main clause. When the main clause expresses will, emotion, doubt, or uncertainty, the verb in the noun clause is in the subjunctive (unless there is no change of subject).

José sabe **que mañana habrá un examen.**
*José knows **that tomorrow there will be an exam.***

Luisa dudaba **que la acompañáramos.**
*Luisa doubted **that we would go with her.***

COMPARATIVE A grammatical construction used with nouns, adjectives, verbs, or adverbs to compare people, objects, actions, or characteristics.

Tus clases son **menos interesantes** que las mías.
*Your classes are **less interesting** than mine.*

Como **más frutas** que verduras.
*I eat **more fruits** than vegetables.*

CONJUGATION A set of the forms of a verb for a specific tense or mood or the process by which these verb forms are presented.

PRETERITE CONJUGATION OF **CANTAR**:

cant**é**	cant**amos**
cant**aste**	cant**asteis**
cant**ó**	cant**aron**

CONJUNCTION A word used to connect words, clauses, or phrases.

Susana es de Cuba **y** Pedro es de España.
*Susana is from Cuba **and** Pedro is from Spain.*

No quiero estudiar, **pero** tengo que hacerlo.
*I don't want to study, **but** I have to.*

CONTRACTION The joining of two words into one. The only contractions in Spanish are **al** and **del**.

Mi hermano fue **al** concierto ayer.
*My brother went **to the** concert yesterday.*

Saqué dinero **del** banco.
*I took money **from the** bank.*

DIRECT OBJECT A noun or pronoun that directly receives the action of the verb.

Tomás lee **el libro**.   **La** pagó ayer.
*Tomás reads **the book**.   She paid **it** yesterday.*

GENDER The grammatical categorizing of certain kinds of words, such as nouns and pronouns, as masculine, feminine, or neuter.

MASCULINE
articles **el, un**
pronouns **él, lo, mío, éste, ése, aquél**
adjective **simpático**

FEMININE
articles **la, una**
pronouns **ella, la, mía, ésta, ésa, aquélla**
adjective **simpática**

IMPERSONAL EXPRESSION A third-person expression with no expressed or specific subject.

Es muy importante.   **Llueve** mucho.
It's very important.   It's raining hard.

Aquí **se habla** español.
*Spanish **is spoken** here.*

INDIRECT OBJECT A noun or pronoun that receives the action of the verb indirectly; the object, often a living being, to or for whom an action is performed.

Eduardo **le** dio un libro **a Linda**.
*Eduardo gave a book **to Linda**.*

La profesora **me** puso una C en el examen.
*The professor gave **me** a C on the test.*

INFINITIVE The basic form of a verb. Infinitives in Spanish end in **-ar**, **-er**, or **-ir**.

hablar	**correr**	**abrir**
to speak	*to run*	*to open*

INTERROGATIVE An adjective or pronoun used to ask a question.

¿**Quién** habla?   ¿**Cuántos** compraste?
Who is speaking?   How many did you buy?

¿**Qué** piensas hacer hoy?
What do you plan to do today?

MOOD A grammatical distinction of verbs that indicates whether the verb is intended to make a statement or command, or to express doubt, emotion, or condition contrary to fact.

Imperative mood Verb forms used to make commands.

Di la verdad.   **Caminen** ustedes conmigo.
Tell the truth.   Walk with me.

¡**Comamos** ahora!   ¡No lo **hagas**!
Let's eat now!   Don't do it!

Indicative mood Verb forms used to state facts, actions, and states considered to be real.

Sé que **tienes** el dinero.
*I know that **you have** the money.*

Subjunctive mood Verb forms used principally in subordinate (dependent) clauses to express wishes, desires, emotions, doubts, and certain conditions, such as contrary-to-fact situations.

Prefieren que **hables** en español.
*They prefer that **you speak** in Spanish.*

NOUN A word that identifies people, animals, places, things, and ideas.

hombre	**gato**
man	*cat*
México	**casa**
Mexico	*house*
libertad	**libro**
freedom	*book*

NUMBER A grammatical term that refers to singular or plural. Nouns in Spanish and English have number. Other parts of a sentence, such as adjectives, articles, and verbs, can also have number.

SINGULAR	PLURAL
una cos**a**	**unas** cos**as**
a thing	*some things*
el profesor	**los** profesor**es**
the professor	*the professors*

PASSIVE VOICE A sentence construction in which the recipient of the action becomes the subject of the sentence. Passive statements emphasize the thing that was done or the person that was acted upon. They follow the pattern [*recipient*] + **ser** + [*past participle*] + **por** + [*agent*].

ACTIVE VOICE:
Juan **entregó** la tarea.
*Juan **turned in** the assignment.*

PASSIVE VOICE:
La tarea **fue entregada por** Juan.
*The assignment **was turned in by** Juan.*

PAST PARTICIPLE A past form of the verb used in compound tenses. The past participle may also be used as an adjective, but it must then agree in number and gender with the word it modifies.

Han **buscado** por todas partes.
*They have **searched** everywhere.*

Yo no había **estudiado** para el examen.
*I hadn't **studied** for the exam.*

Hay una ventana **abierta** en la sala.
*There is an **open** window in the living room.*

PERSON The form of the verb or pronoun that indicates the speaker, the one spoken to, or the one spoken about. In Spanish, as in English, there are three persons: first, second, and third.

PERSON	SINGULAR		PLURAL	
1st	**yo**	*I*	**nosotros/as**	*we*
2nd	**tú, Ud.**	*you*	**vosotros/as, Uds.**	*you*
3rd	**él, ella**	*he, she*	**ellos, ellas**	*they*

PREPOSITION A word or words that describe(s) the relationship, most often in time or space, between two other words.

Anita es **de** California.
*Anita is **from** California.*

La chaqueta está **en** el carro.
*The jacket is **in** the car.*

PRESENT PARTICIPLE In English, a verb form that ends in -*ing*. In Spanish, the present participle ends in **-ndo**, and is often used with **estar** to form a progressive tense.

Está **hablando** por teléfono ahora mismo.
*He is **talking** on the phone right now.*

PRONOUN A word that takes the place of a noun or nouns.

Demonstrative pronoun A pronoun that takes the place of a specific noun.

Quiero **ésta**.
*I want **this one**.*

¿Vas a comprar **ése**?
*Are you going to buy **that one**?*

Juan prefirió **aquéllos**.
*Juan preferred **those** (over there).*

Object pronoun A pronoun that functions as a direct or indirect object of the verb.

Te digo la verdad.
*I'm telling **you** the truth.*

Me lo trajo Juan.
*Juan brought **it to me**.*

Possessive pronoun A pronoun that functions to show ownership or possession. Possessive pronouns are preceded by a definite article and agree in gender and number with the nouns they replace.

Perdí mi libro. ¿Me prestas el **tuyo**?
*I lost my book. Will you loan me **yours**?*

Las clases suyas son aburridas, pero **las nuestras** son buenísimas.
*Their classes are boring, but **ours** are great.*

Prepositional pronoun A pronoun that functions as the object of a preposition. Except for **mí, ti,** and **sí**, these pronouns are the same as subject pronouns. The adjective **mismo/a** may be added to express *myself, himself,* etc. After the preposition **con**, the forms **conmigo, contigo,** and **consigo** are used.

¿Es **para mí**?	Juan habló **de ella**.
*Is this **for me**?*	*Juan spoke **about her**.*
Iré **contigo**.	Se lo regaló **a sí mismo**.
*I will go **with you**.*	*He gave it **to himself**.*

Reflexive pronoun A pronoun that indicates that the action of a verb is performed by the subject on itself. These pronouns are often expressed in English with -*self: myself, yourself,* etc.

Yo **me bañé**.	Elena **se acostó**.
*I **took a bath**.*	*Elena **went to bed**.*

Relative pronoun A pronoun that connects a subordinate clause to a main clause.

El edificio **en el cual** vivimos es antiguo.
*The building **that** we live in is ancient.*

La mujer **de quien** te hablé acaba de renunciar.
*The woman **(whom)** I told you about just quit.*

Subject pronoun A pronoun that replaces the name or title of a person or thing, and acts as the subject of a verb.

Tú debes estudiar más.
***You** should study more.*

Él llegó primero.
***He** arrived first.*

SUBJECT A noun or pronoun that performs the action of a verb and is often implied by the verb.

María va al supermercado.
***María** goes to the supermarket.*

(Ellos) Trabajan mucho.
***They** work hard.*

Esos libros son muy caros.
***Those books** are very expensive.*

SUPERLATIVE A grammatical construction used to describe the most or the least of a quality when comparing a group of people, places, or objects.

Tina es **la menos simpática** de las chicas.
*Tina is **the least pleasant** of the girls.*

Tu coche es **el más rápido** de todos.
*Your car is **the fastest** one of all.*

Los restaurantes en Calle Ocho son **los mejores** de todo Miami.
*The restaurants on Calle Ocho are **the best** in all of Miami.*

Absolute superlatives Adjectives or adverbs combined with forms of the suffix **ísimo/a** in order to express the idea of extremely or very.

¡Lo hice **facilísimo**!
*I did it **so easily**!*

Ella es **jovencísima**.
*She is **very, very young**.*

TENSE A set of verb forms that indicates the time of an action or state: past, present, or future.

Compound tense A two-word tense made up of an auxiliary verb and a present or past participle. In Spanish, there are two auxiliary verbs: **estar** and **haber**.

En este momento, **estoy estudiando**.
*At this time, **I am studying**.*

El paquete no **ha llegado** todavía.
*The package **has** not **arrived** yet.*

Simple tense A tense expressed by a single verb form.

María **estaba** mal anoche.
*María **was** ill last night.*

Juana **hablará** con su mamá mañana.
*Juana **will speak** with her mom tomorrow.*

VERB A word that expresses actions or states of being.

Auxiliary verb A verb used with a present or past participle to form a compound tense. **Haber** is the most commonly used auxiliary verb in Spanish.

Los chicos **han** visto los elefantes.
*The children **have** seen the elephants.*

Espero que **hayas** comido.
*I hope you **have** eaten.*

Reflexive verb A verb that describes an action performed by the subject on itself and is always used with a reflexive pronoun.

Me compré un carro nuevo.
***I bought myself** a new car.*

Pedro y Adela **se levantan** muy temprano.
*Pedro and Adela **get (themselves) up** very early.*

Spelling-change verb A verb that undergoes a predictable change in spelling, in order to reflect its actual pronunciation in the various conjugations.

practicar	c→qu	practico	practiqué
dirigir	g→j	dirigí	dirijo
almorzar	z→c	almorzó	almorcé

Stem-changing verb A verb whose stem vowel undergoes one or more predictable changes in the various conjugations.

entender	(e:ie)	entiendo
pedir	(e:i)	piden
dormir	(o:ue, u)	duermo, durmieron

Verb conjugation tables

Guide to the Verb List and Tables

Below you will find the infinitive of the verbs introduced as active vocabulary in **FACETAS**, as well as other common verbs. Each verb is followed by a model verb conjugated on the same pattern. The number in parentheses indicates where in the verb tables, pages A46–A53, you can find the conjugated forms of the model verb.

abrazar (z:c) like cruzar (37)
aburrir like vivir (3)
acabar like hablar (1)
acariciar like hablar (1)
acentuar (acentúo) like graduar (40)
acercar (c:qu) like tocar (43)
aclarar like hablar (1)
acompañar like hablar (1)
aconsejar like hablar (1)
acordar (o:ue) like contar (24)
acostar (o:ue) like contar (24)
acostumbrar like hablar (1)
actualizar (z:c) like cruzar (37)
adelgazar (z:c) like cruzar (37)
adjuntar like hablar (1)
adorar like hablar (1)
afeitar like hablar (1)
agotar like hablar (1)
ahorrar like hablar (1)
aislar (aíslo) like enviar (39)
alargar (g:gu) like llegar (41)
alojar like hablar (1)
amar like hablar (1)
amenazar (z:c) like cruzar (37)
anotar like hablar (1)
apagar (g:gu) like llegar (41)
aparecer (c:zc) like conocer (35)
aplaudir like vivir (3)
apoyar like hablar (1)
apreciar like hablar (1)
apuntar like hablar (1)
arreglar like hablar (1)
arrepentir (e:ie) like sentir (33)
ascender (e:ie) like entender (27)
asustar like hablar (1)
aterrizar (z:c) like cruzar (37)
atraer like traer (21)
atrapar like hablar (1)
atrever like comer (2)
averiguar like hablar (1)
bailar like hablar (1)
bañar like hablar (1)

barrer like comer (2)
beber like comer (2)
bendecir (e:i) like decir (8)
besar like hablar (1)
borrar like hablar (1)
botar like hablar (1)
brindar like hablar (1)
burlar like hablar (1)
caber (4)
caer (y) (5)
calentar (e:ie) like pensar (30)
cancelar like hablar (1)
cazar (z:c) like cruzar (37)
celebrar like hablar (1)
cepillar like hablar (1)
clonar like hablar (1)
cobrar like hablar (1)
cocinar like hablar (1)
coger (g:j) like proteger (42)
colocar (c:qu) like tocar (43)
colonizar (z:c) like cruzar (37)
comer (2)
comerciar like hablar (1)
componer like poner (15)
comprobar (o:ue) like contar (24)
conducir (c:zc) (6)
conocer (c:zc) (35)
conquistar like hablar (1)
conseguir (e:i) like seguir (32)
conservar like hablar (1)
contagiar like hablar (1)
contaminar like hablar (1)
contar (o:ue) (24)
contentar like hablar (1)
contraer like traer (21)
contratar like hablar (1)
contribuir (y) like destruir (38)
convertir (e:ie) like sentir (33)
coquetear like hablar (1)
correr like comer (2)
crear like hablar (1)
crecer (c:zc) like conocer (35)

creer (y) (36)
criar (crío) like enviar (39)
criticar (c:qu) like tocar (43)
cruzar (z:c) (37)
cuidar like hablar (1)
cumplir like vivir (3)
curar like hablar (1)
dar (7)
deber like comer (2)
decir (e:i) (8)
delatar like hablar (1)
denunciar like hablar (1)
depositar like hablar (1)
derribar like hablar (1)
derrocar (c:qu) like tocar (43)
derrotar like hablar (1)
desafiar (desafío) like enviar (39)
desaparecer (c:zc) like conocer (35)
desarrollar like hablar (1)
descansar like hablar (1)
descargar (g:gu) like llegar (41)
descubrir like vivir (3) *except* past participle is descubierto
descuidar like hablar (1)
desear like hablar (1)
deshacer like hacer (11)
deshojar like hablar (1)
despedir (e:i) like pedir (29)
despegar (g:gu) like llegar (41)
despertar (e:ie) like pensar (30)
destruir (y) (38)
devolver (o:ue) like volver (34)
dibujar like hablar (1)
dirigir (g:j) like proteger (42) for endings only
disculpar like hablar (1)
discutir like vivir (3)
diseñar like hablar (1)
disfrutar like hablar (1)
disgustar like hablar (1)
disparar like hablar (1)

disponer like poner (15)
disputar like hablar (1)
distinguir (gu:g) like seguir (32) for endings only
distraer like traer (21)
divertir (e:ie) like sentir (33)
doler (o:ue) like volver (34) *except* past participle is regular
dormir (o:ue) (25)
duchar like hablar (1)
echar like hablar (1)
editar like hablar (1)
educar (c:qu) like tocar (43)
elegir (e:i) (g:j) like proteger (42) for endings only
embalar like hablar (1)
emigrar like hablar (1)
empatar like hablar (1)
empeorar like hablar (1)
empezar (e:ie) (z:c) (26)
enamorar like hablar (1)
encabezar (z:c) like cruzar (37)
encantar like hablar (1)
encargar (g:gu) like llegar (41)
encender (e:ie) like entender (27)
enfermar like hablar (1)
engañar like hablar (1)
engordar like hablar (1)
ensayar like hablar (1)
entender (e:ie) (27)
enterar like hablar (1)
enterrar (e:ie) like pensar (30)
entretener (e:ie) like tener (20)
enviar (envío) (39)
equivocar like tocar (43)
esclavizar (z:c) like cruzar (37)
escoger (g:j) like proteger (42)
esculpir like vivir (3)
establecer (c:zc) like conocer (35)
estar (9)

exigir (g:j) like proteger (42) for endings only

explotar like hablar (1)

exportar like hablar (1)

expulsar like hablar (1)

extinguir like destruir (38)

fabricar (c:qu) like tocar (43)

faltar like hablar (1)

fascinar like hablar (1)

festejar like hablar (1)

fijar like hablar (1)

financiar like hablar (1)

florecer (c:zc) like conocer (35)

flotar like hablar (1)

formular like hablar (1)

freír (e:i) (frío) like reír (31)

funcionar like hablar (1)

fusilar like hablar (1)

gastar like hablar (1)

gobernar (e:ie) like pensar (30)

grabar like hablar (1)

graduar (gradúo) (40)

guardar like hablar (1)

gustar like hablar (1)

haber (10)

habitar like hablar (1)

hablar (1)

hacer (11)

herir (e: ie) like sentir (33)

hervir (e:ie) like sentir (33)

hojear like hablar (1)

huir (y) like destruir (38)

humillar like hablar (1)

importar like hablar (1)

impresionar like hablar (1)

imprimir like vivir (3)

inscribir like vivir (3)

insistir like vivir (3)

instalar like hablar (1)

integrar like hablar (1)

interesar like hablar (1)

invadir like vivir (3)

inventar like hablar (1)

invertir (e:ie) like sentir (33)

investigar (g:gu) like llegar (41)

ir (12)

jubilar like hablar (1)

jugar (u:ue) (g:gu) (28)

jurar like hablar (1)

lastimar like hablar (1)

latir like vivir (3)

lavar like hablar (1)

levantar like hablar (1)

liberar like hablar (1)

lidiar like hablar (1)

limpiar like hablar (1)

llegar (g:gu) (41)

llevar like hablar (1)

llorar like hablar (1)

lograr like hablar (1)

luchar like hablar (1)

madrugar (g:gu) like llegar (41)

malgastar like hablar (1)

manipular like hablar (1)

maquillar like hablar (1)

meditar like hablar (1)

mejorar like hablar (1)

merecer (c:zc) like conocer (35)

meter like comer (2)

molar like hablar (1)

molestar like hablar (1)

morder (o:ue) like volver (34)

morir (o:ue) like dormir (25)
    except past participle is muerto

mudar like hablar (1)

narrar like hablar (1)

navegar (g:gu) like llegar (41)

necesitar like hablar (1)

obedecer (c:zc) like conocer (35)

ocultar like hablar (1)

odiar like hablar (1)

oír (y) (13)

olvidar like hablar (1)

opinar like hablar (1)

oponer like poner (15)

oprimir like vivir (3)

oscurecer (c:zc) like conocer (35)

parar like hablar (1)

parecer (c:zc) like conocer (35)

parpadear like hablar (1)

pedir (e:i) (29)

peinar like hablar (1)

pensar (e:ie) (30)

permanecer (c:zc) like conocer (35)

pertenecer (c:zc) like conocer (35)

pillar like hablar (1)

pintar like hablar (1)

poblar (o:ue) like contar (24)

poder (o:ue) (14)

poner (15)

preferir (e:ie) like sentir (33)

pregonar like hablar (1)

preocupar like hablar (1)

prestar like hablar (1)

prevenir (e:ie) like venir (22)

prever like ver (23)

probar (o:ue) like contar (24)

producir (c:sz) like conducir (6)

prohibir (prohíbo) like enviar (39) for endings only

proponer like poner (15)

proteger (g:j) (42)

protestar like hablar (1)

publicar (c:qu) like tocar (43)

quedar like hablar (1)

quejar like hablar (1)

querer (e:ie) (16)

quitar like hablar (1)

rascar like hablar (1)

recetar like hablar (1)

rechazar (z:c) like cruzar (37)

reciclar like hablar (1)

reclamar like hablar (1)

recomendar (e:ie) like pensar (30)

reconocer (c:zc) like conocer (35)

recorrer like comer (2)

recuperar like hablar (1)

reducir (c:zc) like conducir (6)

reflejar like hablar (1)

regresar like hablar (1)

rehacer like hacer (11)

reír (e:i) (31)

relajar like hablar (1)

rendir (e:i) like pedir (29)

renunciar like hablar (1)

reservar like hablar (1)

resolver (o:ue) like volver (34)

respirar like hablar (1)

retratar like hablar (1)

reunir like vivir (3)

rezar (z:c) like cruzar (37)

rociar like hablar (1)

rodar (o:ue) like contar (24)

rogar (o:ue) like contar (24) for stem changes; (g:gu) like llegar (41) for endings

romper like comer (2) except past participle is roto

saber (17)

sacrificar (c:qu) like tocar (43)

salir (18)

salvar like hablar (1)

sanar like hablar (1)

secar (c:qu) like tocar (43)

seguir (e:i) (gu:g) (32)

seleccionar like hablar (1)

sentir (e:ie) (33)

señalar like hablar (1)

sepultar like hablar (1)

ser (19)

soler (o:ue) like volver (34)

solicitar like hablar (1)

sonar (o:ue) like contar (24)

soñar (o:ue) like contar (24)

sorprender like comer (2)

suceder like comer (2)

sufrir like vivir (3)

sugerir (e:ie) like sentir (33)

superar like hablar (1)

suponer like poner (15)

suprimir like vivir (3)

suscribir like vivir (3)

tener (e:ie) (20)

tirar like hablar (1)

titular like hablar (1)

tocar (c:qu) (43)

tomar like hablar (1)

torear like hablar (1)

toser like comer (2)

traducir (c:zc) like conducir (6)

traer (21)

transcurrir like vivir (3)

transmitir like vivir (3)

trasnochar like hablar (1)

tratar like hablar (1)

unir like vivir (3)

vacunar like hablar (1)

valer like salir (18) only for endings; imperative is vale

vencer (c:z) (44)

venir (e:ie) (22)

ver (23)

vestir (e:i) like pedir (29)

vivir (3)

volar (o:ue) like contar (24)

volver (o:ue) (34)

votar like hablar (1)

Verb conjugation tables

Regular verbs: simple tenses

Infinitive	INDICATIVE						SUBJUNCTIVE		IMPERATIVE
	Present	Imperfect	Preterite	Future	Conditional		Present	Past	
hablar	hablo	hablaba	hablé	hablaré	hablaría		hable	hablara	
	hablas	hablabas	hablaste	hablarás	hablarías		hables	hablaras	habla tú (no hables)
Participles:	habla	hablaba	habló	hablará	hablaría		hable	hablara	hable Ud.
hablando	hablamos	hablábamos	hablamos	hablaremos	hablaríamos		hablemos	habláramos	hablemos
hablado	habláis	hablabais	hablasteis	hablaréis	hablaríais		habléis	hablarais	hablad (no habléis)
	hablan	hablaban	hablaron	hablarán	hablarían		hablen	hablaran	hablen Uds.
comer	como	comía	comí	comeré	comería		coma	comiera	
	comes	comías	comiste	comerás	comerías		comas	comieras	come tú (no comas)
Participles:	come	comía	comió	comerá	comería		coma	comiera	coma Ud.
comiendo	comemos	comíamos	comimos	comeremos	comeríamos		comamos	comiéramos	comamos
comido	coméis	comíais	comisteis	comeréis	comeríais		comáis	comierais	comed (no comáis)
	comen	comían	comieron	comerán	comerían		coman	comieran	coman Uds.
vivir	vivo	vivía	viví	viviré	viviría		viva	viviera	
	vives	vivías	viviste	vivirás	vivirías		vivas	vivieras	vive tú (no vivas)
Participles:	vive	vivía	vivió	vivirá	viviría		viva	viviera	viva Ud.
viviendo	vivimos	vivíamos	vivimos	viviremos	viviríamos		vivamos	viviéramos	vivamos
vivido	vivís	vivíais	vivisteis	viviréis	viviríais		viváis	vivierais	vivid (no viváis)
	viven	vivían	vivieron	vivirán	vivirían		vivan	vivieran	vivan Uds.

All verbs: compound tenses

PERFECT TENSES

INDICATIVE									
Present Perfect		Past Perfect		Future Perfect		Conditional Perfect			
he	hablado	había	hablado	habré	hablado	habría	hablado		
has	comido	habías	comido	habrás	comido	habrías	comido		
ha	vivido	había	vivido	habrá	vivido	habría	vivido		
hemos		habíamos		habremos		habríamos			
habéis		habíais		habréis		habríais			
han		habían		habrán		habrían			

SUBJUNCTIVE				
Present Perfect		Past Perfect		
haya	hablado	hubiera	hablado	
hayas	comido	hubieras	comido	
haya	vivido	hubiera	vivido	
hayamos		hubiéramos		
hayáis		hubierais		
hayan		hubieran		

PROGRESSIVE TENSES

	INDICATIVE				SUBJUNCTIVE	
	Present Progressive	Past Progressive	Future Progressive	Conditional Progressive	Present Progressive	Past Progressive
	estoy estás está } hablando estamos comiendo estáis viviendo están	estaba estabas estaba } hablando estábamos comiendo estabais viviendo estaban	estaré estarás estará } hablando estaremos comiendo estaréis viviendo estarán	estaría estarías estaría } hablando estaríamos comiendo estaríais viviendo estarían	esté estés esté } hablando estemos comiendo estéis viviendo estén	estuviera estuvieras estuviera } hablando estuviéramos comiendo estuvierais viviendo estuvieran

Irregular verbs

Infinitive	INDICATIVE					SUBJUNCTIVE		IMPERATIVE
	Present	Imperfect	Preterite	Future	Conditional	Present	Past	
4 caber **Participles:** cabiendo cabido	**quepo** cabes cabe cabemos cabéis caben	cabía cabías cabía cabíamos cabíais cabían	**cupe** **cupiste** **cupo** **cupimos** **cupisteis** **cupieron**	**cabré** **cabrás** **cabrá** **cabremos** **cabréis** **cabrán**	**cabría** **cabrías** **cabría** **cabríamos** **cabríais** **cabrían**	**quepa** **quepas** **quepa** **quepamos** **quepáis** **quepan**	**cupiera** **cupieras** **cupiera** **cupiéramos** **cupierais** **cupieran**	 cabe tú (no **quepas**) **quepa** Ud. **quepamos** cabed (no **quepáis**) **quepan** Uds.
5 caer **Participles:** **cayendo** **caído**	**caigo** caes cae caemos caéis caen	caía caías caía caíamos caíais caían	caí **caíste** **cayó** **caímos** **caísteis** **cayeron**	caeré caerás caerá caeremos caeréis caerán	caería caerías caería caeríamos caeríais caerían	**caiga** **caigas** **caiga** **caigamos** **caigáis** **caigan**	**cayera** **cayeras** **cayera** **cayéramos** **cayerais** **cayeran**	 cae tú (no **caigas**) **caiga** Ud. (no **caiga**) **caigamos** caed (no **caigáis**) **caigan** Uds.
6 conducir (c:zc) **Participles:** conduciendo conducido	**conduzco** conduces conduce conducimos conducís conducen	conducía conducías conducía conducíamos conducíais conducían	**conduje** **condujiste** **condujo** **condujimos** **condujisteis** **condujeron**	conduciré conducirás conducirá conduciremos conduciréis conducirán	conduciría conducirías conduciría conduciríamos conduciríais conducirían	**conduzca** **conduzcas** **conduzca** **conduzcamos** **conduzcáis** **conduzcan**	**condujera** **condujeras** **condujera** **condujéramos** **condujerais** **condujeran**	 conduce tú (no **conduzcas**) **conduzca** Ud. (no **conduzca**) **conduzcamos** conducid (no **conduzcáis**) **conduzcan** Uds.

7. dar
Participles: dando, dado

	INDICATIVE					SUBJUNCTIVE		IMPERATIVE
	Present	Imperfect	Preterite	Future	Conditional	Present	Past	
	doy	daba	di	daré	daría	dé	diera	
	das	dabas	diste	darás	darías	des	dieras	da tú (no des)
	da	daba	dio	dará	daría	dé	diera	dé Ud.
	damos	dábamos	dimos	daremos	daríamos	demos	diéramos	demos
	dais	dabais	disteis	daréis	daríais	deis	dierais	dad (no deis)
	dan	daban	dieron	darán	darían	den	dieran	den Uds.

8. decir (e:i)
Participles: diciendo, dicho

	INDICATIVE					SUBJUNCTIVE		IMPERATIVE
	Present	Imperfect	Preterite	Future	Conditional	Present	Past	
	digo	decía	dije	diré	diría	diga	dijera	
	dices	decías	dijiste	dirás	dirías	digas	dijeras	di tú (no digas)
	dice	decía	dijo	dirá	diría	diga	dijera	diga Ud.
	decimos	decíamos	dijimos	diremos	diríamos	digamos	dijéramos	digamos
	decís	decíais	dijisteis	diréis	diríais	digáis	dijerais	decid (no digáis)
	dicen	decían	dijeron	dirán	dirían	digan	dijeran	digan Uds.

9. estar
Participles: estando, estado

	INDICATIVE					SUBJUNCTIVE		IMPERATIVE
	Present	Imperfect	Preterite	Future	Conditional	Present	Past	
	estoy	estaba	estuve	estaré	estaría	esté	estuviera	
	estás	estabas	estuviste	estarás	estarías	estés	estuvieras	está tú (no estés)
	está	estaba	estuvo	estará	estaría	esté	estuviera	esté Ud.
	estamos	estábamos	estuvimos	estaremos	estaríamos	estemos	estuviéramos	estemos
	estáis	estabais	estuvisteis	estaréis	estaríais	estéis	estuvierais	estad (no estéis)
	están	estaban	estuvieron	estarán	estarían	estén	estuvieran	estén Uds.

10. haber
Participles: habiendo, habido

	INDICATIVE					SUBJUNCTIVE		IMPERATIVE
	Present	Imperfect	Preterite	Future	Conditional	Present	Past	
	he	había	hube	habré	habría	haya	hubiera	
	has	habías	hubiste	habrás	habrías	hayas	hubieras	
	ha	había	hubo	habrá	habría	haya	hubiera	
	hemos	habíamos	hubimos	habremos	habríamos	hayamos	hubiéramos	
	habéis	habíais	hubisteis	habréis	habríais	hayáis	hubierais	
	han	habían	hubieron	habrán	habrían	hayan	hubieran	

11. hacer
Participles: haciendo, hecho

	INDICATIVE					SUBJUNCTIVE		IMPERATIVE
	Present	Imperfect	Preterite	Future	Conditional	Present	Past	
	hago	hacía	hice	haré	haría	haga	hiciera	
	haces	hacías	hiciste	harás	harías	hagas	hicieras	haz tú (no hagas)
	hace	hacía	hizo	hará	haría	haga	hiciera	haga Ud.
	hacemos	hacíamos	hicimos	haremos	haríamos	hagamos	hiciéramos	hagamos
	hacéis	hacíais	hicisteis	haréis	haríais	hagáis	hicierais	haced (no hagáis)
	hacen	hacían	hicieron	harán	harían	hagan	hicieran	hagan Uds.

12. ir
Participles: yendo, ido

	INDICATIVE					SUBJUNCTIVE		IMPERATIVE
	Present	Imperfect	Preterite	Future	Conditional	Present	Past	
	voy	iba	fui	iré	iría	vaya	fuera	
	vas	ibas	fuiste	irás	irías	vayas	fueras	ve tú (no vayas)
	va	iba	fue	irá	iría	vaya	fuera	vaya Ud.
	vamos	íbamos	fuimos	iremos	iríamos	vayamos	fuéramos	vamos (no vayamos)
	vais	ibais	fuisteis	iréis	iríais	vayáis	fuerais	id (no vayáis)
	van	iban	fueron	irán	irían	vayan	fueran	vayan Uds.

13. oír (y)
Participles: oyendo, oído

	INDICATIVE					SUBJUNCTIVE		IMPERATIVE
	Present	Imperfect	Preterite	Future	Conditional	Present	Past	
	oigo	oía	oí	oiré	oiría	oiga	oyera	
	oyes	oías	oíste	oirás	oirías	oigas	oyeras	oye tú (no oigas)
	oye	oía	oyó	oirá	oiría	oiga	oyera	oiga Ud.
	oímos	oíamos	oímos	oiremos	oiríamos	oigamos	oyéramos	oigamos
	oís	oíais	oísteis	oiréis	oiríais	oigáis	oyerais	oíd (no oigáis)
	oyen	oían	oyeron	oirán	oirían	oigan	oyeran	oigan Uds.

Infinitive	INDICATIVE					SUBJUNCTIVE		IMPERATIVE
	Present	Imperfect	Preterite	Future	Conditional	Present	Past	
14 poder (o:ue) Participles: **pudiendo** podido	**puedo** **puedes** **puede** podemos podéis **pueden**	podía podías podía podíamos podíais podían	**pude** **pudiste** **pudo** **pudimos** pudisteis **pudieron**	**podré** **podrás** **podrá** **podremos** **podréis** **podrán**	**podría** **podrías** **podría** **podríamos** **podríais** **podrían**	**pueda** **puedas** **pueda** podamos podáis **puedan**	**pudiera** **pudieras** **pudiera** **pudiéramos** **pudierais** **pudieran**	**puede** tú (no **puedas**) **pueda** Ud. podamos poded (no **podáis**) **puedan** Uds.
15 poner Participles: poniendo **puesto**	**pongo** pones pone ponemos ponéis ponen	ponía ponías ponía poníamos poníais ponían	**puse** **pusiste** **puso** **pusimos** pusisteis **pusieron**	**pondré** **pondrás** **pondrá** **pondremos** **pondréis** **pondrán**	**pondría** **pondrías** **pondría** **pondríamos** **pondríais** **pondrían**	**ponga** **pongas** **ponga** **pongamos** **pongáis** **pongan**	**pusiera** **pusieras** **pusiera** **pusiéramos** **pusierais** **pusieran**	**pon** tú (no **pongas**) **ponga** Ud. **pongamos** poned (no **pongáis**) **pongan** Uds.
16 querer (e:ie) Participles: queriendo querido	**quiero** **quieres** **quiere** queremos queréis **quieren**	quería querías quería queríamos queríais querían	**quise** **quisiste** **quiso** **quisimos** quisisteis **quisieron**	**querré** **querrás** **querrá** **querremos** **querréis** **querrán**	**querría** **querrías** **querría** **querríamos** **querríais** **querrían**	**quiera** **quieras** **quiera** queramos queráis **quieran**	**quisiera** **quisieras** **quisiera** **quisiéramos** **quisierais** **quisieran**	**quiere** tú (no **quieras**) **quiera** Ud. queramos quered (no **queráis**) **quieran** Uds.
17 saber Participles: sabiendo sabido	**sé** sabes sabe sabemos sabéis saben	sabía sabías sabía sabíamos sabíais sabían	**supe** **supiste** **supo** **supimos** **supisteis** **supieron**	**sabré** **sabrás** **sabrá** **sabremos** **sabréis** **sabrán**	**sabría** **sabrías** **sabría** **sabríamos** **sabríais** **sabrían**	**sepa** **sepas** **sepa** **sepamos** **sepáis** **sepan**	**supiera** **supieras** **supiera** **supiéramos** **supierais** **supieran**	sabe tú (no **sepas**) **sepa** Ud. **sepamos** sabed (no **sepáis**) **sepan** Uds.
18 salir Participles: saliendo salido	**salgo** sales sale salimos salís salen	salía salías salía salíamos salíais salían	salí saliste salió salimos salisteis salieron	**saldré** **saldrás** **saldrá** **saldremos** **saldréis** **saldrán**	**saldría** **saldrías** **saldría** **saldríamos** **saldríais** **saldrían**	**salga** **salgas** **salga** **salgamos** **salgáis** **salgan**	saliera salieras saliera saliéramos salierais salieran	**sal** tú (no **salgas**) **salga** Ud. **salgamos** salid (no **salgáis**) **salgan** Uds.
19 ser Participles: siendo sido	**soy** **eres** **es** **somos** **sois** **son**	**era** **eras** **era** **éramos** **erais** **eran**	**fui** **fuiste** **fue** **fuimos** **fuisteis** **fueron**	seré serás será seremos seréis serán	sería serías sería seríamos seríais serían	**sea** **seas** **sea** **seamos** **seáis** **sean**	**fuera** **fueras** **fuera** **fuéramos** **fuerais** **fueran**	**sé** tú (no **seas**) **sea** Ud. **seamos** sed (no **seáis**) **sean** Uds.
20 tener (e:ie) Participles: teniendo tenido	**tengo** **tienes** **tiene** tenemos tenéis **tienen**	tenía tenías tenía teníamos teníais tenían	**tuve** **tuviste** **tuvo** **tuvimos** **tuvisteis** **tuvieron**	**tendré** **tendrás** **tendrá** **tendremos** **tendréis** **tendrán**	**tendría** **tendrías** **tendría** **tendríamos** **tendríais** **tendrían**	**tenga** **tengas** **tenga** **tengamos** **tengáis** **tengan**	**tuviera** **tuvieras** **tuviera** **tuviéramos** **tuvierais** **tuvieran**	**ten** tú (no **tengas**) **tenga** Ud. **tengamos** tened (no **tengáis**) **tengan** Uds.

21 traer
Participles: trayendo, traído

	INDICATIVE					SUBJUNCTIVE		IMPERATIVE
Infinitive	Present	Imperfect	Preterite	Future	Conditional	Present	Past	
traer	traigo	traía	traje	traeré	traería	traiga	trajera	
	traes	traías	trajiste	traerás	traerías	traigas	trajeras	trae tú (no traigas)
	trae	traía	trajo	traerá	traería	traiga	trajera	traiga Ud.
	traemos	traíamos	trajimos	traeremos	traeríamos	traigamos	trajéramos	traigamos
	traéis	traíais	trajisteis	traeréis	traeríais	traigáis	trajerais	traed (no traigáis)
	traen	traían	trajeron	traerán	traerían	traigan	trajeran	traigan Uds.

22 venir (e:ie)
Participles: viniendo, venido

	INDICATIVE					SUBJUNCTIVE		IMPERATIVE
Infinitive	Present	Imperfect	Preterite	Future	Conditional	Present	Past	
venir (e:ie)	vengo	venía	vine	vendré	vendría	venga	viniera	
	vienes	venías	viniste	vendrás	vendrías	vengas	vinieras	ven tú (no vengas)
	viene	venía	vino	vendrá	vendría	venga	viniera	venga Ud.
	venimos	veníamos	vinimos	vendremos	vendríamos	vengamos	viniéramos	vengamos
	venís	veníais	vinisteis	vendréis	vendríais	vengáis	vinierais	venid (no vengáis)
	vienen	venían	vinieron	vendrán	vendrían	vengan	vinieran	vengan Uds.

23 ver
Participles: viendo, visto

	INDICATIVE					SUBJUNCTIVE		IMPERATIVE
Infinitive	Present	Imperfect	Preterite	Future	Conditional	Present	Past	
ver	veo	veía	vi	veré	vería	vea	viera	
	ves	veías	viste	verás	verías	veas	vieras	ve tú (no veas)
	ve	veía	vio	verá	vería	vea	viera	vea Ud.
	vemos	veíamos	vimos	veremos	veríamos	veamos	viéramos	veamos
	veis	veíais	visteis	veréis	veríais	veáis	vierais	ved (no veáis)
	ven	veían	vieron	verán	verían	vean	vieran	vean Uds.

Stem-changing verbs

24 contar (o:ue)
Participles: contando, contado

	INDICATIVE					SUBJUNCTIVE		IMPERATIVE
Infinitive	Present	Imperfect	Preterite	Future	Conditional	Present	Past	
contar (o:ue)	cuento	contaba	conté	contaré	contaría	cuente	contara	
	cuentas	contabas	contaste	contarás	contarías	cuentes	contaras	cuenta tú (no cuentes)
	cuenta	contaba	contó	contará	contaría	cuente	contara	cuente Ud.
	contamos	contábamos	contamos	contaremos	contaríamos	contemos	contáramos	contemos
	contáis	contabais	contasteis	contaréis	contaríais	contéis	contarais	contad (no contéis)
	cuentan	contaban	contaron	contarán	contarían	cuenten	contaran	cuenten Uds.

25 dormir (o:ue)
Participles: durmiendo, dormido

	INDICATIVE					SUBJUNCTIVE		IMPERATIVE
Infinitive	Present	Imperfect	Preterite	Future	Conditional	Present	Past	
dormir (o:ue)	duermo	dormía	dormí	dormiré	dormiría	duerma	durmiera	
	duermes	dormías	dormiste	dormirás	dormirías	duermas	durmieras	duerme tú (no duermas)
	duerme	dormía	durmió	dormirá	dormiría	duerma	durmiera	duerma Ud.
	dormimos	dormíamos	dormimos	dormiremos	dormiríamos	durmamos	durmiéramos	durmamos
	dormís	dormíais	dormisteis	dormiréis	dormiríais	durmáis	durmierais	dormid (no durmáis)
	duermen	dormían	durmieron	dormirán	dormirían	duerman	durmieran	duerman Uds.

26 empezar (e:ie) (z:c)
Participles: empezando, empezado

	INDICATIVE					SUBJUNCTIVE		IMPERATIVE
Infinitive	Present	Imperfect	Preterite	Future	Conditional	Present	Past	
empezar (e:ie) (z:c)	empiezo	empezaba	empecé	empezaré	empezaría	empiece	empezara	
	empiezas	empezabas	empezaste	empezarás	empezarías	empieces	empezaras	empieza tú (no empieces)
	empieza	empezaba	empezó	empezará	empezaría	empiece	empezara	empiece Ud.
	empezamos	empezábamos	empezamos	empezaremos	empezaríamos	empecemos	empezáramos	empecemos
	empezáis	empezabais	empezasteis	empezaréis	empezaríais	empecéis	empezarais	empezad (no empecéis)
	empiezan	empezaban	empezaron	empezarán	empezarían	empiecen	empezaran	empiecen Uds.

#	Infinitive	INDICATIVE Present	Imperfect	Preterite	Future	Conditional	SUBJUNCTIVE Present	Past	IMPERATIVE
27	entender (e:ie)	entiendo	entendía	entendí	entenderé	entendería	entienda	entendiera	
		entiendes	entendías	entendiste	entenderás	entenderías	entiendas	entendieras	entiende tú (no entiendas)
		entiende	entendía	entendió	entenderá	entendería	entienda	entendiera	entienda Ud.
	Participles:	entendemos	entendíamos	entendimos	entenderemos	entenderíamos	entendamos	entendiéramos	entendamos
	entendiendo	entendéis	entendíais	entendisteis	entenderéis	entenderíais	entendáis	entendierais	entended (no entendáis)
	entendido	entienden	entendían	entendieron	entenderán	entenderían	entiendan	entendieran	entiendan Uds.
28	jugar (u:ue)	juego	jugaba	jugué	jugaré	jugaría	juegue	jugara	
	(g:gu)	juegas	jugabas	jugaste	jugarás	jugarías	juegues	jugaras	juega tú (no juegues)
		juega	jugaba	jugó	jugará	jugaría	juegue	jugara	juegue Ud.
	Participles:	jugamos	jugábamos	jugamos	jugaremos	jugaríamos	juguemos	jugáramos	juguemos
	jugando	jugáis	jugabais	jugasteis	jugaréis	jugaríais	juguéis	jugarais	jugad (no juguéis)
	jugado	juegan	jugaban	jugaron	jugarán	jugarían	jueguen	jugaran	jueguen Uds.
29	pedir (e:i)	pido	pedía	pedí	pediré	pediría	pida	pidiera	
		pides	pedías	pediste	pedirás	pedirías	pidas	pidieras	pide tú (no pidas)
		pide	pedía	pidió	pedirá	pediría	pida	pidiera	pida Ud.
	Participles:	pedimos	pedíamos	pedimos	pediremos	pediríamos	pidamos	pidiéramos	pidamos
	pidiendo	pedís	pedíais	pedisteis	pediréis	pediríais	pidáis	pidierais	pedid (no pidáis)
	pedido	piden	pedían	pidieron	pedirán	pedirían	pidan	pidieran	pidan Uds.
30	pensar (e:ie)	pienso	pensaba	pensé	pensaré	pensaría	piense	pensara	
		piensas	pensabas	pensaste	pensarás	pensarías	pienses	pensaras	piensa tú (no pienses)
		piensa	pensaba	pensó	pensará	pensaría	piense	pensara	piense Ud.
	Participles:	pensamos	pensábamos	pensamos	pensaremos	pensaríamos	pensemos	pensáramos	pensemos
	pensando	pensáis	pensabais	pensasteis	pensaréis	pensaríais	penséis	pensarais	pensad (no penséis)
	pensado	piensan	pensaban	pensaron	pensarán	pensarían	piensen	pensaran	piensen Uds.
31	reír (e:i)	río	reía	reí	reiré	reiría	ría	riera	
		ríes	reías	reíste	reirás	reirías	rías	rieras	ríe tú (no rías)
		ríe	reía	rio	reirá	reiría	ría	riera	ría Ud.
	Participles:	reímos	reíamos	reímos	reiremos	reiríamos	riamos	riéramos	riamos
	riendo	reís	reíais	reísteis	reiréis	reiríais	riáis	rierais	reíd (no riáis)
	reído	ríen	reían	rieron	reirán	reirían	rían	rieran	rían Uds.
32	seguir (e:i)	sigo	seguía	seguí	seguiré	seguiría	siga	siguiera	
	(gu:g)	sigues	seguías	seguiste	seguirás	seguirías	sigas	siguieras	sigue tú (no sigas)
		sigue	seguía	siguió	seguirá	seguiría	siga	siguiera	siga Ud.
	Participles:	seguimos	seguíamos	seguimos	seguiremos	seguiríamos	sigamos	siguiéramos	sigamos
	siguiendo	seguís	seguíais	seguisteis	seguiréis	seguiríais	sigáis	siguierais	seguid (no sigáis)
	seguido	siguen	seguían	siguieron	seguirán	seguirían	sigan	siguieran	sigan Uds.
33	sentir (e:ie)	siento	sentía	sentí	sentiré	sentiría	sienta	sintiera	
		sientes	sentías	sentiste	sentirás	sentirías	sientas	sintieras	siente tú (no sientas)
		siente	sentía	sintió	sentirá	sentiría	sienta	sintiera	sienta Ud.
	Participles:	sentimos	sentíamos	sentimos	sentiremos	sentiríamos	sintamos	sintiéramos	sintamos
	sintiendo	sentís	sentíais	sentisteis	sentiréis	sentiríais	sintáis	sintierais	sentid (no sintáis)
	sentido	sienten	sentían	sintieron	sentirán	sentirían	sientan	sintieran	sientan Uds.

34

| Infinitive | INDICATIVE | | | | | SUBJUNCTIVE | | IMPERATIVE |
	Present	Imperfect	Preterite	Future	Conditional	Present	Past	
volver (o:ue)	**vuelvo**	volvía	volví	volveré	volvería	**vuelva**	volviera	
	vuelves	volvías	volviste	volverás	volverías	**vuelvas**	volvieras	**vuelve** tú (no **vuelvas**)
	vuelve	volvía	volvió	volverá	volvería	**vuelva**	volviera	**vuelva** Ud.
	volvemos	volvíamos	volvimos	volveremos	volveríamos	volvamos	volviéramos	volvamos
	volvéis	volvíais	volvisteis	volveréis	volveríais	volváis	volvierais	volved (no volváis)
Participles:	**vuelven**	volvían	volvieron	volverán	volverían	**vuelvan**	volvieran	**vuelvan** Uds.
volviendo								
vuelto								

Verbs with spelling changes only

35

| Infinitive | INDICATIVE | | | | | SUBJUNCTIVE | | IMPERATIVE |
	Present	Imperfect	Preterite	Future	Conditional	Present	Past	
conocer (c:zc)	**conozco**	conocía	conocí	conoceré	conocería	**conozca**	conociera	
	conoces	conocías	conociste	conocerás	conocerías	**conozcas**	conocieras	conoce tú (no **conozcas**)
	conoce	conocía	conoció	conocerá	conocería	**conozca**	conociera	**conozca** Ud.
	conocemos	conocíamos	conocimos	conoceremos	conoceríamos	**conozcamos**	conociéramos	**conozcamos**
Participles:	conocéis	conocíais	conocisteis	conoceréis	conoceríais	**conozcáis**	conocierais	conoced (no **conozcáis**)
conociendo	conocen	conocían	conocieron	conocerán	conocerían	**conozcan**	conocieran	**conozcan** Uds.
conocido								

36

| Infinitive | INDICATIVE | | | | | SUBJUNCTIVE | | IMPERATIVE |
	Present	Imperfect	Preterite	Future	Conditional	Present	Past	
creer (y)	creo	creía	creí	creeré	creería	crea	**creyera**	
	crees	creías	**creíste**	creerás	creerías	creas	**creyeras**	cree tú (no creas)
	cree	creía	**creyó**	creerá	creería	crea	**creyera**	crea Ud.
	creemos	creíamos	**creímos**	creeremos	creeríamos	creamos	**creyéramos**	creamos
Participles:	creéis	creíais	**creísteis**	creeréis	creeríais	creáis	**creyerais**	creed (no creáis)
creyendo	creen	creían	**creyeron**	creerán	creerían	crean	**creyeran**	crean Uds.
creído								

37

| Infinitive | INDICATIVE | | | | | SUBJUNCTIVE | | IMPERATIVE |
	Present	Imperfect	Preterite	Future	Conditional	Present	Past	
cruzar (z:c)	cruzo	cruzaba	**crucé**	cruzaré	cruzaría	**cruce**	cruzara	
	cruzas	cruzabas	cruzaste	cruzarás	cruzarías	**cruces**	cruzaras	cruza tú (no **cruces**)
	cruza	cruzaba	cruzó	cruzará	cruzaría	**cruce**	cruzara	**cruce** Ud.
	cruzamos	cruzábamos	cruzamos	cruzaremos	cruzaríamos	**crucemos**	cruzáramos	**crucemos**
Participles:	cruzáis	cruzabais	cruzasteis	cruzaréis	cruzaríais	**crucéis**	cruzarais	cruzad (no **crucéis**)
cruzando	cruzan	cruzaban	cruzaron	cruzarán	cruzarían	**crucen**	cruzaran	**crucen** Uds.
cruzado								

38

| Infinitive | INDICATIVE | | | | | SUBJUNCTIVE | | IMPERATIVE |
	Present	Imperfect	Preterite	Future	Conditional	Present	Past	
destruir (y)	**destruyo**	destruía	destruí	destruiré	destruiría	**destruya**	**destruyera**	
	destruyes	destruías	destruiste	destruirás	destruirías	**destruyas**	**destruyeras**	**destruye** tú (no **destruyas**)
	destruye	destruía	**destruyó**	destruirá	destruiría	**destruya**	**destruyera**	**destruya** Ud.
	destruimos	destruíamos	destruimos	destruiremos	destruiríamos	**destruyamos**	**destruyéramos**	**destruyamos**
Participles:	destruís	destruíais	destruisteis	destruiréis	destruiríais	**destruyáis**	**destruyerais**	destruid (no **destruyáis**)
destruyendo	**destruyen**	destruían	**destruyeron**	destruirán	destruirían	**destruyan**	**destruyeran**	**destruyan** Uds.
destruido								

39

| Infinitive | INDICATIVE | | | | | SUBJUNCTIVE | | IMPERATIVE |
	Present	Imperfect	Preterite	Future	Conditional	Present	Past	
enviar	**envío**	enviaba	envié	enviaré	enviaría	**envíe**	enviara	
	envías	enviabas	enviaste	enviarás	enviarías	**envíes**	enviaras	**envía** tú (no **envíes**)
	envía	enviaba	envió	enviará	enviaría	**envíe**	enviara	**envíe** Ud.
	enviamos	enviábamos	enviamos	enviaremos	enviaríamos	enviemos	enviáramos	enviemos
	enviáis	enviabais	enviasteis	enviaréis	enviaríais	enviéis	enviarais	enviad (no enviéis)
Participles:	**envían**	enviaban	enviaron	enviarán	enviarían	**envíen**	enviaran	**envíen** Uds.
enviando								
enviado								

40 graduar
Participles: graduando, graduado

	Present	Imperfect	Preterite	Future	Conditional	Subjunctive Present	Subjunctive Past	Imperative
	gradúo	graduaba	gradué	graduaré	graduaría	**gradúe**	graduara	
	gradúas	graduabas	graduaste	graduarás	graduarías	**gradúes**	graduaras	**gradúa** tú (no **gradúes**)
	gradúa	graduaba	graduó	graduará	graduaría	**gradúe**	graduara	**gradúe** Ud.
	graduamos	graduábamos	graduamos	graduaremos	graduaríamos	graduemos	graduáramos	graduemos
	graduáis	graduabais	graduasteis	graduaréis	graduaríais	graduéis	graduarais	graduad (no graduéis)
	gradúan	graduaban	graduaron	graduarán	graduarían	**gradúen**	graduaran	**gradúen** Uds.

41 llegar (g:gu)
Participles: llegando, llegado

	Present	Imperfect	Preterite	Future	Conditional	Subjunctive Present	Subjunctive Past	Imperative
	llego	llegaba	**llegué**	llegaré	llegaría	**llegue**	llegara	
	llegas	llegabas	llegaste	llegarás	llegarías	**llegues**	llegaras	llega tú (no **llegues**)
	llega	llegaba	llegó	llegará	llegaría	**llegue**	llegara	**llegue** Ud.
	llegamos	llegábamos	llegamos	llegaremos	llegaríamos	**lleguemos**	llegáramos	**lleguemos**
	llegáis	llegabais	llegasteis	llegaréis	llegaríais	**lleguéis**	llegarais	llegad (no **lleguéis**)
	llegan	llegaban	llegaron	llegarán	llegarían	**lleguen**	llegaran	**lleguen** Uds.

42 proteger (g:j)
Participles: protegiendo, protegido

	Present	Imperfect	Preterite	Future	Conditional	Subjunctive Present	Subjunctive Past	Imperative
	protejo	protegía	protegí	protegeré	protegería	**proteja**	protegiera	
	proteges	protegías	protegiste	protegerás	protegerías	**protejas**	protegieras	protege tú (no **protejas**)
	protege	protegía	protegió	protegerá	protegería	**proteja**	protegiera	**proteja** Ud.
	protegemos	protegíamos	protegimos	protegeremos	protegeríamos	**protejamos**	protegiéramos	**protejamos**
	protegéis	protegíais	protegisteis	protegeréis	protegeríais	**protejáis**	protegierais	proteged (no **protejáis**)
	protegen	protegían	protegieron	protegerán	protegerían	**protejan**	protegieran	**protejan** Uds.

43 tocar (c:qu)
Participles: tocando, tocado

	Present	Imperfect	Preterite	Future	Conditional	Subjunctive Present	Subjunctive Past	Imperative
	toco	tocaba	**toqué**	tocaré	tocaría	**toque**	tocara	
	tocas	tocabas	tocaste	tocarás	tocarías	**toques**	tocaras	toca tú (no **toques**)
	toca	tocaba	tocó	tocará	tocaría	**toque**	tocara	**toque** Ud.
	tocamos	tocábamos	tocamos	tocaremos	tocaríamos	**toquemos**	tocáramos	**toquemos**
	tocáis	tocabais	tocasteis	tocaréis	tocaríais	**toquéis**	tocarais	tocad (no **toquéis**)
	tocan	tocaban	tocaron	tocarán	tocarían	**toquen**	tocaran	**toquen** Uds.

44 vencer (c:z)
Participles: venciendo, vencido

	Present	Imperfect	Preterite	Future	Conditional	Subjunctive Present	Subjunctive Past	Imperative
	venzo	vencía	vencí	venceré	vencería	**venza**	venciera	
	vences	vencías	venciste	vencerás	vencerías	**venzas**	vencieras	vence tú (no **venzas**)
	vence	vencía	venció	vencerá	vencería	**venza**	venciera	**venza** Ud.
	vencemos	vencíamos	vencimos	venceremos	venceríamos	**venzamos**	venciéramos	**venzamos**
	vencéis	vencíais	vencisteis	venceréis	venceríais	**venzáis**	vencierais	venced (no **venzáis**)
	vencen	vencían	vencieron	vencerán	vencerían	**venzan**	vencieran	**venzan** Uds.

45 esparcir (c:z)
Participles: esparciendo, esparcido

	Present	Imperfect	Preterite	Future	Conditional	Subjunctive Present	Subjunctive Past	Imperative
	esparzo	esparcía	esparcí	esparciré	esparciría	**esparza**	esparciera	
	esparces	esparcías	esparciste	esparcirás	esparcirías	**esparzas**	esparcieras	esparce tú (no **esparzas**)
	esparce	esparcía	esparció	esparcirá	esparciría	**esparza**	esparciera	**esparza** Ud.
	esparcimos	esparcíamos	esparcimos	esparciremos	esparciríamos	**esparzamos**	esparciéramos	**esparzamos**
	esparcís	esparcíais	esparcisteis	esparciréis	esparciríais	**esparzáis**	esparcierais	esparcid (no **esparzáis**)
	esparcen	esparcían	esparcieron	esparcirán	esparcirían	**esparzan**	esparcieran	**esparzan** Uds.

46 extinguir (gu:g)
Participles: extinguiendo, extinguido

	Present	Imperfect	Preterite	Future	Conditional	Subjunctive Present	Subjunctive Past	Imperative
	extingo	extinguía	extinguí	extinguiré	extinguiría	**extinga**	extinguiera	
	extingues	extinguías	extinguiste	extinguirás	extinguirías	**extingas**	extinguieras	extingue tú (no **extingas**)
	extingue	extinguía	extinguió	extinguirá	extinguiría	**extinga**	extinguiera	**extinga** Ud.
	extinguimos	extinguíamos	extinguimos	extinguiremos	extinguiríamos	**extingamos**	extinguiéramos	**extingamos**
	extinguís	extinguíais	extinguisteis	extinguiréis	extinguiríais	**extingáis**	extinguierais	extinguid (no **extingáis**)
	extinguen	extinguían	extinguieron	extinguirán	extinguirían	**extingan**	extinguieran	**extingan** Uds.

Guide to Vocabulary

This glossary contains the words and expressions listed on the **Vocabulario** page found at the end of each lesson in **FACETAS** as well as other useful vocabulary. A numeral following an entry indicates the lesson where the word or expression was introduced. Check the **Estructura** sections of each lesson for words and expressions related to those grammar topics.

Abbreviations used in this glossary

adj.	adjective	*f.*	feminine	*interj.*	interjection	*p.p.*	past participle	*sing.*	singular
adv.	adverb	*fam.*	familiar	*m.*	masculine	*prep.*	preposition	*v.*	verb
conj.	conjunction	*form.*	formal	*pl.*	plural	*pron.*	pronoun		

Note on alphabetization

For purposes of alphabetization, **ch** and **ll** are not treated as separate letters, but **ñ** follows **n**.

Español–Inglés

A

abogado/a *m., f.* lawyer
abrazar *v.* to hug; to hold **1**
abrir(se) *v.* to open; **abrirse paso** to make one's way
abrocharse *v.* to fasten; **abrocharse el cinturón de seguridad** to fasten one's seatbelt
abstracto/a *adj.* abstract
aburrir *v.* to bore **2**
aburrirse *v.* to get bored **2**
acabarse *v.* to run out; to come to an end **6**
acantilado *m.* cliff
acariciar *v.* to caress
acaso *adv.* perhaps
accidente *m.* accident; **accidente automovilístico** *m.* car accident **5**
acentuar *v.* to accentuate
acercarse (a) *v.* to approach **2**
aclarar *v.* to clarify
acoger *v.* to welcome; to take in; to receive
acogido/a *adj.* received; **bien acogido/a** well received
acompañar *v.* to come with
aconsejar *v.* to advise; to suggest **4**
acontecimiento *m.* event
acordar (o:ue) *v.* to agree **2**
acordarse (o:ue) **(de)** *v.* to remember **2**
acostarse (o:ue) *v.* to go to bed **2**
acostumbrado/a *adj.* accustomed to; **estar acostumbrado/a a** *v.* to be used to
acostumbrarse (a) *v.* to get used to; to grow accustomed (to) **3**
activista *m., f.* activist
acto: en el acto immediately; on the spot **3**
actor *m.* actor
actriz *f.* actress
actual *adj.* current
actualidad *f.* current events
actualizado/a *adj.* up-to-date
actualizar *v.* to update
actualmente *adv.* currently
acuarela *f.* watercolor
adelantado/a *adj.* advanced
adelanto *m.* improvement **4**

adelgazar *v.* to lose weight **4**
adinerado/a *adj.* wealthy
adivinar *v.* to guess
adjuntar *v.* to attach; **adjuntar un archivo** to attach a file
administrar *v.* to manage; to run
ADN (ácido desoxirribonucleico) *m.* DNA
adorar *v.* to adore **1**
adornado/a *adj.* embellished
aduana *f.* customs; **agente de aduanas** customs agent **5**
advertencia *f.* warning
afeitarse *v.* to shave **2**
aficionado/a (a) *adj.* fond of; a fan (of) **2**; **ser aficionado/a de** to be a fan of
afligirse *v.* to get upset **3**
afortunado/a *adj.* lucky
agenda *f.* datebook **3**
agente *m., f.* agent; officer; **agente de aduanas** *m., f.* customs agent **5**
agnóstico/a *adj.* agnostic
agobiado/a *adj.* overwhelmed **1**
agotado/a *adj.* exhausted **4**
agotar *v.* to use up **6**
agradecimiento *m.* gratitude
¡Aguas! *interj.* Watch out! (*Méx.*)
aguja *f.* needle **4**
agujero *m.* hole; **agujero en la capa de ozono** *m.* hole in the ozone layer; **agujero negro** *m.* black hole; **agujerito** *m.* small hole
ahogado/a *adj.* drowned **5**
ahogarse *v.* to smother; to drown
ahorrar *v.* to save
ahorrarse *v.* to save oneself
ahorro *m.* savings
aislado/a *adj.* isolated **6**
aislar *v.* to isolate
ajedrez *m.* chess **2**
ala *m.* wing
alargar *v.* to drag out **1**
alba *f.* dawn; daybreak
albergue *m.* hostel **5**
álbum *m.* album **2**
alcalde/alcaldesa *m., f.* mayor
alcance *m.* reach; **al alcance** within reach; **al alcance de la mano** within reach
alcanzar *v.* to reach; to achieve; to succeed in
aldea *f.* village **4**

alegría *f.* joy
alimentación *f.* diet (nutrition) **4**
allá *adv.* there
alma (el) *f.* soul **1**
alojamiento *m.* lodging **5**
alojarse *v.* to stay **5**
alquilar *v.* to rent; **alquilar una película** to rent a movie **2**
alta definición: de alta definición *adj.* high definition
alterar *v.* to modify; to alter
alternativas *f. pl.* options **3**
altiplano *m.* high plateau
altoparlante *m.* loudspeaker
alusión *f.* allusion
amable *adj.* nice; kind
amado/a *m., f.* loved one; sweetheart **1**
amanecer *m.* sunrise; morning
amar *v.* to love **1**
ambiental *adj.* environmental **6**
ambos/as *pron., adj.* both
amenaza *f.* threat
amenazar *v.* to threaten **3**
amor *m.* love; **amor (no) correspondido** (un)requited love
amueblado/a *adj.* furnished
analgésico *m.* painkiller **2**
anciano/a *adj.* elderly
anciano/a *m., f.* elderly gentleman/lady
andar *v.* to walk; **andar +** *pres. participle* to be (doing something)
anfitrión/anfitriona *m.* host(ess)
anillo *m.* ring
animado/a *adj.* lively **2**
animar *v.* to cheer up; to encourage; **¡Anímate!** Cheer up! (*sing.*) **2**; **¡Anímense!** Cheer up! (*pl.*) **2**
ánimo *m.* spirit **1**
anotar (un gol/un punto) *v.* to score (a goal/a point) **2**
ansia *f.* anxiety **1**
ansioso/a *adj.* anxious **1**
antemano: de antemano beforehand
antena *f.* antenna; **antena parabólica** satellite dish
anterior *adj.* previous
antes que nada first and foremost
antigüedad *f.* antiquity
antiguo/a *adj.* ancient
antipático/a *adj.* mean; unpleasant

anuncio *m.* advertisement; commercial
añadir *v.* to add
apagado/a *adj.* turned off
apagar *v.* to turn off **3; apagar las velas** to blow out the candles
aparecer *v.* to appear **1**
apenas *adv.* hardly; scarcely **3**
aplaudir *v.* to applaud **2**
apogeo *m.* height; highest level **5**
aportación *f.* contribution
apostar (o:ue) *v.* to bet
apoyar *v.* to support
apoyarse (en) *v.* to lean (on)
apuntar *v.* to aim
apreciado/a *adj.* appreciated
apreciar *v.* to appreciate **1**
aprendizaje *m.* learning
aprobación *f.* approval
aprobar (o:ue) *v.* to approve; to pass (*a class*); **aprobar una ley** to pass a law
aprovechar *v.* to make good use of; to take advantage of
apuesta *f.* bet
apuro: tener apuro to be in a hurry; to be in a rush
araña *f.* spider **6**
árbitro/a *m., f.* referee **2**
árbol *m.* tree **6**
archivo *m.* file; **bajar un archivo** to download a file
arduo *adj.* hard
arepa *f.* cornmeal cake
argumento *m.* plot
árido/a *adj.* arid
aristocrático/a *adj.* aristocratic
arma *f.* weapon **5**
armada *f.* navy
armado/a *adj.* armed
arqueología *f.* archaeology
arqueólogo/a *m., f.* archaeologist
arrancar *v.* to start (*a car*)
arrastrar *v.* to drag
arrecife *m.* reef **6**
arreglarse *v.* to get ready **3**
arrepentirse (de) (e:ie) *v.* to repent **2**
arriesgado/a *adj.* risky **5**
arriesgar *v.* to risk
arriesgarse *v.* to risk; to take a risk
arroba *f.* @ symbol
arroyo *m.* stream
arruga *f.* wrinkle
artefacto *m.* artifact **5**
artesano/a *m., f.* artisan
asaltar *v.* to rob
ascender (e:ie) *v.* to rise; to be promoted
asco *m.* revulsion; **dar asco** to be disgusting
asegurar *v.* to assure; to guarantee
asegurarse *v.* to make sure
aseo *m.* cleanliness; hygiene; **aseo personal** *m.* personal care
asesor(a) *m., f.* consultant; advisor
así *adv.* like this; so **3**
asiento *m.* seat **2**
asombrar *v.* to amaze
asombrarse *v.* to be astonished
asombro *m.* amazement; astonishment
asombroso/a *adj.* astonishing
aspecto *m.* appearance; look; **tener buen/ mal aspecto** to look healthy/sick **4**
aspirina *f.* aspirin **4**

astronauta *m., f.* astronaut
astrónomo/a *m., f.* astronomer
asunto *m.* matter; topic
asustado/a *adj.* frightened; scared
asustar *v.* to scare
atar *v.* to tie (up)
ataúd *m.* casket
ateísmo *m.* atheism
ateo/a *adj.* atheist
aterrizar *v.* to land (an airplane) **5**
atletismo *m.* track-and-field events
atónito/a *adj.* astonished
atracción *f.* attraction
atraer *v.* to attract **1**
atrapar *v.* to trap; to catch **6**
atrasado/a *adj.* late **3**
atrasar *v.* to delay
atreverse (a) *v.* to dare (to) **2**
atropellar *v.* to run over
audiencia *f.* audience
aumento *m.* increase; raise; **aumento de sueldo** *m.* raise in salary
auricular *m.* telephone receiver
ausente *adj.* absent
auténtico/a *adj.* real; genuine **3**
autobiografía *f.* autobiography
autoestima *f.* self-esteem **4**
autoritario/a *adj.* strict; authoritarian **1**
autorretrato *m.* self-portrait
auxiliar de vuelo *m., f.* flight attendant
auxilio *m.* help; aid; **primeros auxilios** *m. pl.* first aid **4**
avance *m.* advance; breakthrough
avanzado/a *adj.* advanced
avaro/a *m., f.* miser
ave *f.* bird **6**
aventura *f.* adventure **5**
aventurero/a *m., f.* adventurer **5**
avergonzado/a *adj.* ashamed; embarrassed
avergonzar *v.* to embarrass
averiguar *v.* to find out **1**
avisar *v.* to inform; to warn
aviso *m.* notice; warning **5**
ayer (el) *m.* past **3**
azar *m.* chance

B

bahía *f.* bay **5**
bailar *v.* to dance **1**
bailarín/bailarina *m., f.* dancer
bajar *v.* to lower
bajos recursos *m., pl.* low-income
balcón *m.* balcony **3**
balón *m.* ball
bancario/a *adj.* banking
bancarrota *f.* bankruptcy
banda sonora *f.* soundtrack
bandera *f.* flag
bañarse *v.* to take a bath **2**
barato/a *adj.* cheap; inexpensive **3**
barbaridad *f.* outrageous thing
barrer *v.* to sweep **3**
barrio *m.* neighborhood
bastante *adv.* quite; enough **3**
batalla *f.* battle **4**
bautismo *m.* baptism
beber *v.* to drink **1**
bellas artes *f., pl.* fine arts
belleza *f.* beauty

bendecir (e:i) *v.* to bless
bendito/a *adj.* blessed **2**
beneficios *m. pl.* benefits
besar *v.* to kiss **1**
biblioteca *f.* library
bien acogido/a *adj.* well-received
bienestar *m.* well-being **4**
bienvenida *f.* welcome **5**
bilingüe *adj.* bilingual
billar *m.* billiards **2**
biografía *f.* biography
biólogo/a *m., f.* biologist
bioquímico/a *adj.* biochemical
bitácora *f.* travel log; weblog
blog *m.* blog
blogonovela *f.* blognovel
blogosfera *f.* blogosphere
bobo/a *m., f.* silly, stupid person
boleto *m.* ticket
boliche *m.* bowling **2**
bolsa *f.* bag; sack; stock market; **bolsa de valores** *f.* stock market
bombardeo *m.* bombing **6**
bondad *f.* goodness; **¿Tendría usted la bondad de** + *inf.*...? Could you please ...? (*form.*)
boquiabierto/a *adj.* openmouthed
bordo: a bordo *adv.* on board **5**
borrar *v.* to erase
bosque *m.* forest; **bosque lluvioso** *m.* rain forest **6**
bostezar *v.* to yawn
botar *v.* to throw... out
botarse *v.* to outdo oneself (*P. Rico; Cuba*)
bote *m.* boat **5**
brindar *v.* to make a toast **2**
brindis *m.* toast **3**
broma *f.* joke
bromear *v.* to joke
brújula *f.* compass **5**
buceo *m.* scuba diving **5**
budista *adj.* Buddhist
bueno/a *adj.* good; **estar bueno/a** *v.* to (still) be good (i.e., *fresh*); **ser bueno/a** *v.* to be good (*by nature*); **¡Buen fin de semana!** Have a nice weekend!; **Buen provecho.** Enjoy your meal.
búfalo *m.* buffalo
burla *f.* mockery
burlar *v.* to outsmart
burlarse (de) *v.* to make fun (of)
burocracia *f.* bureaucracy
buscador *m.* search engine
búsqueda *f.* search
buzón *m.* mailbox

C

caber *v.* to fit **1; no caber duda** to be no doubt
cabina *f.* cockpit **5**
cabo *m.* cape; end (*rope, string*); **al fin y al cabo** sooner or later, after all; **llevar a cabo** to carry out (*an activity*)
cabra *f.* goat
cacique *m.* tribal chief
cadena *f.* network; **cadena de televisión** *f.* television network
caducar *v* to expire
caer(se) *v.* to fall **1; caer bien/mal** to get along well/badly with **2**

caja *f.* box; **caja de herramientas** toolbox
cajero/a *m., f.* cashier; **cajero automático** *m.* ATM
calentamiento global *m.* global warming 6
calentar (e:ie) *v.* to warm up 3
calidad *f.* quality
callado/a *adj.* quiet/silent
callarse *v.* to be quiet, silent
calmante *m.* tranquilizer 4
calmarse *v.* to calm down; to relax
calzoncillos *m. pl.* underwear (men's)
camarero/a *m., f.* waiter; waitress
cambiar *v* to change
cambio *m.* change; **a cambio de** in exchange for
camerino *m.* star's dressing room
campamento *m.* campground 5
campaña *f.* campaign
campeón/campeona *m., f.* champion 2
campeonato *m.* championship
campo *m.* ball field 5
campo *m.* countryside; field 6
canal *m.* channel; **canal de televisión** *m.* television channel
cancelar *v.* to cancel 5
cáncer *m.* cancer
cancha *f.* field
candidato/a *m., f.* candidate
canon literario *m.* literary canon
cansancio *m.* exhaustion 3
cansarse *v.* to become tired
cantante *m., f.* singer 2
capa *f.* layer; **capa de ozono** *f.* ozone layer 6
capaz *adj.* competent; capable
capilla *f.* chapel
capitán *m.* captain
capítulo *m.* chapter
caracterización *f.* characterization
cargo *m.* position; **estar a cargo de** to be in charge of 1
cariño *m.* affection 1
cariñoso/a *adj.* affectionate 1
carne *f.* meat; flesh
carné de conducir *m.* driver's license
caro/a *adj.* expensive 3
cartas *f. pl.* (playing) cards 2
casado/a *adj.* married 1
cascada *f.* cascade; waterfall 5
casi *adv.* almost 3
casi nunca *adv.* rarely 3
castigo *m.* punishment
casualidad *f.* chance; coincidence; **por casualidad** by chance 3
catástrofe *f.* catastrophe; disaster; **catástrofe natural** *f.* natural disaster
categoría *f.* category 5; **de buena categoría** *adj.* high quality 5
católico/a *adj.* Catholic
cazar *v.* to hunt 6
ceder *v.* give up
ceguera *f.* blindness 4
celda *f.* cell
celebrar *v.* to celebrate 2
celebridad *f.* celebrity
celos *m. pl.* jealousy; **tener celos de** to be jealous of 1
celoso/a *adj.* jealous 1
célula *f.* cell
cementerio *m.* cemetery
censura *f.* censorship

centavo *m.* cent
centro comercial *m.* mall 3
cepillarse *v.* to brush 2
cerdo *m.* pig 6
cerro *m.* hill
certeza *f.* certainty
certidumbre *f.* certainty
chiripazo *m.* coincidence (*Col.*) 4
chisme *m.* gossip
chiste *m.* joke 1
choque *m.* crash 3
choza *f.* hut
cicatriz *f.* scar
ciclo vital *m.* life cycle 4
ciencia ficción *f.* science fiction
científico/a *adj.* scientific
científico/a *m., f.* scientist
cierto/a *adj.* certain, sure; **¡Cierto!** Sure!; **No es cierto.** That's not so.
cima *f.* height 1
cine *m.* movie theater; cinema 2
cinta *f.* tape 2
cinturón *m.* belt; **cinturón de seguridad** *m.* seatbelt 5; **abrocharse el cinturón de seguridad** *v.* to fasten one's seatbelt; **ponerse (el cinturón)** *v.* to fasten (the seatbelt) 5; **quitarse (el cinturón)** *v.* to unfasten (the seatbelt) 5
circo *m.* circus 2
cirugía *f.* surgery 4
cirujano/a *m., f.* surgeon 4
cisterna *f.* cistern; underground tank 6
cita *f.* date; quotation; **cita a ciegas** *f.* blind date 1
ciudadano/a *m., f.* citizen
civilización *f.* civilization
civilizado/a *adj.* civilized
claro *interj.* of course 3
clásico/a *adj.* classic
claustro *m.* cloister
clave *f.* key
clima *m.* climate
clonar *v.* to clone
club *m.* club; **club deportivo** *m.* sports club 2
coartada *f.* alibi
cobertura *f.* (cell phone) service 5
cobrador(a) *m., f.* debt collector
cobrar *v.* to charge; to receive
cochinillo *m.* suckling pig
cocinar *v.* to cook 3
cocinero/a *m., f.* chef; cook
codo *m.* elbow
coger la caña *v.* to accept (*Col.*) 2
cohete *m.* rocket
cola *f.* line; tail; **hacer cola** to wait in line 2
coleccionar *v.* to collect
coleccionista *m., f.* collector
colgar (o:ue) *v.* to hang (up)
colina *f.* hill
colmena *f.* beehive
colocar *v.* to place (*an object*) 2
colonia *f.* colony
colonizar *v.* to colonize
columnista *m., f.* columnist
combatiente *m., f.* combatant
combustible *m.* fuel 6
comediante *m., f.* comedian 1
comensal *m., f.* dinner guest

comer *v.* to eat 1, 2
comerciar *v.* to trade
comerciante *m., f.* storekeeper; trader
comercio *m.* commerce; trade
comerse *v.* to eat up 2
comestible *adj.* edible; **planta comestible** *f.* edible plant
cometa *m.* comet
comida *f.* food 6; **comida enlatada** *f.* canned food 6; **comida rápida** *f.* fast food 4
cómo *adv.* how; **¿Cómo así?** *expr.* How come? 2; **¡Cómo no!** Of course!; **¿Cómo que son...?** What do you mean they are...?
compañía *f.* company
completo/a *adj.* complete; filled up; **El hotel está completo.** The hotel is filled.
componer *v.* to compose 1
compositor(a) *m., f.* composer
comprobar (o:ue) *v.* to prove
compromiso *m.* awkward situation
compromiso *m.* commitment; responsibility 1
computación *f.* computer science
computadora portátil *f.* laptop
comunidad *f.* community 4
conciencia *f.* conscience
concierto *m.* concert 2
conducir *v.* to drive 1
conductor(a) *m., f.* announcer
conejo *m.* rabbit 6
conexión de satélite *f.* satellite connection
conferencia *f.* conference
confesar (e:ie) *v.* to confess
confianza *f.* trust; confidence 1
confundido/a *adj.* confused
confundir (con) *v.* to confuse (with)
confuso/a *adj.* blurred 1
congelado/a *adj.* frozen
congeniar *v.* to get along
congestionado/a *adj.* congested
congestionamiento *m.* traffic jam 5
conjunto *m.* collection; **conjunto (musical)** *m.* (musical) group, band
conmovedor(a) *adj.* moving
conocer *v.* to know 1
conocimiento *m.* knowledge
conquista *f.* conquest
conquistador(a) *m., f.* conquistador; conqueror
conquistar *v.* to conquer
conseguir (e:) *v.* to obtain; **conseguir boletos/entradas** *v.* to get tickets 2
conservador(a) *adj.* conservative
conservador(a) *m., f.* curator
conservar *v.* to conserve; to preserve 6
considerar *v.* to consider; **Considero que...** In my opinion, ...
consiguiente *adj.* resulting; consequent; **por consiguiente** consequently; as a result
consulado *m.* consulate
consulta *f.* doctor's appointment 4
consultorio *m.* doctor's office 4
consumo *m.* consumption; **consumo de energía** *m.* energy consumption
contador(a) *m., f.* accountant
contagiarse *v.* to become infected 4
contaminación *f.* pollution; contamination 6
contaminar *v.* to pollute; to contaminate 6

contar (o:ue) *v.* to tell; to count **2; contar con** to count on

contemporáneo/a *adj.* contemporary

contentarse con *v.* to be contented/ satisfied with **1**

continuación *f.* sequel

contra *prep.* against; **en contra** *prep.* against

contraer *v.* to contract **1**

contraseña *f.* password

contratar *v.* to hire

contrato *m.* contract

contribuir (a) *v.* to contribute **6**

control remoto *m.* remote control; **control remoto universal** *m.* universal remote control

controvertido/a *adj.* controversial

contundente *adj.* filling; heavy

convertirse (en) (e:ie) *v.* to become **2**

copa *f.* (drinking) glass **3; Copa del mundo** World Cup

coquetear *v.* to flirt **1**

coraje *m.* courage

corazón *m.* heart **1**

cordillera *f.* mountain range **6**

cordura *f.* sanity **4**

coro *m.* choir; chorus

corrector ortográfico *m.* spell-checker

correr a cargo de *v.* to be paid by **5**

corresponsal *m., f.* correspondent

corrida *f.* bullfight **2**

corrido (de) *adv.* non-stop

corriente *f.* movement

corrupción *f.* corruption

corte *m.* cut; **de corte ejecutivo** of an executive nature

corto *m.* short film

cortometraje *m.* short film

cosecha *f.* harvest

costa *f.* coast **6**

costoso/a *adj.* costly; expensive

costumbre *f.* custom; habit **3**

cotidiano/a *adj.* everyday **3; vida cotidiana** *f.* everyday life

crear *v.* to create

creatividad *f.* creativity

crecer *v.* to grow **1**

crecimiento *m.* growth

creencia *f.* belief

creer (en) *v.* to believe (in); **No creas.** Don't you believe it.

cretino/a *adj.* idiot **5**

creyente *m., f.* believer

criar *v.* to raise; **haber criado** to have raised **1**

criarse *v.* to grow up **1**

crisis *f.* crisis; **crisis económica** economic crisis

cristiano/a *adj.* Christian

criticar *v.* to critique

crítico/a *m., f.* critic; *adj.* critical **crítico/a de cine** movie critic

crucero *m.* cruise (ship) **5**

cruzar *v.* to cross

cuadro *m.* painting **3**

cuarentón/cuarentona *adj.* forty-year-old; in her/his forties

cubismo *m.* cubism

cucaracha *f.* cockroach **6**

cuenta *f.* calculation, sum; bill; account; **a final de cuentas** after all; **cuenta corriente** *f.* checking account; **cuenta de ahorros** *f.* savings account; **tener en cuenta** to keep in mind

cuento *m.* short story

cuerpo *m.* body; **cuerpo y alma** heart and soul

cueva *f.* cave

cuidado *m.* care **1; bien cuidado/a** well-kept

cuidadoso/a *adj.* careful **1**

cuidar *v.* to take care of **1**

cuidarse *v.* to take care of oneself

culpa *f.* guilt

culpable *adj.* guilty

cultivar *v.* to grow

culto *m.* worship

culto/a *adj.* cultured; educated; refined

cultura *f.* culture; **cultura popular** *f.* pop culture

cumbre *f.* summit; peak

cumplir *v.* to carry out, to fulfill

cura *m.* priest

curarse *v.* to heal; to be cured **4**

curativo/a *adj.* healing **4**

currículum vitae *m.* résumé

D

dañino/a *adj.* harmful **6**

dar *v.* to give; **dar a** to look out upon; **dar asco** to be disgusting; **dar de comer** to feed **6; dar el primer paso** to take the first step; **dar la gana** to feel like; **dar la vuelta (al mundo)** to go around (the world); **dar paso a** to give way to; **dar un paseo** to take a stroll/walk **2; dar una vuelta** to take a walk/stroll; **darse cuenta** to realize **2; darse por aludido/a** to realize/assume that one is being referred to; **darse por vencido** to give up

dardos *m. pl.* darts **2**

dato *m.* piece of data

de repente *adv.* suddenly **3**

de terror *adj.* horror (*story/novel*)

deber *m.* duty

deber *v.* to owe; **deber dinero** to owe money

deber + inf. *v.* ought + *inf.*

década *f.* decade

decir (e:i) *v.* to say **1**

dedicatoria *f.* dedication

deforestación *f.* deforestation **6**

dejar *v.* to leave; to allow; **dejar a alguien** to leave someone **1; dejar de fumar** quit smoking **4; dejar en paz** to leave alone

delatar *v.* to denounce **3**

demás: los/las demás *pron.* others; other people

demasiado/a *adj., adv.* too; too much

democracia *f.* democracy

demora *f.* delay

demorar *v.* to delay

denunciar *v.* to denounce

deportista *m., f.* athlete **2**

depositar *v.* to deposit

depresión *f.* depression **4**

deprimido/a *adj.* depressed **1**

derecho *m.* law; right; **derechos civiles** *m.* civil rights; **derechos humanos** *m.* human rights

derramar *v.* to spill

derribar *v.* to bring down; to overthrow

derrocar *v.* to overthrow

derrota *f.* defeat

derrotado/a *adj.* defeated

derrotar *v.* to defeat

desafiante *adj.* challenging **4**

desafiar *v.* to challenge **2**

desafío *m.* challenge

desanimado/a *adj.* discouraged

desanimarse *v.* to get discouraged

desánimo *m.* the state of being discouraged **1**

desaparecer *v.* to disappear **1, 6**

desarrollado/a *adj.* developed

desarrollarse *v.* to take place

desarrollo *m.* development **6; país en vías de desarrollo** *m.* developing country

desatar *v.* to untie

descansar *v.* to rest **4**

descanso *m.* rest

descarado/a *adj.* rude

descargar *v.* to download; to unload

descendiente *m., f.* descendent

desconocido/a *m., f.* stranger; *adj.* unknown

descubridor(a) *m., f.* discoverer

descubrimiento *m.* discovery

descubrir *v.* discover

descuidar(se) *v.* to get distracted; to neglect **6**

desear *v.* to desire; to wish **4**

desechable *adj.* disposable **6**

desempleado/a *adj.* unemployed

desempleo *m.* unemployment

desenlace *m.* ending

deseo *m.* desire; wish; **pedir un deseo** to make a wish

deshacer *v.* to undo **1**

deshecho/a *adj.* devastated

deshojar *v.* to pull out petals **3**

desierto *m.* desert **6**

desigual *adj.* unequal

desilusión *f.* disappointment

desmayarse *v.* to faint **4**

desorden *m.* disorder; mess

despacho *m.* office

despedida *f.* farewell **5**

despedido/a *adj.* fired

despedir (e:i) *v.* to fire

despedirse (e:i) *v.* to say goodbye **3**

despegar *v.* to take off **5**

despertarse (e:ie) *v.* to wake up **2**

despreocupado/a *adj.* carefree

destacado/a *adj.* prominent

destacar *v.* to emphasize; to point out

destino *m.* destination **5**

destrozar *v.* to destroy

destruir *v.* to destroy **6**

detestar *v.* to detest

deuda *f.* debt

devolver (o:ue) *v.* to return (*items*) **3**

devoto/a *adj.* pious

día *m.* day; **estar al día con las noticias** to keep up with the news

diamante *m.* diamond

diario *m.* newspaper

diario/a *adj.* daily **3**
dibujar *v.* to draw
dictador(a) *m., f.* dictator
dictadura *f.* dictatorship
didáctico/a *adj.* educational
dieta *f.* diet; **estar a dieta** to be on a diet **4**
digestión *f.* digestion
digital *adj.* digital
digno/a *adj.* worthy **6**
diluvio *m.* heavy rain
dinero *m.* money; **dinero en efectivo** cash **3**
Dios *m.* God
dios(a) *m., f.* god/goddess **5**
diputado/a *m., f.* representative
disparar *v.* to shoot
disputar *v.* to play
dirección de correo electrónico *f.* e-mail address
directo/a *adj.* direct; **en directo** *adj.* live
director(a) *m., f.* director
dirigir *v.* to direct; to manage **1**
discoteca *f.* discotheque; dance club **2**
discriminación *f.* discrimination
discriminado/a *adj.* discriminated
disculpar *v.* to excuse
disculparse *v.* to apologize **6**
discurso *m.* speech; **pronunciar un discurso** to give a speech
discutir *v.* to argue **1**
diseñar *v.* to design
disfraz *m.* costume
disfrazado/a *adj.* disguised; in costume
disfrutar (de) *v.* to enjoy **2**
disgustado/a *adj.* upset **1**
disgustar *v.* to upset **2**
disminuir *v* to decrease
disponer (de) *v.* to have; to make use of **3**
disponerse a *v.* to be about to **6**
disponible *adj.* available
distinguido/a *adj.* honored
distinguir *v.* to distinguish **1**
distraer *v.* to distract **1**
distraído/a *adj.* distracted
disturbio *m.* riot
diversidad *f.* diversity **4**
divertido/a *adj.* fun **2**
divertirse (e:ie) *v.* to have fun **2**
divorciado/a *adj.* divorced **1**
divorcio *m.* divorce **1**
doblado/a *adj.* dubbed
doblaje *m.* dubbing (film)
doblar *v.* to dub (film); to fold; to turn (*a corner*)
doble *m., f.* double (*in movies*)
documental *m.* documentary
dolencia *f.* illness; condition
doler (o:ue) *v.* to hurt; to ache **2**
dominio *m.* rule
dominó *m.* dominoes
dondequiera *adv.* wherever **4**
dormir (o:ue) *v.* to sleep **2**
dormirse (o:ue) *v.* to go to sleep, to fall asleep **2**
dramaturgo/a *m., f.* playwright
ducharse *v.* to take a shower **2**
dueño/a *m., f.* owner
duro/a *adj.* hard; difficult

E

echar *v.* to throw away; **echar un vistazo** to take a look; **echar a correr** to take off running
ecosistema *m.* ecosystem **6**
ecoturismo *m.* ecotourism **5**
Edad Media *f.* Middle Ages
editar *v.* to publish
educar *v.* to raise; to bring up **1**
efectivo *m.* cash
efectos especiales *m., pl.* special effects
efectos secundarios *m.pl.* side effects **4**
eficiente *adj.* efficient
ejecutivo/a *m., f.* executive; **de corte ejecutivo** of an executive nature
ejército *m.* army
electoral *adj.* electoral
electrónico/a *adj.* electronic
elegido/a *adj.* chosen; elected
elegir (e:i) *v.* to elect; to choose
embajada *f.* embassy
embajador(a) *m., f.* ambassador
embalarse *v.* to go too fast
embarcar *v.* to board
emigrar *v.* to emigrate
emisión *f.* broadcast; **emisión en vivo/ directo** *f.* live broadcast
emisora *f.* (radio) station
emocionado/a *adj.* excited **1**
empatar *v.* to tie (*games*) **2**
empate *m.* tie (*game*) **2**
empeorar *v.* to deteriorate; to get worse **4**
emperador *m* emperor
emperatriz *f.* empress
empezar (e:ie) *v.* to begin
empleado/a *adj.* employed
empleado/a *m., f.* employee
empleo *m.* employment; job
empresa *f.* company; **empresa multinacional** *f.* multinational company
empresario/a *m., f.* entrepreneur
empujar *v.* to push
en línea *adj.* online
enamorado/a (de) *adj.* in love (with) **1**
enamorarse (de) *v.* to fall in love (with) **1**
encabezar *v.* to lead
encantar *v.* to like very much **2**
encargado/a *m., f.* person in charge; **estar encargado/a de** to be in charge of **1**
encargarse de *v.* to be in charge of **1**
encender (e:ie) *v.* to turn on **3**
encogerse *v.* shrink; **encogerse de hombros** to shrug
energía *f.* energy; **energía eólica** *f.* wind energy; wind power; **energía nuclear** *f.* nuclear energy
enérgico/a *adj.* energetic
enfermarse *v.* to get sick **4**
enfermedad *f.* disease; illness **4**
enfermero/a *m., f.* nurse **4**
enfrentar *v.* to confront
engañar *v.* to betray
engordar *v.* to gain weight **4**
enlace *m.* link
enojo *m.* anger
enrojecer *v.* to turn red; to blush
ensayar *v.* to rehearse
ensayista *m., f.* essayist
ensayo *m.* essay; rehearsal

enseguida right away **3**
enseñanza *f.* teaching; lesson
entender (e:ie) *v.* to understand
enterarse (de) *v.* to become informed (about)
enterrado/a *adj.* buried
enterrar (e:ie) *v.* to bury
entonces *adv.* then; **en aquel entonces** at that time **3**
entrada *f.* admission ticket
entrega *f.* delivery
entrenador(a) *m., f.* coach; trainer **2**
entretener(se) (e:ie) *v.* to entertain, to amuse (oneself); to be held up **1, 2**
entretenido/a *adj.* entertaining **2**
entrevista *f.* interview; **entrevista de trabajo** *f.* job interview
envenenado/a *adj.* poisoned **6**
enviar *v.* to send
eólico/a *adj.* related to the wind; **energía eólica** *f.* wind energy; wind power
epidemia *f.* epidemic **4**
episodio *m.* episode; **episodio final** *m.* final episode
época *f.* era; epoch; historical period
equipaje *m.* luggage
equipo *m.* team **2**
equivocarse *v.* to be mistaken; to make a mistake **2**
erosión *f.* erosion **6**
erudito/a *adj.* learned
esbozar *v.* to sketch
esbozo *m.* outline; sketch
escalada *f.* climb (*mountain*)
escalador(a) *m., f.* climber
escalera *f.* staircase **3**
escena *f.* scene
escenario *m.* scenery; stage **2**
esclavitud *f.* slavery
esclavizar *v.* enslave
esclavo/a *m., f.* slave
escoba *f.* broom
escoger *v.* to choose **1**
escritura *f.* writing
esculpir *v.* to sculpt
escultor(a) *m., f.* sculptor
escultura *f.* sculpture
esfuerzo *m.* effort
espacial *adj.* related to space; **transbordador espacial** *m.* space shuttle
espacio *m.* space
espacioso/a *adj.* spacious
espalda *f.* back; **a mis espaldas** behind my back; **estar de espaldas a** to have one's back to
espantar *v.* to scare
especialista *m., f.* specialist
especializado/a *adj.* specialized
especie *f.* species **6**; **especie en peligro de extinción** *f.* endangered species
espectáculo *m.* show **2**
espectador(a) *m., f.* spectator **2**
espejo retrovisor *m.* rearview mirror
espera *f.* wait
esperanza *f.* hope **6**
espuma *f.* foam **5**
espiritual *adj.* spiritual
estabilidad *f.* stability
establecer(se) *v.* to establish (oneself)
estado de ánimo *m.* mood **4**

estallido *m.* explosion
estar *v.* to be; **estar al día** to be up-to-date; **estar bajo presión** to be under stress/pressure; **estar bueno/a** to be good (i.e., *fresh*); **estar a cargo de** to be in charge of; **estar harto/a (de)** to be fed up (with); to be sick (of) **1**; **estar lleno** to be full **5**; **estar al tanto** to be informed; **estar a la venta** to be for sale; **estar resfriado/a** to have a cold **4**
estatal *adj.* public; pertaining to the state
estereotipo *m.* stereotype
estético/a *adj.* aesthetic
estibador de puerto *m.* longshoreman **4**
estilo *m.* style; **al estilo de…** in the style of …
estrecho/a *adj.* narrow
estrella *f.* star; **estrella fugaz** *f.* shooting star; **estrella** *f.* (movie) star [m/f]; **estrella pop** *f.* pop star [m/f]
estreno *m.* premiere; debut **2**
estrofa *f.* stanza
estudio *m.* studio; **estudio de grabación** *m.* recording studio
etapa *f.* stage; phase
eterno/a *adj.* eternal
ético/a *adj.* ethical; **poco ético/a** unethical
etiqueta *f.* label; tag
excitante *adj.* exciting
excursión *f.* excursion; tour **5**
exigir *v.* to demand **1, 4**
exilio político *m.* political exile
éxito *m.* success
exitoso/a *adj.* successful
exótico/a *adj.* exotic
expediente *m.* investigation **5**
experiencia *f.* experience
experimentar *v.* to experience; to feel
experimento *m.* experiment
exploración *f.* exploration
explorar *v.* to explore
explotación *f.* exploitation
explotar *v.* to exploit
exportaciones *f., pl.* exports
exportar *v.* to export
exposición *f.* exhibition
expresionismo *m.* expressionism
expulsar *v.* to expel
extinguir *v.* to extinguish
extinguirse *v.* to become extinct **6**
extrañar *v.* to miss; **extrañar a (alguien)** to miss (someone); **extrañarse de algo** to be surprised about something
extraterrestre *m., f.* alien

F

fábrica *f.* factory
fabricar *v.* to manufacture; to make
facciones *f.* facial features **3**
factor *m.* factor; **factores de riesgo** *m. pl.* risk factors
factura *f.* bill
falda *f.* skirt
fallecer *v* to die
falso/a *adj.* insincere **1**
faltar *v.* to lack; to need **2**
fama *f.* fame; **tener buena/mala fama** to have a good/bad reputation
famoso/a *adj.* famous; **hacerse famoso** *v.* to become famous

farándula *f.* entertainment **1**
faro *m.* lighthouse; beacon **5**
fascinar *v.* to fascinate; to like very much **2**
fatiga *f.* fatigue; weariness
fatigado/a *adj.* exhausted **3**
favor *m.* favor; **hacer el favor** to do someone the favor
favoritismo *m.* favoritism
fe *f.* faith
felicidad *f.* happiness; **¡Felicidades a todos!** Congratulations to all!
feliz *adj.* happy
feria *f.* fair **2**
festejar *v.* to celebrate **2**
festival *m.* festival **2**
fiabilidad *f.* reliability
fiebre *f.* fever **4**
fijarse *v.* to notice; **fijarse en** to take notice of **2**
fijo/a *adj.* permanent; fixed
fin *m.* end; **al fin y al cabo** sooner or later; after all
final: al final de cuentas after all
financiar *v.* to finance
financiero/a *adj.* financial
finanza(s) *f.* finance(s)
firma *f.* signature
firmar *v.* to sign
físico/a *m., f.* physicist
flexible *adj.* flexible
florecer *v.* to flower **6**
flotar *v.* to float **5**
fondo *m.* bottom; **a fondo** *adv.* thoroughly
forma *f.* form; shape; **mala forma física** *f.* bad physical shape; **de todas formas** in any case; **ponerse en forma** *v.* to get in shape **4**
formular *v.* to formulate
fortaleza *f.* strength
forzado/a *adj.* forced
fraile *m.* friar
frasco *m.* flask
freír (e:i) *v.* to fry **3**
frontera *f.* border **5**
fuente *f.* fountain; source; **fuente de energía** energy source **6**
fuerza *f.* force; power; **fuerza de voluntad** will power **4**; **fuerza laboral** labor force; **fuerzas armadas** *f., pl.* armed forces
fulano/a *m., f.* so-and-so
función *f.* performance (*theater/movie*) **2**
funcionar *v.* to work
fusil *m.* rifle
fusilar *v.* shoot, execute by firing squad
futurístico/a *adj.* futuristic

G

galería *f.* gallery
gana *f.* desire; **sentir/tener ganas de** to want to; to feel like
ganar *v.* to win; **ganarse la vida** to earn a living; **ganar bien/mal** to be well/poorly paid; **ganar las elecciones** to win an election; **ganar un partido** to win a game **2**
ganga *f.* bargain **3**
gastar *v.* to spend
gen *m.* gene
generar *v.* to produce; to generate

generoso/a *adj.* generous
genética *f.* genetics
gerente *m., f.* manager
gesto *m.* gesture
gimnasio *m.* gymnasium
globalización *f.* globalization
gobernador(a) *m., f.* governor
gobernante *m., f.* ruler
gobernar (e:ie) *v.* to govern
grabar *v.* to record
gracioso/a *adj.* funny; pleasant **1**
graduarse *v.* to graduate
gravedad *f.* gravity
gripe *f.* flu
gritar *v.* to shout
grupo *m.* group; **grupo musical** *m.* musical group, band
guaraní *m.* Guarani
guardar *v.* to save
guardarse (algo) *v.* to keep (something) to yourself **1**
guerra *f.* war; **guerra civil** civil war; **guerra mundial** world war
guerrero/a *m., f.* warrior
guía turístico/a *m., f.* tour guide **5**
guión *m.* screenplay; script
guita *f.* cash; dough (*Arg.*)
gusanos *m. pl.* worms **4**
gustar *v.* to like **2, 4**; **¡No me gusta nada…!** I don't like … at all!
gusto *m.* taste; **con mucho gusto** gladly; **de buen/mal gusto** in good/bad taste

H

habilidad *f.* skill
hábilmente *adv.* skillfully
habitación *f.* room **5**; **habitación individual/doble** *f.* single/double room **5**
habitante *m., f.* inhabitant
habitar *v.* to inhabit
hablante *m., f.* speaker
hablar *v.* to speak **1**; **Hablando de esto, …** Speaking of that, …
hacer *v.* to do; to make **1, 4**; **hacer algo a propósito** to do something on purpose; **hacer clic** to click; **hacer cola** to wait in line **2**; **hacerle caso a alguien** to pay attention to someone **1**; **hacerle daño a alguien** to hurt someone; **hacer el favor** do someone the favor; **hacerle gracia a alguien** to be funny to someone; **hacerse daño** to hurt oneself; **hacer las maletas** to pack **5**; **hacer mandados** to run errands **3**; **hacer transbordo** *v.* to change (pains, trains) **5**; **hacer un viaje** to take a trip **5**
hallazgo *m.* finding; discovery **4**
hambriento/a *adj.* hungry
haragán/haragana *adj.* lazy; idle
harto/a *adj.* tired; fed up (with); **estar harto/a (de)** to be fed up (with); to be sick (of) **1**
hasta *adv.* until; **hasta la fecha** up until now
hecho *m.* fact **3**; **de hecho** in fact **4**
helar (e:ie) *v.* to freeze
heredar *v.* to inherit
herencia *f.* heritage; **herencia cultural** cultural heritage
herida *f.* injury **4**
herido/a *adj.* injured

herir (e:ie) *v.* to hurt **1**
heroico/a *adj.* heroic
herradura *f.* horseshoe
herramienta *f.* tool; **caja de herramientas** *f.* toolbox
hervir (e:ie) *v.* to boil **3**
hierba *f.* grass
higiénico/a *adj.* hygienic
hindú *adj.* Hindu
hipoteca *f.* mortgage
historia *f.* history
historiador(a) *m., f.* historian
histórico/a *adj.* historic
histórico/a *adj.* historical
hogar *m.* home; fireplace **3**
hojear *v.* to skim
hombre de negocios *m.* businessman
hombro *m.* shoulder; **encogerse de hombros** to shrug
hondo/a *adj.* deep **2**
hora *f.* hour; **horas de visita** *f., pl.* visiting hours
horario *m.* schedule **3**
hormiga *f.* ant **6**
hospedarse *v.* to stay; to lodge
huelga *f.* strike (*labor*)
huella *f.* trace; mark
huerto *m.* orchard
huerteado *m.* produce (*Col.*) **2**
huir *v.* to flee; to run away **3**
humanidad *f.* humankind
húmedo/a *adj.* humid; damp **6**
humillar *v.* to humiliate
humorístico/a *adj.* humorous
hundir *v.* to sink
huracán *m.* hurricane **6**

I

ideología *f.* ideology
idioma *m.* language
iglesia *f.* church
igual *adj.* equal
igualdad *f.* equality
ilusión *f.* illusion; hope
imagen *f.* image; picture **2,**
imaginación *f.* imagination
imparcial *adj.* unbiased
imperio *m.* empire
importaciones *f., pl.* imports
importado/a *adj.* imported
importante *adj.* important **4**
importar *v.* to be important (to); to matter **2, 4**; to import
impostergable *adj.* impossible to put off
impresionar *v.* to impress **1**
impresionismo *m.* impressionism
imprevisto/a *adj.* unexpected **3**
imprimir *v.* to print
improviso: de improviso *adv.* unexpectedly
impuesto *m.* tax; **impuesto de ventas** *m.* sales tax
inalámbrico/a *adj.* wireless
incapaz *adj.* incompetent; incapable
incendio *m.* fire **6**
incertidumbre *f.* uncertainty
incluido/a *adj.* included **5**
inconcluso/a *adj.* unfinished
independencia *f.* independence

índice *m.* index; **índice de audiencia** *m.* ratings
indígena *adj.* indigenous; *m., f.* indigenous person
industria *f.* industry
inesperado/a *adj.* unexpected **3**
inestabilidad *f.* instability
infancia *f.* childhood
inflamado/a *adv.* inflamed **4**
inflamarse *v.* to become inflamed
inflexible *adj.* inflexible
influyente *adj.* influential
informarse *v.* to get information
informática *f.* computer science
informativo *m.* news bulletin
ingeniero/a *m., f.* engineer
ingresar *v.* to enter; to enroll in; to become a member of; **ingresar datos** to enter data
injusto/a *adj.* unjust
inmaduro/a *adj.* immature **1**
inmigración *f.* immigration
inmoral *adj.* immoral
innovador(a) *adj.* innovative
inquietante *adj.* disturbing; unsettling
inscribirse *v.* to register
inseguro/a *adj.* insecure **1**
insensatez *f.* folly **4**
insistir en *v.* to insist on **4**
inspirado/a *adj.* inspired
instalar *v.* to install
instrucción *f.* education
integrarse (a) *v.* to become part (of)
inteligente *adj.* intelligent
intenciones *f. pl.* intentions
interesar *v.* to be interesting to; to interest **2**
Internet *m., f.* Internet
interrogante *m.* question; doubt
intrigante *adj.* intriguing
inundación *f.* flood **6**
inundar *v.* to flood
inútil *adj.* useless **2**
invadir *v.* to invade
inventar *v.* to invent
invento *m.* invention
inversión *f.* investment; **inversión extranjera** *f.* foreign investment
inversor(a) *m., f.* investor
invertir (e:ie) *v.* to invest
investigador(a) *m., f.* researcher
investigar *v.* to investigate; to research
ir *v.* to go **1, 2**; **¡Qué va!** Of course not!; **ir de compras** to go shopping **3**; **ir en serio** to mean it; **irse (de)** to go away (from) **2**; **ir(se) de vacaciones** to take a vacation **5**
irresponsable *adj.* irresponsible
isla *f.* island **5**
itinerario *m.* itinerary **5**

J

jabalí *m.* wild boar
jarabe *m.* syrup **4**
jaula *f.* cage
jornada *f.* (work) day
jubilación *f.* retirement
jubilarse *v.* to retire
judío/a *adj.* Jewish
juego *m.* game **2**; **juego de mesa** board game **2**; **juego de pelota** *m.* ball game **5**

juez(a) *m., f.* judge
jugada *f.* move
jugar (u:ue) *v.* to play
juicio *m.* trial; judgment
jurar *v.* to swear; **to** promise
justicia *f.* justice
justo/a *adj.* just

L

laboratorio *m.* laboratory; **laboratorio espacial** *m.* space lab
ladrillo *m.* brick
ladrón/ladrona *m., f.* thief
lágrimas *f. pl.* tears
lanzar *v.* to throw; to launch
largo/a *adj.* long; **a lo largo de** along; beside; **a largo plazo** long-term
largometraje *m.* full length film
lastimar *v.* to injure
lastimarse *v.* to get hurt **4**
latir *v.* to beat **4**
lavar *v.* to wash **3**
lavarse *v.* to wash (oneself) **2**
lealtad *f.* loyalty
lector(a) *m., f.* reader
lejano/a *adj.* distant **5**
lengua *f.* language; tongue
león *m.* lion **6**
lesión *f.* wound
levantar *v.* to pick up
levantarse *v.* to get up **2**
ley *f.* law; **aprobar una ley** to approve a law; to pass a law; **cumplir la ley** to abide by the law; **proyecto de ley** *m.* bill
leyenda *f.* legend **5**
liberal *adj.* liberal
liberar *v.* to liberate
libertad *f.* freedom; **libertad de prensa** freedom of the press
libre *adj.* free; **al aire libre** outdoors **6**
líder *m., f.* leader
liderazgo *m.* leadership
lidiar *v.* to fight bulls **2**
límite *m.* border
limpiar *v.* to clean **3**
limpieza *f.* cleaning **3**
literatura *f.* literature; **literatura infantil/juvenil** *f.* children's literature
llamativo/a *adj.* striking
llanto *m.* weeping; crying
llegada *f.* arrival **5**
llegar *v.* to arrive
llevar *v.* to carry **2**; **llevar a cabo** to carry out (*an activity*); **llevar... años de (casados)** to be (married) for... years **1**; **llevarse** to carry away **2**; **llevarse bien/mal** to get along well/poorly **1**
llorar *v.* to cry
loco/a: ¡Ni loco/a! *adj.* No way!
locura *f.* madness; insanity
locutor(a) *m., f.* announcer
locutor(a) de radio *m., f.* radio announcer
lograr *v.* to manage; to achieve **3**
loro *m.* parrot
lotería *f.* lottery
lucha *f.* struggle; fight
luchar *v.* to fight; to struggle; **luchar por** to fight (for)
lucir *v.* to wear, to display

lugar *m.* place
lujo *m.* luxury; **de lujo** luxurious
lujoso/a *adj.* luxurious **5**
luminoso/a *adj.* bright
luna *f.* moon; **luna llena** *f.* full moon
luz *f.* light **1**; power; electricity

M

macho *m.* male
madera *f.* wood
madre soltera *f.* single mother
madriguera *f.* burrow; den **3**
madrugar *v.* to wake up early **4**
maduro/a *adj.* mature **1**
magia *f.* magic
maldición *f.* curse
malestar *m.* discomfort **4**
maleta *f.* suitcase **5; hacer las maletas**
  to pack **5**
maletero *m.* trunk
malgastar *v.* to waste **6**
malhumorado/a *adj.* ill tempered; in a
  bad mood
manantial *m.* spring
mancha *f.* stain
manchar *v.* to stain
manejar *v.* to drive
manga *f.* sleeve
manifestación *f.* protest; demonstration
manifestante *m., f.* protester **6**
manipular *v.* to manipulate
mano de obra *f.* labor
manta *f.* blanket
mantener *v.* to maintain; to
  keep; **mantenerse en contacto** *v.* to keep
  in touch **1; mantenerse en forma** to stay
  in shape **4**
manuscrito *m.* manuscript
mañana (el) *m.* future **3**
maquillaje *m.* make-up
maquillarse *v* to put on makeup **2**
mar *m.* sea **6**
maratón *m.* marathon
marca *f.* brand
marcar *v.* to mark; **marcar (un gol/**
  punto) to score (a goal/point) **2**
marcharse *v* to leave
marco *m.* frame
mareado/a *adj.* dizzy **4**
marido *m.* husband
marinero *m.* sailor
mariposa *f.* butterfly
marítimo/a *adj.* maritime
más *adj., adv.* more; **más allá de**
  beyond; **más bien** rather
masticar *v.* to chew
matador/a *m., f.* bullfighter who kills
  the bull **2**
matemático/a *m., f.* mathematician
matiz *m.* subtlety
matrimonio *m.* marriage
mayor *m.* elder
mayor de edad *adj.* of age
mayoría *f.* majority
mazorca *f.* ear of corn **2**
mecánico/a *adj.* mechanical
mecanismo *m.* mechanism
medicina alternativa *f.* alternative medicine

medida *f.* means; measure; **medidas de**
  seguridad *f. pl.* security measures **5**
medio *m.* half; middle; means; **medio**
  ambiente *m.* environment **6; medios de**
  comunicación *m. pl.* media
medir (e:i) *v.* to measure
meditar *v.* to meditate
mejilla *f.* cheek
mejor *adj.* better, best; **a lo**
  mejor *adv.* maybe
mejorar *v.* to improve **4**
mejorarse *v.* to get better **2**
mendigo/a *m., f.* beggar
mensaje *m.* message; **mensaje de**
  texto *m.* text message
mentira *f.* lie **1; de mentiras** pretend **5**
mentiroso/a *adj.* lying **1**
¡Menuda paliza! *(Esp.)* What a beating!
menudo: a menudo *adv.* frequently; often **3**
¿Me permite? *expr.* May I?
mercadeo *m.* marketing **1**
mercado *m.* market
mercado al aire libre *m.* open-air market
mercancía *f.* merchandise
merced (su) *f., form.* you **2**
merecer *v.* to deserve
mesero/a *m., f.* waiter; waitress
mestizo/a *m., f.* person of mixed ethnicity
  (part indigenous)
meta *f.* finish line
meterse *v.* to break in (*to a*
  conversation) **1; meterse en un lío** *v.*
  to get into a mess **5**
mezcla *f.* mixture
mezquita *f.* mosque
miel *f.* honey
milagro *m.* miracle
militar *m., f.* military
mina *f.* mine
ministro/a *m., f.* minister; **ministro/a**
  protestante *m., f.* Protestant minister
minoría *f.* minority
mirada *f.* gaze **1**
misa *f.* mass
mismo/a *adj.* same; **Lo mismo digo yo.**
  The same here.; **él/ella mismo/a**
  himself; herself
mitad *f.* half
mito *m.* myth **5**
moda *f.* fashion; trend; **de moda** *adj.*
  popular; in fashion; **moda pasajera** *f.* fad
modelo *m., f.* model (*fashion*)
moderno/a *adj.* modern
modificar *v.* to modify; to reform
modo *m.* means; manner
mojar *v.* to moisten
mojarse *v.* to get wet
molar *v.* to be cool (*Esp.*) **5**
molestar *v.* to bother; to annoy **2, 5**
momento *m.* moment; **de último**
  momento *adj.* up-to-the-minute; **noticia**
  de último momento *f.* last-minute news
monarca *m., f.* monarch
monja *f.* nun
mono *m.* monkey **6**
monolingüe *adj.* monolingual
montaña *f.* mountain **6**
monte *m.* mountain **6**
moral *adj.* moral
morder (o:ue) *v.* to bite **5, 6**
morirse (o:ue) **de** *v.* to die of **2**

moroso/a *m., f.* debtor
mosca *f.* fly **4, 6**
motosierra *f.* power saw
móvil *m.* cell phone
movimiento *m.* movement
mudar *v.* to change **2**
mudarse *v.* to move (*change residence*) **2**
mueble *m.* furniture **3**
muelle *m.* pier **5**
muerte *f.* death
muestra *f.* sample; example
mujer *f.* woman; wife; **mujer de**
  negocios *f.* businesswoman
mujeriego *m.* womanizer
multa *f.* fine
multinacional *f.* multinational company
multitud *f.* crowd
Mundial *m.* World Cup
muralista *m., f.* muralist
museo *m.* museum
músico/a *m., f.* musician **2**
musulmán/musulmana *adj.* Muslim

N

naipes *m. pl.* playing cards **2**
narrador(a) *m., f.* narrator
narrar *v.* to narrate
narrativa *f.* narrative work
nativo/a *adj.* native
naturaleza muerta *f.* still life
nave espacial *f.* spaceship
navegante *m., f.* navigator
navegar *v.* to sail **5; navegar en Internet**
  to surf the web; **navegar en la red** to surf
  the web
necesario *adj.* necessary **4**
necesidad *f.* need **5; de primerísima**
  necesidad of utmost necessity **5**
necesitar *v.* to need **4**
necio/a *adj.* stupid
negocio *m.* business
nervioso/a *adj.* nervous
ni... ni... *conj.* neither... nor... **ni se le**
  ocurra *expr.* don't you even think
  about it
nido *m.* nest
niebla *f.* fog
nítido/a *adj.* sharp
nivel *m.* level; **nivel del mar** *m.* sea level
nombrar *v.* to name
nombre artístico *m.* stage name **1**
nominación *f.* nomination
nominado/a *m., f.* nominee
noticia *f.* news; **noticias locales/nacionales/**
  internacionales *f. pl.* local/domestic/
  international news
novedad (sin) *expr.* no news
novela rosa *f.* romance novel
novelista *m., f.* novelist
nuca *f.* nape
nutritivo/a *adj.* nutritious **4**

O

o... o... *conj.* either... or...
obedecer *v.* to obey **1**
obesidad *f.* obesity **4**

obra *f.* work; **obra de arte** *f.* work of art; **obra de teatro** *f.* play (*theater*) 2; **obra literaria** *f.* literary play; **obra maestra** *f.* masterpiece 3
obsequio *m.* gift
ocio *m.* leisure
ocultarse *v.* to hide 3
ocurrírsele a alguien *v.* to occur to someone
odiar *v.* to hate 1
ofensa *f.* insult
oferta *f.* offer; proposal
oficio *m.* trade
ofrecerse (a) *v.* to offer (to)
oír *v.* to hear 1
ola *f.* wave 5
óleo *m.* oil painting
Olimpiadas *f. pl.* Olympics
olvidarse (de) *v.* to forget (about) 2
olvido *m.* forgetfulness; oblivion 1
ombligo *m.* navel 4
onda *f.* wave
operación *f.* operation 4
operar *v.* to operate
opinar *v.* to think; to be of the opinion; **Opino que es fea/o.** In my opinion, it's ugly.
oponerse a *v.* to oppose 4
oportunidad *f.* chance
oprimir *v.* to oppress
organismo público *m.* government agency
orgulloso/a *adj.* proud 1; **estar orgulloso/a de** to be proud of
orilla *f.* shore; **a orillas de** on the shore of 6
ornamentado/a *adj.* ornate
oro *m.* gold 4
oscurecer *v.* to darken 6
oso *m.* bear
oveja *f.* sheep 6
ovni *m.* UFO
oyente *m., f.* listener

P

pacífico/a *adj.* peaceful
padre soltero *m.* single father
página *f.* page; **página web** *f.* web page
país en vías de desarrollo *m.* developing country
paisaje *m.* landscape; scenery 6
pájaro *m.* bird 6
palmera *f.* palm tree
panfleto *m.* pamphlet
pantalla *f.* screen 2; **pantalla de computadora** *f.* computer screen; **pantalla de televisión** *f.* television screen 2; **pantalla líquida** *f.* LCD screen
papel *m.* role; **desempeñar un papel** to play a role (*in a play*); to carry out
para *prep.* for **Para mí, ...** In my opinion, ...; **para nada** not at all
paradoja *f.* paradox
parar el carro *v.* to hold one's horses
parcial *adj.* biased
parcialidad *f.* bias

parecer *v.* to seem 2; **A mi parecer, ...** In my opinion, ...; **Al parecer, no le gustó.** It looks like he/she didn't like it. 6; **Me parece hermosa/o.** I think it's pretty.; **Me pareció...** I thought.. 1; **¿Qué te pareció Mariela?** What did you think of Mariela? 1; **Parece que está triste/ contento/a.** It looks like he/she is sad/ happy. 6
parecerse *v.* to look like 2, 3
pared *f.* wall 5
pareja *f.* couple; partner 1
parpadear *v.* to blink
parque *m.* park; **parque de atracciones** *m.* amusement park 2
parroquia *f.* parish
parte *f.* part; **de parte de** on behalf of; **Por mi parte, ...** As for me, ...
particular *adj.* private; personal; particular
partida *f.* game
partido *m.* party (*politics*); game (*sports*); **partido político** *m.* political party; **ganar/perder un partido** to win/lose a game 2
pasado/a de moda *adj.* out-of-date; no longer popular
pasaje (de ida y vuelta) *m.* (round-trip) ticket 5
pasajero/a *adj.* fleeting; passing
pasaporte *m.* passport 5
pasar *v.* to pass; to make pass (*across, through, etc.*); **pasar la aspiradora** to vacuum 3; **pasarlo bien/mal** to have a good/bad/horrible time 1; **Son cosas que pasan.** These things happen.
pasarse *v.* to go too far
pasatiempo *m.* pastime 2
paseo *m.* stroll
paso *m.* passage; pass; step; **abrirse paso** to make one's way
pastilla *f.* pill 4
pasto *m.* grass
pata *f.* foot/leg of an animal
patada *f.* kick 3
patente *f.* patent
payaso/a *m., f.* clown
paz *f.* peace
pecado *m.* sin
pececillo de colores *m.* goldfish
pecho *m.* chest
pedir (e:i) *v* to ask 1, 4; **pedir prestado/a** to borrow; **pedir un deseo** to make a wish
pegar *v.* to stick
peinarse *v.* to comb (one's hair) 2
pelear *v.* to fight
película *f.* film
peligro *m.* danger; **en peligro de extinción** endangered 6
peligroso/a *adj.* dangerous 5
pena *f.* sorrow 4; **¡Qué pena!** What a pity!
pensar (e:ie) *v.* to think 1
pensión *f.* bed and breakfast inn
perder (e:ie) *v.* to miss; to lose; **perder un vuelo** to miss a flight 5; **perder las elecciones** to lose an election; **perder un partido** to lose a game 2
pérdida *f.* loss
perdonar *v.* to forgive; **Perdona.** (*fam.*)/ **Perdone.** (*form.*) Pardon me.; Excuse me.
perfeccionar *v.* to improve; to perfect
periódico *m.* newspaper

periodista *m., f.* journalist
permanecer *v.* to remain; to last 4
permisivo/a *adj.* permissive; easy-going 1
permiso. *m.* permission; **Con permiso** Pardon me.; Excuse me.; **permiso de circulación** *m.* registration
perseguir (e:i) *v.* to pursue; to persecute
personaje *m.* character; **personaje principal/secundario** *m.* main/secondary character
pertenecer (a) *v.* to belong (to) 3
pesadilla *f.* nightmare
pésame (mi más sentido) *m.* my deepest condolences
pesca *f.* fishing 5
pesimista *m., f.* pessimist
peso *m.* weight
pez *m.* fish (*live*) 6
picadura *f.* insect bite 4
picar *v.* to sting, to peck
picnic *m.* picnic
pico *m.* peak, summit
piedad *f.* mercy
piedra *f.* stone 5
pieza *f.* piece (*art*)
pillar(se) *v.* to get (*catch*)
piloto *m., f.* pilot
pincel *m.* paintbrush
pincelada *f.* brush stroke
pintar *v.* to paint 3
pintor(a) *m., f.* painter 3
pintura *f.* paint; painting
pirámide *f.* pyramid 5
plancha *f.* iron
planear *v.* to plan
planeta *m.* planet
planeta *m.* planet
plata *f.* money (*L. Am.*) 2
plaza de toros *f.* bullfighting stadium 2
plazo: a corto/largo plazo short/long-term
población *f.* population
poblador(a) *m., f.* settler; inhabitant
poblar (o:ue) *v.* to settle; to populate
pobreza *f.* poverty
poder (o:ue) *v.* to be able to 1
poderoso/a *adj.* powerful
poesía *f.* poetry
poeta *m., f.* poet
polémica *f.* controversy
polen *m.* pollen
policíaco/a *adj.* detective (*story/novel*)
política *f.* politics
político/a *m., f.* politician
polvo *m.* dust 3; **quitar el polvo** to dust 3
poner *v.* to put; to place 1, 2; **poner a prueba** to test; to challenge; **poner cara (de hambriento/a)** to make a (hungry) face; **poner un disco compacto** to play a CD 2; **poner una inyección** to give a shot 4
ponerse *v.* to put on (*clothing*) 2; **ponerse a dieta** to go on a diet 4; **ponerse bien/ mal** to get well/ill 4; **ponerse de pie** to stand up; **poner la mesa** to set the table 3; **ponerse el cinturón** to fasten the seatbelt 5; **ponerse en forma** to get in shape 4; **ponerse pesado/a** to become annoying
popa *f.* stern 5
porquería *f.* garbage; poor quality
portada *f.* front page; cover

portarse bien *v.* to behave well
portátil *adj.* portable
posible *adj.* possible; **en todo lo posible** as much as possible
pozo *m.* well; **pozo petrolero** *m.* oil well
precioso/a *adj.* lovely **1**
precolombino/a *adj.* pre-Columbian
preferir *(e:ie) v.* to prefer **4**
pregonar *v.* to hawk
preguntarse *v.* to wonder
prehistórico/a *adj.* prehistoric
premiar *v.* to give a prize
premio *m.* prize
prensa *f.* press; **prensa sensacionalista** *f.* tabloid(s); **rueda de prensa** *f.* press conference
preocupado/a (por) *adj.* worried (about) **1**
preocupar *v.* to worry **2**
preocuparse (por) *v.* to worry (about) **2**
presentador(a) de noticias *m., f.* news reporter
presentir *(e:ie) v.* to foresee
presionar *v.* to pressure; to stress
prestar *v.* to lend
prestado/a *adj.* borrowed **2**
presupuesto *m.* budget
prevenido/a *adj.* cautious
prevenir *v.* to prevent **4**
prever *v.* to foresee **6**
previsto/a *adj., p.p.* planned **3**
primer(a) ministro/a *m., f.* prime minister
primeros auxilios *m. pl.* first aid **4**
prisa *f.* hurry; rush **6**
privilegio *m.* privilege
proa *f.* bow **5**
probador *m.* dressing room **3**
probar *(o:ue)* **(a)** *v.* to try **3**
probarse *(o:ue) v.* to try on **3**
procesión *f.* procession
producir *v.* to produce **1**
productivo/a *adj.* productive
profundo/a *adj.* deep
programa (de computación) *m.* software
programador(a) *m., f.* programmer
prohibido/a *adj.* prohibited **5**
prohibir *v.* to prohibit **4**
prometido/a *m., f.* fiancé(e)
prominente *adj.* prominent
promover *(o:ue) v.* to promote
pronunciar *v.* to pronounce; **pronunciar un discurso** to give a speech
propaganda *f.* advertisement
propensión *f.* tendency
propietario/a *m., f.* (property) owner
propio/a *adj.* own **1**
proponer *v.* to propose **1, 4**; **proponer matrimonio** to propose (marriage) **1**
proporcionar *v.* to provide; to supply
propósito: a propósito *adv.* on purpose **3**
prosa *f.* prose
protagonista *m., f.* protagonist; main character
proteger *v.* to protect **1, 6**
protegido/a *adj.* protected **5**
protestar *v.* to protest
provecho *m.* benefit; **Buen provecho.** Enjoy your meal. **6**
proveniente (de) *adj.* originating (in); coming from
provenir (de) *v.* to come from; to originate from

proyecto *m.* project; **proyecto de ley** *m.* bill
prueba *f.* proof
publicar *v.* to publish
publicidad *f.* advertising
público *m.* public; audience
pueblo *m.* people
puente *m.* bridge
puerta de embarque *f.* (airline) gate **5**
puerto *m.* port **5**
puesto *m.* position; job
punto *m.* period **2**
punto de vista *m.* point of view
pureza *f.* purity **6**
puro/a *adj.* pure; clean

Q

quedar *v.* to agree on **2**; to be left over; to fit (clothing) **2**
quedarse *v.* to stay **5**; **quedarse callado/a** to remain silent **1**; **quedarse sin** to run out of **6**; **quedarse sordo/a** to go deaf **4**; **quedarse viudo/a** to become widowed
quehacer *m.* chore **3**
queja *f.* complaint
quejarse (de) *v.* to complain (about) **2**
querer *(e:ie) v.* to love; to want **1, 4**
químico/a *adj.* chemical
químico/a *m., f.* chemist
quirúrgico/a *adj.* surgical
quitar *v.* to take away; to remove **2**; **quitar el polvo** to dust **3**; **quitar la mesa** to clear the table **3**
quitarse *v.* to take off (*clothing*) **2**; **quitarse (el cinturón)** to unfasten (the seatbelt) **5**

R

rabia *f.* rabies **5**
rabino/a *m., f.* rabbi
radiación *f.* radiation
radio *f.* radio
radioemisora *f.* radio station
raíz *f.* root
rana *f.* frog **6**
rancho *m.* ranch
rascarse *v.* to scratch (oneself) **4**
rasgo *m.* trait; characteristic
rata *f.* rat
ratos libres *m. pl.* free time **2**
raya *f.* war paint; stripe **5**
rayo *m.* ray; lightning; **¿Qué rayos...?** What on earth...? **5**
raza *f.* race
reactor *m.* reactor
realismo *m.* realism
realista *adj.* realistic; realist
rebeldía *f.* rebelliousness
rebuscado/a *adj.* complicated
recepción *f.* front desk **5**
receta *f.* prescription **4**
recetar *v.* prescribe
rechazar *v.* to turn down; to reject **1**
rechazo *m.* refusal; rejection
reciclable *adj.* recyclable
reciclar *v.* to recycle **6**
recital *m.* recital
reclamar *v.* to claim; to demand

recomendable *adj.* recommendable; advisable **5**; **poco recomendable** not advisable; inadvisable
recomendar *(e:ie) v.* to recommend **4**
reconocer *v.* to recognize **1**
reconocimiento *m.* recognition
recordar *(o:ue) v.* to remember
recorrer *v.* to visit; to go around **5**
recuerdo *m.* memory
recuperarse *v.* to recover **4**
recurso natural *m.* natural resource **6**
red *f.* network
redactor(a) *m., f.* editor; **redactor(a) jefe** *m., f.* editor-in-chief
redondo/a *adj.* round **2**
reducir (la velocidad) *v.* to reduce (speed) **5**
reembolso *m.* refund **3**
reflejar *v.* to reflect; to depict
reforma *f.* reform; **reforma económica** *f.* economic reform
refugiarse *v* to take refuge
refugio *m.* refuge **6**
regla *f.* rule
regocijo *m.* joy **4**
regresar *v.* to return **5**
regreso *m.* return (trip)
rehacer *v.* to re-make; to re-do **1**
reina *f.* queen
reino *m.* reign; kingdom
reírse *(e:i) v.* to laugh
relacionado/a *adj.* related; **estar relacionado/a** to have good connections
relajarse *v.* to relax **4**
relámpago *m.* lightning **6**
relato *m.* story; account
religión *f.* religion
religioso/a *adj.* religious
reloj *m.* clock
remitente *m.* sender
remo *m.* oar **5**
remordimiento *m.* remorse
rendimiento *m.* performance
rendirse *(e:i) v.* to surrender
renovable *adj.* renewable **6**
renunciar *v.* to quit; **renunciar a un cargo** to resign a post
repaso *m.* revision; review
repentino/a *adj.* sudden **3**
repertorio *m.* repertoire
reportaje *m.* news report
reportero/a *m., f.* reporter
reposo *m.* rest; **estar en reposo** to be at rest
repostería *f.* pastry
represa *f.* dam
reproducirse *v.* to reproduce
reproductor de CD/DVD/MP3 *m.* CD/DVD/MP3 player
resbaladizo/a *adj.* slippery
resbalar *v.* to slip
rescatar *v.* to rescue
resentido/a *adj.* resentful **6**
reservación *f.* reservation
reservar *v.* to reserve **5**
resfriado *m.* cold **4**
residir *v* to reside
resolver *(o:ue) v.* to solve **6**
respeto *m.* respect
respiración *f.* breathing **4**

respirar *v.* to breath **1**

responsable *adj.* responsible

resumidas cuentas (en) *expr.* in a nutshell **3**

retrasado/a *adj.* delayed **5**

retrasar *v.* to delay

retraso *m.* delay

retratar *v.* to portray **3**

retrato *m.* portrait **3**

reunión *f.* meeting

reunirse (con) *v.* to get together (with) **2**

revista *f.* magazine; **revista electrónica** *f.* online magazine

revolucionario/a *adj.* revolutionary

revolver (o:ue) *v.* to stir; to mix up

rey *m.* king

rezar *v.* to pray

riesgo *m.* risk

rima *f.* rhyme

rincón *m.* corner; nook

río *m.* river

riqueza *f.* wealth

rociar *v.* to spray **6**

rodar (o:ue) *v.* to film

rodeado/a *adj.* surrounded

rodear *v.* to surround

rogar (o:ue) *v.* to beg; to plead **2, 4**

romanticismo *m.* romanticism

romper (con) *v.* to break up (with) **1**

rozar *v.* to brush against; to touch lightly

ruedo *m.* bull ring **2**

ruido *m.* noise

ruina *f.* ruin **5**

ruta maya *f.* Mayan Trail **5**

rutina *f.* routine **3**

S

saber *v.* to know; to taste like/of **1**; **¿Cómo sabe?** How does it taste? **4**; **¿Y sabe bien?** And does it taste good? **4**; **Sabe a ajo/menta/limón.** It tastes like garlic/mint/lemon. **4**

sabiduría *f.* wisdom

sabio/a *adj.* wise

sabor *m.* taste; flavor; **¿Qué sabor tiene? ¿Chocolate?** What flavor is it? Chocolate? **4**; **Tiene un sabor dulce/agrio/amargo/agradable.** It has a sweet/sour/bitter/pleasant taste. **4**

sacerdote *m.* priest

saciar *v.* to satisfy; to quench

sacrificar *v.* to sacrifice **6**

sacrificio *m.* sacrifice

sacristán *m.* sexton

sagrado/a *adj.* sacred; holy

sala *f.* room; hall; **sala de conciertos** *f.* concert hall; **sala de emergencias** *f.* emergency room **4**

salida *f.* exit **6**

salir *v.* to leave; to go out **1**; **salir (a comer)** to go out (to eat) **2**; **salir con** to go out with **1**

salto *m.* jump

salud *f.* health **4**; **¡A tu salud!** To your health!; **¡Salud!** Cheers!

saludable *adj.* healthy; nutritious **4**

salvaje *adj.* wild **6**

salvar *v.* to save **6**

sanar *v.* to heal **4**

sangre *f.* blood

sano/a *adj.* healthy **4**

satélite *m.* satellite

sátira *f.* satire

satírico/a *adj.* satirical; **tono satírico/a** *m.* satirical tone

secarse *v.* to dry off **2**

sección *f.* section; **sección de sociedad** *f.* lifestyle section; **sección deportiva** *f.* sports page/section

seco/a *adj.* dry **6**

secuestro *m.* hijacking

seguir (i:e) *v.* to follow

seguridad *f.* safety; security **5**; **cinturón de seguridad** *m.* seatbelt **5**; **medidas de seguridad** *f. pl.* security measures **5**

seguro *m.* insurance **5**

seguro/a *adj.* sure; confident **1**

seleccionar *v.* to select; to pick out **3**

sello *m.* seal; stamp

selva *f.* jungle **5**

semana *f.* week

semanal *adj.* weekly

semilla *f.* seed

senador(a) *m., f.* senator

sensato/a *adj.* sensible **1**

sensible *adj.* sensitive **1**

sentido *m.* sense; **en sentido figurado** figuratively; **sentido común** *m.* common sense

sentimiento *m.* feeling; emotion **1**

sentirse (e:ie) *v.* to feel **1**

señal *f.* sign

señalar *v.* to point to; to signal **2**

separado/a *adj.* separated **1**

sepultar *v.* to bury

sequía *f.* drought **6**

ser *v.* to be **1**

serpiente *f.* snake **6**

servicio de habitación *m.* room service **5**

servicios *m., pl* facilities

servidumbre *f.* servants; servitude **3**

sesión *f.* showing

¡Siga! *expr.* Come on in! **2**

siglo *m.* century

silbar *v.* to whistle

sillón *m.* armchair

simpático/a *adj.* nice

sin *prep.* without; **sin ti** without you (*fam.*)

sinagoga *f.* synagogue

sincero/a *adj.* sincere

sindicato *m.* labor union

síntoma *m.* symptom

sintonía *f.* tuning; synchronization

sintonizar *v.* to tune into (radio or television)

siquiera *conj.* even; **ni siquiera** *conj.* not even

sitio web *m.* website

situado/a *adj.* situated; located; **estar situado/a en** to be set in

soberanía *f.* sovereignty

soberano/a *m., f.* sovereign; ruler

sobre *m.* envelope

sobre todo above all **6**

sobredosis *f.* overdose

sobrevivencia *f.* survival

sobrevivir *v.* to survive

sociable *adj.* sociable

sociedad *f.* society

socio/a *m., f.* partner; member

solar *adj.* solar

soldado *m.* soldier

soledad *f.* solitude; loneliness **3**

soler (o:ue) *v.* to be in the habit of; to be used to **3**

solicitar *v.* to apply for

solo/a *adj.* alone; lonely **1**

soltero/a *adj.* single **1**; **madre soltera** *f.* single mother; **padre soltero** *m.* single father

sonar (o:ue) *v.* to ring

soñar (o:ue) **(con)** *v.* to dream (about) **1**

soplar *v.* to blow

soportar *v.* to support; **soportar a alguien** to put up with someone **1**

sordo/a *adj.* deaf; **quedarse sordo/a** to go deaf *v.* **4**

sorprender *v.* to surprise **2**

sorprenderse (de) *v.* to be surprised (about) **2**

sortija *f.* ring

sospecha *f.* suspicion

sospechar *v.* to suspect

sótano *m.* basement **3**

suavidad *f.* smoothness

subasta *f.* auction

subdesarrollo *m.* underdevelopment

subida *f.* ascent

subtítulos *m., pl.* subtitles

suburbio *m.* suburb

suceder *v.* to happen **1**

sucursal *f.* branch

sudores *m. pl.* sweats **5**

sueldo *m.* salary; **aumento de sueldo** raise in salary *m.*; **sueldo fijo** *m.* base salary; **sueldo mínimo** *m.* minimum wage

suelo *m.* floor

suelto/a *adj.* loose

sueños *m. pl.* dreams **1**

sufrimiento *m.* pain; suffering

sufrir (de) *v.* to suffer (from) **4**

sugerir (e:ie) *v.* to suggest **4**

superar *v.* to exceed, **to overcome 1**

superficie *f.* surface

supermercado *m.* supermarket **3**

supervivencia *f.* survival

suponer *v.* to suppose **1**

suprimir *v.* to abolish; to suppress

supuesto/a *adj.* false; so-called; supposed; **Por supuesto.** Of course.

surrealismo *m.* surrealism

suscribirse (a) *v.* to subscribe (to)

T

tablero *m.* chessboard

tacaño/a *adj.* cheap; stingy **1**

tacón *m.* heel; **tacón alto** high heel

tal como *conj.* just as

talento *m.* talent **1**

talentoso/a *adj.* talented **1**

taller *m.* workshop

tanque *m.* tank **6**

tapa *f.* lid, cover

tapón *m.* traffic jam

taquilla *f.* box office **2**

tarjeta *f.* card; **tarjeta de crédito/débito** *f.* credit/debit card **3**; **tarjeta de embarque** *f.* boarding card **5**

tatarabuelo/a *m., f.* great-great-grandfather/mother

teatro *m.* theater

teclado *m.* keyboard

tela *f.* canvas

teléfono celular *m.* cell phone

telenovela *f.* soap opera

telescopio *m.* telescope

televidente *m., f.* television viewer

televisión *f.* television **2**

televisor *m.* television set **2**

templo *m.* temple

temporada *f.* season **temporada alta/ baja** *f.* high/low season **5**

tendencia *f.* trend; **tendencia izquierdista/ derechista** *f.* left-wing/right-wing bias

tener (e:ie) *v.* to have **1**; **tener buen/mal aspecto** to look healthy/sick **4**; **tener buena/mala fama** to have a good/ bad reputation; **tener celos (de)** to be jealous (of) **1**; **tener fiebre** to have a fever **4**; **tener vergüenza (de)** to be ashamed (of) **1**

tensión (alta/baja) *f.* (high/low) blood pressure **4**

teoría *f.* theory

terapia intensiva *f.* intensive care **4**

térmico/a *adj.* thermal

terremoto *m.* earthquake **6**

terreno *m.* land **6**

territorio *m.* territory

terrorismo *m.* terrorism

testigo *m., f.* witness

tiburón *m.* shark **5**

tiempo *m.* time; **a tiempo** on time **3**; **tiempo libre** *m.* free time **2**

tierra *f.* land; earth **6**

tigre *m.* tiger **6**

timbre *m.* doorbell; tone; tone of voice **3**; **tocar el timbre** to ring the doorbell **3**

timidez *f.* shyness

tímido/a *adj.* shy **1**

típico/a *adj.* typical; traditional

tiple *m.* type of guitar **2**

tipo *m.* guy **2**

tira cómica *f.* comic strip

tirar *v.* to throw

titular *m.* headline

titularse *v.* to graduate **3**

tocar + me/te/le, etc. *v.* to be my/your/ his turn; **¿A quién le toca pagar la cuenta?** Whose turn is it to pay the tab? **2**; **¿Todavía no me toca?** Is it my turn yet? **2**; **A Johnny le toca hacer el café.** It's Johnny's turn to make coffee. **2**; **Siempre te toca lavar los platos.** It's always your turn to wash the dishes. **2**; **tocar el timbre** to ring the doorbell **3**; **tocar (un instrumento)** to play

tomar *v.* to take; **tomar en cuenta** *v.* to take into consideration **1**; **tomar en serio** to take seriously

torear *v.* to fight bulls in the bullring **2**

toreo *m.* bullfighting **2**

torero/a *m., f.* bullfighter **2**

tormenta *f.* storm; **tormenta tropical** *f.* tropical storm **6**

torneo *m.* tournament **2**

tos *f.* cough **4**

toser *v.* to cough **4**

tóxico/a *adj.* toxic **6**

tozudo/a *adj.* stubborn

trabajador(a) *adj.* industrious; hard-working

trabajar duro to work hard

tradicional *adj.* traditional **1**

traducir *v.* to translate **1**

traer *v.* to bring **1**

tráfico de esclavos *m.* slave trade **4**

tragar *v.* to swallow

trágico/a *adj.* tragic

traición *f.* betrayal

traidor(a) *m., f.* traitor

traje de luces *m.* bullfighter's outfit (*lit.* costume of lights) **2**

trama *f.* plot

tranquilo/a *adj.* calm **1**; **Tranquilo/a.** Be calm.; Relax.

transbordador espacial *m.* space shuttle

transcurrir *v.* to take place

tránsito *m.* traffic

transmisión *f.* transmission

transmitir *v.* to broadcast

transplantar *v.* to transplant

transporte público *m.* public transportation

trasnochar *v.* to stay up all night **4**

trastorno *m.* disorder

tratado *m.* treaty

tratamiento *m.* treatment **4**

tratar *v.* to treat **4**; **tratar (sobre/acerca de)** to be about; to deal with **4**

tratarse de *v.* to be about; to deal with

trayectoria *f.* path; history **1**

trazar *v.* to trace

tribu *f.* tribe

tribunal *m.* court

tripa *f.* belly **5**

tripulación *f.* crew **5**

tropical *adj.* tropical; **tormenta tropical** *f.* tropical storm **6**

truco *m.* trick **2**

trueno *m.* thunder **6**

trueque *m.* barter; exchange

tubería *f.* piping; plumbing **6**

turbio/a *adj.* murky **1**

turismo *m.* tourism **5**

turista *m., f.* tourist **5**

turístico/a *adj.* tourist **5**

U

ubicar *v.* to put in a place; to locate

ubicarse *v.* to be located

único/a *adj.* unique

unirse *v.* to join

uña *f.* fingernail

urbano/a *adj.* urban

urgente *adj.* urgent **4**

usuario/a *m., f.* user

útil *adj.* useful

V

vaca *f.* cow **6**

vacuna *f.* vaccine **4**

vacunar(se) *v.* to vaccinate/to get vaccinated **4**

vago/a *m., f.* slacker

vagón *m.* carriage; coach

valer *v.* to be worth **1**

valiente brave **5**

valioso/a *adj.* valuable **6**

valor *m.* bravery; value

vándalo/a *m., f.* vandal **6**

vanguardia *f.* vanguard; **a la vanguardia** at the forefront

vedado/a *adj.* forbidden **3**

vela *f.* candle

venado *m.* deer

vencer *v.* to conquer; to defeat **2**

vencido/a *adj.* expired **5**

venda *f.* bandage **4**

vendedor(a) *m., f.* salesperson

veneno *m.* poison **6**

venenoso/a *adj.* poisonous **6**

venir (e:ie) *v.* to come **1**

venta *f.* sale; **estar a la venta** to be for sale

ventaja *f.* advantage

ver *v.* to see **1**; **Yo lo/la veo muy triste.** He/She looks very sad to me. **6**

vergüenza *f.* shame; embarrassment; **tener vergüenza (de)** to be ashamed (of) **1**

verse *v.* to look; to appear; **Se ve tan feliz.** He/She looks so happy. **6**; **¡Qué guapo/a te ves!** How attractive you look! (*fam.*) **6**; **¡Qué elegante se ve usted!** How elegant you look! (*form.*) **6**

verso *m.* line (*of poetry*)

vestidor *m.* fitting room

vestirse (e:i) *v.* to get dressed **2**

vez *f.* time; **a veces** *adv.* sometimes **3**; **de vez en cuando** now and then; once in a while **3**; **por primera/última vez** for the first/last time **2**; **érase una vez** once upon a time

viaje *m.* trip **5**; **hacer un viaje** to take a trip **5**

viajero/a *m., f.* traveler **5**

victoria *f.* victory

victorioso/a *adj.* victorious

vida *f.* life; **vida cotidiana** *f.* everyday life

video musical *m.* music video

videojuego *m.* video game **2**

vigente *adj.* valid **5**

vigilar *v.* to watch

virus *m.* virus **4**

vistazo *m.* glance; **echar un vistazo** to take a look

viudo/a *adj.* widowed **1**

viudo/a *m., f.* widower/widow

vivir *v.* to live **1**

vivo: en vivo *adj.* live

volar (o:ue) *v.* to fly

volver (o:ue) *v.* to come back

votar *v.* to vote

vuelo *m.* flight

vuelta *f.* return (trip)

W

web *f.* (the) web

Y

yeso *m.* cast **4**

Z

zaguán *m.* entrance hall; vestibule **3**

zoológico *m.* zoo **2**

English–Spanish

A

@ symbol arroba *f.*
abolish suprimir *v.*
above all sobre todo **6**
absent ausente *adj.*
abstract abstracto/a *adj.*
accentuate acentuar *v.*
accept coger la caña *v.* (*Col.*) **2**
accident accidente *m.;* **car accident** accidente automovilístico *m.* **5**
account cuenta *f.;* **(story)** relato *m.;* **checking account** cuenta corriente *f.;* **savings account** cuenta de ahorros *f.*
accountant contador(a) *m., f.*
accustomed to acostumbrado/a *adj.;* **to grow accustomed (to)** acostumbrarse (a) *v.* **3**
ache doler (o:ue) *v.* **2**
achieve lograr *v.* **3;** alcanzar *v.*
activist activista *m., f.*
actor actor *m.*
actress actriz *f.*
add añadir *v.*
admission ticket entrada *f.*
adore adorar *v.* **1**
advance avance *m.*
advanced adelantado/a; avanzado/a *adj.*
advantage ventaja *f.;* **to take advantage of** aprovechar *v*
adventure aventura *f.* **5**
adventurer aventurero/a *m., f.* **5**
advertising publicidad *f.*
advertisement anuncio *m.,* propaganda *f.*
advisable recomendable *adj.* **5; not advisable, inadvisable** poco recomendable *adj.*
advise aconsejar *v.* **4**
advisor asesor(a) *m., f.*
aesthetic estético/a *m., f.*
affection cariño *m.* **1**
affectionate cariñoso/a *adj.* **1**
after all al final de cuentas; al fin y al cabo
against contra *prep.;* **against** en contra *prep.* **1**
age: of age mayor de edad
agent agente *m., f.;* **customs agent** agente de aduanas *m., f.* **5**
agnostic agnóstico/a *adj.*
agree acordar (o:ue) *v.* **2; to agree on** quedar *v.* **2**
aid auxilio *m.;* **first aid** primeros auxilios *m. pl.* **4**
aim apuntar *v.*
album álbum *m.* **2**
alibi coartada *f.*
alien extraterrestre *m., f.*
allusion alusión *f.*
almost casi *adv.* **3**
alone solo/a *adj.* **1**
alternative medicine medicina alternativa *f.*
amaze asombrar *v.*
amazement asombro *m.*
ambassador embajador(a) *m., f.*

amuse (oneself) entretener(se) (e:ie) *v.* **2**
ancient antiguo/a *adj.*
anger enojo *m.*
announcer conductor(a) *m., f.;* locutor(a) *m., f.*
annoy molestar *v.* **2, 5**
ant hormiga *f.* **6**
antenna antena *f.*
antiquity antigüedad *f.*
anxiety ansia *f.* **1**
anxious ansioso/a *adj.* **1**
apologize disculparse *v.* **6**
appear aparecer *v.* **1**
appearance aspecto *m.*
applaud aplaudir *v.* **2**
apply for solicitar *v.*
appreciate apreciar *v.* **1**
appreciated apreciado/a *adj.*
approach acercarse (a) *v.* **2**
approval aprobación *f.*
approve aprobar (o:ue) *v.*
archaeologist arqueólogo/a *m., f.*
archaeology arqueología *f.*
argue discutir *v.* **1**
arid árido/a *adj.*
aristocratic aristocrático/a *adj.*
armchair sillón *m.*
armed armado/a *adj.*
army ejército *m.*
arrival llegada *f.* **5**
arrive llegar *v.*
artifact artefacto *m.* **5**
artisan artesano/a *m., f.*
ascent subida *f.*
ashamed avergonzado/a *adj.;* **to be ashamed (of)** tener vergüenza (de) *v.* **1**
ask pedir (e:i) *v* **1, 4**
aspirin aspirina *f.* **4**
assure asegurar *v.*
astonished: be astonished asombrarse *v.;* atónito/a *adj.*
astonishing asombroso/a *adj.*
astonishment asombro *m.*
astronaut astronauta *m., f.*
astronomer astrónomo/a *m., f.*
atheism ateísmo *m.*
atheist ateo/a *adj.*
athlete deportista *m., f.* **2**
ATM cajero automático *m.*
attach adjuntar *v.;* **to attach a file** adjuntar un archivo *v.*
attract atraer *v.* **1**
attraction atracción *f.*
auction subasta *f.*
audience audiencia *f.*
audience público *m.*
authoritarian autoritario/a *adj.* **1**
autobiography autobiografía *f.*
available disponible *adj.*
awkward situation compromiso *m.*

B

back espalda *f.;* **behind my back** a mis espaldas; **to have one's back to** estar de espaldas a
bag bolsa *f.*
balcony balcón *m.* **3**
ball balón *m.*

ball field campo *m.* **5**
ball game juego de pelota *m.* **5**
band conjunto (musical) *m.*
bandage venda *f.* **4**
banking bancario/a *adj.*
bankruptcy bancarrota *f.*
baptism bautismo *m.*
bargain ganga *f.* **3**
barter trueque *m.*
basement sótano *m.* **3**
battle batalla *f.* **4**
bay bahía *f.* **5**
be able to poder (o:ue) *v.* **1**
be about (deal with) tratarse de *v.;* tratar (sobre/acerca de) *v.* **4**
be about to disponerse a *v.* **6**
be cool molar *v.* (*Esp.*) **5**
be held up entretenerse *v.* **1**
be promoted ascender (e:ie) *v.*
bear oso *m.*
beat latir *v.* **4**
beauty belleza *f.*
become convertirse (en) (e:ie) *v.* **1; to become annoying** ponerse pesado/a *v.;* **to become extinct** extinguirse *v.* **6; to become infected** contagiarse *v.* **4; to become inflamed** inflamarse *v.;* **to become informed (about)** enterarse (de) *v.;* **to become part (of)** integrarse (a) *v.;* **to become tired** cansarse *v.*
bed and breakfast inn pensión *f.*
beehive colmena *f.*
beforehand de antemano
beg rogar *v.* **2, 4**
beggar mendigo/a *m., f.*
begin empezar (e:ie) *v.*
behalf: on behalf of de parte de
behave well portarse bien *v.*
belief creencia *f.*
believe (in) creer (en) *v.;* **Don't you believe it.** No creas.
believer creyente *m., f.*
belly tripa *f.* **5**
belong (to) pertenecer (a) *v.* **3**
belt cinturón *m.;* **seatbelt** cinturón de seguridad *m.* **5**
benefits beneficios *m. pl.*
bet apuesta *f.*
bet apostar (o:ue) *v.*
betray engañar *v.*
betrayal traición *f.*
better mejor *adj.;* **maybe** a lo mejor *adv.* **1**
beyond más allá de
bias parcialidad *f.;* **left-wing/right-wing bias** tendencia izquierdista/derechista *f.*
biased parcial *adj.*
bilingual bilingüe *adj.*
bill factura *f.;* cuenta *f.;* proyecto de ley *m.*
billiards billar *m.* **2**
biochemical bioquímico/a *adj.*
biography biografía *f.*
biologist biólogo/a *m., f.*
bird ave *f.* **6;** pájaro *m.* **6**
bite morder (o:ue) *v.* **5, 6**
blanket manta *f.*
bless bendecir *v.*
blessed bendito/a *adj.* **2**
blindness ceguera *f.* **4**
blink parpadear *v.*

blog blog *m.*

blognovel blogonovela *f.*

blogosphere blogosfera *f.*

blood sangre *f.* 4; **(high/low) blood pressure** tensión (alta/baja) *f.* 4

blow soplar *v.;* **to blow out the candles** apagar las velas *v.*

blurred confuso/a *adj.* 1

blush enrojecer *v.*

board embarcar *v.;* **on board** a bordo *adj.* 5

board game juego de mesa *m.* 2

boat bote *m.* 5

body cuerpo *m.*

boil hervir (e:ie) *v.* 3

bombing bombardeo *m.* 6

border frontera *f.* 5

border límite *m.*

bore aburrir *v.* 2

borrow pedir prestado/a *v.*

borrowed prestado/a *adj.* 2

both ambos/as *pron., adj.*

bother molestar *v.* 2, 5

bottom fondo *m.*

bow proa *f.* 5

bowling boliche *m.* 2

box caja *f.;* **toolbox** caja de herramientas *f.*

box office taquilla *f.* 2

branch sucursal *f.*

brand marca *f.*

brave valiente 5

bravery valor *m.*

break in (to a conversation) meterse *v.* 1

break up (with) romper (con) *v.* 1

breakthrough avance *m.*

breath respirar *v.* 1

breathing respiración *f.* 4

brick ladrillo *m.*

bridge puente *m.*

bright luminoso/a *adj.*

bring traer *v.* 1; **to bring down** derribar *v.;* **to bring up (raise)** educar *v.* 1

broadcast emisión *f.;* **live broadcast** emisión en vivo/directo *f.*

broadcast transmitir *v.*

broom escoba *f.*

brush cepillarse *v.* 2; **to brush against** rozar *v.*

brush stroke pincelada *f.*

Buddhist budista *adj.*

budget presupuesto *m.*

buffalo búfalo *m.*

bull ring ruedo *m.* 2

bullfight corrida *f.* 2

bullfighter torero/a *m., f.* 2; **bullfighter who kills the bull** matador/a *m., f.* 2; **bullfighter's outfit** traje de luces *m.* 2

bullfighting toreo *m.* 2; **bullfighting stadium** plaza de toros *f.* 2

bureaucracy burocracia *f.*

buried enterrado/a *adj.*

burrow madriguera *f.* 3

bury enterrar (e:ie), sepultar *v.*

business negocio *m.*

businessman hombre de negocios *m.*

businesswoman mujer de negocios *f.*

butterfly mariposa *f.*

C

cage jaula *f.*

calculation, sum cuenta *f.*

calm tranquilo/a *adj.* 1

calm down calmarse *v.;* **Calm down.** Tranquilo/a.

campaign campaña *f.*

campground campamento *m.* 5

cancel cancelar *v.* 5

cancer cáncer *m.*

candidate candidato/a *m., f.*

candle vela *f.*

canon canon *m.*

canvas tela *f.*

capable capaz *adj.*

cape cabo *m.*

captain capitán *m.*

card tarjeta *f.;* **boarding card** tarjeta de embarque *f.* 5; **credit/debit card** tarjeta de crédito/débito *f.* 3; **(playing) cards** cartas, *f. pl.* 2, naipes *m. pl.* 2

care cuidado *m.* 1; **personal care** aseo personal *m.*

carefree despreocupado/a *adj.*

careful cuidadoso/a *adj.* 1

caress acariciar *v.*

carriage vagón *m.*

carry llevar *v.* 2; **to carry away** llevarse *v.* 2; **to carry out** cumplir *v.;* **to carry out (an activity)** llevar a cabo *v.*

cascade cascada *f.* 5

case: in any case de todas formas

cash dinero en efectivo *m.;* (*Arg.*) guita *f.*

cashier cajero/a *m., f.*

casket ataúd *m.*

cast yeso *m.* 4

catastrophe catástrofe *f.*

catch atrapar *v.* 6

catch pillar *v.*

category categoría *f.* 5

Catholic católico/a *adj.*

cautious prevenido/a *adj.*

cave cueva *f.*

celebrate celebrar, festejar *v.* 2

celebrity celebridad *f.*

cell célula *f.;* **celda** *f.*

cell phone móvil *m.*, teléfono celular *m.;* **(cell phone) service** cobertura *f.* 5

cemetery cementerio *m.*

censorship censura *f.*

cent centavo *m.*

century siglo *m.*

certain cierto/a *adj.*

certainty certeza *f.* certidumbre *f.*

challenge desafío *m.;* desafiar *v.* 2; poner a prueba *v.*

challenging desafiante *adj.* 4

champion campeón/campeona *m., f.* 2

championship campeonato *m.*

chance azar, *m.* casualidad *f.;* oportunidad *f.;* **by chance** por casualidad 3

change cambio *m.;* cambiar; mudar *v.* 2; **to change (plains, trains)** hacer transbordo *v.* 5

channel canal *m.;* **television channel** canal de televisión *m.*

chapel capilla *f.*

chapter capítulo *m.*

character personaje *m.;* **main/ secondary character** personaje principal/secundario *m.*

characteristic (trait) rasgo *m.*

characterization caracterización *f.*

charge cobrar *v.*

charge: be in charge of encargarse de *v.* 1; estar a cargo de; estar encargado/a de; **person in charge** encargado/a *m., f.*

cheap (stingy) tacaño/a *adj.* 1; **(inexpensive)** barato/a *adj.* 3

cheek mejilla *f.*

cheer up animar *v.;* **Cheer up!** ¡Anímate! (*sing.*); ¡Anímense! (*pl.*) 2

Cheers! ¡Salud!

chef cocinero/a *m., f.*

chemical químico/a *adj.*

chemist químico/a *m., f.*

chess ajedrez *m.* 2

chessboard tablero *m.*

chest pecho *m.*

chew masticar *v.*

childhood infancia *f.*

choir coro *m.*

choose elegir (e:i) *v.;* escoger *v.* 1

chore quehacer *m.* 3

chorus coro *m.*

chosen elegido/a *adj.*

Christian cristiano/a *adj.*

church iglesia *f.*

cinema cine *m.* 2

circus circo *m.* 2

cistern cisterna *f.* 6

citizen ciudadano/a *m., f.*

civilization civilización *f.*

civilized civilizado/a *adj.*

claim reclamar *v.*

clarify aclarar *v.*

classic clásico/a *adj.*

clean limpiar *v.* 3

clean (pure) puro/a *adj.*

cleanliness aseo *m.*

clear (the table) quitar (la mesa) *v.* 3

clearing limpieza *f.* 3

click hacer clic

cliff acantilado *m.*

climate clima *m.*

climb (mountain) escalada *f.*

climber escalador(a) *m., f.*

clock reloj *m.*

cloister claustro *m.*

clone clonar *v.*

clown payaso/a *m., f.*

club club *m.;* **sports club** club deportivo *m.* 2

coach (train) vagón *m.;* **coach (trainer)** entrenador(a) *m., f.* 2

coast costa *f.* 6

cockpit cabina *f.* 5

cockroach cucaracha *f.* 6

coincidence casualidad *f.;* chiripazo *m.* (*Col.*) 4

cold resfriado *m.* 4; **to have a cold** estar resfriado/a *v.* 4

collect coleccionar *v.*

colonize colonizar *v.*

colony colonia *f.*

columnist columnista *m., f.*

comb one's hair peinarse *v.* 2

combatant combatiente *m., f.*

come venir *v.* **1**; **to come back** volver (o:ue) *v.*; **to come from** provenir (de) *v.*; **Come on in!** ¡Siga! *expr.* **2**; **to come to an end** acabarse *v.* **6**; **to come with** acompañar *v.*
comedian comediante *m., f.* **1**
comet cometa *m.*
comic strip tira cómica *f.*
commerce comercio *m.*
commercial anuncio *m.*
commitment compromiso *m.* **1**
community comunidad *f.* **4**
company compañía *f.*, empresa *f.*; **multinational company** empresa multinacional *f.*, multinacional *f.*
compass brújula *f.* **5**
competent capaz *adj.*
complain (about) quejarse (de) *v.* **2**
complaint queja *f.*
complicated rebuscado/a *adj.*
compose componer *v.* **1**
composer compositor(a) *m., f.*
computer science informática *f.*; computación *f.*
concert concierto *m.* **2**
condition (illness) dolencia *f.*
condolences (my deepest) mi más sentido pésame *m.*
conference conferencia *f.*
confess confesar (e:ie) *v.*
confidence confianza *f.* **1**
confident seguro/a *adj.* **1**
confront enfrentar *v.*
confuse (with) confundir (con) *v.*
confused confundido/a *adj.*
congested congestionado/a *adj.*
Congratulations! ¡Felicidades!; **Congratulations to all!** ¡Felicidades a todos!
connection conexión *f.*; **to have good connections** estar relacionado *v.*
conquer conquistar, *v.* vencer *v.* **2**
conqueror conquistador(a) *m., f.*
conquest conquista *f.*
conscience conciencia *f.*
consequently por consiguiente *adj.*
conservative conservador(a) *adj.*
conserve conservar *v.* **6**
consider considerar *v.*
consulate consulado *m.*
consultant asesor(a) *m., f.*
consumption consumo *m.*; **energy consumption** consumo de energía *m.*
contaminate contaminar *v.* **6**
contamination contaminación *f.* **6**
contemporary contemporáneo/a *adj.*
contented: be contented with contentarse con *v.* **1**
contract contrato *m.*; contraer *v.* **1**
contribute contribuir (a) *v.* **6**
contribution aportación *f.*
controversial controvertido/a *adj.*
controversy polémica *f.*
cook cocinero/a *m., f.*
cook cocinar *v.* **3**
corner rincón *m.*
cornmeal cake arepa *f.*
correspondent corresponsal *m., f.*
corruption corrupción *f.*
costly costoso/a *adj.*

costume disfraz *m.*; **in costume** disfrazado/a *adj.*
cough tos *f.* **4**
cough toser *v.* **4**
count contar (o:ue) *v.* **2**; **to count on** contar con *v.*
countryside campo *m.* **6**
couple pareja *f.* **1**
courage coraje *m.*
course: of course claro *interj.* **3**; por supuesto; ¡cómo no!
court tribunal *m.*
cover portada *f.*; tapa *f.*
cow vaca *f.* **6**
crash choque *m.* **3**
create crear *v.*
creativity creatividad *f.*
crew tripulación *f.* **5**
crisis crisis *f.*; **economic crisis** crisis económica *f.*
critic crítico/a *m., f.*; **movie critic** crítico/a de cine *m., f.*
critical crítico/a *adj.*
critique criticar *v.*
cross cruzar *v.*
crowd multitud *f.*
cruise (ship) crucero *m.* **5**
cry llorar *v.*
crying llanto *m.*
cubism cubismo *m.*
culture cultura *f.*; **pop culture** cultura popular *f.*
cultured culto/a *adj.*
currently actualmente *adv.*
curse maldición *f.*
custom costumbre *f.* **3**
customs aduana *f.*; **customs agent** agente de aduanas *m., f.* **5**
cut corte *m.*

D

daily diario/a *adj.* **3**
dam represa *f.*
damp húmedo/a *adj.* **6**
dance bailar *v.* **1**
dance club discoteca *f.* **2**
dancer bailarín/bailarina *m., f.*
danger peligro *m.*
dangerous peligroso/a *adj.* **5**
dare (to) atreverse (a) *v.* **2**
darken oscurecer *v.* **6**
darts dardos *m. pl.* **2**
data datos *m.*; **piece of data** dato *m.*
date cita *f.*; **blind date** cita a ciegas *f.* **1**
datebook agenda *f.* **3**
dawn alba *f.*
day día *m.*
daybreak alba *f.*
deaf sordo/a *adj.*; **to go deaf** quedarse sordo/a *v.* **4**
deal with (be about) tratarse de *v.*
death muerte *f.*
debt deuda *f.*
debt collector cobrador(a) *m., f.*
debtor moroso/a *m., f.*
debut (premiere) estreno *m.* **2**
decade década *f.*
decrease disminuir *v.*
dedication dedicatoria *f.*

deep hondo/a *adj.* **2**; profundo/a *adj.*
deer venado *m.*
defeat vencer *v.* **2**
defeat derrota *f.*; derrotar *v.*
defeated derrotado/a *adj.*
deforestation deforestación *f.* **6**
delay demora *f.*; retraso *m.*; atrasar *v.*; demorar *v.*; retrasar *v.*
delayed retrasado/a *adj.* **5**
delivery entrega *f.*
demand reclamar *v.*; exigir *v.* **1, 4**
democracy democracia *f.*
demonstration manifestación *f.*
den madriguera *f.* **3**
denounce delatar *v.* **3**; denunciar *v.*
depict reflejar *v.*
deposit depositar *v.*
depressed deprimido/a *adj.* **1**
depression depresión *f.* **4**
descendent descendiente *m., f.*
desert desierto *m.* **6**
deserve merecer *v.*
design diseñar *v.*
desire deseo *m.*; gana *f.*
desire desear *v.* **4**
destination destino *m.* **5**
destroy destruir *v.* **6**
detective (story/novel) policíaco/a *adj.*
deteriorate empeorar *v.* **4**
detest detestar *v.*
devastated deshecho *adj.*
developed desarrollado/a *adj.*
developing en vías de desarrollo *adj.*; **developing country** país en vías de desarrollo *m.*
development desarrollo *m.* **6**
diamond diamante *m.*
dictator dictador(a) *m., f.*
dictatorship dictadura *f.*
die fallecer *v.*; **to die of** morirse (o:ue) de *v.* **2**
diet (nutrition) alimentación *f.* **4**; dieta *f.*; **to be on a diet** estar a dieta *v.* **4**; **to go on a diet** ponerse a dieta *v.* **4**
difficult duro/a *adj.*
digestion digestión *f.*
digital digital *adj.*
dinner guest comensal *m., f.*
direct dirigir *v.* **1**
director director(a) *m., f.*
disappear desaparecer *v.* **1, 6**
disappointment desilusión *f.*
disaster catástrofe *f.*; **natural disaster** catástrofe natural *f.*
discomfort malestar *m.* **4**
discotheque discoteca *f.* **2**
discouraged desanimado/a *adj.* **to get discouraged** desanimarse *v.*; **the state of being discouraged** desánimo *m.* **1**
discover descubrir *v.*
discoverer descubridor(a) *m., f.*
discovery descubrimiento *m.*; hallazgo *m.* **4**
discriminated discriminado/a *adj.*
discrimination discriminación *f.*
disease enfermedad *f.* **4**
disguised disfrazado/a *adj.*
disgusting: to be disgusting dar asco *v.*
disorder desorden *m.*; **(condition)** trastorno *m.*

display lucir *v.*
disposable desechable *adj.* **6**
distant lejano/a *adj.* **5**
distinguish distinguir *v.* **1**
distract distraer *v.* **1**
distracted distraído/a *adj.;* **to get distracted** descuidar(se) *v.* **6**
disturbing inquietante *adj.*
diversity diversidad *f.* **4**
divorce divorcio *m.* **1**
divorced divorciado/a *adj.* **1**
dizzy mareado/a *adj.* **4**
DNA ADN (ácido desoxirribonucleico) *m.*
do hacer *v.* **1, 4; to be (doing something)** andar + *pres. participle v.;* **to do someone the favor** hacer el favor *v.;* **to do something on purpose** hacer algo a propósito *v.*
doctor's appointment consulta *f.* **4**
doctor's office consultorio *m.* **4**
documentary documental *m.*
dominoes dominó *m.*
don't you even think about it ni se le ocurra *expr.*
doorbell timbre *m.;* **to ring the doorbell** tocar el timbre *v.*
double (*in movies*) doble *m., f.*
doubt interrogante *m.;* **to be no doubt** no caber duda *v.*
download descargar *v.*
drag arrastrar *v.;* **drag out** alargar *v.* **1**
draw dibujar *v.*
dream (about) soñar (o:ue) (con) *v.* **1**
dreams sueños *m.* **1**
dressing room probador *m.* **3; (*star's*)** camerino *m.*
drink beber *v.* **1**
drinking glass copa *f.* **3**
drive conducir *v.* **1;** manejar *v.*
driver's license carné de conducir *m.*
drought sequía *f.* **6**
drown ahogarse *v.*
drowned ahogado/a *adj.* **5**
dry seco/a *adj.* **6;** secar *v.;* **to dry off** secarse *v.* **2**
dub (*film*) doblar *v.*
dubbed doblado/a *adj.*
dubbing doblaje *m.*
dust polvo *m.* **3; to dust** quitar el polvo *v.* **3**
duty deber *m.*

E

ear of corn mazorca *f.* **2**
earn ganar *m.;* **to earn a living** ganarse la vida *v.*
earth tierra *f.* **6; What on earth...?** ¿Qué rayos...? **5**
earthquake terremoto *m.* **6**
easy-going (*permissive*) permisivo/a *adj.* **1**
eat comer *v.* **1, 2; to eat up** comerse *v.* **2**
ecosystem ecosistema *m.* **6**
ecotourism ecoturismo *m.* **5**
edible comestible *adj.;* **edible plant** planta comestible *f.*
editor redactor(a) *m., f.*
editor-in-chief redactor(a) jefe *m., f.*
educate educar *v.*
educated (*cultured*) culto/a *adj.*

education instrucción *f.*
educational didáctico/a *adj.*
efficient eficiente *adj.*
effort esfuerzo *m.*
either... or... o... o... *conj.*
elbow codo *m.*
elder mayor *m.*
elderly anciano/a *adj.;* **elderly gentleman/lady** anciano/a *m., f.*
elect elegir (e:i) *v.*
elected elegido/a *adj.*
electoral electoral *adj.*
electricity luz *f.*
electronic electrónico/a *adj.*
e-mail address dirección de correo electrónico *f.*
embarrass avergonzar *v.*
embarrassed avergonzado/a *adj.*
embarrassment vergüenza *f.*
embassy embajada *f.*
embellished adornado/a *adj.*
emigrate emigrar *v.*
emotion sentimiento *m.* **1**
emperor emperador *m*
emphasize destacar *v.*
empire imperio *m.*
employed empleado/a *adj.*
employee empleado/a *m., f.*
employment empleo *m.*
empress emperatriz *f.*
encourage animar *v.*
end fin *m.;* **(*rope, string*)** cabo *m.*
endangered en peligro de extinción *adj.;* **endangered species** especie en peligro de extinción *f.*
ending desenlace *m.*
energetic enérgico/a *adj.*
energy energía *f.;* **nuclear energy** energía nuclear *f.;* **wind energy** energía eólica *f.*
engineer ingeniero/a *m., f.*
enjoy disfrutar (de) *v.* **2; Enjoy your meal.** Buen provecho.
enough bastante *adv.* **3**
enslave esclavizar *v.*
enter ingresar *v.;* **to enter data** ingresar datos *v.*
entertain (oneself) entretener(se) (e:ie) *v.* **2**
entertaining entretenido/a *adj.* **2**
entertainment farándula *f.* **1**
entrance hall zaguán *m.* **3**
entrepreneur empresario/a *m., f.*
envelope sobre *m.*
environment medio ambiente *m.* **6**
environmental ambiental *adj.* **6**
epidemic epidemia *f.* **4**
episode episodio *m.;* **final episode** episodio final *m.*
equal igual *adj.*
equality igualdad *f.*
era época *f.*
erase borrar *v.*
erosion erosión *f.* **6**
errands mandados *m. pl.* **3; to run errands** hacer mandados *v.* **3**
essay ensayo *m.*
essayist ensayista *m., f.*
establish (oneself) establecer(se) *v.*
eternal eterno/a *adj.*

ethical ético/a *adj.;* **unethical** poco ético/a *m., f.*
even siquiera *conj.;* **not even** ni siquiera *conj.*
event acontecimiento *m.*
everyday cotidiano/a *adj.* **3; everyday life** vida cotidiana *f.*
example (*sample*) muestra *f.*
exchange: in exchange for a cambio de
excited emocionado/a *adj.* **1**
exciting excitante *adj.*
excursion excursión *f.* **5**
excuse disculpar *v.;* **Excuse me; Pardon me** Perdona (*fam.*)/Perdone (*form.*); Con permiso.
executive ejecutivo/a *m., f.;* **of an executive nature** de corte ejecutivo
exhausted agotado/a *adj.* **4;** fatigado/a *adj.* **4**
exhaustion cansancio *m.* **3**
exhibition exposición *f.*
exile exilio *m.;* **political exile** exilio político *m.*
exit salida *f.* **6**
exotic exótico/a *adj.*
expel expulsar *v.*
expensive caro/a *adj.* **3;** costoso/a *adj.*
experience experiencia *f.; experimentar v.*
experiment experimento *m.*
expire caducar *v.*
expired vencido/a *adj.* **5**
exploit explotar *v.*
exploitation explotación *f.*
exploration exploración *f.*
explore explorar *v.*
explosion estallido *m.*
export exportar *v.*
exports exportaciones *f., pl.*
expressionism expresionismo *m.*
extinct: become extinct extinguirse *v.* **6**
extinguish extinguir *v.*

F

facial features facciones *f., pl.* **3**
facilities servicios *m., pl*
fact hecho *m.* **3; in fact** de hecho **4**
factor factor *m.;* **risk factors** factores de riesgo *m. pl.*
factory fábrica *f.*
fad moda pasajera *f.*
faint desmayarse *v.* **4**
fair feria *f.* **2**
faith fe *f.*
fall caer *v.* **1; to fall in love (with)** enamorarse (de) *v.* **1**
fame fama *f.*
famous famoso/a *adj.;* **to become famous** hacerse famoso *v.*
fan (of) aficionado/a (a) *adj.* **2; to be a fan of** ser aficionado/a de *v.*
farewell despedida *f.* **5**
fascinate fascinar *v.* **2**
fashion moda *f.;* **in fashion, popular** de moda *adj.*
fasten abrocharse *v.;* **to fasten one's seatbelt** abrocharse el cinturón de seguridad *v.;* **to fasten (the seatbelt)** ponerse (el cinturón de seguridad) *v.* **5**
fatigue fatiga *f.*

favor favor *m.;* **to do someone the favor** hacer el favor *v.*

favoritism favoritismo *m.*

fed up (with) harto/a *adj.;* **to be fed up (with); to be sick (of)** estar harto/a (de) *v.* **1**

feed dar de comer *v.* **6**

feel sentirse (e:ie) *v.* **1; (experience)** experimentar *v.;* **to feel like** dar la gana *v.;* sentir/tener ganas de *v.*

feeling sentimiento *m.* **1**

festival festival *m.* **2**

fever fiebre *f.* **4; to have a fever** tener fiebre *v.* **4**

fiancé(e) prometido/a *m., f.*

field campo *m.* **6;** cancha *f.*

fight lucha *f.;* pelear, luchar *v.;* **to fight (for)** luchar por *v.;* **to fight bulls** lidiar *v.* **2; to fight bulls in the bullring** torear *v.* **2**

figuratively en sentido figurado *m.*

file archivo *m.;* **to download a file** bajar un archivo *v.*

filled up completo/a *adj.;* **The hotel is filled.** El hotel está completo.

filling contundente *adj.*

film película *f.;* rodar (o:ue) *v.*

finance(s) finanzas *f. pl.;* financiar *v.*

financial financiero/a *adj.*

find out averiguar *v.* **1**

finding hallazgo *m.* **4**

fine multa *f.*

fine arts bellas artes *f., pl.*

fingernail uña *f.*

finish line meta *f.*

fire incendio *m.* **6;** despedir (e:i) *v.*

fired despedido/a *adj.*

fireplace hogar *m.* **3**

first aid primeros auxilios *m., pl.* **4**

first and foremost antes que nada

fish pez *m.* **6**

fishing pesca *f.* **5**

fit caber *v.* **1; (clothing)** quedar *v.* **2**

fitting room vestidor *m.*

flag bandera *f.*

flask frasco *m.*

flavor sabor *m.;* **What flavor is it? Chocolate?** ¿Qué sabor tiene? ¿Chocolate? **4**

flee huir *v.* **3**

fleeting pasajero/a *adj.*

flexible flexible *adj.*

flight vuelo *m.*

flight attendant auxiliar de vuelo *m., f.*

flirt coquetear *v.* **1**

float flotar *v.* **5**

flood inundación *f.* **6;** inundar *v.*

floor suelo *m.*

flower florecer *v.* **6**

flu gripe *f.* **4**

fly mosca *f.* **4, 6;** volar (o:ue) *v.*

foam espuma *f.* **5**

fog niebla *f.*

fold doblar *v.*

follow seguir (e:i) *v.*

folly insensatez *f.* **4**

fond of aficionado/a (a) *adj.* **2**

food comida *f.* **6;** alimento *m.* **canned food** comida enlatada *f.* **6; fast food** comida rápida *f.* **4**

foot (of an animal) pata *f.*

forbidden vedado/a *adj.* **3**

force fuerza *f.;* **armed forces** fuerzas armadas *f., pl.;* **labor force** fuerza laboral *f.*

forced forzado/a *adj.*

forefront: at the forefront a la vanguardia

foresee presentir (e:ie); prever *v.*

forest bosque *m.*

forget (about) olvidarse (de) *v.* **2**

forgetfulness; olvido *m.* **1**

forgive perdonar *v.*

form forma *f.*

formulate formular *v.*

forty-year-old; in her/his forties cuarentón/cuarentona *adj.*

fountain fuente *f.*

frame marco *m.*

free time tiempo libre *m.* **2;** ratos libres *m. pl.* **2**

freedom libertad *f.;* **freedom of the press** libertad de prensa *f.*

freeze helar (e:ie) *v.*

frequently a menudo *adv.* **3**

friar fraile *m.*

frightened asustado/a *adj.*

frog rana *f.* **6**

front desk recepción *f.* **5**

front page portada *f.*

frozen congelado/a *adj.*

fry freír (e:i) *v.* **3**

fuel combustible *m.* **6**

fulfill *v.* cumplir

full lleno/a *adj.;* **full-length film** largometraje *m.*

fun divertido/a *adj.* **2**

funny gracioso/a *adj.* **1; to be funny (to someone)** hacerle gracia (a alguien)

furnished amueblado/a *adj.*

furniture mueble *m.* **3**

future mañana (el) *m.* **3**

futuristic futurístico/a *adj.*

G

gain weight engordar *v.* **4**

gallery galería *f.*

game juego *m.* **2; ball game** juego de pelota *m.* **5; board game** juego de mesa *m.* **2;** partida *f.;* **(sports)** partido *m.;* **to win/lose a game** ganar/perder un partido *v.* **2**

garbage (poor quality) porquería *f.*

gate: airline gate puerta de embarque *f.* **5**

gaze mirada *f.* **1**

gene gen *m.*

generate generar *v.*

generous generoso/a *adj.*

genetics genética *f.*

genuine auténtico/a *adj.* **3**

gesture gesto *m.*

get obtener *v.;* **to get a movie** alquilar una película *v.* **2; to get a shot** poner(se) una inyección *v.* **4; to get along** congeniar *v.;* **to get along well/poorly** llevarse bien/mal *v.* **1; to get better** mejorarse *v.* **2 to get bored** aburrirse *v.* **2; to get discouraged** desanimarse *v.;* **to get distracted; neglect** descuidar(se) *v.* **6; to get dressed** vestirse (e:i) *v.* **2; to get hurt** lastimarse *v.* **4; to get in shape**

ponerse en forma *v.* **4; to get information** informarse *v.;* **to get ready** arreglarse *v.* **3; to get into a mess** meterse en un lío *v.* **5 to get sick** enfermarse *v.* **4; to get tickets** conseguir (e:i) boletos/entradas *v.* **2; to get together (with)** reunirse (con) *v.* **2; to get up** levantarse *v.* **2; to get upset** afligirse *v.* **3; to get used to** acostumbrarse (a) *v.* **3; to get vaccinated** vacunarse *v.* **4; to get well/ill** ponerse bien/mal **4; to get wet** mojarse *v.;* **to get worse** empeorar *v.* **4**

gift obsequio *m.*

give dar *v.;* **to give a prize** premiar *v.;* **to give a shot** poner una inyección *v.* **4; to give up** darse por vencido *v.* **6;** ceder; **to give way to** dar paso a *v.*

gladly con mucho gusto

glance vistazo *m.*

global warming calentamiento global *m.* **6**

globalization globalización *f.*

go ir *v.* **1, 2; to go across** recorrer *v.* **5; to go around (the world)** dar la vuelta (al mundo) *v.;* **to go away (from)** irse (de) *v.* **2; to go out** salir *v.* **1; to go out (to eat)** salir (a comer) *v.* **2; to go out with** salir con *v.* **1; to go shopping** ir de compras *v.* **3; go to bed** acostarse (o:ue) *v.* **2; go to sleep** dormirse (o:ue) *v.* **2; go too far** pasarse *v.;* **go too fast** embalarse *v.*

goat cabra *f.*

God Dios *m.*

god/goddess dios(a) *m., f.* **5**

gold oro *m.* **4**

goldfish pececillo de colores *m.*

good bueno/a *adj.* **to be good (i.e. fresh)** estar bueno *v.;* **to be good (by nature)** ser bueno *v.*

goodness bondad *f.*

gossip chisme *m.*

govern gobernar (e:ie) *v.*

government gobierno *m.;* **government agency** organismo público *m.*

governor gobernador(a) *m., f.*

graduate titularse *v.* **3**

grass hierba *f.;* **pasto** *m.*

gratitude agradecimiento *m.*

gravity gravedad *f.*

great-great-grandfather/mother tatarabuelo/a *m., f.*

group grupo *m.;* **musical group** grupo musical *m.*

grow crecer *v.* **1;** cultivar *v.* **to grow accustomed to;** acostumbrarse (a) *v.* **3; grow up** criarse v. **1**

growth crecimiento *m.*

Guarani guaraní *m.*

guarantee asegurar *v.*

guess adivinar *v.*

guilt culpa *f.*

guilty culpable *adj.*

guitar (type of) tiple *m.* **2**

guy tipo *m.* **2**

gymnasium gimnasio *m.*

H

habit costumbre *f.* **3**

habit: be in the habit of soler (o:ue) *v.* **3**

half mitad *f.*
hall sala *f.;* **concert hall** sala de conciertos *f.*
hang (up) colgar (o:ue) *v.*
happen suceder *v.* **1; These things happen.** Son cosas que pasan.
happiness felicidad *f.*
happy feliz *adj.*
hard arduo *adj.;* duro/a *adj.*
hardly apenas *adv.* **3**
hard-working trabajador(a) *adj.*
harmful dañino/a *adj.* **6**
harvest cosecha *f.*
hate odiar *v.* **1**
have tener, disponer (de) *v.* **1, 3; to have fun** divertirse (e:ie) *v.* **2**
hawk pregonar *v.*
headline titular *m.*
heal curarse; sanar *v.* **4**
healing curativo/a *adj.* **4**
health salud *f.* **4; To your health!** ¡A tu salud!
healthy saludable, sano/a *adj.* **4**
hear oír *v.* **1**
heart corazón *m.* **1; heart and soul** cuerpo y alma
heavy (*filling*) contundente *adj.;* **heavy rain** diluvio *m.*
heel tacón *m.;* **high heel** tacón alto *m.*
height cima *f.* **1;** *(highest level)* apogeo *m.* **5**
help (aid) auxilio *m.*
heritage herencia *f.;* **cultural heritage** herencia cultural *f.*
heroic heroico/a *adj.*
hide ocultarse *v.* **3**
high definition de alta definición *adj.*
highest level apogeo *m.* **5**
hijacking *m.* secuestro **5**
hill cerro *m.;* colina *f.*
Hindu hindú *adj.*
hire contratar *v.*
historian historiador(a) *m., f.*
historic histórico/a *adj.*
historical histórico/a *adj.;* **historical period** era *f.*
history historia *f.*
hold (*hug*) abrazar *v.* **1; hold your horses** parar el carro *v.*
hole agujero *m.;* **black hole** agujero negro *m.;* **hole in the ozone layer** agujero en la capa de ozono *m.;* **small hole** agujerito *m.*
holy sagrado/a *adj.*
home hogar *m.* **3**
honey miel *f.*
honored distinguido/a *adj.*
hope esperanza *f.* **6;** ilusión *f.*
horror (*story/novel*) de terror *adj.*
horseshoe herradura *f.*
host(ess) anfitrión/anfitriona *m., f.*
hostel albergue *m.* **5**
hour hora *f.*
how cómo *adv.;* **How come?** ¿Cómo así? *expr.* **2**
hug abrazar *v.* **1**
humankind humanidad *f.*
humid húmedo/a *adj.* **6**
humiliate humillar *v.*
humorous humorístico/a *adj.*
hungry hambriento/a *adj.*

hunt cazar *v.* **6**
hurricane huracán *m.* **6**
hurry prisa *f.* **6; to be in a hurry** tener apuro *v.*
hurt herir (e: ie) *v.* **1;** doler (o:ue) *v.* **2; to get hurt** lastimarse *v.* **4; to hurt oneself** hacerse daño; **to hurt someone** hacerle daño a alguien
husband marido *m.*
hut choza *f.*
hygiene aseo *m.*
hygienic higiénico/a *adj.*

I

ideology ideología *f.*
idiot cretino/a *adj.* **5**
illness dolencia *f.;* enfermedad *f.*
ill-tempered malhumorado/a *adj.*
illusion ilusión *f.*
image imagen *f.* **2**
imagination imaginación *f.*
immature inmaduro/a *adj.* **1**
immediately en el acto **3**
immigration inmigración *f.*
immoral inmoral *adj.*
import importar *v.*
important importante *adj.* **4; be important (to); to matter** importar *v.* **2, 4**
imported importado/a
imports importaciones *f., pl.*
impossible (to put off) impostergable *adj.*
impress impresionar *v.* **1**
impressionism impresionismo *m.*
improve mejorar *v.* **4;** perfeccionar *v.*
improvement adelanto *m.* **4**
in love (with) enamorado/a (de) *adj.* **1**
inadvisable poco recomendable *adj.* **5**
incapable incapaz *adj.*
included incluido/a *adj.* **5**
incompetent incapaz *adj.*
increase aumento *m.*
independence independencia *f.*
index índice *m.*
indigenous indígena *adj.*
indigenous person indígena *m., f.*
industrious trabajador(a) *adj.*
industry industria *f.*
inexpensive barato/a *adj.* **3**
infected: become infected contagiarse *v.* **4**
inflamed inflamado/a *adv.* **4; become inflamed** inflamarse *v.*
inflexible inflexible *adj.*
influential influyente *adj.*
inform avisar *v.;* **to be informed** estar al tanto *v.;* **to become informed (about)** enterarse (de) *v.*
inhabit habitar *v.*
inhabitant habitante *m., f.; poblador(a) m., f.*
inherit heredar *v.*
injure lastimar *v.*
injured herido/a *adj.*
injury herida *f.* **4**
innovative innovador(a) *adj.*
insanity locura *f.*
insect bite picadura *f.* **4**
insecure inseguro/a *adj.* **1**
insincere falso/a *adj.* **1**

insist on insistir en *v.* **4**
inspired inspirado/a *adj.*
instability inestabilidad *f.*
install instalar *v.*
insult ofensa *f.*
insurance seguro *m.* **5**
intelligent inteligente *adj.*
intensive care terapia intensiva *f.* **4**
intentions intenciones *f. pl.*
interest interesar *v.* **2**
interesting interesante *adj.;* **to be interesting** interesar *v.* **2**
Internet Internet *m., f.*
interview entrevista *f.;* entrevistar *v.;* **job interview** entrevista de trabajo *f.*
intriguing intrigante *adj.*
invade invadir *v.*
invent inventar *v.*
invention invento *m.*
invest invertir (e:ie) *v.*
investigate investigar *v.*
investigation expediente *m.* **5**
investment inversión *f.;* **foreign investment** inversión extranjera *f.*
investor inversor(a) *m., f.*
iron plancha *f.*
irresponsible irresponsable *adj.*
island isla *f.* **5**
isolate aislar *v.*
isolated aislado/a *adj.* **6**
itinerary itinerario *m.* **5**

J

jealous celoso/a *adj.;* **to be jealous of** tener celos de *v.* **1**
jealousy celos *m. pl.*
Jewish judío/a *adj.*
job empleo *m.;* *(position)* puesto *m.;* **job interview** entrevista de trabajo *f.*
join unirse *v.*
joke broma *f.* **1;** chiste *m.* **1**
joke bromear *v*
journalist periodista *m., f.*
joy regocijo *m.* **4;** alegría *f.*
judge juez(a) *m., f.*
judgment juicio *m.*
jump salto *m.*
jungle selva *f.* **5**
just justo/a *adj.*
just as tal como *conj.*
justice justicia *f.*

K

keep mantener *v.;* guardar *v.;* **to keep in mind** tener en cuenta *v.;* **to keep in touch** mantenerse en contacto *v.* **1; to keep (something) to yourself** guardarse (algo) *v.* **1; to keep up with the news** estar al día con las noticias *v.*
key clave *f.*
keyboard teclado *m.*
kick patada *f.* **3**
kind amable *adj.*
king rey *m.*
kingdom reino *m.*
kiss besar *v.* **1**
know conocer *v.;* saber *v.* **1**
knowledge conocimiento *m.*

L

label etiqueta *f.*
labor mano de obra *f.*
labor union sindicato *m.*
laboratory laboratorio *m.;* **space lab** laboratorio espacial *m.*
lack faltar *v.* **2**
land tierra *f.* **6;** terreno *m.* **6**
land (*an airplane*) aterrizar *v.* **5**
landscape paisaje *m.*
language idioma *m.;* lengua *f.*
laptop computadora portátil *f.*
late atrasado/a *adj.* **3**
laugh reír(se) (e:i) *v.*
launch lanzar *v.*
law derecho *m.;* ley *f.;* **to abide by the law** cumplir la ley *v.;* **to approve a law; to pass a law** aprobar (o:ue) una ley *v.*
lawyer abogado/a *m., f.*
layer capa *f.;* **ozone layer** capa de ozono *f.* **6**
lazy haragán/haragana
lead encabezar *v.*
leader líder *m., f.*
leadership liderazgo *m.*
lean (on) apoyarse (en) *v.*
learned erudito/a *adj.*
learning aprendizaje *m.*
leave marcharse *v.* ; dejar *v.;* **to leave alone** dejar en paz *v.;* **to leave someone** dejar a alguien *v.*
left over: to be left over quedar *v.* **2**
leg (*of an animal*) pata *f.*
legend leyenda *f.* **5**
leisure ocio *m.*
lend prestar *v.*
lesson (*teaching*) enseñanza *f.*
level nivel *m.;* **sea level** nivel del mar *m.*
liberal liberal *adj.*
liberate liberar *v.*
library biblioteca *f.*
lid tapa *f.*
lie mentira *f.* **1**
life vida *f.;* **everyday life** vida cotidiana *f.;* **life cycle** ciclo vital *m.* **4**
light luz *f.* **1**
lighthouse faro *m.* **5**
lightning relámpago *m.* **6**
lightning rayo *m.*
like gustar *v.* **2, 4; I don't like... at all!** ¡No me gusta nada…!; **to like very much** encantar, fascinar *v.* **2**
like this; so así *adv.* **3**
line cola *f.;* **to wait in line** hacer cola *v.* **2**
line (*of poetry*) verso *m.*
link enlace *m.*
lion león *m.* **6**
listener oyente *m., f.*
literature literatura *f.;* **children's literature** literatura infantil/juvenil *f.*
live en vivo, en directo *adj.;* **live broadcast** emisión en vivo/directo *f.*
live vivir *v.* **1**
lively animado/a *adj.* **2**
locate ubicar *v.*
located situado/a *adj.;* **to be located** ubicarse *v.*
lodge hospedarse *v.*
lodging alojamiento *m.* **5**

loneliness soledad *f.* **3**
lonely solo/a *adj.* **1**
long largo/a *adj.;* **long-term** a largo plazo
longshoreman estibador de puerto *m.* **4**
look aspecto *m.;* **to take a look** echar un vistazo *v.*
look verse *v.;* **to look healthy/sick** tener buen/mal aspecto *v.* **4; to look like** parecerse *v.* **2, 3; to look out upon** dar a *v.;* **He/She looks so happy.** Se ve tan feliz. **6; How attractive you look!** (*fam.*) ¡Qué guapo/a te ves! **6; How elegant you look!** (*form.*) ¡Qué elegante se ve usted! **6; It looks like he/she didn't like it.** Al parecer, no le gustó. **6; It looks like he/she is sad/happy.** Parece que está triste/contento/a. **6; He/She looks very sad to me.** Yo lo/la veo muy triste. **6**
loose suelto/a *adj.*
lose perder (e:ie) *v.;* **to lose an election** perder las elecciones *v.;* **to lose a game** perder un partido *v.* **2; to lose weight** adelgazar *v.* **4**
loss pérdida *f.*
lottery lotería *f.*
loudspeaker altoparlante *m.*
love amor *m.;* amar; querer (e:ie) *v.* **1; (un)requited love** amor (no) correspondido *m.*
lovely precioso/a *adj.* **1**
lower bajar *v.*
low-income bajos recursos *m., pl.*
loyalty lealtad *f.*
lucky afortunado/a *adj.*
luggage equipaje *m.*
luxurious lujoso/a **5;** de lujo
luxury lujo *m.*
lying mentiroso/a *adj.* **1**

M

madness locura *f.*
magazine revista *f.;* **online magazine** revista electrónica *f.*
magic magia *f.*
mailbox buzón *m.*
majority mayoría *f.*
make hacer *v.* **1, 4; to make a (hungry) face** poner cara (de hambriento/a) *v.;* **to make a toast** brindar *v.* **2; to make a wish** pedir un deseo *v.;* **to make fun of** burlarse (de) *v.;* **to make good use of** aprovechar *v.;* **to make one's way** abrirse paso *v.;* **to make sure** asegurarse *v.;* **to make use of** disponer (de) *v.* **3**
make-up maquillaje *f.*
male macho *m.*
mall centro comercial *m.* **3**
manage administrar *v.;* **dirigir** *v.* **1;** lograr; *v.* **3**
manager gerente *m, f.*
manipulate manipular *v.*
manufacture fabricar *v.*
manuscript manuscrito *m.*
marathon maratón *m.*
maritime marítimo/a *adj.*
market mercado *m.*
marketing mercadeo *m.* **1**
marriage matrimonio *m.*
married casado/a *adj.* **1**
mass misa *f.*
masterpiece obra maestra *f.* **3**

mathematician matemático/a *m., f.*
matter asunto *m.;* importar *v.* **2, 4**
mature maduro/a *adj.* **1**
May I? ¿Me permite? *expr.*
Mayan Trail ruta maya *f.* **5**
mayor alcalde/alcaldesa *m., f.*
mean antipático/a *adj.;* tener la intención *v.;* **to mean it** ir en serio
means medio *m.;* **media** medios de comunicación *m. pl.*
measure medida *f.;* medir (e:i) *v.;* **security measures** medidas de seguridad *f. pl.* **5**
mechanical mecánico/a *adj.*
mechanism mecanismo *m.*
meditate meditar *v.*
meeting reunión *f.*
member socio/a *m., f.*
memory recuerdo *m.*
merchandise mercancía *f.*
mercy piedad *f.*
mess desorden *m.*
message mensaje *m.;* **text message** mensaje de texto *m.*
middle medio *m.*
Middle Ages Edad Media *f.*
military militar *m., f.*
mine mina *f.*
minister ministro/a *m., f.;* **Protestant minister** ministro/a protestante *m., f.*
minority minoría *f.*
minute minuto *m.;* **last-minute news** noticia de último momento *f.;* **up-to-the-minute** de último momento *adj.*
miracle milagro *m.*
miser avaro/a *m., f.*
miss extrañar *v.;* perder (e:ie) *v.;* **to miss (someone)** extrañar a (alguien) *v.;* **to miss a flight** perder un vuelo *v.* **5**
mistake: to be mistaken; to make a mistake equivocarse *v.* **2**
mixed: person of mixed ethnicity (*part indigenous*) mestizo/a *m., f.*
mixture mezcla *f.*
mockery burla *f.*
model (*fashion*) modelo *m., f.*
modern moderno/a *adj.*
modify modificar, alterar *v.*
moisten mojar *v.*
moment momento *m.*
monarch monarca *m., f.*
money dinero *m.;* (*L. Am.*) plata *f.* **2; cash** dinero en efectivo *m.* **3**
monkey mono *m.* **6**
monolingual monolingüe *adj.*
mood estado de ánimo *m.* **4; in a bad mood** malhumorado/a *adj.*
moon luna *f.;* **full moon** luna llena *f.*
moral moral *adj.*
mortgage hipoteca *f.*
mosque mezquita *f.*
mountain montaña *f.* **6;** monte *m.;* **mountain range** cordillera *f.* **6**
move jugada *f.;* (*change residence*) mudarse v. **2**
movement corriente *f.;* movimiento *m.*
movie theater cine *m.* **2**
moving conmovedor(a) *adj.*
muralist muralista *m., f.*
murky turbio/a *adj.* **1**
museum museo *m.*
music video video musical *m.*

musician músico/a *m., f.* **2**
Muslim musulmán/musulmana *adj.*
myth mito *m.* **5**

N

name nombrar *v.*
nape nuca *f.*
narrate narrar *v.*
narrative work narrativa *f.*
narrator narrador(a) *m., f.*
narrow estrecho/a *adj.*
native nativo/a *adj.*
natural resource recurso natural *m.* **6**
navel ombligo *m.* **4**
navigator navegante *m., f.*
navy armada *f.*
necessary necesario *adj.* **4**
necessity necesidad *f.* **5**; **of utmost necessity** de primerísima necesidad **5**
need necesidad *f.* **5**; necesitar *v.* **4**
needle aguja *f.* **4**
neglect descuidar *v.* **6**
neighborhood barrio *m.*
neither... nor... ni... ni... *conj.*
nervous nervioso/a *adj.*
nest nido *m.*
network red *f.*; **television network** cadena *f.*; cadena de televisión *f.*
news noticia *f.*; **local/domestic/international news** noticias locales/nacionales/internacionales *f. pl.*; **news bulletin** informativo *m.*; **news report** reportaje *m.*; **news reporter** presentador(a) de noticias *m., f.*; **no news** novedad (sin)
newspaper periódico *m.*; **diario** m.
nice simpático/a, amable *adj.*
nightmare pesadilla *f.*
No way! ¡Ni loco/a!
noise ruido *m.*
nomination nominación *f.*
nominee nominado/a *m., f.*
non-stop corrido (de) *adv.*
nook rincón *m.*
notice aviso *m.* **5**; fijarse *v.* **to take notice of** fijarse en *v.* **2**
novelist novelista *m., f.*
now and then de vez en cuando **3**
nun monja *f.*
nurse enfermero/a *m., f.* **4**
nutritious nutritivo/a *adj.* **4**; (*healthy*) saludable *adj.* **4**
nutshell (in a) resumidas cuentas (en) *adv.* **3**

O

oar remo *m.* **5**
obesity obesidad *f.* **4**
obey obedecer *v.* **1**
oblivion olvido *m.* **1**
occur (to someone) ocurrírsele (a alguien) *v.*
offer oferta *f.*; ofrecerse (a) *v.*
office despacho *m.*
officer agente *m., f.*
often a menudo *adv.* **3**
oil painting óleo *m.*
Olympics Olimpiadas *f. pl.*

on purpose a propósito *adv.* **3**
once in a while de vez en cuando **3**
online en línea *adj.*
open abrir(se) *v.*
open-air market mercado al aire libre *m.*
openmouthed boquiabierto/a *adj.*
operate operar *v.*
operation operación *f.* **4**
opinion opinión *f.*; **In my opinion, ...** A mi parecer, ...; Considero que..., Opino que...; **to be of the opinion** opinar *v.*
oppose oponerse a *v.* **4**
oppress oprimir *v.*
options alternativas *f. pl.* **3**
orchard huerto *m.*
originating (in) proveniente (de) *adj.*
ornate ornamentado/a *adj.*
others; other people los/las demás *pron.*
ought to deber + *inf. v.*
outdo oneself (*P. Rico; Cuba*) botarse *v.*
outline esbozo *m.*
out-of-date pasado/a de moda *adj.*
outrageous thing barbaridad *f.*
outsmart burlar *v.*
overcome superar *v.*
overdose sobredosis *f.*
overthrow derribar *v.*; **derrocar** *v.*
overwhelmed agobiado/a *adj.* **1**
owe deber *v.*; **to owe money** deber dinero *v.*
own propio/a *adj.* **1**
owner dueño/a *m., f.*; propietario/a *m., f.*

P

pack hacer las maletas *v.* **5**
page página *f.*; **web page** página web
paid pagado *adj.* **to be paid by** correr a cargo de *v.* **5**
pain (*suffering*) sufrimiento *m.*
painkiller analgésico *m.* **4**
paint pintura *f.*; *pintar v.* **3**
paintbrush pincel *m.*
painter pintor(a) *m., f.* **3**
painting cuadro *m.* **3**; pintura *f.*
palm tree palmera *f.*
pamphlet panfleto *m.*
paradox paradoja *f.*
parish parroquia *f.*
park parque *m.*; estacionar *v.*; **amusement park** parque de atracciones *m.* **2**
parrot loro *m.*
part parte *f.*; **to become part (of)** integrarse (a) *v.*
partner (*couple*) pareja *f.* **1**; (*member*) socio/a *m., f.*
party (*politics*) partido *m.*; **political party** partido político *m.*
pass (*a class, a law*) aprobar (o:ue) *v.*; **to pass a law** aprobar una ley *v.*
passing pasajero/a *adj.*
passport pasaporte *m.* **5**
password contraseña *f.*
past ayer (el) *m.* **3**
pastime pasatiempo *m.* **2**
pastry repostería *f.*
patent patente *f.*

path (*history*) trayectoria *f.* **1**; prestarle atención a alguien *v.*
pay pagar *v.*; **to be well/poorly paid** ganar bien/mal *v.*; **to pay attention to someone** hacerle caso a alguien *v.* **1**; prestarle atención a alguien *v.*
peace paz *f.*
peaceful pacífico/a *adj.*
peak cumbre *f.*; **pico** *m.*
peck picar *v.*
people pueblo *m.*
performance rendimiento *m.*; (*theater; movie*) función *f.* **2**
perhaps acaso *adv.*
period punto *m.* **2**
permanent fijo/a *adj.*
permission permiso *m.*
permissive permisivo/a *adj.* **1**
persecute perseguir (e:i) *v.*
personal (*private*) particular *adj.*
pessimist pesimista *m., f.*
phase etapa *f.*
physicist físico/a *m. f.*
pick out seleccionar *v.* **3**
pick up levantar *v.*
picnic picnic *m.*
picture imagen *f.* **2**
piece (*art*) pieza *f.*
pier muelle *m.* **5**
pig cerdo *m.* **6**
pill pastilla *f.* **4**
pilot piloto *m., f.*
pious devoto/a *adj.*
piping tubería *f.* **6**
pity pena *f.*; **What a pity!** ¡Qué pena!
place lugar *m.*
place poner *v.* **1, 2**
place (*an object*) colocar *v.* **2**
plan planear *v.*
planet planeta *m.*
planned previsto/a *adj., p.p.* **3**
plateau: high plateau altiplano *m.*
play jugar *v.*; (*theater*) obra de teatro *f.*; (*literary*) obra literaria *f.*; **(an instrument)** tocar (un instrumento) *v.*; **to play a CD** poner un disco compacto *v.* **2**; **to play a CD** poner un disco compacto *v.* **2**; disputar *v.*
player (*CD/DVD/MP3*) reproductor (de CD/DVD/MP3)
playing cards cartas *f. pl.* **2**; naipes *m. pl.* **2**
playwright dramaturgo/a *m., f.*
plead rogar *v.* **2, 4**
pleasant (*funny*) gracioso/a *adj.* **1**
please: Could you please...? ¿Tendría usted la bondad de + *inf.*... ? (*form.*)
plot trama *f.*; argumento *m.*
plumbing (*piping*) tubería *f.* **6**
poet poeta *m., f.*
poetry poesía *f.*
point (to) señalar *v.* **2**; **to point out** destacar *v.*
point of view punto de vista *m.*
poison veneno *m.* **6**
poisoned envenenado/a *adj.* **6**
poisonous venenoso/a *adj.* **6**
politician político/a *m., f.*
politics política *f.*
pollen polen *m.*
pollute contaminar *v.* **6**

pollution contaminación *f.* 6
poor quality (garbage) porquería *f.*
populate poblar *v.*
population población *f.*
port puerto *m.* 5
portable portátil *adj.*
portrait retrato *m.* 3
portray retratar *v.* 3
position puesto *m.*; cargo *m.* 1
possible posible *adj.*; **as much as possible** en todo lo posible
poverty pobreza *f.*
power fuerza *f.*; **will power** fuerza de voluntad 4
power (electricity) luz *f.*
power saw motosierra *f.*
powerful poderoso/a *adj.*
pray rezar *v.*
pre-Columbian precolombino/a *adj.*
prefer preferir *v.* 4
prehistoric prehistórico/a *adj.*
premiere estreno *m.* 2
prescribe recetar *v.*
prescription receta *f.* 4
preserve conservar *v.* 6
press prensa *f.*; **press conference** rueda de prensa
pressure (stress) presión *f.*; presionar *v.*; **to be under stress/pressure** estar bajo presión
prevent prevenir *v.* 4
previous anterior *adj.*
priest cura *m.*; sacerdote
prime minister primer(a) ministro/a *m., f.*
print imprimir *v.*
private particular *adj.*
privilege privilegio *m.*
prize premio *m.*; **to give a prize** premiar *v.*
procession procesión *f.*
produce producir *v.* 1; (*generate*) generar *v.*; huerteado *m.* (*Col.*) 2
productive productivo/a *adj.*
programmer programador(a) *m., f.*
prohibit prohibir *v.* 4
prohibited prohibido/a *adj.* 5
prominent destacado/a *adj.*; prominente *adj.*
promise jurar *v.*
promote promover (o:ue) *v.*
pronounce pronunciar *v.*
proof prueba *f.*
proposal oferta *f.*
propose proponer *v.* 1, 4; **to propose marriage** proponer matrimonio *v.* 1
prose prosa *f.*
protagonist protagonista *m., f.* 1,
protect proteger *v.* 1, 6
protected protegido/a *adj.* 5
protest manifestación *f.*; protestar *v.*
protester manifestante *m., f.* 6
proud orgulloso/a *adj.* 1; **to be proud of** estar orgulloso/a de
prove comprobar (o:ue) *v.*
provide proporcionar *v.*
public público *m.*; **(pertaining to the state)** estatal *adj.*
public transportation transporte público *m.*
publish editar *v.*; publicar *v.*

pull halar *v.*; **to pull out petals** deshojar *v.* 3
punishment castigo *m.*
pure puro/a *adj.*
purity pureza *f.* 6
pursue perseguir (e:i) *v.*
push empujar *v.*
put poner *v.* 1, 2; **to put in a place** ubicar *v.*; **to put on (*clothing*)** ponerse *v.*; **to put on makeup** maquillarse *v.* 2
pyramid pirámide *f.* 5

Q

quality calidad *f.*; **high quality** de buena categoría *adj.* 5
queen reina *f.*
quench saciar *v.*
question interrogante *m.*
quiet callado/a *adj.*; **be quiet** callarse *v.*
quit renunciar *v.*; **quit smoking** dejar de fumar *v.* 4
quite bastante *adv.* 3
quotation cita *f.*

R

rabbi rabino/a *m., f.*
rabbit conejo *m.* 6
rabies rabia *f.* 5
race raza *f.*
radiation radiación *f.*
radio radio *f.*
radio announcer locutor(a) de radio *m., f.*
radio station (radio)emisora *f.*
raise aumento *m.*; **raise in salary** aumento de sueldo *m.*; criar *v.*; educar *v.* 1; **to have raised** haber criado 1
ranch rancho *m.*
rarely casi nunca *adv.* 3
rat rata *f.*
rather bastante *adv.*; más bien *adv.*
ratings índice de audiencia *m.*
ray rayo *m.*
reach alcance *m.*; **within reach** al alcance; al alcance de la mano; alcanzar *v.*
reactor reactor *m.*
reader lector(a) *m., f.*
real auténtico/a *adj.* 3
realism realismo *m.*
realist realista *adj.*
realistic realista *adj.*
realize darse cuenta *v.* 2; **to realize/ assume that one is being referred to** darse por aludido/a *v.*
rearview mirror espejo retrovisor *m.*
rebelliousness rebeldía *f.*
received acogido/a *adj.*; **well received** bien acogido/a *adj.*
recital recital *m.*
recognition reconocimiento *m.*
recognize reconocer *v.* 1
recommend recomendar *v.* 4
recommendable recomendable *adj.* 5
record grabar *v.*
recover recuperarse *v.* 4
recyclable reciclable *adj.*
recycle reciclar *v.* 6
redo rehacer *v.* 1
reduce (speed) reducir (velocidad) *v.* 5

reef arrecife *m.* 6
referee árbitro/a *m., f.* 2
refined (*cultured*) culto/a *adj.*
reflect reflejar *v.*
reform reforma *f.*; **economic reform** reforma económica *f.*
refuge refugio *m.* 6
refund reembolso *m.* 3
refusal rechazo *m.*
register inscribirse *v.*
registration permiso de circulación *m.*
rehearsal ensayo *m.*
rehearse ensayar *v.*
reign reino *m.*
reject rechazar *v.*
rejection rechazo *m.*
relax relajarse *v.* 4; **Relax.** Tranquilo/a.
reliability fiabilidad *f.*
religion religión *f.*
religious religioso/a *adj.*
remain permanecer *v.* 4
remake rehacer *v.* 1
remember recordar (o:ue); acordarse (o:ue) (de) *v.* 2
remorse remordimiento *m.*
remote control control remoto *m.*; **universal remote control** control remoto universal *m.*
renewable renovable *adj.* 6
rent alquilar *v.*; **to rent a movie** alquilar una película *v.* 2
repent arrepentirse (de) (e:ie) *v.* 2
repertoire repertorio *m.*
reporter reportero/a *m., f.*
representative diputado/a *m., f.*
reproduce reproducirse *v.*
reputation reputación *f.*; **to have a good/ bad reputation** tener buena/mala fama *v.*
rescue rescatar *v.*
research investigar *v.*
researcher investigador(a) *m., f.*
resentful resentido/a *adj.* 6
reservation reservación *f.*
reserve reservar *v.* 5
reside residir *v.*
respect respeto *m.*
responsible responsable *adj.*
rest descanso *m.*; reposo *m.*; **to be at rest** estar en reposo *v.*
rest descansar *v.* 4
resulting consiguiente *adj.*
résumé currículum vitae *m.*
retire jubilarse *v.*
retirement jubilación *f.*
return regresar *v.* 5; **to return (items)** devolver (o:ue) *v.* 3; **return (trip)** vuelta *f.*; regreso *m.*
review (revision) repaso *m.*
revision (review) repaso *m.*
revolutionary revolucionario/a *adj.*
revulsion asco *m.*
rhyme rima *f.*
rifle fusil *m.*
right derecho *m.*; **civil rights** derechos civiles *m. pl.*; **human rights** derechos humanos *m. pl.*
right away enseguida 3
ring anillo *m.*; sortija *f.*; sonar (o:ue) *v.*; **to ring the doorbell** tocar el timbre *v.* 3
riot disturbio *m.*

rise ascender (e:ie) *v.*

risk riesgo *m.*; arriesgar *v.*; arriesgarse; **to take a risk** arriesgarse *v.*

risky arriesgado/a *adj.* **5**

river río *m.*

rocket cohete *m.*

rob asaltar *v.*

role papel *m.*; **to play a role (*in a play*)** desempeñar un papel *v.*

romance novel novela rosa *f.*

romanticism romanticismo *m.*

room habitación *f.* **5**; **emergency room** sala de emergencias *f.* **4**; **single/double room** habitación individual/doble *f.* **5**; **room service** servicio de habitación *m.* **5**

root raíz *f.*

round redondo/a *adj.* **2**

round-trip ticket pasaje de ida y vuelta *m.* **5**

routine rutina *f.* **3**

rude descarado/a *adj.*

ruin ruina *f.* **5**

rule regla *f.*; dominio *m.*

ruler gobernante *m., f.*; (*sovereign*) soberano/a *m., f.*

run correr *v.*; **to run away** huir *v.* **3**; **to run out** acabarse *v.* **6**; **to run out of** quedarse sin *v.* **6**; **to run over** atropellar *v.*

rush prisa *f.* **6**; **to be in a rush** tener apuro

S

sacred sagrado/a *adj.*

sacrifice sacrificio *m.*; sacrificar *v.* **6**

safety seguridad *f.* **5**

sail navegar *v.* **5**

sailor marinero *m.*

salary sueldo *m.*; **raise in salary** aumento de sueldo *m.*; **base salary** sueldo fijo *m.*; **minimum wage** sueldo mínimo *m.*

sale venta *f.*; **to be for sale** estar a la venta *v.*

salesperson vendedor(a) *m., f.*

same mismo/a *adj.*; **The same here.** Lo mismo digo yo.

sample muestra *f.*

sanity cordura *f.* **4**

satellite satélite *m.*; **satellite connection** conexión de satélite *f.*; **satellite dish** antena parabólica *f.*

satire sátira *f.*

satirical satírico/a *adj.*; **satirical tone** tono satírico/a *m.*

satisfied: be satisfied with contentarse con *v.* **1**

satisfy (*quench*) saciar *v.*

save ahorrar *v.*; guardar *v.*; salvar *v.* **6**; **save oneself** ahorrarse *v.*

savings ahorros *m.*

say decir *v.* **1**; **say goodbye** despedirse (e:i) *v.* **3**

scar cicatriz *f.*

scarcely apenas *adv.* **3**

scare espantar *v.*; asustar *v.*

scared asustado/a *adj.*

scene escena *f.* **1**

scenery paisaje *m.* **6**; escenario *m.* **2**

schedule horario *m.* **3**

science fiction ciencia ficción *f.*

scientific científico/a *adj.*

scientist científico/a *m., f.*

score (a goal/a point) anotar (un gol/un punto) *v.* **2**; marcar (un gol/punto) *v.*

scratch rascar *v.*; **to scratch (oneself)** rascarse *v.* **4**

screen pantalla *f.* **2**; **computer screen** pantalla de computadora *f.*; **LCD screen** pantalla líquida *f.*; **television screen** pantalla de televisión *f.* **2**

screenplay guión *m.*

script guión *m.*

scuba diving buceo *m.* **5**

sculpt esculpir *v.*

sculptor escultor(a) *m., f.*

sculpture escultura *f.*

sea mar *m.* **6**

seal sello *m.*

search búsqueda *f.*; **search engine** buscador *m.*

season temporada *f.*; **high/low season** temporada alta/baja *f.* **5**

seat asiento *m.* **2**

seatbelt cinturón de seguridad *m.* **5**; **to fasten (the seatbelt)** abrocharse/ponerse (el cinturón de seguridad) *v.* **5**; **to unfasten (the seatbelt)** quitarse (el cinturón de seguridad) *v.* **5**

section sección *f.*; **lifestyle section** sección de sociedad *f.*; **sports page/section** sección deportiva *f.*

security seguridad *f.* **5**; **security measures** medidas de seguridad *f. pl.* **5**

see ver *v.* **1**

seed semilla *f.*

seem parecer *v.* **2**

select seleccionar *v.* **3**

self-esteem autoestima *f.* **4**

self-portrait autorretrato *m.*

senator senador(a) *m., f.*

send enviar *v.*; mandar *v.*

sender remitente *m.*

sense sentido *m.*; **common sense** sentido común *m.*

sensible sensato/a *adj.* **1**

sensitive sensible *adj.* **1**

separated separado/a *adj.* **1**

sequel continuación *f.*

servants servidumbre *f.* **3**

servitude servidumbre *f.* **3**

set (the table) poner (la mesa) *v.* **3**

settle poblar *v.*

settler poblador(a) *m., f.*

sexton sacristán *m.*

shame vergüenza *f.*

shape forma *f.*; **bad physical shape** mala forma física *f.*; **to get in shape** *v.* ponerse en forma **4**; **to stay in shape** mantenerse en forma *v.* **4**

shark tiburón *m.* **5**

sharp nítido/a *adj.*

shave afeitarse *v.* **2**

sheep oveja *f.* **6**

shoot disparar *v.*; fusilar *v.*

shore orilla *f.*; **on the shore of** a orillas de **6**

short film corto, cortometraje *m.* **1**

short story cuento *m.*

short/long-term a corto/largo plazo

shot (injection) inyección *f.*; **to give a shot** poner una inyección *v.* **4**

shoulder hombro *m.*

shout gritar *v.*

show espectáculo *m.* **2**

showing sesión *f.*

shrink encogerse *v.*

shrug encogerse de hombros *v.*

shy tímido/a *adj.* **1**

shyness timidez *f.*

sick enfermo *adj.*; **to be sick (of); to be fed up (with)** estar harto/a (de) **1**; **to get sick** enfermarse *v.* **4**

sign señal *f.*; firmar *v.*

signal señalar *v.* **2**

signature firma *f.*

silent callado/a *adj.*; **to be silent** callarse *v.*; **to remain silent** quedarse callado **1**

silly person bobo/a *m., f.*

sin pecado *m.*

sincere sincero/a *adj.*

singer cantante *m., f.* **2**

single soltero/a *adj.* **1**; **single mother** madre soltera *f.*; **single father** padre soltero *m.*

sink hundir *v.*

situated situado/a *adj.*

sketch esbozo *m.*; esbozar *v*

skill habilidad *f.*

skillfully hábilmente *adv.*

skim hojear *v.*

skirt falda *f.*

slacker vago/a *m., f.*

slave esclavo/a *m., f.*; **slave trade** tráfico de esclavos *m.* **4**

slavery esclavitud *f.*

sleep dormir *v.* **2**

sleeve manga *f.*

slip resbalar *v.*

slippery resbaladizo/a *adj.*

smoothness suavidad *f.*

snake serpiente *f.* **6**; culebra *f.*

so-and-so fulano/a *m., f.*

soap opera telenovela *f.*

sociable sociable *adj.*

society sociedad *f.*

software programa (de computación) *m.*

solar solar *adj.*

soldier soldado *m.*

solitude soledad *f.* **3**

solve resolver (o:ue) *v.* **6**

sometimes a veces *adv.* **3**

sorrow pena *f.* **4**

soul alma *f.* **1**

soundtrack banda sonora *f.*

source fuente *f.*; **energy source** fuente de energía *f.* **6**

sovereign soberano/a *m., f.*

sovereignty soberanía *f.*

space espacial *adj.*; **space shuttle** transbordador espacial *m.*

space espacio *m.*

spaceship nave espacial *f.*

spacious espacioso/a *adj.*

speak hablar *v.* **1**; **Speaking of that, ...** Hablando de eso, ...

speaker hablante *m., f.*

special effects efectos especiales *m., pl.*

specialist especialista *m., f.*

specialized especializado/a *adj.*

species especie *f.* **6**; **endangered species** especie en peligro de extinción *f.*

spectator espectador(a) *m., f.* **2**

speech discurso *m.*; **to give a speech** pronunciar un discurso *v.*

spell-checker corrector ortográfico *m.*

spend gastar *v.*

spider araña *f.* 6

spill derramar *v.*

spirit ánimo *m.* 1

spiritual espiritual *adj.*

spot: on the spot en el acto 3

spray rociar *v.* 6

spring manatial *m.*

stability estabilidad *f.*

stage (*theater*) escenario *m.* 2; (*phase*) etapa *f.*; **stage name** nombre artístico *m.* 1

stain mancha *f.*; manchar *v.*

staircase escalera *f.* 3

stamp sello *m.*

stand up ponerse de pie *v.*

stanza estrofa *f.*

star estrella *f.*; **shooting star** estrella fugaz *f.*; **(movie) star** [m/f] estrella *f.*; **pop star** [m/f] estrella pop *f.*

start (*a car*) arrancar *v.*

stay alojarse *v.* 5; hospedarse; quedarse *v.* 5; **stay up all night** trasnochar *v.* 4

step paso *m.*; **to take the first step** dar el primer paso *v.*

stereotype estereotipo *m.*

stern popa *f.* 5

stick pegar *v.*

still life naturaleza muerta *f.*

sting picar *v.*

stingy tacaño/a *adj.* 1

stir revolver (o:ue) *v.*

stock market bolsa de valores *f.*

stone piedra *f.* 5

storekeeper comerciante *m., f.*

storm tormenta *f.*; **tropical storm** tormenta tropical *f.* 6

story (*account*) relato *m.*

stranger desconocido/a *adj.*

stream arroyo *m.*

strength fortaleza *f.*

strict autoritario/a *adj.* 1

strike (*labor*) huelga *f.*

striking llamativo/a *adj.*

stripe raya *f.* 5

stroll paseo *m.*

struggle lucha *f.*; luchar *v.*

stubborn tozudo/a *adj.*

studio estudio *m.*; **recording studio** estudio de grabación *f.*

stunned boquiabierto/a *adj.*

stupid necio/a *adj.*

stupid person bobo/a *m., f.*

style estilo *m.*; **in the style of ...** al estilo de…

subscribe (to) suscribirse (a) *v.*

subtitles subtítulos *m., pl.*

subtlety matiz *f.*

suburb suburbio *m.*

succeed in (*reach*) alcanzar *v.*

success éxito *m.*

successful exitoso/a *adj.*

suckling pig cochinillo *m.*

sudden repentino/a *adj.* 3

suddenly de repente *adv.* 3

suffer (from) sufrir (de) *v.* 4

suffering sufrimiento *m.*

suggest aconsejar; sugerir (e:ie) *v.* 4

suitcase maleta *f.* 5

summit cumbre *f.*

sunrise amanecer *m.*

supermarket supermercado *m.* 3

supply proporcionar *v.*

support soportar; apoyar *v.*; **to put up with someone** soportar a alguien *v.* 1

suppose suponer *v.* 1

suppress suprimir *v.*

sure (*confident*) seguro/a *adj.* 1; (*certain*) cierto/a *adj.*; **Sure!** ¡Cierto!

surf the web navegar en la red *v.*; navegar en Internet

surface superficie *f.*

surgeon cirujano/a *m., f.* 4

surgery cirugía *f.* 4

surgical quirúrgico/a *adj.*

surprise sorprender *v.* 2

surprised sorprendido *adj.* 2; **be surprised (about)** sorprenderse (de) *v.* 2

surrealism surrealismo *m.*

surrender rendirse (e:i) *v.*

surround rodear *v.*

surrounded rodeado/a *adj.*

survival supervivencia *f.*; sobrevivencia *f.*

survive sobrevivir *v.*

suspect sospechar *v.*

suspicion sospecha *f.*

swallow tragar *v.*

sweats sudores *m. pl.* 5

swear jurar *v.*

sweep barrer *v.* 3

sweetheart amado/a *m., f.* 1

symptom síntoma *m.*

synagogue sinagoga *f.*

syrup jarabe *m.* 4

T

tabloid(s) prensa sensacionalista *f.*

tag etiqueta *f.*

take tomar *v.*; **to take a bath** bañarse *v.* 2; **to take a look** echar un vistazo *v.*; **to take a trip** hacer un viaje *v.* 5; **to take a vacation** ir(se) de vacaciones *v.* 5; **to take away (remove)** quitar *v.* 2; **to take care of** cuidar *v.* 1; **to take care of oneself** cuidarse *v.*; **to take into consideration** tomar en cuenta *v.* 1; **to take off** despegar *v.* 5; **to take off (clothing)** quitarse *v.* 2; **to take off running** echar a correr *v.*; **to take place** desarrollarse, transcurrir *v.*; **to take refuge** refugiarse *v.*; **to take seriously** tomar en serio *v.*

talent talento *m.* 1

talented talentoso/a *adj.* 1

tank tanque *m.* 6

tape cinta *f.* 1

taste gusto *m.*; **in good/bad taste** de buen/mal gusto; sabor *m.*; **It has a sweet/sour/bitter/pleasant taste.** Tiene un sabor dulce/agrio/amargo/agradable. 4

taste like/of saber *v.* 1; **How does it taste?** ¿Cómo sabe? 4; **And does it taste good?** ¿Y sabe bien? 4; **It tastes like garlic/mint/lemon.** Sabe a ajo/menta/limón. 4

tax impuesto *m.*; **sales tax** impuesto de ventas *m.*

teaching enseñanza *f.*

team equipo *m.* 2

tears lágrimas *f. pl.*

telephone receiver auricular *m.*

telescope telescopio *m.*

television televisión *f.* 2; **television set** televisor *m.* 2; **television viewer** televidente *m., f.* 2

tell contar (o:ue) *v.* 2

temple templo *m.*

tendency propensión *f.*

territory territorio *m.*

terrorism terrorismo *m.*

test (*challenge*) poner a prueba *v.*

theater teatro *m.*

then entonces *adv.* 3

theory teoría *f.*

there allá *adv.*

thermal térmico/a *adj.*

thief ladrón/ladrona *m., f.*

think pensar (e:ie) *v.* 1; (*to be of the opinion*) opinar; *v.* **I think it's pretty.** Me parece hermosa/o.; **I thought...** Me pareció... 1; **What did you think of Mariela?** ¿Qué te pareció Mariela? 1

thoroughly a fondo *adv.*

threat amenaza *f.*

threaten amenazar *v.* 3

throw tirar *v.*; **throw away** echar *v.*; **throw out** botar *v.*

thunder trueno *m.* 6

ticket boleto *m.*

tie (*game*) empate *m.* 2; **tie (up)** atar *v.*; (*games*) empatar *v.* 2

tiger tigre *m.* 6

time tiempo *m.*; vez *f.*; **at that time** en aquel entonces; **for the first/last time** por primera/última vez 2; **on time** a tiempo 3; **once upon a time** érase una vez; **to have a good/bad/horrible time** pasarlo bien/mal 1

tired cansado/a *adj.*; **to become tired** cansarse *v.*

toast brindis *m.* 3

tone of voice timbre *m.* 3

tongue lengua *f.*

too; too much demasiado/a *adj., adv.*

tool herramienta *f.*; **toolbox** caja de herramientas *f.* 2

toolbox caja de herramientas *f.* 2

topic asunto *m.*

touch lightly rozar *v.*

tour excursión *f.* 5; **tour guide** guía turístico/a *m., f.* 5

tourism turismo *m.* 5

tourist turista *m., f.* 5; turístico/a *adj.* 5

tournament torneo *m.* 2

toxic tóxico/a *adj.* 6

trace huella *f.*; trazar *v.*

track-and-field events atletismo *m.*

trade comercio *m.*; oficio *m.*; comerciar *v.*

trader comerciante *m., f.*

traditional tradicional *adj.* 1; (*typical*) típico/a *adj.*

traffic tránsito *m.*; **traffic jam** congestionamiento, tapón *m.*

tragic trágico/a *adj.*

trainer entrenador(a) *m., f.* 2

trait rasgo *m.*

traitor traidor(a) *m., f.*

tranquilizer calmante *m.* 4

translate traducir *v.* 1

transmission transmisión *f.*
transplant transplantar *v.*
trap atrapar *v.* 6
travel log bitácora *f.*
traveler viajero/a *m., f.* 5
treat tratar *v.* 4
treatment tratamiento *m.* 4
treaty tratado *m.*
tree árbol *m.* 6
trend moda *f.;* tendencia *f.*
trial juicio *m.*
tribal chief cacique *m.*
tribe tribu *f.*
trick truco *m.* 2
trip viaje *v.* 5; **to take a trip** hacer un viaje *v.* 5
tropical tropical *adj.;* **tropical storm** tormenta tropical *f.* 6
trunk maletero *m.*
trust confianza *f.* 1
try probar (o:ue) (a) *v.* 3; **try on** probarse (o:ue) *v.* 3
tune into (*radio or television*) sintonizar *v.*
tuning sintonía *f.*
turn: to be my/your/his turn *me/te/ le, etc. + tocar v.;* **Whose turn is it to pay the tab?** ¿A quién le toca pagar la cuenta? 2; **Is it my turn yet?** ¿Todavía no me toca? 2; **It's Johnny's turn to make coffee.** A Johnny le toca hacer el café. 2; **It's always your turn to wash the dishes.** Siempre te toca lavar los platos. 2
turn (*a corner*) doblar *v.;* **to turn down** rechazar *v.* 1 **to turn off** apagar *v.* 3; **to turn on** encender (e:ie) *v.* 3; **to turn red** enrojecer *v.*
turned off apagado/a *adj.*

UFO ovni *m.*
unbiased imparcial *adj.*
uncertainty incertidumbre *f.*
underdevelopment subdesarrollo *m.*
underground tank cisterna *f.* 6
understand entender (e:ie) *v.*
underwear (*men's*) calzoncillos *m. pl.*
undo deshacer *v.* 1
unemployed desempleado/a *adj.*
unemployment desempleo *m.*
unequal desigual *adj.*
unexpected imprevisto/a *adj.;* inesperado/a *adj.* 3
unexpectedly de improviso *adv.*
unfinished inconcluso/a *adj.*
unique único/a *adj.*
unjust injusto/a *adj.*
unload descargar *v.*
unpleasant antipático/a *adj.*
unsettling inquietante *adj.*
untie desatar *v.*
until hasta *adv.;* **up until now** hasta la fecha
update actualizar *v.*
upset disgustado/a *adj.* 1; disgustar *v.* 2; **to get upset** afligirse *v.* 3
up-to-date actualizado/a *adj.;* **to be up-to-date** estar al día *v.*
urban urbano/a *adj.*
urgent urgente *adj.* 4
use up agotar *v.* 6

used: to be used to estar acostumbrado/a a; **I used to... (*was in the habit of*)** solía; **to get used to** acostumbrarse (a) *v.* 3
useful útil *adj.*
useless inútil *adj.* 2
user usuario/a *m., f.*

vacation vacaciones *f. pl.;* **to take a vacation** ir(se) de vacaciones *v.* 5
vaccinate vacunar(se) *v.* 4
vaccine vacuna *f.* 4
vacuum pasar la aspiradora *v.* 3
valid vigente *adj.* 5
valuable valioso/a *adj.* 6
value valor *m.*
vandal vándalo/a *m., f.* 6
vestibule zaguán *m.* 3
victorious victorioso/a *adj.*
victory victoria *f.*
video game videojuego *m.* 2
village aldea *f.* 4,
virus virus *m.* 4
visit recorrer *v.* 5
visiting hours horas de visita *f., pl.*
vote votar *v.*

wage: minimum wage sueldo mínimo *m.*
wait espera *f.;* esperar *v.* **to wait in line** hacer cola *v.* 2
waiter/waitress camarero/a *m., f.;* mesero/a *m., f.*
wake up despertarse (e:ie) *v.* 2; **wake up early** madrugar *v.* 4
walk andar *v.;* **to take a stroll/walk** dar un paseo *v.* 2; **to take a stroll/walk** *v.* dar una vuelta
wall pared *f.* 5
want querer (e:ie) *v.* 1, 4
war guerra *f.;* **civil war** guerra civil *f.;* **world war** guerra mundial *f.*
warm up calentar (e:ie) *v.* 3
warn avisar *v.*
warning advertencia *f.;* aviso *m.* 5
warrior guerrero/a *m., f.*
wash lavar *v.* 3; **wash oneself** lavarse *v.* 2
waste malgastar *v.* 6
watch vigilar *v.*
Watch out! ¡Aguas! (*Mex.*) *interj.*
watercolor acuarela *f.*
waterfall cascada *f.* 5
wave ola *f.* 5; onda *f.*
wealth riqueza *f.*
wealthy adinerado/a *adj.*
weapon arma *f.* 5
wear llevar; lucir *v.*
weariness fatiga *f.*
web (the) web *f.;* red *f.*
weblog bitácora *f.*
website sitio web *m.*
week semana *f.*
weekend fin de semana; **Have a nice weekend!** ¡Buen fin de semana!
weekly semanal *adj.*
weeping llanto *m.*
weight peso *m.*

welcome bienvenida *f.* 5
welcome (*take in; receive*) acoger *v.*
well pozo *m.;* **oil well** pozo petrolero *m.*
well-being bienestar *m.* 4
well-received bien acogido/a *adj.*
What a beating! ¡Menuda paliza! *expr.* (*Esp.*)
wherever dondequiera *adv.* 4
whistle silbar *v.*
widowed viudo/a *adj.* 1; **to become widowed** quedarse viudo/a *v.*
widower/widow viudo/a *m., f.*
wild salvaje *adj.* 6; silvestre *adj.*
wild boar jabalí *m.*
win ganar *v.;* **to win an election** ganar las elecciones *v.;* **to win a game** ganar un partido *v.* 2
wind power energía eólica *f.*
wine vino *m.*
wing ala *m.*
wireless inalámbrico/a *adj.*
wisdom sabiduría *f.*
wise sabio/a *adj.*
wish deseo *m.;* desear *v.* 4; **to make a wish** pedir un deseo *v.*
without sin *prep.;* **without you** sin ti (*fam.*)
witness testigo *m., f.*
woman mujer *f.;* **businesswoman** mujer de negocios *f.*
womanizer mujeriego *m.*
wonder preguntarse *v.*
wood madera *f.*
work obra *f.;* **work of art** obra de arte *f.;* funcionar *v.;* trabajar; **to work hard** trabajar duro *v.*
work day jornada *f.*
workshop taller *m.*
World Cup Copa del Mundo *f.,* Mundial *m.*
worms gusanos *m. pl.* 4
worried (about) preocupado/a (por) *adj.* 1
worry preocupar *v.* 2; **to worry (about)** preocuparse (por) *v.* 2
worship culto *m.*
worth: be worth valer *v.* 1
worthy digno/a *adj.* 6
wound lesión *f.*
wrinkle arruga *f.*
writing escritura *f.*

you merced (su) *f., form.* 2
yawn bostezar *v.*

zoo zoológico *m.* 2

Index

R

S

T

Text Credits

32 Pablo Neruda. "Poema 20", VEINTE POEMAS DE AMOR Y UNA CANCIÓN DESESPERADA © Fundación Pablo Neruda, 2014

72 **©Fundación Mario Benedetti.** *c/o Guillermo Schavelzon & Asociados, Agencia Literaria* **www.schavelzon.com**

112 Nicanor Parra. "Último brindis", OBRA GRUESA © Nicanor Parra, 1969.

154 ©Ángeles Mastretta, 1990.

196 Gabriel García Márquez, "La luz es como el agua", DOCE CUENTOS PEREGRINOS © Gabriel García Márquez, 1992.

242 By permission of International Editors' Co. Agencia Literaria.

Film Credits

26 By permission of Premium Films.

66 By permission of Agencia Audiovisual Freak, S.L.

106 By permission of IMCINE.

148 By permission of Agencia Audiovisual Freak, S.L.

192 By permission of Agencia Audiovisual Freak, S.L.

236 By permission of IMCINE.

Photography Credits

All images © Vista Higher Learning unless otherwise noted.

Cover: © Raul Touzon/National Geographic/Getty Images

Master Art: 10–13, 50–53, 90–93, 130–133, 172–175, 216–219 (full pg) © marylooo/123RF; **27, 28, 67, 68, 107, 108, 149, 150, 193, 194, 237, 238** (full pg) © pn_photo/Fotolia.

Front Matter: IAE-34: © Rido/123RF.

Lesson One: 1: Paula Díez; **2:** (tl) © Nora y Susana/Fotocolombia; (tr) © Nancy Ney/Digital Vision/Getty Images; (bl): Martín Bernetti; (br) Martín Bernetti; **3:** (t) Martín Bernetti; (m) © T. Ozonas/Masterfile; (b) © Corbis; **9:** (t) © Janie Airey/Getty Images; (m) © Elisa Locci/Shutterstock; (b) © Robert Fried/Alamy; **10:** © Kapu/Shutterstock; **11:** (t) © Marco Trsitao/Globo/Getty Images; (ml) © vgstudio/Fotolia; (mr) Ilustración © Ana Juan Diseño © Marta Borrell/Random House Mondadori www.megustaleer.com; (b) © Junial Enterprises/Fotolia; **12:** © Hart Creations/iStockphoto; **20:** Janet Dracksdorf; **21:** (tl) Ali Burafi; (tm) Janet Dracksdorf; (tr) José Blanco; (bl) Paola Rios-Schaaf; (bm) Oscar Artavia Solano; (br) © Robert Fried/Alamy; **27:** By permission of Premium Files; **30:** Pablo Picasso. Los enamorados. 1923. © 2014 Estate of Pablo Picasso/Artists Rights Society (ARS), New York. Photo credit: © Sucesión Picasso; **31:** © Jean-Régis Roustan/Roger-Viollet/Image Works; **32:** (foreground) © Josh Westrich/Corbis; (background) © Image Source/Corbis; **35:** (t) © Bernard Bisson/Sygma/Corbis; (b) © Win McNamee/Getty Images; **36:** (t) © J. Scott Applewhite/AFP/Getty Images; (b) © White House/Handout/CNP/Corbis; **37:** © Jared Wickerham/Getty Images.

Lesson Two: 41: Ali Burafi; **42:** (tl) © Rasmus Rasmussen/iStockphoto; (tr) © Plush Studios/Getty Images; (bl) José Blanco; (br) © Jim Cummins/Corbis; **43:** (t) © Royalty-Free/Corbis; (m) © John Lund/Drew Kelly/Age Fotostock; (b) © Royalty-Free/Corbis; **49:** (t) © Royalty-Free/Corbis; (m) Annie Pickert Fuller; (b) © Archivo Agencia El Universal/AP Images; **50:** (l) © Vera Anderson/WireImage/Getty Images; (r) © S. Bukley/Shutterstock; **51:** (t) © Allstar Picture Library/Alamy; (ml) © Victor Lerena/EPA/Corbis; (mr) © The Kobal Collection at Art Resource, NY; (b) © The Kobal Collection at Art Resource, NY; **52:** © Roger Viollet/Getty Images; **59:** © Royalty-Free/Corbis; **60:** (t) © Denise Bernadette/Dreamstime; (ml) Martín Bernetti; (mm) © PM Images/Getty Images; (mr) Martín Bernetti; (bl) Martín Bernetti; (bm) © Reed Kaestner/Corbis; (br) Martín Bernetti; **62:** (all) Martín Bernetti; **67:** By permission of Agencia Audiovisual Freak, S.L.; **70:** Aldo Severi. Calesita en la plaza. 1999. © Aldo Severi. Courtesy of Giuliana F. Severi; **71:** © Fundación Mario Benedetti. Photo credit: Eduardo Longoni; **72:** © Jason Horowitz/Corbis; **75:** © Alfredo Dagli Orti/The Art Archive at Art Resource; **76:** © Mark L Stephenson/Corbis.

About the author

José A. Blanco founded Vista Higher Learning in 1998. A native of Barranquilla, Colombia, Mr. Blanco holds degrees in Literature and Hispanic Studies from Brown University and the University of California, Santa Cruz. He has worked as a writer, editor, and translator for Houghton Mifflin and D.C. Heath and Company and has taught Spanish at the secondary and university levels. Mr. Blanco is also co-author of several other Vista Higher Learning programs: **VISTAS, VIVA, AVENTURAS,** and **PANORAMA** at the introductory level, **VENTANAS, FACETAS, IMAGINA,** and **SUEÑA** at the intermediate level, and **REVISTA** at the advanced conversation level.